Dichter-Exil und Dichter-Roman

Europäische Hochschulschriften
Publications Universitaires Européennes
European University Studies

Reihe I
Deutsche Sprache und Literatur
Série I   Series I
Langue et littérature allemandes
German Language and Literature

Bd./Vol. 1031

Verlag Peter Lang
Frankfurt am Main · Bern · New York · Paris

Klaus Ulrich Werner

Dichter-Exil und Dichter-Roman

Studien zur verdeckten Exilthematik in der deutschen Exilliteratur 1933-1945

Verlag Peter Lang
Frankfurt am Main · Bern · New York · Paris

CIP-Kurztitelaufnahme der Deutschen Bibliothek

Werner, Klaus Ulrich:

Dichter-Exil und Dichter-Roman : Studien zur ver=
deckten Exilthematik in d. dt. Exilliteratur 1933 -
1945 / Klaus Ulrich Werner. - Frankfurt am Main ;
Bern ; New York ; Paris : Lang, 1987.
 (Europäische Hochschulschriften : Reihe 1,
 Deutsche Sprache und Literatur ; Bd. 1031)
 ISBN 38204-8685-2

NE: Europäische Hochschulschriften / 01

Abbildung: Felix Nussbaum
"Europäische Vision" (1939)
Öl auf Leinwand (60 auf 74 cm)

D 25
ISSN 0721-3301
ISBN 3-8204-8685-2

© Verlag Peter Lang GmbH, Frankfurt am Main 1987
Alle Rechte vorbehalten.

Das Werk einschließlich aller seiner Teile ist urheberrechtlich
geschützt. Jede Verwertung außerhalb der engen Grenzen des
Urheberrechtsgesetzes ist ohne Zustimmung des Verlages
unzulässig und strafbar. Das gilt insbesondere für
Vervielfältigungen, Übersetzungen, Mikroverfilmungen und die
Einspeicherung und Verarbeitung in elektronischen Systemen.

Printed in Germany

Meinen Eltern

Lucia und Kurt Werner

Emigranten-Monolog

Ich hatte einst ein schönes Vaterland -
So sang schon der Flüchtling Heine.
Das seine stand am Rheine,
Das meine auf märkischem Sand.

Wir alle hatten einst ein (siehe oben!)
Das fraß die Pest, das ist im Sturm zerstoben.
O Röslein auf der Heide,
Dich brach die Kraftdurchfreude.

Die Nachtigallen werden stumm,
Sahn sich nach sicherm Wohnsitz um,
Und nur die Geier schreien
Hoch über Gräberreihen.

Das wird nie wieder, wie es war,
Wenn es auch anders wird.
Auch, wenn das liebe Glöcklein tönt,
Auch wenn kein Schwert mehr klirrt.

Mir ist zuweilen so, als ob
Das Herz in mir zerbrach.
Ich habe manchmal Heimweh.
Ich weiß nur nicht, wonach...

                                      Mascha Kaléko

*Mascha Kaléko: "Emigranten-Monolog"
        In: Verse für Zeitgenossen. Düsseldorf 1978
            Copyright by Verlag Eremiten-Presse

VORWORT

Die vorliegende Untersuchung ist die geringfügig überarbeitete Fassung meiner Dissertation, die im Sommersemester 1987 von den Philosophischen Fakultäten der Albert-Ludwigs-Universität Freiburg i.Br. angenommen wurde.

Nach über zwanzigjährigem Verdrängen und Vergessen des größten Teiles der deutschen Literatur, die während der nationalsozialistischen Herrschaft im Exil entstand, ist diese besondere Periode der deutschen Literaturgeschichte nun seit über zehn Jahren im öffentlichen Bewußtsein und auch ein anerkanntes Forschungsgebiet der Germanistik.

"Exilliteratur" meint dabei nicht nur die Literatur dieser Entstehungszeit, sondern beinhaltet auch die Erwartung, daß sich die extreme, existentielle Erfahrung des Exils und die Entstehungsbedingungen dieser Literatur in ähnlicher Art und Weise in den Werken niederschlagen. In diesem Sinne waren hauptsächlich die Texte von größtem Interesse, die - scheinbar dokumentarisch - das Exil thematisieren und z.B. als Zeitroman Auskunft über die Probleme des Exils geben. Vernachlässigt wurden dagegen lange Zeit die Texte, die fern von Tagesaktualität zu sein schienen. - Die vorliegende Untersuchung versucht, einen Beitrag zur Erkenntnis zu leisten, wie tiefgreifend die Erfahrung des Exils mit allen Konsequenzen für die Schriftsteller auch auf scheinbar zeitentrückte Texte einwirkte, ja diese bestimmt hat.

Eine Untersuchung im Bereich der Exilliteraturforschung ist zugleich immer auch ein Beitrag zur Dokumentation dieser besonderen literarischen Periode und zur Wiederentdeckung von Texten sowie zum Aufmerksammachen auf Autoren, die neu kennenzulernen sich lohnt.

Für die Erlaubnis zur Einsichtnahme in Archivmaterial habe ich einer Reihe von Bibliotheken und Archiven zu danken: dem Bertolt-Brecht-Archiv in Berlin (DDR), dem Deutschen Literaturarchiv in Marbach am Neckar, der Stadtbibliothek und dem Institut für Zeitgeschichte München, ebenso dem Document Center Berlin und dem Zentralen Staatsarchiv der DDR in Potsdam.

Ohne die engagierte Unterstützung meiner Studie zum Roman Hans Natoneks durch Frau Prof. Dr. Silvia Schlenstedt (Akademie der Wissenschaften der DDR) und Herrn Wolfgang U. Schütte (Leipzig) wäre die Einbeziehung von Nachlaßmaterial hier nicht möglich gewesen.

Ihnen danke ich ebenso wie zwei Gesprächspartnern, die die Fragestellung der vorliegenden Untersuchung mitgeprägt haben: Herr Prof. Dr. Guy Stern (Wayne State University, Detroit/USA) und Herr Prof. Dr. Frithjof Trapp (Arbeitsstelle für Exilliteratur der Universität Hamburg) haben mir in fruchtbaren Diskussionen wichtige Anregungen gegeben und mich zu meinem Vorhaben ermuntert. Betreuer der Arbeit war Herr Prof. Dr. Gerhard Kaiser (Universität Freiburg).

Meinen Freunden Dr. Eva-Andrea Wendebourg und Ludwig Kläger danke ich für ihre ermutigende Kritik und ihre Mithilfe bei der Fertigstellung und Korrektur des Manuskripts; ganz besonders danke ich Dr. Norbert Fuhr, der der Arbeit und vor allem dem Verf. während der gemeinsamen Doktorandenzeit über einige Krisen hinweggeholfen hat.

Die Friedrich-Naumann-Stiftung hat mit einem Graduiertenstipendium die Arbeit an der Dissertation überhaupt erst ermöglicht, wofür ich an dieser Stelle ausdrücklich danken möchte. Herrn Franz A. Morat danke ich für seine spontane Unterstützung in den letzten Monaten vor der Promotion.

Für die Erlaubnis das Gemälde "Europäische Vision" von Felix Nussbaum verwenden zu dürfen, danke ich der Galerie Michael Hasenclever in München.

Freiburg im Sept. 1987   K.U.W.

INHALTSVERZEICHNIS

	Seite
I. EINFÜHRUNG	1
1. Fragestellung	1
2. Forschungslage	4
3. Untersuchungsgegenstand und Textgrundlage	10
4. Methodisches Vorgehen und Gliederung der Untersuchung	14
II. EINZELSTUDIEN	
<u>A. Lion Feuchtwanger: "Josephus-Trilogie"</u>	16
1. Einleitung	16
1.1. Entstehungs- und Editionsgeschichte	18
1.2. Rezeptionsgeschichte und Forschungslage	25
2. Der historische und der gedichtete Josephus	33
3. Der Schriftsteller und das Schreiben	45
3.1. "Der jüdische Krieg"	45
3.2. "Die Söhne"	48
3.3. "Der Tag wird kommen"	54
4. Der Jude Josephus und die jüdische Thematik	59
5. Gegenwartsbezüge im historischen Roman	69
6. Werk-Kontinuität und Exil-Zäsur	78
7. Lion Feuchtwanger und sein jüdisch-römischer Schriftstellerkollege	86
8. Exil-literarische Identifikationsmodelle	91
9. Zusammenfassung und Kritik	99
<u>B. Bruno Frank: "Cervantes"</u>	104
1. Einleitung	104
1.1. Entstehungsgeschichte	104
1.2. Editionsgeschichte	111
1.3. Rezeptionsgeschichte	113
1.4. Forschungslage	116
2. Bruno Franks dichterisches Cervantes-Bild	120
2.1. Stoffliche und formale Gestaltung	121
2.2. Historischer und gedichteter Cervantes	125

3.	Der Dichter Cervantes	131
4.	Historie und Gegenwart im CERVANTES	138
5.	Bruno Frank - Leben und Schreiben im Exil	144
5.1.	Biographie und Werkhintergrund	144
5.2.	Schreiben im Exil	148
6.	Zusammenfassung und Kritik	154

C. Hans Natonek: "Der Schlemihl" ... 159

1.	Einleitung	159
1.1.	Entstehungs- und Editionsgeschichte	160
1.2.	Rezeptionsgeschichte, Forschungs- und Quellenlage	164
2.	Die gedichtete Lebensgeschichte Chamissos	168
3.	Literatur und Schreiben	171
4.	DER SCHLEMIHL - Eine jüdische Geschichte	180
5.	Emigrantenschicksale als Identifikationsmodelle	185
5.1.	Roman unter Emigranten	185
5.2.	Exil-literarische Identifikationsmuster	189
6.	Hans Natonek - Leben und Schreiben im Exil	194
6.1.	Biographischer Hintergrund und Exil-Zäsur	194
6.2.	Hans Natonek und sein Chamisso: Intentionen, Funktion und Werkzusammenhang	201
7.	Zusammenfassung und Kritik	211

D. Vergleich der Ergebnisse unter typologischen Gesichtspunkten ... 215

III. ABGRENZUNG VON ANDEREN HISTORISCHEN DICHTERROMANEN ... 220

IV. SELBSTREFLEXION IM HISTORISCHEN MODELL ... 233

1.	Dichterfiguren als Identifikationsmodelle	233
2.	"Die Anklage auf Flucht" - Die Debatte um den historischen Roman im Exil	242

V. ZUSAMMENFASSUNG ... 249

VI. LITERATURVERZEICHNIS 252
  1. Literatur zu den Fallstudien 252
     A. Lion Feuchtwanger: "Josephus-Trilogie" 252
        Unveröffentlichte Quellen 252
        Werke Lion Feuchtwangers 252
        Aufsätze, Rezensionen u.a. von Feuchtwanger 254
        Literatur zur Fallstudie 255
     B. Bruno Frank: "Cervantes" 261
        Unveröffentlichte Quellen 261
        Werke Bruno Franks 262
        Aufsätze, Rezensionen u.a. von Frank 262
        Literatur zur Fallstudie 263
     C. Hans Natonek: "Der Schlemihl" 266
        Unveröffentlichte Quellen 266
        Werke Hans Natoneks 267
        Erzählungen, Rezensionen u.a. von Natonek 268
        Literatur zur Fallstudie 272
  2. Weitere Texte des Exils 275
  3. Übrige Primärliteratur 281
  4. Biographische und Bibliographische Hilfsmittel 282
  5. Forschungsliteratur zu Exil und Exilliteratur 283
  6. Übrige Literatur 294

ZUR ZITIERWEISE

In den Einzelstudien wird der jeweils im Mittelpunkt stehende Roman ohne Anmerkung zitiert, indem die Seitenangabe direkt hinter dem Zitat angefügt wird.

    A. Lion Feuchtwanger: JOSEPHUS (Band, Seite)
        DER JÜDISCHE KRIEG. Berlin/Weimar ^{4}1984.
        DIE SÖHNE. Berlin/Weimar ^{4}1984.
        DER TAG WIRD KOMMEN. Berlin/Weimar ^{4}1984.
        (= Gesammelte Werke Bd. 2, 3 und 4).

    Aus dem Briefwechsel zwischen Lion Feuchtwanger und Arnold Zweig (Hrsg. v. Harold von Hofe, 2 Bde., Berlin/Weimar 1984) wird folgendermaßen zitiert: (BRIEFE Bd., Seite).

    B. Bruno Frank: CERVANTES
       Stockholm (Bermann-Fischer-Verlag) 1944.

    C. Hans Natonek: DER SCHLEMIHL
       Amsterdam (Verlag Allert de Lange) 1936.

Bei Zitaten von Exiltexten wird orthographisch nur bei "ss" statt "ß" eingegriffen.

In den Anmerkungen wird die Literatur ab der zweiten Nennung mit Verweis auf das gegliederte, durchnummerierte Literaturverzeichnis gekürzt: <Lit. Nr.>.

I. EINFÜHRUNG

1. Fragestellung

Die Untersuchung beabsichtigt, beispielhaft zu zeigen, wie Exilerfahrung auf das Schreiben des exilierten Schriftstellers einwirken konnte und in sein Werk eingearbeitet wurde, ohne daß dies direkt thematisch greifbar ist. Es geht um die Frage nach transponierter Exilproblematik in Texten, die Exil und Zeitgeschichtliches nicht zum Thema haben.

Die Fragestellung ist primär textorientiert, insofern es um die Analyse von Aspekten literarisierter Exilproblematik und deren Funktion im Text geht. Darüber hinaus führt die Frage, welche Aspekte von Exilproblematik es sind, die vom Autor im Text verarbeitet werden, zur Entfaltung des biographischen Umfeldes, auch des Werk-Hintergrundes. So werden Aufschlüsse darüber möglich, inwieweit die biographische Exil-Zäsur zu Konsequenzen im Prozeß des Schreibens führt und man von "Exil als Schreiberfahrung"[1] sprechen kann. Je nach Quellenlage ist zu prüfen, welche Aufgaben diese Art literarischer Verarbeitung für den Schreibenden erfüllt, was sie für den Autor in seiner krisenhaften Exilsituation zu leisten vermag.

Der typologisch vergleichende Ansatz soll klären, ob es gleichartige literarische Modelle gibt, was an Exilthematik verdeckt literarisiert und wie dies im Text realisiert wird; mit Blick auf die Autoren läßt sich nach ähnlichen, typologisch faßbaren Reaktionsmustern fragen.

---

1) Erich Kleinschmidt: Exil als Schreiberfahrung. Bedingungen deutscher Exilliteratur 1933-1945. In: Exil 2(1982)S. 33-47.

Exilerfahrung meint den ganzen Komplex des "Exilerlebnisses"[1] als einschneidende existentiell-persönliche, schriftstellerisch-künstlerische, berufliche und politische Erfahrung des Dichters, die zu "entfremdete<r> Identität" und zur "bleibenden Zerstörung seines Lebenszusammenhanges" führt.[2] Exil wird heute als eine Situation der "kontinuierlichen Identifikationskrise"[3] begriffen, "die zu einer dauernden Revision und Infragestellung des eigenen Lebens zwang, die Wahrnehmung und Verarbeitung der Wirklichkeit erschwert"[4]: Hier liegt das wirklich Verbindende der Exilanten.

Auf der Grundlage dieser im Kern gemeinsamen Exilerfahrung kann man verschiedene Reaktionsmuster der Autoren im Exil unterscheiden. Doch nicht nur kritische Publizistik oder Zeitromane mit dezidiert antifaschistischer Aussage sind literarische Verarbeitungsweisen von Exilerfahrung. Auch historische Romane, scheinbar zeitabgewandte Themen und Stoffe - damals wie heute immer wieder als Flucht in die Vergangenheit kritisiert -, können dem Autor bei der ästhetischen Verarbeitung einer persönlichen Problematik dienen wie auch eine verdeckt aktuelle Aussage transportieren.

"Die Typologie fragt nicht nach dem Gleichen, sondern nach dem Gleichartigen"[5]: Es soll danach geforscht werden, ob literarische Texte, in die Exilerfahrung verdeckt eingearbeitet wurde, Gemeinsamkeiten bei bevorzugten Themen, Situationen, Figuren, Metaphern, Topoi, Symbolen oder Sprachformen aufweisen.[6] Es wird sich erweisen müssen, ob es spezifische exil-

---

1) Wulf Köpke: Die Wirkung des Exils auf Sprache und Stil. Ein Vorschlag zur Forschung. In: Exilforschung III(1985)S. 225-237, hier: S. 233.
2) Erich Kleinschmidt: Exil als Schreiberfahrung. <Lit.603>, S. 33.
3) Hilde Domin: Exilerfahrung - Untersuchungen zur Verhaltenstypik. In: Frankfurter Hefte 29(1974)S. 185-192, hier: S. 192.
4) Ebd., S. 188.
5) Werner Vordtriede: Vorläufige Gedanken zu einer Typologie der Exilliteratur. In: Akzente 6(1968)S. 556-575, hier: S. 556.
6) Ebd., S. 557. - Guy Stern: Prolegomena zu einer Typologie der Exilliteratur. In: Schreiben im Exil. Zur Ästhetik der deutschen Exilliteratur 1933-1945, hrsg. v. Alexander Stephan und Hans Wagener. Bonn 1985, S. 1-17, hier: S. 9.

literarische Elemente in Texten gibt, in denen Exil thematisch nicht aufscheint.

Naheliegend scheint es, mit dieser Fragestellung bei Texten anzusetzen, die wegen ihrer Gattungsmerkmale und -tradition sui generis geeignet sind, existentielle Problematik des Dichters literarisch zu verarbeiten. Romane mit Künstler- und im besonderen mit Dichterthematik lassen - auch wenn sie nicht Zeitromane sind - als Medium der Selbstreflexion eine Auseinandersetzung des Schreibenden mit der aktuellen (Künstler-)Problematik im Exil vermuten.

Die literarische Annäherung an historische Autor-Kollegen oder fiktive Dichterfiguren könnte dem Exilanten der akut notwendig gewordenen Selbstreflexion gedient haben. Es ist von Interesse, auf welche Dichter zurückgegriffen wird, wo es Affinitäten des exilierten Autor-Ich zum gedichteten Dichter-Ich gibt und wie die historische oder fiktive Dichterthematik gestaltet wird. Welche Problembereiche des Exilanten selektiv transponiert werden, muß mit Blick auf Kontinuitäten und thematische Schwerpunkte des jeweiligen Œuvres festgestellt werden. Ob und wie diese Einarbeitung aktueller Exilproblematik überhaupt innerhalb eines biographischen Stoffes mit der Vorgabe von historischen Fakten, bei quasi eingeschränkter dichterischer Phantasie, verwirklicht werden kann, muß im Vergleich des gedichteten mit dem historisch vermittelten Dichter-Bild untersucht werden. Prinzipiell erscheint es möglich, die Problemstellung auf die Zeit nach dem Exil auszuweiten, um nach Möglichkeiten der retrospektiven Verarbeitung von Exilerfahrung zu fragen.[1] Der typolo-

---

1) Zur Schwierigkeit der "Verlängerung" des Exil-Themas und der Fragestellung über 1945 hinaus siehe: Deutschsprachige Exilliteratur. Studien zu ihrer Bestimmung im Kontext der Epoche 1930 bis 1960. Hrsg. v. Wulf Köpke und Michael Winkler. Bonn 1984, S. 1-11. - Guy Stern: Über das Fortleben des Exilromans in den sechziger Jahren. In: Revolte und Experiment. Die deutsche Literatur der sechziger Jahre in Ost und West, hrsg. v. Wolfgang Paulsen. Heidelberg 1972, S. 165-185. - Ders. und Dorothy Wartenberg: Flucht und Exil. Werkthematik und Autorkommentare. In: Gegenwartsliteratur und drittes Reich, hrsg. v. Hans Wagener. Stuttgart 1977, S. 111-132.

gische Ansatz der Arbeit läßt dies jedoch nicht sinnvoll erscheinen, da man es dann mit einer völlig anderen Schreibsituation zu tun hätte.

2. Forschungslage

Bislang gibt es in der Exilliteratur-Forschung erst relativ wenige Studien, die nach verdeckter Exilproblematik in den Texten fragen, die Exil nicht offen thematisieren. Dies erklärt sich hauptsächlich aus den Besonderheiten der Geschichte dieses Forschungsbereiches.[1]

Der Gegenstand des Forschungsbereiches und der Begriff "Exilliteratur" können heute als allgemein verbindlich gelten, innerhalb der Forschung lassen sich jedoch grob drei Hauptrichtungen unterscheiden, bei denen es erst in den letzten Jahren zu wirklich fruchtbaren Ansätzen zur Kooperation gekommen ist.

Zum einen gibt es den an Nachlaß- und Archivmaterial orientierten "regelrechten Exil-Positivismus"[2], der angesichts des Desinteresses, ja einer Strategie des Verdrängens und Vergessens bis zur Mitte der sechziger Jahre[3] im Zusammentragen ein weites Betätigungsfeld fand. Das Dokumentieren und Wiederentdecken, die Sammel- und Editionstätigkeit steht bei dieser Richtung im Vordergrund. Vom einzelnen Schriftsteller wird - auch mit einem moralischen Gestus der Wieder-

---

1) Einen Forschungsüberblick bieten Alexander Stephan (Die deutsche Exilliteratur 1933-1945. München 1979, S. 7-18) und Frithjof Trapp (Deutsche Literatur im Exil. Bern/Frankfurt 1983, S. 34-55).
2) Jost Hermand: "Man muß das Unrecht auch mit schwachen Mitteln bekämpfen." Stand und Aufgaben der gegenwärtigen Exilforschung. In: Diskussion Deutsch 4(1981)S. 232-245, hier: S. 239.
3) Eine Wende stellt die Ausstellung "Exil-Literatur 1933-1945" der Deutschen Bibliothek Frankfurt im Jahre 1965 dar, die erste wissenschaftliche Folgen hatte. Dem kurz davor erschienenen Nachschlagewerk von Wilhelm Sternfeld und Eva Tiedemann "Deutsche Exil-Literatur 1933-1945. Eine Bio-Bibliographie" (Heidelberg 1962, 2., verb. und stark erw. Aufl. 1970) wurde ebenso erst später Bedeutung beigemessen wie den "Klassikern" F.C. Weiskopf (Unter fremden Himmeln. Abriß der deutschen Literatur im Exil 1933-1947. Berlin 1948) und Walter A. Berendsohn (Die humanistische Front, erster Teil. Zürich 1946).

gutmachung - alles Gedruckte und Geschriebene zu Tage geförddert, ohne historische Zusammenhänge herzustellen oder literaturwissenschaftliche Kriterien anzulegen; literaturästhetische und qualitative Aspekte spielen kaum eine Rolle.

Eine zweite Richtung umfaßt eine empirisch ausgerichtete "Grundforschung"[1], die die politischen und sozialgeschichtlichen Bedingungen des Exils untersucht und deren Ergebnisse sich häufig in "Regionalstudien" niederschlagen. Doch gerät diesem stark historischen Erkenntnisinteresse das literarische Kunstwerk, dessen Entstehungsbedingungen erforscht werden, häufig aus dem Blickfeld oder wird - vor allem in orthodox marxistischen oder widerspiegelungstheoretischen Arbeiten - zum Dokument des Exils reduziert. Bei solcherart geprägter Forschung besteht die Gefahr, daß der spezifisch literarische Charakter der Exilliteratur vernachlässigt oder gar negiert wird. Wenn überhaupt, dann beschäftigt man sich hier hauptsächlich mit Zeitromanen und generell mit Texten, die Exil thematisieren oder mit dem historischen Roman, für den die materialistische Literaturwissenschaft traditionell einen fundierten theoretischen Zugang hat.

Ideologiekritisch betrachtet, neigen beide "Schulen" der Exilliteraturforschung dazu, den moralisch oder politisch "guten" Exil-Autor zu verklären und dieses Urteil auf seine Texte zu übertragen. Besonders die zweite Hauptrichtung, wie auch die allgemeine Exilforschung, wird von den Gegensätzen zwischen "bürgerlicher" und marxistischer Forschung überschattet.[2] Die Erforschung von "Kunst und Literatur im anti-

---

1) Richard Albrecht: Exil-Forschung. Ein Zwischenbericht. In: Neue Politische Literatur 28(1983)S. 174-201 und 29(1983)S. 311-334. Siehe auch: Peter Laemmle: Vorschläge zu einer Revision der Exilforschung. In: Akzente 6(1973)S. 509-519 und Jost Hermand <Lit.590>.
2) Jörg Bernhard Bilke: Exilliteratur und DDR-Germanistik. Zur Ideologiekritik "parteilicher Wissenschaft". In: Deutsche Studien 13(1975)S. 277-292. - Sigrid Bock: Zur bürgerlichen Exilforschung. In: Weimarer Beiträge (1975)H.4, S. 99-129. - Bruno Frei und Lutz Winckler: Zum Stand der Exilliteraturforschung. In: Das Argument 99(1976)S. 796-804. Wolfgang Düver: Zweigleisig - Schlaglichter auf die Problematik gemeinsamer Exilliteraturforschung in Ost und West. Drei Interviews. In: Diskussion Deutsch 76(1984)S. 201-212.

faschistischen Exil"[1] brachte auch eine ganze Reihe vulgärmarxistischer Studien hervor, in denen das politische Werturteil mit dem literarischen gleichgesetzt wird. - Auf "bürgerlicher" Seite besteht wohl die Hauptgefahr in einem "exilimmanenten Verfahren"[2], das nicht dem Stand, nicht dem Niveau der sonstigen literaturwissenschaftlichen Forschung entspricht.

Der Versuch einer Synthese spezieller Exilforschung, biographischer und quellenorientierter Forschung in einer literaturwissenschaftlichen Exilforschung, die hier als dritte Sektion der Exilforschung eingeführt wird, ist zwar so alt wie der Forschungsbereich selbst,[3] aber immer noch deutlich im Schatten der ersten beiden Forschungsrichtungen.

"Die vergleichsweise große Zahl von Einzelpublikationen täuscht über den wirklichen Zustand der Exilforschung hinweg. Sie ist nicht halbwegs so lebendig, wie sie nach außen scheint."[4] - Aber gerade hier, im Rahmen einer betont literaturwissenschaftlichen Exilliteraturforschung, die die Methoden und Erkenntnisse der "Grundforschung" nutzt und sich ein dokumentarisches Interesse erhält, aber nur mit erkenntnisfördernder Absicht einsetzt, sind einige vielversprechende Forschungsansätze vorhanden. Die Zuwendung zu "innerliterarischen Elementen"[5] wurde zwar schon früher vereinzelt angeregt,[6] doch erst die Exilliteraturforschung der letzten Jahre brachte hier Entscheidendes.

---

1) So der Titel des großangelegten siebenbändigen Werkes zum Exil in den verschiedenen Exilländern aus der DDR, Leipzig 1979-1983.
2) Peter Laemmle <Lit.615>, S. 516.
3) Die immer noch gültige, erste größere Untersuchung einer übergreifenden Fragestellung zur Exilliteratur überhaupt: Matthias Wegner, Exil und Literatur. Deutsche Schriftsteller im Ausland 1933-1945. Frankfurt/Bonn 1967 (2.Aufl. 1968).
4) Frithjof Trapp: Deutsche Literatur im Exil. <Lit.667>, S. 41.
5) Michael Winkler: Exilliteratur - als Teil der deutschen Literaturgeschichte betrachtet. Thesen zur Forschung. In: Exilforschung I(1983) S. 359-366, hier: S. 364.
6) Nach Matthias Wegner besonders von Vordtriede <Lit.670> und Guy Stern <Lit.655-659>.

In der ersten großen Arbeit über den Zusammenhang von "Exil-Erlebnis" und dem Schreiben im Exil hat Matthias Wegner 1967 darauf hingewiesen, daß es Gegenstand künftiger Forschung sein müsse, der Literarisierung von Exilerfahrung "auch in den thematisch nicht auf das Exil bezogenen Werken nachzuspüren"[1]. Er selbst ist der Frage nach Verarbeitung von Exilerfahrung in Romanen nachgegangen, die Exil zum Thema haben, und auch in autobiographischen Texten.

Eine erste Einzelstudie, die verdeckte Exilthematik untersucht, lieferte Guy Stern mit seiner Analyse von Bertolt Brechts LEBEN DES GALILEI.[2] Bereits hier werden die Ansatzpunkte bei der Frage nach verdeckter Exilthematik deutlich: Die spezifischen Aspekte innerhalb des Textes, die zu einer thematisch verdeckten Aussage-Ebene gehören, und die Art, wie sie im historischen Stoff eingearbeitet werden, untersucht Stern am Text und unter Einbeziehung der Textgenese sowie vor dem Werkhintergrund. Außerdem wird nach konkreten Bezügen zur Exilerfahrung gefragt. Stern weist mit dieser Einzelstudie auch auf die Notwendigkeit einer vergleichenden Betrachtung der Exilliteratur gerade in Bezug auf verdeckte Exilthematik hin:

> we will arrive at a valid typology of the genre only
> if we discover traces of the exile experience in works
> thematically divorced from it. In "Galileo" we have a
> striking example of such a transplanted exile
> experience.(3)

Von Anfang an war die Frage nach verdeckter Exilthematik und transponierter Exilerfahrung mit einem typologischen Interesse verknüpft, das aber auch auf die Gesamtheit der Exilliteratur zielt. Werner Vordtriedes entscheidender Impuls für eine Erforschung des typologisch Gleichartigen bei den "verschiedenen Möglichkeiten, Themen, Gesten, Metaphern, Symbolen, Formen <...>, durch die es dem Verbannten möglich wird,

---

1) Matthias Wegner <Lit.678>, S. 227.
2) Guy Stern: The Plight of the Exile. A hidden Theme in Brecht's "Galileo Galilei". In: Brecht heute I(1971)S. 110-116.
3) Ebd., S. 116.

die Mißlichkeiten der Fremde zu ertragen"[1], ging von einer epochenähnlichen Geschlossenheit der Exilliteratur aus. Doch seine typologische Zielsetzung wurde mit wenigen Ausnahmen von der Exilforschung bis zu Beginn der achtziger Jahre kaum weiterverfolgt, was in der Entwicklung des Forschungszweiges, besonders im jeweiligen Interesse der beiden Hauptrichtungen der Forschung begründet ist.

Bis dahin konzentrierte sich die Forschung beim Problem des Zusammenhanges von Exilerfahrung und deren Literarisierung auf die Thematisierung von Exil im Zeitroman und auf den historischen Roman mit seinen direkten oder indirekten politischen Gegenwartsbezügen.[2]

Doch gab es daneben auch die Anfänge eines allmählich sich durchsetzenden Betrachtens einzelner exilspezifischer Aspekte der Schreiberfahrung Exil. So rückte z.B. die Sprachproblematik des Exilierten, besonders des Dichters, ins Blickfeld, wurden "Sprachverlust" und "Sprachlosigkeit" als "zentrales Phänomen der Exilerfahrung"[3] erkannt und deren Auswirkungen auf die unter diesen Bedingungen entstandene Literatur analysiert.[4]

Selbst literarische Formen werden auf ihre Exilspezifik

---

1) Werner Vordtriede <Lit.670>, S. 557.
2) Fritz Hackert: Die Forschungsdebatte zum Geschichtsroman im Exil. Ein Literaturbericht. In: Exilforschung I(1983)S. 367-388. - Einzelne Forschungspositionen werden an anderer Stelle im Rahmen dieser Untersuchung vorgestellt.
3) Helene Maimann: Sprachlosigkeit. Ein zentrales Phänomen der Exilerfahrung. In: Leben im Exil. Probleme der Integration deutscher Flüchtlinge im Ausland 1933-1945, hrsg. v. Wolfgang Frühwald und Wolfgang Schieder. Hamburg 1981, S. 31-38.
4) Manfred Durzak: Laokoons Söhne. Zur Sprachproblematik im Exil. In: Akzente 21(1974)S. 53-63. - Wolfgang Georg Fischer: Zur Sprache des Emigranten. In: Literatur und Kritik 128(1978)S. 475-480.- Ernest Bornemann: Macht und Sprache. Wie schreibt man im Exil? In: Wespennest (Wien) 52(1983)S. 25-30. - Erich Kleinschmidt: "Sprache, die meine Wohnung war." Exil und Sprache bei Peter Weiss. In: Exilforschung III (1985)S. 215-224.

befragt, nicht nur die Gattungen als solche,[1] sondern auch einzelne, auffallende Formmerkmale.[2]

Auf die Häufung von gleichartigen Motiven, Figuren, Themen, ähnlicher Metaphorik und Symbolik in der Exilliteratur und auf deren Bedeutungszusammenhang mit der Exilproblematik, ist mittlerweile immer wieder hingewiesen worden.[3] Doch die Exilliteraturforschung hat erst begonnen, hier einzelnen Aspekten im Zusammenhang der Exilperiode oder innerhalb einer Gattung typologisch nachzugehen.[4]

Was punktuell schon in Einzelstudien zu Exiltexten, weniger zu Autoren im Gesamten, vorliegt, zeigt häufig eine teilweise verblüffend komplexe, verdeckte Einarbeitung von

---

1) Zwei konträre Positionen am Beispiel des historischen Romans werden repräsentiert durch: Klaus Schröter: Der historische Roman. Zur Kritik seiner spätbürgerlichen Erscheinung. In: Exil und innere Emigration, hrsg. v. Reinhold Grimm und Jost Hermand, Frankfurt 1972, S. 111-151 bzw. Helmut Koopmann: "Geschichte ist die Sinngebung des Sinnlosen." Zur Ästhetik des historischen Romans im Exil. In: Schreiben im Exil, <Lit.646>, S. 18-39.
2) Joseph P. Strelka: Was ist Exilliteratur? Zur Begriffsbestimmung der deutschen Exilliteratur seit 1933. In: Exil 1(1981)S. 5-15. - Ders.: Topoi der Exilliteratur. In: J.P.S., Exilliteratur. Grundprobleme einer Theorie. Aspekte der Geschichte und Kritik, Bern 1983, S. 51-66. - Jost Hermand: Schreiben in der Fremde. Gedanken zur deutschen Exilliteratur seit 1789. In: Exil und innere Emigration, <Lit.591>, S. 7-30. - Wulf Köpke: Probleme und Problematik der Erforschung der Exilliteratur. In: Das Exilerlebnis. Verhandlungen des vierten Symposiums über deutsche und österreichische Exilliteratur, hrsg. v. Donald G. Davian und Ludwig M. Fischer. Columbia(USA) 1982, S. 338-352.
3) Wie dies hauptsächlich beim historischen Roman geschehen ist oder zur Lyrik in einer vielbeachteten Studie zum Sonett: Theodore Ziolkowski: Form als Protest. Das Sonett in der Literatur des Exils und der Inneren Emigration. In: Exil und innere Emigration, <Lit.565>, S. 153-172.
4) Wolfgang Frühwald: Odysseus wird leben. Zu einem leitenden Thema in der deutschen Literatur des Exils 1933-1945. In: Schriftsteller und Politik in Deutschland, hrsg. v. Werner Link. Düsseldorf 1979, S. 100-113. - Guy Stern: Prolegomena zu einer Typologie der Exilliteratur. In: <Lit. 646>, S. 1-17. - Wulf Köpke: Die Wirkung des Exils auf Sprache und Stil, <Lit. 608>.

Exilerfahrung und virulenter Problematik des Dichters im Exil,[1] doch sind allgemeingültige, typologisch ausgerichtete Aussagen erst durch querschnittartige bzw. repräsentative Studien zu Einzelaspekten oder Gattungen zu erreichen, die das Exil auch in seinem Verlauf betrachten.

Wie jüngst Studien von Erich Kleinschmidt[2] und Helmut Koopmann[3], die sich von diesem Anspruch leiten lassen, zeigen, stößt man so notwendigerweise nicht nur auf ähnliche Einzelbefunde, sondern dringt auch zur Funktion vor, die die Literarisierung von Exilerfahrung für den Autor erfüllt. Diesen Forschungsbeiträgen ist die vorliegende Untersuchung in besonderem Maße verpflichtet.

3. Untersuchungsgegenstand und Textauswahl

Verdeckte Exilproblematik ist an Texten zu untersuchen, die Exil gerade nicht thematisieren, d.h. die nicht in direkter Gegenwartsschilderung (z.B. als Zeitroman) oder direkt aktualitätsbezogener Darstellung Exilproblematik zum Thema haben, was damit hauptsächlich auf historische Stoffe zutrifft.

Die dominante Gattung innerhalb der Exilliteratur, der Roman, soll im Mittelpunkt der Analysen stehen. Nicht nur aus ökonomischen Zwängen heraus war diese Gattung, die noch relativ die besten Verkaufschancen hatte, für die Exilanten attraktiv; bedeutsamer sind die Flexibilität und Schnelligkeit, mit der sich diese Gattung anpassungsfähig erwies, sowie die

---

1) Helmut Koopmann: Narziß im Exil. Zu Thomas Manns "Felix Krull". In: Zeit der Moderne (Festschrift für Bernhard Zeller zum 65. Geburtstag), Stuttgart 1984, S. 401-422. - Klaus Ulrich Werner: Exil als Erfahrung und Metapher. Georg Kaisers Roman VILLA AUREA. In: Exil 2(1985)S. 36-45.
2) Erich Kleinschmidt : Exil als Schreiberfahrung. Bedingungen deutscher Exilliteratur 1933-1945. In: Exil 2(1982)S. 33-47. - Ders.: Schreiben und Leben. Zur Ästhetik des Autobiographischen in der deutschen Exilliteratur. In: Exilforschung II(1984)S. 24-40.
3) Helmut Koopmann: Von der Unzerstörbarkeit des Ich. Zur Literarisierung der Exilerfahrung. In: Exilforschung II(1984)S. 9-23.

gattungsspezifischen Eigenschaften des Romans, die ihn zum vorherrschenden Ausdrucksmittel machten.

Der Exilroman mit historischem Stoff wird auf seine Tragfähigkeit und Relevanz für die literarische Verarbeitung von Exilerfahrung untersucht. Zum Spannungsverhältnis von historischer Distanz und aktueller Analogie, in der einzelne Gegenwartsbezüge indirekt vermittelt werden, lehnt sich diese Arbeit an die These an, daß "der historische Roman der Exilzeit <...> kein verkappter Gegenwartsroman, jedenfalls nicht im ganzen", sondern "teilaktivierte Geschichte"[1] ist.

Im Gegensatz zum historischen Roman allgemein, in dem die Figuren in ihrer Bedeutung für Zeit und Umwelt fungieren, geht es im biographischen Roman mehr um die innere Entwicklung des Helden, auch abseits oder gegen die historische Situation.[2] Da die biographische Form für den Autor ganz besonders die Aufgabe haben kann, über den anderen "auch den Weg zum Selbst zu finden"[3], sollen Identitätsentwürfe historischer Dichter-Kollegen im Mittelpunkt dieser Untersuchung stehen.

Das typologische Interesse einerseits und die Fragerichtung nach literarisch verarbeiteter Exilerfahrung des Autors andererseits können die Eingrenzung auf diese vollständig überschaubare Gattung bzw. Untergattung "Dichterroman" rechtfertigen. Somit ist die Wahl des Untersuchungsgegenstandes bedingt durch die Problemstellung u n d den typologischen Anspruch der Untersuchung.

Diese gattungsspezifische Eingrenzung des Untersuchungsgegenstandes hat die Vernachlässigung der in der Exillitera-

---

1) Helmut Koopmann: "Geschichte ist die Sinngebung des Sinnlosen". <Lit. 611>, S. 21.
2) Siehe hierzu Willy A. Hanimann: Studien zum historischen Roman (1930-1945). Bern/Frankfurt 1981, S. 16.
3) Helmut Scheurer: Biographie. Überlegungen zu einer Gattungsbeschreibung. In: Vom Anderen zum Selbst. Beiträge zu Fragen der Biographie und Autobiographie, Königstein 1982, S. 9-29, hier: S. 25.

tur häufig vertretenen "literarisch aufbereitete<n> Biographie"[1] zur Folge. Ausschlaggebend für eine punktuelle Einbeziehung dieser Form von Dichterbiographien, die keine Romane sind, ist die Frage nach verdeckt transponierter Exilproblematik. Deshalb beschäftigt sich die vorliegende Untersuchung nicht mit Texten wie Bruno Adlers ADALBERT STIFTER. GESCHICHTE SEINES LEBENS[2] oder Peter de Mendelssohns WOLKENSTEIN oder DIE GANZE WELT[3].

Der Untersuchung liegen historische Romane mit Dichterthematik zugrunde, nicht die gesamte Gattung Künstlerroman, da es um die (Selbst-)Reflexion des exilierten Dichters in einer (fast ausschließlich historischen) Dichterfigur geht; Musiker- und Maler-Romane scheiden aus typologischen Gründen aus, da eine Gesamtsicht der Gattung Dichterroman beabsichtigt ist. Deshalb werden Werke wie Ferdinand Bruckners MUSSIA[4], Klaus Manns Tschaikowsky-Roman SYMPHONIE PATHETIQUE[5] oder auch Thomas Manns DOKTOR FAUSTUS[6] nicht behandelt.

Im Zentrum der Untersuchung stehen drei Einzelstudien zu den vier Romanen, in denen sich die Verwirklichung der Fragestellung am umfassendsten nachvollziehen läßt. Nur in diesen Texten wird Exilerfahrung in einer solchen Verdichtung und Komplexität verdeckt transponiert, wie es in anderen nur partiell, auf einige wenige Aspekte beschränkt, geschieht. Daraus erklärt sich die Wahl von Lion Feuchtwangers Josephus-Romanen DIE SÖHNE und DER TAG WIRD KOMMEN, Bruno Franks CERVANTES und Hans Natoneks Chamisso-Roman DER SCHLEMIHL. Zum CERVANTES und zum SCHLEMIHL legt diese Untersuchung den ersten größeren Forschungsbeitrag vor, bei Natonek auch den ersten größeren

---

1) Ernst Loewy: Exil. Literarische und politische Texte aus dem deutschen Exil 1933-1945, Bd.3, Frankfurt 1981, S. 870.
2) <Ps. Urban Roedl>, Berlin 1936 (verboten). Exilausgabe: London 1945.
3) <Ps. Karl J. Leuchtenberg>, Wien 1936.
4) Ferdinand Bruckner: Mussia. Erzählung eines frühen Lebens. Amsterdam 1935 <Neudruck: Frankfurt 1981>.
5) Amsterdam 1935.
6) Stockholm 1947.

Beitrag zum Autor.

An Feuchtwangers Romanen läßt sich zudem die Frage nach der Exil-Zäsur und die exilspezifischen Veränderungen an einem vor der Flucht (hier: DER JÜDISCHE KRIEG) begonnenen und im Exil fortgesetzten Roman-Projekt untersuchen. - Weitere Beispiele für einen im Exil weitergeführten Dichterroman sind Hermann Brochs DER TOD DES VERGIL, dem hier ebensowenig eine große Einzelstudie gewidmet wird, wie LOTTE IN WEIMAR, dem Goethe-Roman von Thomas Mann, da in beiden Texten nur einzelne Spuren von Exilerfahrung, von verdeckt eingearbeiteter Exilproblematik wirklich nachweisbar sind.[1] Das hängt allerdings auch mit dem hohen Reflexions- und Abstraktionsniveau der beiden Texte zusammen, so daß eine Exilliteraturforschung hier viele Thesen nur auf vage, nicht zu beweisende - trotzdem in ihrer Zielrichtung durchaus berechtigte - Vermutungen stützen kann. Diesen und weiteren Texten mit Dichterthematik wird sich diese Untersuchung in einem Überblickskapitel widmen.

Die Fragestellung ließe sich auch bei Texten anwenden, die nach der Rückkehr aus dem Exil, sozusagen retrospektiv Exilerfahrung verdeckt einarbeiten. Für die hier im Mittelpunkt stehende Gattung gäbe es nur ein schwerlich geeignetes Beispiel: Friedrich Torbergs SÜSSKIND VON TRIMBERG. Der zwischen 1966 und 1970 entstandene Roman um den jüdischen Minnesänger auf seiner Suche nach einer deutsch-jüdischen (Dichter-)Identität läßt kaum konkrete Aspekte verdeckter Exilproblematik nachweisen, wenngleich die jüdische Thematik und die autobiographisch geprägte Gestaltung der Titelfigur dies vermuten lassen könnten.[2]

---

1) Siehe hierzu Kapitel III dieser Untersuchung.
2) Siehe hierzu Friedrich Torbergs Selbstkommentar in F.T.: Möge es zum Guten sein. Das Arbeits-"Tagebuch" zum Roman SÜSSKIND VON TRIMBERG. In: Die Presse (Wien) v. 17./18.1.1981.- Guy Stern deutet den Text als Exilroman in: Biographischer Roman als Selbstzeugnis aus dem Exil. Friedrich Torbergs SÜSSKIND VON TRIMBERG. In: Preis der Vernunft. Literatur und Kunst zwischen Aufklärung, Widerstand und Anpassung (Festschrift für Walter Huder), hrsg. v. Klaus Siebenhaar und Hermann Haarmann, Berlin 1982, S. 167-181.

Darüber hinaus soll nach Wahl, Gestaltung und Funktion von anderen Dichterfiguren in Exiltexten gefragt werden, die zwar keine Romane sind, in denen die Dichtergestalten aber Medien verdeckter Exilthematik sind. Interessant ist dabei der vergleichende Frage-Ansatz danach, welche Dichter mit welcher Aussage-Intention literarisch gestaltet oder gar bloß zitathaft eingearbeitet werden (z.B. in der Lyrik oder im Essay).

4. Methodisches Vorgehen und Gliederung der Untersuchung

Die Einzelstudien sind primär zunächst textorientiert; die Textanalyse soll nicht im Licht der Biographie vorgenommen werden, sondern geht zunächst jeweils nur von einem zu beschreibenden schreibsituativen Hintergrund aus.

Die Rekonstruktion der Textgenese ist für die Fragestellung unabdingbar und für eine Literatur, die unter so schwierigen und wechselhaften äußeren Bedingungen entstanden ist, von besonderem Interesse.

Ebenso ist das ausführliche Recherchieren und Referieren der Publikationsgeschichte hier kein Selbstzweck, sondern leistet einen Beitrag, die spezifischen Bedingungen des Literaturbetriebes im Exil in ihrem Einfluß auf das Schreiben sichtbarzumachen.

Die Rezeption der damaligen Zeitgenossen, die in der Literaturkritik des Exils dokumentiert ist, kann zeigen, inwieweit exilspezifische Aspekte herausgelesen wurden und ob nicht vielleicht die spezifischen Rezeptionsbedingungen von Exilliteratur eine "Exil-Lesart" hervorbrachten, die geradezu unabhängig vom Text und der Intention des Autors Anwendung fand.

Der Untersuchung wird jeweils ein Forschungsüberblick zum Text bzw. dessen Autor sowie eine Darstellung der Quellenlage vorangehen, die über die Zugänglichkeit der gedruckten, hauptsächlich über vorhandene bzw. ausgewertete ungedruckte Quellen Auskunft gibt. - Der eigentlichen Textanalyse der relativ unbekannten Romane wird eine kurze Skizzierung des Inhaltes vorangestellt. Im Anschluß an die Analyse sollen dann Biographie und Werkhintergrund die Zusammenhänge im Œuvre erhellen helfen, um die Exil-Zäsur und die exilspezifische Aussage des Romans deutlich werden zu lassen. Anhand von Selbstkommentaren und Zusammenhängen im Exilwerk der Autoren wird nach der Bedeutung der Dichterromane gefragt, die sie für den jeweiligen Verfasser in seiner problematischen Exilexistenz gehabt hat.

Die übrigen unter die Fragestellung fallenden Romane und die kursorische Einbeziehung von Dichterfiguren in anderen Gattungen sollen die typologische Aussagekraft verstärken. Ziel sind typologisch faßbare Ergebnisse und eine Bewertung der Funktion und Leistung verdeckter Exilproblematik für Text und Autor anhand des Vorwurfs der "Flucht in die Geschichte". - Eine literarästhetische Qualitätsfrage wird demgegenüber zurücktreten.

II. EINZELSTUDIEN

A. Lion Feuchtwanger: "JOSEPHUS-TRILOGIE"

1. Einführung

> Ich konnte es nicht glauben, daß das Werk Ovids, Li-Tai-Pes, Dantes, Heinrich Heines, Victor Hugos nur im Stofflichen beeinflußt sei von der Verbannung dieser Dichter. Mir schien, daß das <u>innerste Wesen</u> <Herv. L.F.> der Werke, welche diese Dichter in der Zeit ihrer Verbannung geschrieben haben, bedingt war von ihren äußeren Umständen, von ihrem Exil.(1)

Der bei den historischen Dichterkollegen beobachtete Einfluß des Exils auf auf das Schreiben wird Lion Feuchtwanger zur eigenen Exil-Erfahrung. Auch sein Schreiben glaubt er nicht nur im Stofflich-Thematischen vom Exil beeinflußt, sondern sieht seine Texte ursprünglich und in einem tiefen Sinn davon geprägt.

An einem literarischen Projekt Feuchtwangers muß sich dies am ehesten untersuchen lassen: an dem vor dem Exil begonnenen und im Exil fortgesetzten Josephus-Roman um den jüdisch-römischen Schriftsteller Flavius Josephus. - Der erste Band des nach der ursprünglichen Konzeption auf zwei Bände angelegten Romanprojekts erschien 1932 - das Manuskript des vor 1933 entstandenen zweiten Teils mußte Feuchtwanger in Deutschland zurücklassen. Die Wiederaufnahme der Arbeit am JOSEPHUS im Exil stellt - auch nach seinen eigenen Angaben - keine Rekonstruktion des verlorenen zweiten Bandes dar.

In vergleichender und kontrastiver Betrachtung soll versucht werden, zwischen dem ersten Band und den beiden Bänden der Exil-Fortsetzungen Abweichungen, Aussageverschiebungen

---

1) Lion Feuchtwanger: Die Arbeitsprobleme des Schriftstellers im Exil. In: Freies Deutschland (Mexiko-City) III(1943)Hr.4, S. 27f. - Unter dem Titel "Der Schriftsteller im Exil" in: Sinn und Form IV(1954)H.3, S. 348-353 und in : L.F., Ein Buch nur für meine Freunde. Frankfurt 1984, S. 533-538, hier: S. 533.

und Brüche sowie deren exilspezifische Bedeutung zu ermitteln und zu deuten. Die ursprünglichen Themen "Nationalismus und Weltbürgertum"[1], "Judentum als geistige Haltung" und die Antinomie von Macht und Geist[2] oder, wie es Feuchtwanger 1935 ausdrückte, "der Konflikt zwischen Nationalismus und Internationalismus in der Brust eines Mannes", den er "in die Seele des jüdischen Geschichtsschreibers Flavius Josephus" zurückverlegt habe,[3] sollen auf exilspezifische Modifikationen hin beleuchtet werden. Dabei werden die drei Romane der Trilogie ganz besonders im Hinblick auf die Dichterthematik hin gelesen und die Frage nach verdeckter Exilthematik in den beiden Fortsetzungen gestellt. Beim historischen Romanprojekt JOSEPHUS ist dabei auch nach dem Grad an Historizität zu fragen, speziell inwieweit das Verhältnis von Historie und dichterischer Phantasie bedeutungstragend sein kann.

Der kürzlich edierte Briefwechsel zwischen Lion Feuchtwanger und Arnold Zweig kann über die Entstehungszeit des zweiten und dritten Bandes Auskunft geben, allerdings sind inhaltliche Kommentare Feuchtwangers zur eigenen Arbeit eher selten.[4] Unveröffentlichte Briefe Feuchtwangers an Bertolt Brecht können ergänzend herangezogen werden. Die Briefe helfen zwar, die Arbeitsphasen zu rekonstruieren, jedoch werden die exilspezifischen Veränderungen des Romanprojekts fast ausschließlich am Text selbst nachzuweisen sein.

---

1) Lion Feuchtwanger: Nachwort ⟨zu DER JÜDISCHE KRIEG⟩, in: I,503.
2) Lion Feuchtwanger: Nationalismus und Judentum ⟨1935⟩. In: L.F., Ein Buch nur für meine Freunde. Frankfurt 1984, S. 467-487, hier: S. 486.
3) Lion Feuchtwanger: Vom Sinn und Unsinn des historischen Romans ⟨1935⟩. In: L.F., Ein Buch nur für meine Freunde, ⟨Lit. 22a⟩, S. 494-501, hier: S. 497.
4) Lion Feuchtwanger - Arnold Zweig: Briefwechsel 1933-1958. Hrsg. v. Harold von Hofe, 2 Bde., Berlin/Weimar 1984.

1.1. Entstehungs- und Editionsgeschichte

Die Beschäftigung mit der jüdischen Geschichte des ersten nachchristlichen Jahrhunderts setzte bei Feuchtwanger 1912 während seiner Reisen durch die Mittelmeerländer mit dem Kennenlernen des Titus-Bogens in Rom ein:

> Feuchtwanger was deeply moved by the reliefs on the Arch of Titus depicting the triumphal procession of the Roman soldiers with the spoils from the Temple in Jerusalem. (1)

Diese monumentale Manifestation des römischen Sieges über Judäa und der Zerstörung Jerusalems im Jahre 70 wurde zu einem Schlüsselerlebnis für Feuchtwanger und Kern der ursprünglichen Konzeption eines Romans um den jüdisch-römischen Historiker und Schriftsteller Flavius Josephus alias Josef Ben Matthias.

Relativ konkrete Pläne hat es dann wohl 1926/27 gegeben,[2] sie werden von Feuchtwanger jedoch zugunsten der Arbeit an ERFOLG zurückgestellt. Recherchen und Quellenlektüre scheinen aber zu diesem Zeitpunkt schon weit fortgeschritten gewesen zu sein, da sein 1928 erschienenes Vorwort zu der religionsgeschichtlichen Untersuchung DER GESCHICHTLICHE JESUS von Ditlef Nielsen ein intensives Literaturstudium zu den historischen und religiösen Grundlagen jener Zeit belegt.[3] Die eigentliche Arbeit am ersten Band des als zweibändiges[4] Werk konzipierten Romans begann ab 1930; DER JÜDISCHE KRIEG erscheint dann 1932.

Die Arbeit am zweiten und nach der ursprünglichen Konzeption abschließenden Teils konnte Feuchtwanger aufgrund der schon ge-

---

1) Dies schreibt Feuchtwangers langjährige Sekretärin im amerikanischen Exil. Hilde Waldo: Lion Feuchtwanger - A Biography. In: Lion Feuchtwanger: The Man - His Ideas - His Work, Los Angeles 1972, S. 1-24, hier: S. 5.
2) Ebd., S. 10. - Siehe hierzu auch Joseph Pischel: Lion Feuchtwanger. Leipzig 1976, S. 110.
3) Ditlef Nielsen: Der geschichtliche Jesus. München 1928; Feuchtwangers Vorwort: S. VII-XXVII.
4) "Hier endet der erste der beiden Romane über den Geschichtsschreiber Flavius Josephus."(I,438):

leisteten Vorarbeiten unmittelbar nachfolgen lassen. Als er
im November 1932 Deutschland verläßt, um eine mehrmonatige
Vortragsreise nach Großbritannien und den USA anzutreten,
läßt er das Manuskript des zweiten Teils in Berlin zurück,
das dann bei der Plünderung seines Hauses durch die Nazis vernichtet werden sollte.

> Der Roman "Josephus" sollte ursprünglich nur zwei Teile
> umfassen. Der zweite, abschließende Band war im Jahr
> 1932, als ich den ersten veröffentlichte, bis zu seinem
> Ende entworfen und zu seinem großen Teil ausgeführt.(II,
> 503)

Weiter schreibt Lion Feuchtwanger im Nachwort zum im Exil neu
geschriebenen zweiten Band DIE SÖHNE: "Den verlorenen Teil in
der ursprünglichen Form wiederherzustellen erwies sich als unmöglich"(II,503). - Dies hat mit seinen völlig neuen Erfahrungen und Lebensumständen zu tun, denn er hatte, wie er
selbst betont, "manches dazugelernt" (II,503), so daß es ihm
eben nicht möglich war, "to rewrite the volume from memory"[1].

Nachdem Lion Feuchtwanger im März 1933 aus den USA nach Europa zurückgekehrt war, traf er seine Frau in der Schweiz, von
wo aus sie im April an die fanzösische Riviera gingen. Bereits
im März 1933 erwägt Feuchtwanger eine Fortsetzung des JOSEPHUS, teilt Arnold Zweig jedoch mit, daß er vorläufig nicht
an eine Fortführung denken könne.[2] Stattdessen erwähnt er Pläne, die von Quellenmaterial unabhängig seien.[3] Im April, zunächst provisorisch in einem Hotel in Bandol wohnend, sind
seine ersten literarischen Vorhaben aktuell-politischer und
autobiographischer Natur.[4] Innerhalb von zwei Monaten entsteht
die Filmfassung von DIE GESCHWISTER OPPERMANN, bis zum Herbst
erarbeitet er daraus den gleichnamigen Roman, der noch 1933
bei Querido in Amsterdam erschien. Der die Zeitspanne von No-

---
1) Dies behauptet Klaus Weissenberger in Bezug auf Marta Feuchtwanger und
   Hilde Waldo (K.W.: Flavius Josephus - A Jewish Archetype. In: Lion
   Feuchtwanger: The Man - His Ideas - His Work, <Lit.77>, S. 187-199,
   hier: S. 195 bzw. Anm. 7, S. 199).
2) Brief vom 11.3.1933 (BRIEFE I,21).
3) Brief vom 25.3.1933 (BRIEFE I,23).
4) Brief vom 24.4.1933 (BRIEFE I,25).

vember 1932 bis Spätsommer 1933 umfassende, höchst aktuelle Zeitroman ist als direkte literarische Verarbeitung der unmittelbar erlebten Zeitereignisse zu sehen.

Im Mai 1934 beginnt Feuchtwanger nach Bezug eines großzügigen Hauses unter verbesserten Arbeitsbedingungen (seine Bibliothek war mittlerweile bereits wieder auf 2000 Bände angewachsen)[1] in Sanary-sur-mer mit den Vorarbeiten für die Fortsetzung des JOSEPHUS; vermutlich hatte er bereits im Winter bei seinem längeren Aufenthalt in Paris Material sammeln können. Im März 1934 ist er planerisch bereits mit dem JOSEPHUS beschäftigt gewesen.[2] Aus der Korrespondenz mit Brecht geht hervor, daß er den Sommer über intensiv am Roman arbeiten wollte, ja er schätzt die Arbeitszeit bereits (realistisch!) auf rund einundhalb Jahre: "Ich werde aber nicht so gehetzt arbeiten wie das letzte Jahr, da ich das Buch erst im nächsten Jahr erscheinen lassen will"[3]. Im Juni steckt er "tief in den Vorarbeiten zum zweiten JOSEPHUS"[4], wobei die Arbeit nicht nur von den Problemen der Quellenbeschaffung belastet gewesen scheint, sondern gerade auch durch die "Schwierigkeiten der Kontinuität"[5]. Ob dies die Gründe sind, weswegen Feuchtwanger "vor dem JOSEPHUS eine gewisse Angst"[6] hatte, wird im einzelnen noch auszuloten sein.

Bereits in der Vorbereitungsphase wird sich Feuchtwanger darüber klar, daß die ursprüngliche Konzeption als zweibändiges Werk nicht beibehalten werden konnte. Er erweitert den Roman derart, daß ein dritter Band zwingend erschien.[7] Von einem Versuch zur Rekonstruktion des in Berlin zurückgelassenen Manuskripts des abschließenden zweiten Bandes ist in seinen Briefen nie die Rede.

---

1) Volker Skierka: Lion Feuchtwanger. Eine Biographie. Berlin 1984, S. 153.
2) Brief vom 26.3.1934 (BRIEFE I,38).
3) Brief vom 5.6.1934 (BRIEFE I,49).
4) Brief vom 13.7.<1934> (Bertolt-Brecht-Archiv, Sign. 478/98).
5) Brief vom 25.4.1934 (BRIEFE I,42).
6) Ebd.
7) Erstmals im Brief an Arnold Zweig vom 13.7.1934 (BRIEFE I,56). Am gleichen Tag auch an Brecht (BBA Sign. 478/98). Siehe auch den Brief an Zweig vom 17.7.1934 (BRIEFE I,57) und ausführlicher am 2.9.1934 (BRIEFE I,61-64).

Im September 1934 hat er das erste von fünf Kapiteln satzfertig, das dritte und vierte ist weit fortgeschritten.[1] Die Vollendung der SÖHNE verzögert sich dann aber noch vom terminierten Schluß im Juli[2] bis in den August 1935.[3] Nach Abschluß der SÖHNE[4] folgt die Arbeit am "Nebenprodukt"[5] des JOSEPHUS, DER FALSCHE NERO; ein Jahr später ist der Text fertig. Essayistisches, das Buch mit seinen Eindrücken von der Reise in die Sowjetunion "MOSKAU 1937" und der große Zeitroman EXIL, der noch kurz vor dem Beginn des Zweiten Weltkrieges vollendet wird,[6] folgen.

Während die Entstehungsjahre des zweiten Bandes des JOSEPHUS in der Forschung bisher meist korrekt bestimmt wurden, datiert man die Entstehung des dritten Bandes häufig falsch. Die neusten Biographien sind hier meist zuverlässiger als Einzelstudien.[7]

---

1) Brief vom 2.9.1934 (BRIEFE I,63).
2) Brief vom 18.2.1935 (BRIEFE I,71f.) und Brief an Brecht vom 16.2.1935: "Aber vorläufig hält mich der zweite Josephus noch bis mindestens Mitte Juli hier fest." Das Datum wurde bisher mit der Jahresangabe "1936" falsch erschlossen. - Die Information über den Stand der Arbeit an den SÖHNEN beweist, daß der Brief vom 16.2.1935 stammen muß. Siehe: L.F.: Briefe an Freunde. In: Sinn und Form 11(1959)H.1, S. 12. Wiederabdruck dieses Briefes mit der gleichen falschen Datierung in Michael Winkler: Deutsche Literatur im Exil 1933-1945. Texte und Dokumente. Stuttgart 1982, S. 291.
3) Brief vom 10.4.1935 (BRIEFE I,77) und Brief vom 1.5.1935 (BRIEFE I,78).
4) "Der zweite 'Josephus' ist so ziemlich fertig." Brief vom 9.8.1935 (BRIEFE I,90) an Zweig und am 10.8.<1935> an Brecht: "... ich bin gerade mit dem zweiten 'Josephus' fertig ..." (BBA Sign. 478/82).
5) Von DER FALSCHE NERO schreibt Feuchtwanger selbst: "sehr gewichtig wird das Buch nicht werden" (Brief vom 3.9.1935, In: BRIEFE I,93).
6) Nachwort Feuchtwangers zu EXIL, Berlin/Weimar 1974 (3.Aufl.).
7) "1938-1940" datiert z.B. Elke Nyssen (E.N.: Geschichtsbewußtsein und Emigration. Der historische Roman der deutschen Antifaschisten 1933-1945. München 1974). Unverständlich bleibt, wie Holger Zerrahn trotz Einsichtnahme in die Briefe Zweigs den Beginn der Arbeit auf Juli 1939 datieren kann, als Feuchtwanger in der Endphase von EXIL war. Zerrahn bezieht sich dabei auf Briefe, die ihn gerade widerlegen (H.Z.: Exilerfahrung und Faschismusbild in Lion Feuchtwangers Romanwerk zwischen 1933 und 1945. Bern/Frankfurt 1984, S. 116 bzw. 216, Anm.1).

Nach Kriegsbeginn wird Feuchtwanger wie viele andere deutsche Exilanten interniert; als Exilant aus "Sanary-la-Boche" kommt er ins Internierungslager Les Milles bei Aix-en-Provence, aus dem er nach zehntägiger Haft aufgrund internationaler Proteste wieder freigelassen wird. Nach diesem Erlebnis überlegt er eine zumindest zeitweilige Übersiedelung nach den USA; trotz aller Ungewißheit geht er jedoch erneut an sein altes literarisches Projekt:

> Ich hatte eigentlich die Absicht, mir nach der Vollendung des großen Romans <EXIL, Anm. d. Verf.> richtige Ferien zu gönnen. Jetzt bleibt mir nichts weiter übrig, als seufzend an den dritten Teil des 'Josephus' zu gehen, der übrigens nicht übermäßig viel Arbeit und nicht übermäßig viel Zeit in Anspruch nimmt.(1)

Feuchtwanger greift somit in dieser unsicheren Situation auf seine umfangreichen Vorarbeiten für den abschließenden Teil der Josephus-Trilogie zurück und schreibt den Roman DER TAG WIRD KOMMEN.

> Uns hier geht es etwas auf und ab. Einen Tag sind wir geneigt, die Dinge etwas optimistischer anzuschauen, den andern Tag leidet man wieder unter den vielen kleinen Schwierigkeiten der Situation. Ich versuche, ernstlich zu arbeiten, aber man wird natürlich immer wieder herausgerissen.(2)

Feuchtwanger zögert mit einer Entscheidung zur Emigration nach Amerika bis Frühjahr, schreibt in diesen Monaten der Ungewißheit "vorläufig ruhig weiter am JOSEPHUS"[3]. Am 18.1.1940 schreibt er an Brecht:

> Mir geht es leidlich. Ich arbeite viel am dritten Teil des Josephus. Aber ganz leicht ist es natürlich nicht, die nötige Ruhe dafür zu finden, und es gibt immer wieder unangenehme Störungen. Ich werde deshalb nun doch wohl nach Amerika gehen, ich denke, spätestens Anfang Mai, vielleicht aber doch schon Anfang März. Ich hätte gern noch vorher den 'Josephus' hier fertiggeschrieben,...(4)

---

1) Brief vom 3.11.1939 (BRIEFE I,211).
2) Brief vom 17.11.1939 (BRIEFE I,211)
3) Brief vom 28.12.1939 (BRIEFE I,213).
4) Bertolt-Brecht-Archiv Sign. 654/146.

Als er dann tatsächlich reisen will, lassen die französischen Behörden dies nicht mehr zu. - Am 9.April 1940 meldet er Zweig aus Sanary: "Der dritte JOSEPHUS ist in erster Fassung fertig"[1]. Es überrascht dabei die Schnelligkeit, mit der er den Roman trotz der skizzierten Umstände innerhalb von ca. fünf bis sechs Monaten niederschreibt. Zum "Überfeilen", wie Feuchtwanger die Bearbeitung eines fertigen Manuskripts nannte, kommt er jedoch nicht mehr, da er ab Ende April vier Monate lang erneut interniert wird. Feuchtwangers Sekretärin Lola Sernau tippte das Manuskript des dritten JOSEPHUS in Sanary noch ab und leitete es dann dem US-Konsulat in Marseille zu, bevor auch sie, wie vorher schon Marta Feuchtwanger, interniert wurde.

Nach Feuchtwangers Rettung aus dem Lager bei Nîmes werden er und seine Frau vom amerikanischen Vize-Konsul in Marseille versteckt, wo Feuchtwanger erneut an seinem Roman feilt.

> Selbst in den extremsten Lebenssituationen - in den unsicheren ersten Tagen des Exils oder später in einem Versteck in Marseille vor der Flucht nach Amerika - schreibt er konzentriert und offensichtlich ohne Unruhe an dem gerade in Arbeit befindlichen Werk.(2)

Die letzte Station in der (Exil-)Geschichte dieses Manuskripts, die Vereinigten Staaten, erreicht der dritte Roman der Trilogie mit diplomatischer Post des amerikanischen Konsulats. Nachdem Feuchtwanger nach lebensgefährlicher Flucht im Oktober 1940 in Amerika angekommen war, macht er sich in New York an allerletzte Korrekturen.[3]

Die Editionsgeschichte aller drei Bände der Trilogie zeigt exemplarisch Editions- und Publikationsbedingungen von Exilliteratur.

---

1) BRIEFE I,217.
2) Wilhelm von Sternburg: Lion Feuchtwanger. Ein deutsches Schriftstellerleben. Königstein 1984, S. 257.
3) Hilde Waldo, ‹Lit.149›, S. 15. - Wie Frau Waldo dem Verf. durch Harold von Hofe mitteilen ließ, handelt es sich jedoch nur um "verschwindend wenige Änderungen".

DER JÜDISCHE KRIEG, der erste Band, erschien 1932 im Propyläen Verlag in Berlin; nach der Machtübertragung an die Nationalsozialisten gehörte Feuchtwanger sogleich zu den verfemten Autoren: NS-kritische Äußerungen Feuchtwangers in einer englischen Zeitung veranlaßten den Verlag, den Vertrieb des Buches einzustellen. Feuchtwanger hörte im April 1933 davon, daß sein Verlag die Restbestände in die Schweiz verkauft hatte.[1]

Der zweite Band, DIE SÖHNE, erscheint unverzüglich nach Fertigstellung im Herbst 1935 in der deutschen (Exil-)Abteilung des Querido-Verlages in Amsterdam.[2] Die teilweise parallel zur Niederschrift erarbeitete englische Übersetzung kam noch 1935 in London und im Januar 1936 unter dem Titel THE JEW OF ROME bei Viking Press (New York) heraus. Hier waren schon früher Bücher Feuchtwangers - so auch DER JÜDISCHE KRIEG - in Übersetzung erschienen; Viking Press beschränkte sein Engagement für die deutsche Exilliteratur ausschließlich auf erfolgversprechende Romane.[3]

Typisch für Exilwerke ist der auszugsweise Vorabdruck in Exilzeitschriften. In der von Klaus Mann herausgegebenen SAMMLUNG erscheint noch 1935 das erste Kapitel der SÖHNE in drei Fortsetzungen; Feuchtwanger war sozusagen Haus-Autor des Querido-Verlages und Mitarbeiter der SAMMLUNG:[4] - Während des französischen Exils sind die Veröffentlichungs- und Verbreitungsmöglichkeiten für ihn noch relativ gut. Die englische Übersetzung des JÜDISCHEN KRIEGs kommt 1933 und 1937 in Neuausgaben heraus und Querido startet mit dem JOSEPHUS als Band drei eine Exilausgabe von Feuchtwangers "Gesammelten Werken".

---

1) Brief an Arnold Zweig vom 24.4.1933 (BRIEFE I,25).
2) Hier unterläuft Holger Zerrahn in seiner jüngst erschienenen Studie <Lit.155> ein unverständlicher Fehler, wenn er schreibt, "Der zweite Band der Trilogie, DIE SÖHNE, ist 1935 beendet, wird aber erst 1942 veröffentlicht" (S. 34).
3) Alexander Stephan: Die deutsche Exilliteratur 1933-1945. München 1979, S. 95.
4) DIE SAMMLUNG III(1935)H.IX, S. 531-557; H.X, S. 606-634; H.XI, S. 705-710.

Unter den erschwerten Publikationsbedingungen für deutsche
Exilliteratur im Zweiten Weltkrieg, besonders durch die Liquidierung der deutschen Abteilungen der Verlage Allert de
Lange und Querido in Amsterdam beim deutschen Überfall im Mai
1940, ist auch die Veröffentlichungsgeschichte des dritten
Bandes des JOSEPHUS zu sehen. Der unter teilweise gespenstischen Bedingungen entstandene und auf abenteuerlichen Wegen
nach Amerika gerettete Roman konnte (außer einem Vorabdruck
im AUFBAU, New York) zunächst nicht in deutscher Sprache erscheinen und blieb längere Zeit unübersetzt. Unter dem Titel
JOSEPH AND THE EMPEROR bzw. THE DAY WILL COME erscheint er
1942 in New York bzw. London.[1] Erst 1945 kommt die erste
deutsche Ausgabe bei Bermann-Fischer in Stockholm zustande.

In der Bundesrepublik Deutschland erscheint 1952 - nach
der DDR-Ausgabe - eine einbändige Ausgabe der Josephus-Trilogie in Lizenz des Greifenverlages in Rudolstadt,[2] der Feuchtwangers deutscher Verlag wurde (später der Aufbau-Verlag) und
wo seine Werke von Anfang an in großen Auflagen erschienen.[3]

1.2. Rezeptionsgeschichte und Forschungsstand

> Rezensionen des Buches sind, scheint mir, überhaupt
> noch nicht erschienen. Ich muß ehrlich sagen, daß mich
> das kaum berührt. Ich glaube, was die Emigrantenpresse
> schreibt, ist für das Schicksal eines Buches leider
> gleichgültig ... (4)

Feuchtwanger war bereits in der Weimarer Republik von der Literaturkritik nicht gerade verwöhnt worden, er war an hohe
Auflageziffern aber auch an schlechte Kritiken gewöhnt.[5]

---

1) Zu seinem Erfolg auf dem amerikanischen Buchmarkt siehe Wulf Köpke:
   Die Exilschriftsteller und der amerikanische Buchmarkt. In: Deutsche
   Exilliteratur seit 1933, Bd.I, Teil 1, hrsg. v. John M. Spalek und
   Joseph Strelka, <Lit.551>, S. 89-116, hier: S. 102-106.
2) Frankfurter Verlagsanstalt. Mit einem Vorwort von Walter Dirks.
3) Die drei Bände der Josephus-Trilogie erschienen 1950.
4) Brief Feuchtwangers an Arnold Zweig vom 28.10.1935 (BRIEFE I,100f.).
5) Marcel Reich-Ranicki: Lion Feuchtwanger oder Der Ruhm des Emigranten.
   In: <Lit.548>, S. 443-456, hier: S. 443f.

Da er in Großbritannien und vor allem in Amerika ein Autor von Bestsellern war, konnte das Urteil der Exilpresse für den (Verkaufs-)Erfolg tatsächlich irrelevant genannt werden. - Einige Monate nach dem Erscheinen der SÖHNE liegen Feuchtwanger dann erste Reaktionen auf sein Werk vor, wobei sicher auch ausländische Rezensionen dabei waren: "Die Rezensionen, die ich gekriegt habe, waren im allgemeinen recht dumm, sowohl die hymnischen wie die weniger hymnischen."[1]

Wichtiger Maßstab der Rezensenten der deutschen Exilpresse bei der Beurteilung der Exil-Fortsetzung des JOSEPHUS war, "ob und inwieweit mit den Mitteln, die Feuchtwanger als Autor historischer Romane verwendet, Fragen der Gegenwart gelöst werden können"[2]. Der historische Exilroman wird in den Rezensionen immer auf seine Aussagekraft hinsichtlich der Gegenwartsprobleme befragt, ja diese werden als Intention des Autors vorausgesetzt. Dabei wird der Roman jeweils nach der ideologischen Position des Rezensenten entweder auf seinen Wert als literarische Faschismusanalyse geprüft oder auf seine versteckten Gegenwartsanspielungen.

Demnach kritisiert Franz C. Weiskopf im GEGENANGRIFF die nicht-materialistische Geschichtssicht Feuchtwangers und bezweifelt, ob die Gegenwartsprobleme so überhaupt angegangen werden könnten, d.h. ob der Roman für den Kampf gegen den Faschismus überhaupt tauge.[3]

Dagegen betont Ludwig Marcuse zwar den "politisch-aktuellen Charakter des Romans", setzt sich jedoch mit dem Text als historische Dichtung auseinander, wenngleich er nach dem (eher persönlichen) Erkenntniswert für den verfolgten Leser mit seinen Problemen fragt:

> Und da heute alle Leser diese Geschichte aus dem ersten Jahrhundert aufnehmen werden wie einen Schlüsselroman aus unseren Tagen, so werden sie unvermeidlich dem Autor

---

1) Brief an Zweig vom 16.1.1936 (BRIEFE I,104).
2) Franz C. Weiskopf: Judäa - Dachau - Verdun. Zu einigen neuen Werken der deutschen Emigrationsliteratur. In: Der Gegenangriff Jg.II, Nr.50 vom 14.12.1935, S. 4.
3) Ebd.

der SÖHNE die Frage vorlegen: Wie denkt sich nun Feuchtwanger die Befriedung der Seelen, die zu gleicher Zeit zwei verschiedenen Völkern verhaftet sind?(1)

Aus Enttäuschung über die Rezensionen zu DIE SÖHNE schreibt Feuchtwanger an Arnold Zweig: "Es ist leider wirklich so, daß wir uns schon entschließen müßten, übereinander Rezensionen zu schreiben, wenn wir was besonderes haben wollen."[2] - Zweig versteht den Wink des Freundes und schreibt in der NEUEN WELTBÜHNE eine Besprechung,[3] die Feuchtwanger tief getroffen haben muß: Unter dem Motto eines entstellten Hofmannsthal-Zitats[4] lobt Zweig das Werk des Freundes ohne jede inhaltliche Auseinandersetzung; obwohl von Feuchtwanger über dessen literarische Arbeit brieflich immer auf dem Laufenden gehalten, erweist Zweig dem Freund einen schlechten Dienst, wenn er als Intimus bereits die vermeintliche Forsetzung ankündigt: "... wir erwarten lustvoll den Schlußband des Werkes, das DER FALSCHE NERO heißen wird"[5].

Unter den veränderten Rezeptionsbedingungen im Zweiten Weltkrieg ist kaum noch von einer funktionierenden deutschen Literaturkritik im Exil zu sprechen. Feuchtwangers dritter Teil des JOSEPHUS erscheint 1942 zudem nur in englischer Sprache; deutschsprachige Rezensionen erfolgen kaum. Im AUFBAU liest der Rezensent den Roman als anspielungsreich mit Blick auf das jüdisch-deutsche Leben um 1930 und lobt dabei, daß "der vom Leser erfühlte Vergleich mit dem Heute <...> in keiner Weise betont"[6] sei. - Ganz anders die amerikanische Kritik,

---

1) L.M. (d.i. Ludwig Marcuse): Feuchtwangers Roman DIE SÖHNE. - Die Fortsetzung des JÜDISCHEN KRIEGES. In: Pariser Tageblatt Jg. III, Nr. 722 vom 4.12.1935, S. 4.
2) Brief vom 16.1.1936 (BRIEFE I,104).
3) Arnold Zweig: Feuchtwangers imaginäres Theater. In: Die Neue Weltbühne Jg. 1936, Nr. 20, S. 620-623.
4) Aus "früh gereift und zart und traurig" der Loris-Einleitung zu Schnitzlers ANATOL wird "früh gereift und müd und leise".
5) Arnold Zweig: Feuchtwangers imaginäres Theater, <Lit.155a>, S. 622. Feuchtwanger reagiert in einem Brief an Zweig: "Mit ihrem Hinweis auf DIE SÖHNE <...> war ich nicht sehr glücklich". Brief vom 24.7.1936 (BRIEFE I,117).
6) M.G.: Der Tod des Josephus. In: Aufbau (New York) Nr. 16 vom 17.4.1942, S. 8.

die in der Regel sehr positiv war, die jedoch in den historischen Romanen Feuchtwangers aufgrund einer völlig anderen Rezeptionshaltung und eines anderen Erfahrungshintergrundes mögliche, wie auch immer geartete Gegenwartsbezüge nicht sah.[1] Erwartet wurden keine direkten Gegenwartsanspielungen, sondern eher eine Form von packender, psychologischer Aktualität der historischen Figuren.

Die Forschung zum Josephus-Roman ist Abbild der Feuchtwanger-Forschung am allgemeinen: Einerseits gibt es die materialistisch orientierte Erforschung seines Werkes, die in der DDR bereits seit den fünfziger Jahren intensiv betrieben wird, andererseits existieren in geringerem Umfang Studien der "bürgerlichen" Literaturwissenschaft, die meist aus den USA stammen und ein besonderes Interesse an der jüdischen Thematik im Œuvre Feuchtwangers haben. Im Zuge des angewachsenen Interesses an der Erforschung der Exilliteratur kam es auch zu einer, wenn auch zögernden Annäherung der bundesdeutschen Germanistik an den "Ersatzklassiker"[2] des anderen deutschen Staates. Der einhundertste Geburtstag 1984 und die zu diesem Anlaß entstandenen Biographien haben der Forschung jüngst wichtige Impulse gegeben.[3]

Einig ist sich die Forschung zum JOSEPHUS darin, daß das Exil von entscheidendem Einfluß auf den zweiten und dritten Band der Josephus-Trilogie war.[4] Doch welche exilspezifischen

---

1) Wulf Köpke: Die Exilschriftsteller auf dem amerikanischen Buchmarkt, <Lit.103>, S. 89-116, hier: S. 103.
2) Hans Mayer: Lion Feuchtwanger oder Die Folgen des Exils. In: H.M., Zur deutschen Literatur der Zeit, Reinbek 1967, S. 290-300, hier: S. 291. Erstmals in: Neue Rundschau 76(1965)S. 120-129.
3) Reinhold Jaretzky: Lion Feuchtwanger in Selbstzeugnissen und Bilddokumenten. Reinbek 1984. - Wolfgang Jeske und Peter Zahn: Lion Feuchtwanger oder Der arge Weg der Erkenntnis. Stuttgart 1984. - Wulf Köpke: Lion Feuchtwanger. München 1983. - Volker Skierka: Lion Feuchtwanger. Eine Biographie. Hrsg. v. Stefan Jaeger. Berlin 1984. - Wilhelm von Sternburg: Lion Feuchtwanger, <Lit.144>.
4) Lediglich Carl Steiner <Lit.652> hält die Josephus-Trilogie inhaltlich wie formal für "wie aus einem Guß"(S. 53), liefert eine völlig unbrauchbare Studie, was jedoch nicht für jede seiner Einzeluntersuchungen zum historischen Roman im Exil gilt.

Veränderungen in Feuchtwangers Romanprojekt auszumachen sind und welches die veränderten Erfahrungen sind, die ihm dabei die Feder führten, darüber gibt es keine übereinstimmende Forschungsmeinung.

Die materialistisch orientierte Literturwissenschaft sieht Feuchtwangers durch das antifaschistische Engagement und die zunehmende Sympathie für den Sozialismus, sich wandelndes Geschichtsbild als entscheidend für den zweiten und dritten JOSEPHUS an. Im Mittelpunkt des Interesses stehen demzufolge die Fragen nach der Gestaltung des bürgerlich-intellektuellen Helden in Beziehung zum Volk, die Darstellung der ökonomischen Triebkräfte und der politischen Aktualität der Antinomien von Macht und Geist, von Nationalismus und Internationalismus.

Ruth Rindfleischs Arbeit zum JOSEPHUS aus dem Jahr 1969 ist die einzige große Einzelstudie, die ausschließlich diesem Romanwerk gewidmet ist.[1] Ihre getrennten Analysen der drei Bände zeigen wesentliche Unterschiede der drei Romane in thematischer, intentionaler und auch formal-stilistischer Hinsicht auf. Im historischen Stoff entwickle Feuchtwanger für seine Geschichtsauffassung und sein Denken allgemeine, zentrale Gegensätze: die Antithetik von Handeln und Nichthandeln, Vernunft und Gefühl, Nationalismus und Weltbürgertum und letztlich den Gegensatz von Macht und Geist, der sich im historisch-kulturellen Kontrast West-Ost niederschlage. Die Kritik Rindfleischs richtet sich hauptsächlich dagegen, daß Feuchtwanger diese Problemkreise in Antinomien formuliert und nicht als dialektische Widersprüche gestaltet hat. Ruth Rindfleisch hat als erste die Tatsache der veränderten Gesamtkonzeption im zweiten und dritten (Exil-)Band des JOSEPHUS erkannt, wobei sie jeweils neue Erfahrungen des Autors für die-

---

1) Ruth Rindfleisch: Lion Feuchtwangers Josephus-Trilogie. Gestaltprobleme und Entwicklungstendenzen beim literarischen Erfassen der Held-Volk-Beziehung im Roman mit vergangenheitsgeschichtlichem Stoff des deutschen bürgerlichen Realismus von 1932/33 bis 1945. Phil. Diss. Greifswald 1969 (Masch.).

se neue Konzeption verantwortlich macht. Die Konsequenzen des Exils für den bürgerlichen, jüdischen Schriftsteller und sein Engagement für eine antifaschistische Volksfrontpolitik würden die ursprüngliche Thematik zurückdrängen und den Konflikt zwischen Künstler und Gesellschaft - sowie die Frage nach der Rolle des Schriftstellers - in den Vordergrund rücken lassen. Der deutliche Reflexionscharakter führe zu einer "Privatisierung" und Aktionsarmut der Handlung, die sich im JÜDISCHEN KRIEG gerade durch das Gegenteil auszeichnet. Bezüge zur Gegenwart würden außerdem deutlich forciert und als Analogien zu aktueller Problematik in einer anderen Qualität eingeflochten. Diese Tendenz verstärke sich weiter im dritten Band DER TAG WIRD KOMMEN. Unter dem Eindruck des kriegführenden deutschen Faschismus werde das Leben und Wirken des Schriftstellers Flavius Josephus unter dem Gewaltregime des Domitians problematisiert und bis zur völligen Entwertung der Bedeutung und der Wirkungsmöglichkeit des Schriftstellers relativiert. Neu und positiv gesehen werde dagegen die Rechtfertigung von gewaltsamer politischer (Befreiungs-)Aktion, die den Autor Flavius Josephus zum Freiheitskämpfer werden lasse.

Die ermittelten exilspezifischen Aspekte der beiden in der Emigration geschriebenen Bände stehen bei Rindfleisch in einem streng marxistischen Begründungszusammenhang. Die von ihr aufgedeckte, auf die Schriftstellerproblematik ausgerichtete Exilthematik, verfolgt sie jedoch nicht konsequent am Text.

Auf Ruth Rindfleischs Studie fußend, kommen Elke Nyssen[1] und Holger Zerrahn[2] bei der Frage nach den Folgen der Exilerfahrung für die Fortsetzung des Josephus-Projektes bereits zu differenzierteren Aussagen, dringen aber nicht bis zur Textanalyse unter dem Gesichtspunkt verdeckter Exilproblematik

---

1) Elke Nyssen: Geschichtsbewußtsein und Emigration. Der historische Roman der deutschen Antifaschisten 1933-1945. München 1974, S. 157-172.
2) Holger Zerrahn: Exilerfahrung und Faschismusbild in Lion Feuchtwangers Romanwerk zwischen 1933 und 1945. Bern/Frankfurt 1984, S. 91-130.

vor. Der Zusammenhang von Schriftstellerthematik und Exilproblematik wird auch in Arbeiten mit anderer literaturtheoretischer Grundlegung gesehen, ja sogar mit in den Mittelpunkt der Betrachtung gerückt.[1]

Über die Rolle der jüdischen Thematik dabei gibt es (wie für das Judentum und jüdische Themen als konstitutives Element im Werk Feuchtwangers insgesamt)[2] vor allem in der amerikanischen Germanistik und Judaistik sogar Einzelstudien, die auch der Frage nach der Affinität des jüdischen Schriftstellers Feuchtwanger mit seinen literarischen, jüdischen Autor-Kollegen nachgehen;[3] die komplexe Eingebundenheit der jüdischen Thematik in die Exilthematik des Textes wird allerdings vernachlässigt.

Die Untersuchung des JOSEPHUS mit besonderem Blick auf den h i s t o r i s c h e n Roman und das sich in ihm manifestierende und sich im Exil wandelnde Geschichtsbild wurde bisher fast ausschließlich von der materialistischen Literaturwissenschaft geleistet.[4]

Georg Lukács, der bei seiner Studie zum "Historischen Roman des demokratischen Humanismus"[5] 1936/37 nur den zweiten, nicht den später geschriebenen dritten Teil des JOSEPHUS berücksichtigen konnte, kritisiert grundsätzlich Feuchtwangers "Modernisierung der Geschichte"[6], also auch seine Aktualisierung des historischen Stoffes durch Gegenwartsbezüge anhand von Konflikten oder der Psychologie der Figuren. Eine exilbedingte Entwicklung im zweiten Band sieht er bei "der

---

1) Siehe u.a. Wulf Köpke: Lion Feuchtwanger, <Lit.103>, S. 120-129.
2) Besonders umfassend bei Arie Wolf: Lion Feuchtwanger und das Judentum. In: Bulletin des Leo-Baeck-Instituts (1982)61, S. 57-78 und (1982)62, S. 55-94.
3) Marc Lee Raphael: An Ancient and Modern Identity Crisis - Lion Feuchtwanger's 'Josephus'Trilogy. In: Judaism 21(1972)S. 409-414. - Klaus Weissenberger: Flavius Josephus, <Lit.152>, S. 187-199.
4) Mit Ausnahme von Günter Heeg, <Lit.587>, S. 70-80.
5) Georg Lukács, <Lit.415>, S. 354-363.
6) Ebd., S. 362.

Schilderung des Volkes, seiner ökonomischen Lage und den aus ihr entspringenden ideologischen Problemen"[1], die einen viel breiteren Raum als in DER JÜDISCHE KRIEG einnähmen. Feuchtwangers "Anerkennung der Notwendigkeit ökonomischer Kategorien"[2], sein in diesem Sinne verändertes Geschichtsbild, führt Lukács auf die neuen Erfahrungen im antifaschistischen Exil zurück. In dieser Hinsicht sind die SÖHNE für ihn "historischer" als DER JÜDISCHE KRIEG, obwohl hier die Historizität, im Sinne von Faktentreue, deutlich reduziert wird. - Erst der dritte Band hätte Lukács die aufsteigende Linie zunehmender aktueller Gegenwartsbezüge des historischen Stoffes im Exil endgültig erkennen lassen, aber auch, daß Feuchtwanger im JOSEPHUS die von Lukács geforderte konkrete Darstellung der Vergangenheit als Vorgeschichte der Gegenwart gar nicht hatte leisten wollen.

---

1) Georg Lukács: Der historische Roman des demokratischen Humanismus, <Lit.415>, S. 358.
2) Ebd., S. 361.

2. Der historische und der gedichtete Josephus -
Die Romanfiguren und ihre Historizität

> Ich habe mich immer wieder bemüht, das Bild <u>meiner</u> ⟨Herv. d. Verf.⟩ Wirklichkeit bis ins kleinste Detail treu wiederzugeben, aber niemals habe ich mich darum gekümmert, ob meine Darstellung der historischen Fakten exakt war. Ja, ich habe oft die mir genau bekannte aktenmäßige Wirklichkeit geändert, wenn sie mir illusionsstörend wirkte.(1)

Beim Wort genommen, ließen Feuchtwangers Gedanken zum "Sinn und Unsinn des Historischen Romans" von ihm Romane erwarten, in denen der historische Stoff lediglich "historische Einkleidung"[2] einer aktuellen Thematik des Autors ist und - wenn überhaupt - äußerst frei mit den historischen Fakten umgegangen wird. Stattdessen wird er zu Recht wegen seines profunden historischen Wissens gerühmt und gilt als ein Autor, der sich für seine historischen Dichtungen intensiv mit Quellen und Forschungsliteratur beschäftigt hat. Die literarische Nutzung von Geschichte ist bei ihm weit mehr als nur "Stilisierungsmittel, ein Mittel auf die einfachste Art die Illusion der Realität zu erzielen"[3]. Die historischen Fakten sind nicht sekundär, werden von ihm jedoch abgewandelt, so daß eine "sorgsam präparierte Vergangenheit"[4] entsteht. Sogar Georg Lukács anerkennt trotz seiner grundsätzlichen Kritik an Feuchtwangers 'Kostüm-Theorie', daß dieser mit dem JOSEPHUS "einen höheren Grad der historischen Objektivität" erreicht habe, als mit früheren historischen Romanen.[5]

Um der Intention seiner historischen Romane und ihrer Aussage näherzukommen, muß man sich folglich mit diesem Prozeß seiner Bearbeitung des historischen Materials beschäfti-

---
1) Lion Feuchtwanger: Vom Sinn und Unsinn des historischen Romans, ⟨Lit. 34⟩, S. 498.
2) Ebd., S. 496.
3) Ebd.
4) Ebd., S. 495.
5) Georg Lukács: Der historische Roman des demokratischen Humanismus, ⟨Lit.415⟩, S. 337.

gen. Dies ist um so wichtiger, als das Verhältnis von historischer Faktizität und dichterischer Fiktionalität so deutlichen und gewichtigen Veränderungen unterworfen ist,[1] wie sich das an der Josephus-Trilogie belegen läßt. Dabei geht es nicht um den wertenden Nachweis historischer Fehler,[2] sondern darum, wie und warum der Autor den historischen Stoff in vielerlei Hinsicht bearbeitet hat und wie seine Modifikationen zu deuten sind. Im Vergleich des ersten JOSEPHUS mit den Exil-Fortsetzungen wird zu klären sein, ob die erzwungene Emigration hier einen Einschnitt bedeutet, ob sich der Umgang mit den historischen Fakten exilbedingt verändert.

Der historische Josephus hat in seiner "Geschichte des judäischen Krieges" ("Bellum Judaicum") als Augenzeuge und Mitbeteiligter die wichtigste Quelle für Feuchtwangers "Jüdischen Krieg" geliefert. Über die Rolle Josephus' in diesem Krieg und über sein Leben allgemein gibt weiterhin die "Vita" Auskunft, die im Anschluß an sein zweites Geschichtswerk "Antiquitates Judaicae" verfaßt worden ist und hauptsächlich eine Apologie seiner Verstrickung in diesen Krieg darstellt. Die "Antiquitates Judaicae" und die Streitschrift "Contra Apionem" sind für Feuchtwanger nicht unmittelbar als biographische Quellen zu verwenden gewesen, da sie sich nicht mit selbsterlebter Geschichte oder Josephus' eigener Biographie befassen.

Doch Feuchtwanger hat nicht nur diese, vor allem für den ersten JOSEPHUS relevanten Quellen des historischen Josephus studiert, sondern setzte sich mit der aktuellen Josephus-Forschung seiner Zeit auseinander. Seine Kenntnis der wichtig-

---

1) Bzgl. der Romane JUD SÜSS und DIE HÄSSLICHE HERZOGIN MARGARETHE MAULTASCH untersucht dies Wolfgang Berndt (Die frühen historischen Romane Lion Feuchtwangers. Diss. Berlin(DDR) 1953) und bzgl. GOYA Ludwig M. Fischer (Vernunft und Fortschritt. Geschichte und Fiktionalität im historischen Roman Lion Feuchtwangers, dargestellt am Beispiel GOYAS. Königstein 1979).
2) Dies führt zwangsläufig zu einer Kritik am historischen und religiösen "Wahrheitsgehalt" aufgrund einer falschen Rezeptionshaltung dem Text gegenüber. Karl Thieme: Feuchtwangers 'Josephus'. Wahrheit und Verirrung eines historischen Romans. In: Freiburger Rundbrief 10(1957/58)S. 25-27.

sten Literatur kann mit Sicherheit angenommen werden und wird durch die Lektüre des JOSEPHUS bestätigt: Benedictus Nieses grundlegende Arbeit,[1] Wilhelm Webers[2] Studie zum Verhältnis von Josephus und Vespasian und ganz besonders zwei umfassende Arbeiten über Josephus von Laqueur[3] und Thackeray[4], die Anfang der dreißiger Jahre den Forschungsstand markieren.

Außerdem hat sich Feuchtwanger auch über Josephus hinaus mit der antiken Historiographie befaßt: Suetons Biographien der flavischen Principes und Cassius Dio "Römische Geschichte" sind für den Roman wichtige Grundlagen gewesen. Auch mit der Forschungsliteratur über römische und jüdische Geschichte und Religion in der Zeit des Josephus war er gründlich vertraut,[5] wie auch eine Art Forschungsbericht von ihm aus dem Jahr 1928 zeigt.[6]

DER JÜDISCHE KRIEG umfaßt die Lebensgeschichte des jüdischen Gelehrten und Schriftstellers Josef Ben Matthias von dessen Ankunft in Rom, kurz nach dem Brand der Stadt, bis zum Triumphzug nach dem Fall des Tempels in Jerusalem nach Ende des judäischen Krieges. Feuchtwanger verzichtet bis auf wenige Ausnahmen im gesamten Werk auf konkrete Datierung, doch läßt sich diese Zeitspanne aufgrund der historischen Ereignisse auf die Jahre 64 bis 70 n.Chr. bestimmen. Lediglich das zentrale Ereignis der Zerstörung des Tempels wird in jüdischer und römischer Zeitrechnung explizit datiert (I,391).

Die Handlung im JÜDISCHEN KRIEG wird zeitlich von Ereignissen begrenzt, die sowohl für Josef/Josephus von existentieller Bedeutung als auch historisch herausragend sind. Die

---

1) Benedictus Niese: Der jüdische Historiker Josephus. In: HZ 40(1896) S. 193-237.
2) Wilhelm Weber: Josephus und Vespasian. Berlin 1921 (Neudruck: Hildesheim u. New York 1973).
3) Richard Laqueur: Der jüdische Historiker Flavius Josephus. Gießen 1920.
4) Henry St. John Thackeray: Josephus, the Man and the Historian. New York 1929 (Neudruck: New York 1967).
5) Weitere Titel hierzu im Literaturverzeichnis.
6) "Grundsätzliches zur Leben-Jesu-Forschung. Vorwort Feuchtwangers zu Ditlef Nielsen: Der geschichtliche Jesus. München 1928.

persönliche Lebensgeschichte und die politische Geschichte sind im JÜDISCHEN KRIEG in einem hohen Maße historisch, d.h. Feuchtwanger folgt relativ genau den vorhandenen historischen Quellen und der Forschung zu Person und Zeit. Josef Ben Matthias/Flavius Josephus ist jedoch eine historisch nur recht ungenau faßbare Gestalt, nur für wenige Abschnitte seines Lebens gibt es gesicherte Informationen. Doch gerade für den Lebensabschnitt, den der erste Band der Trilogie umfaßt, ergeben die Quellen ein etwas dichteres Bild. Diese Quellen- und Forschungslage schöpft Feuchtwanger hier aus und schreibt seinen Roman relativ nahe am historisch Gesicherten: Josefs quasi diplomatischer Auftrag, mit dem der junge jüdische Gelehrte zur Zeit Neros nach Rom geschickt wird und die erfolgreiche Durchführung seiner Mission als Beginn seiner politischen Karriere; seine herausragende Stellung und Rolle im judäischen Krieg und sein spektakulärer Übertritt zu dem römischen Feldherrn Vespasian nach der militärischen Niederlage der Juden sind die nächsten entscheidenden Wendepunkte in seinem Leben. Er übernimmt im Auftrag des die Flavier-Dynastie konstituierenden Vespasian die Rolle des Chronisten und Geschichtsschreibers für den judäischen Krieg und die Zerstörung Jerusalems unter Titus. - Feuchtwangers Textnähe zum "Bellum Judaicum" bei den titelgebenden Geschehnissen reicht stellenweise bis in die Bilder des Autors Josephus. - DER JÜDISCHE KRIEG zeichnet sich durch seinen Reichtum an Handlung aus, die sich in fünf Büchern bzw. Kapiteln bündelt, wobei jedes davon einer entscheidenden Station des Lebensweges von Josef entspricht, was sich jeweils auch geographisch markieren läßt und Feuchtwanger als Kapitelüberschriften dient.[1]

DIE SÖHNE, die erste Exil-Fortsetzung des JOSEPHUS und somit zweiter Teil der Trilogie, setzt neun Jahre später, also 79 ein, als Flavius Josephus seinen "Jüdischen Krieg" geschrieben hat und Vespasian stirbt, und umfaßt die rund zwei Jahre

---

1) "Rom", "Galiläa", "Cäsarea", "Alexandria" und "Jerusalem".

des Prinzipats von Titus bis zum Beginn der Herrschaft seines Bruders Domitian im Jahr 81. Zeitlich auf diesen kurzen Lebensabschnitt komprimiert, entfaltet der Roman innerhalb der kurzen erzählten Zeit die Lebens- und Arbeitsbedingungen des etablierten jüdisch-römischen Schriftstellers Flavius Josephus, der sich nicht voll assimiliert hat, sondern sein Judentum als "geistiges Prinzip" (II,83) beibehält. Die Weltbürgerproblematik sowie das Thema Antisemitismus werden anhand seines literarischen Werkes und seiner Familie thematisiert.

Dies weist auf den deutlichen Reflexionscharakter dieser - verglichen mit dem ersten Band - relativ handlungsarmen Exil-Fortsetzung hin. Es finden sich lange diskursive Passagen, in denen divergente Positionen vorgestellt, aber nicht in Handlung umgesetzt werden. Ereignisgeschichte bildet nicht so wie im ersten Band die Grundlage für die persönliche Geschichte der Titelfigur. Damit geht eine Psychologisierung der Personen und Konflikte einher, die wegen des nur sehr grobmaschigen Netzes historischer Fakten von Feuchtwanger zur Verdichtung der menschlichen Beziehungen und Ereignisse eingesetzt wird. Der Blick wird nach Innen, auf die Person des Josephus mit ihrer Problematik als Mensch und als Künstler gelenkt, was die Kapitelüberschriften bereits andeuten.[1] Der Titel des zweiten Bandes, DIE SÖHNE, mag auf den 'römischen' und den 'jüdischen' Sohn des Josephus sowie auf die Söhne des Prinzeps Vespasian, Titus und Domitian, und deren jeweilige Gegensätzlichkeit verweisen, doch ist die Rivalität zwischen Titus und Domitian eigentlich nebensächlich. Die Söhne des Josephus dagegen personifizieren, auf mehrere Schicksale verteilt, die existentielle Problematik ihres Vaters und sind Mittel zur 'Privatisierung' der Thematik des Romans.

---

1) "Der Schriftsteller", "Der Mann", "Der Vater", "Der Nationalist" und "Der Weltbürger".

DER TAG WIRD KOMMEN, dritter Teil des JOSEPHUS, umfaßt einen weit größeren Zeitraum, in dem Handlung in drei Zeitabschnitte gebündelt wird: Der erste Teil ("Domitian") wird durch die Erwähnung des Daker-Einfalls (III,12) auf die Zeit um 85 bestimmbar,[1] der zweite Teil ("Josef") beginnt mit der direkten Vorgeschichte der Ermordung Domitians 96, dessen historisches Datum im Text zu erschließen ist (III,229). Die letzten Wochen bis zum Tod des Josephus zwölf Jahre später in Judäa (III,377) beschließen als dritter Abschnitt der erzählten Zeit den Roman im Jahr 108,[2] während der Tod des historischen Josephus von der Forschung auf oder bald nach 100 angesetzt wird.

Bereits die Überschreibung der beiden Bücher des letzten Josephus-Romans gibt die Pole vor, zwischen denen thematisch die Handlung gespannt ist: der Schriftsteller Josephus und der Herrscher Domitian. Im Unterschied zu DIE SÖHNE rücken der Prinzeps und die politische Geschichte wieder stärker ins Blickfeld. In der Charakterzeichnung von Domitian folgt Feuchtwanger besonders Sueton und Cassius Dio, d.h. er zeichnet ein tyrannisches Gewaltregime. Viele politische Vorgänge, die der Skizzierung der Gewaltherrschaft Domitians dienen, hat Feuchtwanger aus den genannten Quellen übernommen. Er läßt Josephus das letzte Jahrzehnt seines Lebens wieder in Judäa verbringen, wo er sich jüdischen Aufständischen anschließen will. Für eine Rückkehr nach Judäa gibt es keinerlei historische Hinweise; dieser letzte Handlungsteil ist von Feuchtwanger völlig frei gestaltet worden.

Bei den Figuren der Josephus-Trilogie hat man es mit einer Kombination aus historischen Figuren, fiktiven Personen, die historische Entsprechungen haben, und gänzlich erfundenen Ge-

---

1) Feuchtwanger gibt im Text zusätzlich den Hinweis, daß seit dem Ende der erzählten Zeit der SÖHNE vier Jahre vergangen sind (II,9). Ruth Rindfleisch datiert unverständlicherweise auf das Jahr 87 (<Lit.132>, S. 196).
2) Ebd., S. 216: "etwa um das Jahr 105 u.Z.".

stalten zu tun. Sowohl bei den historischen Gestalten als
auch bei den fiktiven Pendants zu eigentlich historisch nach-
weisbaren Personen ist der jeweilige Grad an Historizität
sehr unterschiedlich. So sind z.B. die flavischen Prinzipes
auch in der Zeichnung ihrer Charaktere relativ historisch
treu gestaltet, d.h. nah an den antiken historiographischen
Quellen. Die an sich historische Gestalt des Widerparts von
Josephus, Justus von Tiberias, konnte Feuchtwanger fast frei
formen, da kaum etwas von ihm bekannt ist (s.u.). Einige
wichtige Nebenfiguren, wie z.B. der Schauspieler Demetrius
Liban oder die Frau Domitians, Lucia, haben historische Entsprechungen (Aliturus bzw. Domitia Longina). Bei vielen Gestalten ist die Übernahme biographischer Fakten zwar nur äußerer Natur, trotzdem nicht irrelevant.[1]

Feuchtwanger entwickelt seinen Titelhelden im ersten Band als
"betriebsamen Streber"(I,112), der "nicht vor den plumpsten
Mitteln zurückschreckt", um "unter allen Umständen"(I,26) auf-
zusteigen. Auf seinen eigenen Vorteil bedacht, wird er zum
Betrüger und, "von der Göttlichkeit seiner Sendung"(I,137)
durchdrungen, zum Ehrgeizling im judäischen Krieg, in dem er
eine führende Rolle spielt. Vom jüdischen Nationalisten erfolgt dann mit der "abenteuerlich frechen Lüge"(I,180), welche die Messias-Weissagung auf den römischen Feldherrn
Vespasian bezieht, der Übertritt zu den Römern, der ihn zum
"feigen Überläufer"(I,187) macht.

 Feuchtwanger folgt in diesem Persönlichkeitsbild nicht
der rechtfertigenden Selbstdarstellung des historischen Josephus in seiner "Vita" und bezieht somit innerhalb des alten
(Forschungs-)Streits über die Beurteilung dieser widersprüchlichen, ja zwielichtigen jüdisch-römischen Karriere aus dem
ersten Jahrhundert Position gegen Josephus. Jedoch bleibt die
Zeichnung des Josephus im ersten Band nicht bei dieser ein-
deutigen Verurteilung stehen. Der "feige Überläufer"(I,187),

---

1) Siehe hierzu Ruth Rindfleisch, <Lit.132>, S. 67.

der nunmehr weder Jude noch Römer ist, wird zum ersten Menschen jener neuen Weltanschauung, zum Kosmopoliten: "nicht mehr Jude, nicht Grieche, nicht Römer: ein Bürger des ganzen Erdkreises ..."(I,154).

In der Exil-Fortsetzung der Lebensgeschichte Josephus' wird deutlich ein gewandelter Charakter gezeichnet: Der etablierte Schriftsteller, den sogar angesichts seines größten Erfolges, der Enthüllung seiner Büste im Friedenstempel, heftige Selbstzweifel über den Sinn seines Tuns quälen: "Eitelkeit. Alles, was ich getan habe, ist eitel. Ich genüge nicht dem Werk. Ich bin verworfen."(II,108). Seine Selbstkritik umfaßt jedoch konkret auch sein früheres Wirken, bezieht sich auf den Josephus des ersten Bandes:

> Der Schriftsteller Flavius Josephus sah mit rein literarischem, wissenschaftlichem Interesse auf das, was jener Doktor Ben Matthias, Priester der Ersten Reihe, getan hat.(II,107)

Josephus ist nicht mehr der ehrgeizige Aktionist, Opportunist und Betrüger, sondern eher passiv, ein Getriebener. Die persönliche Tragik einer gescheiterten Ehe und des Verlustes von zwei Söhnen ist in der Problematik seines kosmopolitischen Experiments begründet. Seine Identitätsproblematik versucht er als Schriftsteller und durch Wiederzuwendung zum Judentum zu bewältigen. Diesen im Denken und Tun veränderten Josephus führen die Differenzen zum ehemaligen Widersacher Justus folgerichtig nun zum Wunsch nach Ergänzung und Zusammenarbeit mit seinem Kritiker.

Josephus, der wie die historische Gestalt die Gunst Vespasians gewann und die seines ersten Sohnes Titus erhalten konnte, spürt unter dem Antisemiten Domitian ein rauheres Klima. Der historische Josephus beteuert zwar in seiner "Vita", er sei auch in der Gunst des letzten Flaviers gestanden, doch wird dies von der Forschung mit dem Hinweis auf die Funktion der "Vita" als persönliche Verteidigungsschrift in Zweifel gezogen.[1]

---

1) Z.B. bei Laqueur, <Lit.196>, und Thackeray, <Lit.147>.

Der Josephus des dritten Bandes führt zunächst schreibend ein zurückgezogenes, nicht-öffentliches Leben, wird dann jedoch wieder in den jüdisch-römischen Konflikt hineingezogen. Sein Abstieg unter dem Regime "Deus ac Diabolus Domitianus" (III,143) beginnt, und er gerät zunehmend in die Schußlinie Domitians, der ihn schließlich mit grausamem Terror fällt, da er ihn innerlich nicht brechen kann. Feuchtwanger läßt den bedrohten und bekämpften Dichter "Flavius Josephus, der Narr, der Prahler, der alt aber niemals gescheit geworden ist"(III, 339), resigniert nach Judäa zurückkehren, da ihm der Tyrann ein Leben in Rom unmöglich gemacht hat. So sehr verschärft Feuchtwanger die Auswirkungen der Herrschaftspraktiken dieses Prinzeps auf Josephus, der für die Josephus-Forschung Rom nicht mehr verlassen hat. Feuchtwangers Josephus dagegen wird am Ende der Romantrilogie zum alten Juden Josef, der sogar sein Latein verlernt und sich wieder zum jüdischen Nationalisten wandelt. Am Ende seines Lebens läßt ihn Feuchtwanger erneut eine Erhebung gegen Rom unterstützen und ihn von römischen Soldaten zu Tode schleifen.[1] - Der tendenzielle Wandel des historischen Josephus in seiner zweiten Lebenshälfte mit Rückwendung zum Judentum, den die Forschung aus den letzten Werken "Antiquitates Judaicae", "Vita" und "Contra Apionem" liest, wird von Feuchtwanger nicht bloß aufgegriffen, sondern in seinem Ablauf und seiner Aussage drastisch verschärft. Diesem charakterlichen und religiös-weltanschaulichen Wandel in den beiden Exil-Bänden der Trilogie, wo es doch beim historischen Josephus lediglich Indizien für eine stärkere Tendenz zum Judentum gibt, entspricht auch Feuchtwangers Umarbeitung im familiären Bereich.[2]

Während Flavius Josephus innerhalb der "Vita" berichtet, daß er in dritter Ehe eine aristokratische Jüdin aus Kreta

---

1) Größere Unruhen gab es in Judäa in dieser Zeit nicht. Siehe: Shmuel Safrai: Das Zeitalter der Mischna und des Talmud (70-640). In: Haim Hillel Ben-Sasson (Hrsg.): Geschichte des jüdischen Volkes, Bd.I, München 1978, S. 405.
2) Siehe hierzu: Benedictus Niese <Lit.122>, S. 199.

heiratete, läßt Feuchtwanger seinen Josephus in zwei Etappen
zu seiner ersten, jüdischen Frau Mara zurückfinden. Seine Söhne - der historische Josephus hatte drei Söhne seiner beiden
jüdischen Ehefrauen und einen aus seiner in Alexandria geschlossenen Ehe - werden geradezu Repräsentanten, programmatisch unterschiedliche Modelle in Weltanschauung und Lebensführung, ebenso wie ihre beiden Mütter zwischen den Polen
(griechisch-)römisch und (archaisch-)jüdisch angelegt sind.
Allen drei Söhnen schreibt Feuchtwanger eine Biographie, die
die Lebensgeschichte ihres Vaters noch umfassender mit der
sogenannten "großen Geschichte" verzahnt und die die Weltbürger- und Judenthematik im Roman noch vertieft.

Für Justus von Tiberias, die für die Künstlerthematik wohl
wichtigste Nebengestalt, ist Josephus selbst die einzige Quelle.[1] In Seiner "Vita" zieht er polemisch gegen seinen Kritiker Justus zu Felde, der in seinem Geschichtswerk über den
judäischen Krieg Josephus' damaliges Tun heftig angreift. Das
konkurrierende Werk zu Josephus' "Bellum Judaicum" entsteht
also erst in den neunziger Jahren. Feuchtwanger versetzt dagegen den Konflikt zwischen den beiden in die Zeit zurück, in
der sein Josephus-Roman beginnt und gestaltet ihn als Dauerkonflikt. Justus wird als Schriftsteller und Politiker angelegt, dessen "innere und äußere Situation der des Josef bedenklich ähnelt"(I,20), der gleichaltrig ist und ihm äußerlich sehr ähnlich sieht. Justus, der "das reinere Wollen, die
schärfere Begabung"(I,26) hat, wird im JÜDISCHEN KRIEG zum
positiven Gegenbild Josephus', was zu einem widersprüchlichen
Konkurrenzverhältnis führt:

> Abgestoßen und angezogen betrachtet er <Justus, Anm. d.
> Verf.> seinen jungen Kollegen. Der wollte das gleiche
> sein wie er, ein großer Schriftsteller und von politischem Einfluß. Er hatte die gleichen Mittel, den gleichen Weg, die gleichen Ziele.(I,26).

---

1) Paulys Real-Enzyklopädie der klassischen Altertumswissenschaften, 20.
Halbband, Stuttgart 1911, Spalte 1342-1346. - Abraham Schalit: Josephus
und Justus. Studien zur Vita des Josephus. In: Klio 26(1933)S. 67-95.

Doch erweisen sich ihre Positionen im Laufe des ersten Josephus-Bandes als konträr; Josef führt teilweise einen Privatkrieg gegen Justus, der ihm als Mensch der Vernunft, des Ausgleichs und des Friedens gegenübergestellt ist. - Justus von Tiberias ist im ersten Band nicht bloß als positive Kontrastfigur entwickelt (Rindfleisch sprich von "Korrektivgestalt"[1]), sondern als positives Spiegelbild von Josephus, das dieser als 'alter ego'[2] erlebt. Wohl deshalb rettet er Justus das Leben, denn zu einem Umschlag in ihrem Verhältnis kommt es erst im zweiten Band, obwohl Justus sein schärfster Kritiker bleibt. Dem veränderten Josephus wird er jetzt sogar zum "Maßstab seines eigenen Lebens"(II,378) und "Freund"(II,379); aus persönlichem Haß ist produktiver literarischer Streit um unterschiedliche Literaturkonzepte geworden und statt Konkurrenz wünscht sich Josephus gegenseitige Ergänzung.

Im dritten Band hat Justus aufgrund der Persönlichkeitsveränderung des Josephus fast seine Funktion als 'alter ego' und damit einen Großteil seiner Bedeutung eingebüßt. Justus' Verriß der "Antiquitates Judaicae" wird von Josephus schlichtweg akzeptiert. - Die schonungslose, ungeschminkte Wahrheit über den Soldaten Josef Ben Matthias, die Justus in seiner Geschichte des judäischen Krieges ausbreitet, hat für Josephus kaum noch Konsequenzen: Er profitiert von der geringen Resonanz des diskreditierenden Werkes und verdrängt die unbequeme Wahrheit des Kritikers.

Das Verhältnis von historischer Faktizität und literarischer Fiktion innerhalb einer historischen Dichtung wird im JOSEPHUS auch direkt thematisiert. Die bereits zitierte "sorgsam präparierte Vergangenheit"[3] ist auch das literarische Arbeitsfeld des Schriftstellers Josephus und wird im zweiten und dritten Band des Romans verschiedentlich problematisiert.

---
1) Ruth Rindfleisch, <Lit.132>, S. 73.
2) Ein vergleichbares 'alter ego' in einem anderen historischen Roman Feuchtwangers ist z.B. der Kabbalist Rabbi Gabriel in JUD SÜSS.
3) Lion Feuchtwanger: Vom Sinn und Unsinn des historischen Romans, <Lit.34>, S. 495.

Es geht für Josephus um das Problem, quasi als Historiker "dieses Knäuel von wirtschaftlichen, sozialen, religiösen, militärischen Interessen, von Glauben und Aberglauben, von Politik und Gottessehnsucht, von Ehrgeiz, Liebe und Haß der einzelnen"(II,449) literarisch zu einem "wahren" Geflecht zu verarbeiten. Dabei werden die Defizite von Josephus' "Jüdischem Krieg" offengelegt, die im Fehlen von historischen Fakten, besonders der ökonomischen, bestünden und somit wird indirekt auch (Selbst-)Kritik an DER JÜDISCHE KRIEG Feuchtwangers geübt, denn diese Kritik trifft den ersten Band des JOSEPHUS durchaus zu Recht.

> Ihr Buch mag ein Kunstwerk sein, aber wenn man es gelesen hat, weiß man über das Warum und Wieso des Krieges keinen Deut mehr als vorher. Das Wichtigste haben Sie nämlich leider ausgelassen.(II,167)

Diese zentrale Textstelle jeder materialistisch orientierten Interpretation mit der Forderung nach historischer 'Wahrheit' - auch der ökonomisch-gesellschaftlichen Verhältnisse - in historischer Dichtung kollidiert im Gehalt mit anderen Thesen des Romans: So sehr Justus Authentizität für seine historische Literatur reklamiert und Josephus das Fehlen von Fakten ("Ziffern, Statistiken"II,380) in dessen Werk vorhält, wird im Josephus-Roman eher eine Konzeption propagiert, in der "Wirklichkeit <...> bloßer Rohstoff"(II,415) für den Autor darstellt.

Der Wert der sich auch in dieser Literatur manifestierenden "subjektiven Wahrheit des Schriftstellers"(II,415) wird sehr hoch veranschlagt. Zwar "mit Lügen legiert", habe diese Wahrheit der (historischen) Literatur verändernde Wirkungsmöglichkeiten bei den "Tatmenschen"(II,415f.). Für dieses zweckgebundene Gemisch aus Fakten und Fiktion wird im zweiten Josephus-Band ein Faktor besonders herausgehoben - das Autor-Ich:

> · Gewiß ist auch seine <die des Autors, Anm. d. Verf.> Wahrheit ein Gemenge aus den Fakten, der Umwelt, der Realität und seinem eigenen, unbeständigen, gauklerischen Ich;(II,416)

Dieses Konzept historischer Literatur in DIE SÖHNE wird im letzten Josephus-Roman unter verändertem Blickwinkel mit Betonung des Wirkungsaspektes diskutiert. "Alles ist halbwahr und also ganz falsch"(III,249), weil die Intention seines Werkes über die jüdische Geschichte unklar sei. - Gedichtet oder historisch-faktisch: Die Wirkung von (historischer) Literatur für die Gegenwart aufgrund von Gegenwartsbezügen wird in DER TAG WIRD KOMMEN zur modifizierten Weiterführung der Reflexionen über den Umgang mit Faktizität und Fiktionalität im historischen Roman.

3. Der Schriftsteller und das Schreiben

3.1. "Der jüdische Krieg"

DER JÜDISCHE KRIEG beschreibt den Weg des jüdischen Nationalisten Josef Ben Matthias zum jüdisch-römischen Weltbürger Flavius Josephus, und damit wird auch sein Weg zum Schriftsteller abgesteckt. Obwohl literarisch noch nicht hervorgetreten, wird Josef, der sich bis dahin mit juristischer und theologischer Schriftdeutung beschäftigt hatte, am Beginn des Romans als "junge<r> Literat und Staatsmann"(I,11) eingeführt. Er gerät sofort an Leute der 'Kulturszene', "deren Namen in den literarischen Zirkeln der ganzen Welt mit Achtung genannt wurden"(I,13): Verleger, Dichter und ein Schauspieler sind mit die ersten Gestalten, die Josef und auch der Leser kennenlernen.

Von Anfang an erfährt Josef Kunst und Literatur in ihrer gegenwartsbezogenen und politischen Dimension: Das Theater des jüdischen Schauspielers Demetrius Liban erlebt er als "frech und großartig"(I,36) wegen der "unerhörte<n>, freche<n> Realität des Spiels"(I,36), denn jeder Satz war eine Anspielung"(I,36).

Seine erste literarische Arbeit, das Bittgesuch für die jüdischen Gefangenen, zu deren Gunsten er in Rom intervenieren soll, wird ein engagierter "Essay"(I,44). Er entwickelt literarische Ambitionen, schaut sich den Autoren "ihre Technik, sogar den Jargon des Metiers ab"(I,63). Er beschließt, Rom mittels der Literatur zu erobern: Er will als schreibender "Krieger Jahves"(I,77) den Römern mit einem kämpferischen Geschichtsbuch Glaube und Denken der Juden näherbringen. Das so aus "Besessenheit"(I,136) geschriebene, nationalistisch-aufrührerische "Makkabäerbuch" konfrontiert den debütierenden Schriftsteller umgehend mit der Problematik der politischen Wirkung seines (literarischen) Tuns. Er muß erkennen, daß sein erfolgreiches Buch über die jüdischen Freiheitskriege der jüdischen Sache mehr schadet als nützt.

Im Kontrast dazu steht das für Vernunft und Toleranz eintretende Werk "Über die Idee des Judentums" des Justus von Tiberias, das allerdings ein 'Ladenhüter' wird. In einem ersten Literaturgespräch der Josephus-Trilogie warnt dieser Josef auf die Frage "Was kann ein jüdischer Schriftsteller heute tun?"(I,81) davor, die politischen Folgen von Literatur zu unterschätzen. Aufgabe eines jüdischen Schriftstellers könne es nicht sein, zur Schlacht zu blasen. Josef läßt sich jedoch nicht beirren und will wie seine Makkabäer, die Helden seines Geschichtswerkes, sein und wird einer der Anführer im judäischen Krieg.

Indem Feuchtwanger seinen Romanhelden als Autor dieses Werkes vorstellt, folgt er einer unbedeutenderen und wenig überzeugenden Forschungsmeinung: Schon 1896 hat Benedictus Niese in seiner grundlegenden Arbeit über Josephus betont, das Josephus zugeschriebene Makkabäerbuch könne "unter keinen Umständen von Josephus verfaßt sein"[1]. Die diesbezügliche Forschungsdiskussion kann hier vernachlässigt werden.[2] - Es scheint Feuchtwanger demnach sehr wichtig gewesen zu sein, seinen Josef von Anfang an als Schriftsteller Josephus anzulegen, jedoch wird

---
1) Benedictus Niese, <Lit122>, S. 236.
2) Siehe hierzu Menachem Stern: Die Zeit des zweiten Tempels. In: Ben-Sasson (Hrsg.), <Lit.56>, S. 369f. - Matthias Gelzer: Die Vita des Josephus. In: M.G., Kleine Schriften, Bd.3, Wiesbaden 1964, S. 299-325.

Josef auch im weiteren Verlauf des ersten Bandes der Trilogie als "Literat bis in alle Poren"(I,53) nicht überzeugend. Sein Dichtertum erscheint eher als eine Absichtserklärung, ein Programm für die Zukunft (und damit auch für die des Romans, also für die Fortsetzung). Seine ersten Schreibversuche erscheinen ihm selbst qualitativ unzureichend und sind im Stellenwert für seine Persönlichkeit sekundär.

Nach seiner militärischen Niederlage und seinem Übertritt zu Vespasian stellt er sein mäßiges Schreibtalent den Römern für Propagandazwecke zur Verfügung und "stilisiert die Erlasse des Feldherrn an die jüdische Bevölkerung"(I,187). Er erhält von Vespasian goldenes Schreibzeug als Zeichen seiner Aufgabe und seiner Abhängigkeit.

Seine erste Dichtung, der "Psalm des Weltbürgers", ist eher ein persönlicher Lebensplan denn ein Schritt zur Schriftstellerexistenz. Der Plan zu einem großen Werk über den judäischen Krieg entspricht so auch eher dem Wunsch, für sich und seine ägyptische Frau das römische Bürgerrecht zu erlangen und sich karrierebewußt als offiziöser Chronist zu etablieren, als dem inneren Bedürfnis zu schreiben. Ja, der Wunsch seiner Frau nach Wohlstand und Bürgerrecht wird als "Anlaß"(I,416) für das "Bellum Judaicum" genannt, das er im voraus verpfändet. Die Literatur ist ihm opportunistisches Mittel zu nichtliterarischen Zwecken: Er will, sozusagen als Hof-Autor, "ein Buch schreiben über die Taten des Vespasians in Judäa"(I,293), verleugnet dementsprechend sein allererstes Werk, "das Makkabäerbuch nach Kräften"(I,284). Die negative Zeichnung seiner Persönlichkeit betrifft auch den Schriftsteller.

Neben der dominanten Weltbürger-Thematik beinhaltet DER JÜDISCHE KRIEG auch bereits eine Intellektuellen- und Künstlerthematik. Diese ist allerdings nicht nur deshalb sekundär, weil sich Josef Ben Matthias in der erzählten Zeit des ersten Josephus-Romans erst zum Schriftsteller entwickelt. Angelegt, doch nicht ausgestaltet ist bereits der Widerspruch der unterschiedlichen Literaturkonzepte von Josephus und Justus: "Das große Gespräch mit Justus wird eines Tages fortgesetzt werden"(I,400). - Doch wird ihr Verhältnis nur noch von literarischen Auseinandersetzungen geprägt sein.

3.2. "Die Söhne"

DIE SÖHNE, erster Teil der Fortsetzung des Josephus-Romans im Exil, setzt zu dem Zeitpunkt ein, als Flavius Josephus' Werk über den judäischen Krieg in der ursprünglichen, aramäischen Fassung vollendet ist und er an der zweiten, griechischen Fassung arbeitet. Mit dem im voraus verpfändeten Werk hat er sich als anerkannter römischer Schriftsteller etabliert. Seine Stellung unter Vespasian scheint allerdings problematisch gewesen zu sein, da dieser als eher intellektuellenfeindlich geschildert wird und lediglich an offiziellen Historiographen Interesse zu haben scheint (II,24f.). Unter diesen Umständen entsteht das Auftragswerk, in der Darstellung Feuchtwangers als tendenziöse, pro-römische und sozusagen offizielle Geschichtsschreibung. Jetzt, mit Herrschaftsantritt von Titus, erwartet man in der griechischen Fassung von Josephus eine stärker pro-jüdische Aussage, und der neue Prinzeps ermuntert ihn sogar dazu: "Seien Sie diesmal gerechter mit ihren Juden <...>. Ich gestatte Ihnen, gerecht zu sein. Wir können uns das jetzt leisten"(II,9). Doch damit will sich Josephus nicht auseinandersetzen, da er dahinter den Vorwurf erkennt, "gekauftes Werkzeug"(II,9) zu sein und sein Buch rein römische Propaganda. Josephus ist sich zwar mit seinem "Freundfeind"(II,11) Justus darin einig, daß es die neue Aufgabe eines jüdischen Schriftstellers sei, "den Sieger Rom von innen her zu besiegen, im Geiste. Jüdischen Geist in seiner Großheit vor das mächtige Rom <...> hinzustellen"(II,11), doch kann er dies (noch nicht) bewußt im Schreibprozeß umsetzen. Stattdessen verstärkt sich die jüdische Tendenz in der "Neufassung"(II,92) seines "Bellum Judaicum" quasi unbewußt.

Zunächst kommt es jedoch aus dieser Spannung heraus zu Selbstbetrug, ja zu einer Fehlleistung:

> Josef arbeitete trotz der drückenden Hitze vom frühen Morgen bis tief in die Nacht. Es ging um mehr als eine stilistische Überfeilung. Er wollte jetzt, nach dem Tod Vespasians, die jüdische Grundhaltung des Buches auch in der griechischen Version <u>so klar herausstellen wie in der ursprünglichen</u> aramäischen Fassung <Herv. d. Verf.>. (II,54)

Was Josephus während des Schreibens noch nicht wahrhaben will: Aufgrund der veränderten gesellschaftlichen und politischen Bedingungen unter Titus und einer neuen Definition der Aufgabe des Schriftstellers verändert sich die Aussage seines in Arbeit befindlichen Werkes, obwohl es doch nur eine andere sprachliche Fassung sein sollte. Sein jüdisch-römischer Verleger, der erste Leser der Neufassung, bemerkt dies bereits nach kurzer Lektüre: "Ich freue mich <...>, daß Sie die jüdische Tendenz verstärkt haben"(II,62). Nach der höchstmöglichen Ehrung für Josephus durch Titus, der Aufstellung der Dichter-Büste im Friedenstempel, kann es der Autor schließlich selbstbewußt bekennen:

> Die Sprache ist griechisch, aber es ist ein jüdisches Buch. Es ist ein jüdisches Buch, doch sein Geist ist der eines Weltbürgers. <...> Josef rollt das Buch auf. Er hat ein jüdisches Buch geschrieben.(II,75)

Feuchtwanger greift hier deutlich absichtsvoll in die historischen Vorgänge ein: Tatsächlich hat der historische Josephus eine aramäische und danach eine griechische Fassung seines "Bellum Judaicum" verfaßt, doch gilt die (nicht erhaltene) aramäische Fassung als identisch mit der griechischen, für das römische Publikum bestimmten, die eindeutig eine Legitimationsfunktion für die Flavierherrschaft erfüllt hat;[1] es ist eher anzunehmen, daß diese Fassung noch römerfreundlicher als die erste war.

Doch kommt Feuchtwanger an späterer Stelle des Romans mit diesen Eingriffen in die Historie selbst etwas durchein-

---

1) Siehe hierzu u.a. Wilhelm Weber: Josephus und Vespasian. Berlin 1921, S. 15-17.

ander. Als Josephus Simeon, seinem gemeinsamen Sohn mit seiner ersten Frau Mara, als Lektüre den "Jüdischen Krieg" mitbringt, ist es die "aramäische Version, die ursprüngliche, die weniger Kompromisse machte als die griechische"(II,175).[1]

Die neue Akzentuierung der zweiten Fassung des "Bellum Judaicum" bedeutet insofern eine Antizipation einer neuen Bedeutung des Schreibens für Josephus, da sie den Weg zu einer theoretisch von ihm noch nicht reflektierten Literaturkonzeption und auf das neue Selbstverständnis eines unabhängiger werdenden Schriftstellers weist. Dies ist bereits ein großer Schritt, wenn man den 'Agit-Prop'-Autor des Makkabäerbuches oder den propagandistischen Offiziosus unter Vespasian dagegenhält. Die Kritik am früheren Tun und Schreiben und an der früheren Identität vollzieht sich zunehmend bewußter, wobei Josephus sich für die Gegenwart und Zukunft immer stärker durch sein Schreiben definiert (II,197f.).

Obwohl es ein schmerzlicher Prozeß für den Autor Josephus ist, lernt er aus der massiven Kritik an seinem "Bellum Judaicum", die nicht nur von Justus, sondern gerade auch von kompetenter Seite aus Judäa selbst kommt. Als Defizite werden die 'unhistorische' Sichtweise, das einseitige Geschichtsbild des Schriftstellers historischer Werke kritisiert:

> Ihr Buch mag ein Kunstwerk sein, aber wenn man es gelesen hat, weiß man über das Warum und Wieso des Krieges keinen Deut mehr als vorher. Das Wichtigste haben Sie nämlich ausgelassen.(II,167)
> Es ging damals <...> nicht um Jahve und nicht um Jupiter: es ging um den Preis des Öls, des Weins, des Korns und der Feigen.(II,166)

---

1) Irrtümer, Ungereimtheiten und vor allem sprachliche Fehler (z.B. "er genießt es aus" statt "er kostet es aus"II,13) fallen im zweiten und dritten Band störend auf. Man macht es sich zu einfach, sie den angeblich mangelnden schriftstellerischen Fähigkeiten des Autors zuzuschreiben. Bedenkt man, unter welchen Umständen die Texte geschrieben und publiziert wurden, liegen die Versäumnisse hier wohl eher beim Lektorat seines Verlages in der DDR. Manchmal hat man den Eindruck, beim "Ersatzklassiker" (Hans Mayer) sind Eingriffe tabu, wenngleich sein Werk andererseits Opfer von Zensur ist (z.B. Streichungen bei ERFOLG oder die Nichtveröffentlichung von 'MOSKAU 1937').

Das geforderte, sozusagen materialistische Geschichtsbild
gibt Josephus zu denken, da er in den Geschichtswerken von
Justus viel von "Preise<n> und Statistiken"(II,169) findet;
er dagegen hatte sich ausschließlich mit den "Gedanken" beschäftigt, mit religiösen Ideen und dem Geistigen (II,169).
Diese Kritik am Geschichtsbild und der Realisierung des historischen Stoffes in der Literatur liest sich fast wie eine
Selbstkritik auf den JÜDISCHEN KRIEG des Autors Feuchtwanger.
Josephus bemüht sich, für sein nächstes literarisches Projekt
dazuzulernen: "Historiker, der er war"(II,313), wird er bei
seiner Reise durch Judäa zum genauen Zuhörer und denkt "unbe-
haglich an die Ziffern und Statistiken"(II,318), was ihm die
Wahrnehmung neuer Wirklichkeitsbereiche erschließt.

Maßstab des eigenen Schaffens wird die historische Literatur des Justus von Tiberias, dem er sich immer mehr annähert. Als Josephus das noch unvollendete Manuskript der kon-
kurrierenden Darstellung des jüdischen Krieges liest, "spürte
er schmerzlich die eigene hinter soviel falschem Glanz verdeckte Unzulänglichkeit"(II,424). Justus' Text entsprach in
vollkommener Weise einer Konzeption von historischer Literatur, deren Überlegenheit seinem Schreiben gegenüber er aner-
kennen mußte. Doch deprimiert ihn das für ihn eigentlich
nicht neue Erkennen der eigenen Defizite nicht mehr, sondern
er sieht zwischen den divergierenden Konzepten die Chance der
Ergänzung:

> Ihm selber fehlte vieles, was jener besaß, doch vieles
> eignete ihm, was jenem mangelte. Jener hatte die schär-
> fere Intelligenz, den weiteren Blick, allein ihm selber
> verdichtete sich, was er erlebte, zu Bildern und Gestal-
> ten von größerer Schaubarkeit. Und das Werk des Justus
> wurde ihm zum Stachel, der ihn nicht verletzte, sondern
> spornte.(II,424).

Gerade auch durch die für ihn beispielhafte historische Literatur des Justus entwirrt sich ihm "dieses ganze Knäuel von
wirtschaftlichen, sozialen, religiösen, militärischen Interessen"(II,449), und die daraus gewonnenen Erkenntnisse sollen
in sein Projekt einer "Universalgeschichte des jüdischen Volkes" einfließen. Justus entlarvt allerdings die Forderung
nach Wahrheit in der historischen Dichtung als naives, idea-

listisches Konzept. Es gehe vielmehr darum, die "Wahrheit" des Schriftstellers als "ein Gemenge aus den Fakten, der Umwelt, der Realität, und seinem eigenen unbeständigen, gauklerischen Ich"(II,416) zu erkennen und beim Schreiben reflektierend gegenwärtig zu halten. Josephus nimmt diese Gedanken auf und formuliert in seinem "Psalm vom Glasbläser":
> So formt uns unser Schicksal,
> Die Welt der Daten und Ziffern um uns.
> <...>
> So hat auch ihre Grenze
> Die Welt der Daten und Ziffern.
> (II,455)

Diese Grenzen werden für Josephus notwendigerweise durch die Subjektivität des Autors überschritten. Doch im Gegensatz zu seinem "Bellum Judaicum" wird er bei seinem zweiten großen Werk das Dichter-Ich <u>reflektiert</u> einbringen. Ziel dabei ist nicht nur "innere Anteilnahme"(II,297) durch persönliche Betroffenheit und inneres Engagement, sondern ein Schreib-"Experiment"(II,298), in dem "er erzählt von lauter solchen Menschen, wie er einer ist, von lauter Ichs"(II,254) und trotzdem die gesellschaftlichen Bedingungen miteinbezieht; Identifikation wird so zur treibenden Kraft, zur Motivation des Schreibens.

Wichtige Erfahrung dieses für ihn neuen Schreibkonzepts ist die des (eigenen) Involviertseins auch des zurückgezogen Schreibenden in die gesellschaftlichen Konflikte. Noch größere Bedeutung hat die Erfahrung, daß Schreiben das konstitutive Element seiner Identität geworden ist. Während sein kosmopolitisches Experiment zur dauerhaften Identitätsbildung ungeeignet ist, ihn stattdessen durch eine permanente Identitätskrise belastet, konstituiert sich seine eigentliche Identität durch Autor-Sein und Schreiben, was er jedoch erst allmählich nach einiger Reflexion erkennt. Auf der Suche nach den Wurzeln seiner Identität zerfällt seine Persönlichkeit, die in keinem Volk, in keiner Sprache verankert ist:
> Man konnte ihn aufblättern, und Schicht um Schicht zerfiel, und man fand eine leere Hülse hinter der andern. Oben ist er ein Römer, aber wenn man ein wenig kratzt, dann wird er zum Weltbürger, und kratzt man noch mehr,

> dann ein Jude, und kratzt man ganz tief, dann geht auch
> das ab. Aber <u>eines</u> bleibt, <u>eines</u> kann man nicht wegkrat-
> zen, <u>eines</u> ist er: Josef Ben Matthias, Flavius Josephus,
> ein Häufchen Eitelkeit vielleicht, aber ein Wer jeden-
> falls, ein Ich. Das mag seine Schande sein, aber mehr
> noch ist es sein Stolz. <Herv. L.F.>

Und dieses Ich, das er als seine Identität erkennt, ist ein schreibendes Ich:

> Er erzählt zum Beispiel nicht von Ziffern, <...> er er-
> zählt von lauter solchen Menschen, wie er einer ist, von
> lauter Ichs. Und so behauptet er sich vor Gott.(II,254)

Diese Erkenntnisse steigen im Zuge der Trauerarbeit nach dem Tod seines Sohnes Simeon in ihm auf. Am Ende steht mit dem "Psalm vom Ich" die literarische Bewältigung seiner Identitätskrise. Hier wird zwar Schreiben nicht direkt thematisiert, denn im Mittelpunkt steht sozusagen Josephus' Nathan-Problematik, doch dokumentiert der "Psalm vom Ich" als dichterische Konfliktbewältigung die identitätssichernde Funktion literarischer Produktivität für Josephus. - In der Zukunft will er deswegen ganz Autor sein:

> <...> er fühlte sich seltsam sicher. Eitelkeit, Triumph,
> Niederlagen, Schmerz, Genuß, Wut, Trauer, Dorion, Pau-
> lus, Justus, das alles lag hinter ihm, und vor ihm lag
> nichts als sein Werk. Alles, was bisher in seinem Leben
> gewesen war, hatte sich als gut für sein Werk erwiesen
> und bekam Sinn, sowie er es auf das Werk bezog.(II,482)

Er macht sich sogar von den verschlechterten äußeren Arbeitsbedingungen innerlich frei, denn "im Grunde war es für einen Mann wie ihn gleichgültig, wo sein Schreibtisch stand", und "arbeitete und war einverstanden mit seinem Schicksal"(II, 486). - Doch die Existenz des zurückgezogen arbeitenden, 'freien' Schriftstellers ist nicht von Dauer. Der neue Prinzeps Domitian zwingt Josephus zum Kniefall.

Josephus, der Nachdenkende, der am Schreibtisch über seinen Manuskripten sitzt, das ist in der Trilogie eine völlig neuartige Szene. Der Schriftsteller an seinem Arbeitsplatz, an dem er nicht nur schreibt, sondern auch über sich und sein Handeln reflektiert: Beides gehört für ihn nun zusammen; ein Bild seiner Schriftstellerexistenz, mit dem auch die zweite Exil-Fortsetzung der Romantrilogie beginnt.

3.3. "Der Tag wird kommen"

Der dritte und letzte Teil der Josephus-Trilogie, DER TAG WIRD KOMMEN, setzt vier Jahre später mit einem Blick des Erzählers über die Schulter des Schriftstellers Josephus ein: "Nein, was Josef da hingeschrieben hat, wird er kaum stehenlassen können"(III,7). Unter den veränderten politischen Verhältnissen und in einer Situation verschärfter Konflikte des Schriftstellers mit der staatlichen Macht ist die Selbstzensur notwendiges schriftstellerisches Instrument. Der Balanceakt als "Schriftsteller der Versöhnung"[1] pro-jüdisch zu schreiben, ohne die Konflikte im römischen Judäa mittels seiner Literatur weiter anzuheizen, ist ein dominierendes Problem seines Schreibens. Er muß sich stets die Intention seiner "Universalgeschichte des jüdischen Volkes" vergegenwärtigen, damit ihm nicht "Griffel oder Feder durchgehen"(III,8): Jedoch ist die Gelassenheit, mit er zu schreiben versucht, "erkrampft, ist Schwindel"(III,10), da er sein identifikatorisches Schreiben aus Vernunftgründen nicht ausleben kann. Seine identitätssichernde Schreibkonzeption scheitert an den gesellschaftlichen Rahmenbedingungen, denen sich gerade der Schreibende, der "dem Getriebe entsagt"(III,8), doch nicht entziehen kann.

Doch führt seine (politische) Vernunft weder politisch noch literarisch zum Erfolg. Der Zwiespalt zwischen jüdisch-römischem Vermittlungsversuch und zunehmend deutlicher werdender Sympathie für die Juden prägt seine "Universalgeschichte" und läßt sie wegen der Widersprüchlichkeit des Konzepts scheitern. So kommt die Ablehnung von allen Seiten: Die Juden finden das Werk "zu kalt. Sie hatten eine begeisternde Darstellung ihrer großen Vergangenheit erwartet"(III,247). - Domitian dekretiert, "daß dieses Buch dem Wohl des Römischen Reiches nicht förderlich sei"(III,148) und läßt - gerade auch im

---

1) Jürgen Rühle: Literatur und Revolution. Köln 1960, S. 210.

Sinne seiner anti-jüdischen Politik - Josephus' Büste aus
dem Friedenstempel entfernen. Und am radikalsten ist die Kritik von Justus von Tiberias, danach folgt das Resumee:
> Alles ist halbwahr und also ganz falsch. <...> Die abgeschnurrten Gefühle rächen sich, sie stehen doppelt lebendig wieder auf, der Leser Josef glaubt dem Schreiber Josef kein Wort. Er hat einen Grundfehler gemacht. Er hat geschrieben aus purer Erkenntnis heraus und häufig gegen sein Gefühl, darum sind weite Teile seines Buches leblos, wertlos; denn lebendiges Wort entsteht nur, wo Gefühl und Erkenntnis sich decken.(III,249)

Bereits vor Abschluß seines Geschichtswerkes hat Josephus die
größere Relevanz kämpferischer Literatur erkannt, ja er
spricht einer propagandistischen, aufrührerischen Schrift aus
Judäa sogar bleibenden Wert zu. Der Stoff ist wie der seiner
epischen Dichtungen historisch bzw. biblisch, nur wird bei
diesem 'revolutionären' Geschichtswerk eine Möglichkeit von
historischer Literatur genutzt, die Josephus in seinem Werk
seit seinem Debüt mit dem Makkabäerbuch zurückdrängen wollte:
Historische Dichtung kann sich durch Gegenwartsanspielungen,
historische Analogien und Parallelen indirekt zu aktuellen
Themen äußern. Josephus weiß um die politische Brisanz, die
auch nicht-intendiertes Herstellen von Gegenwartsbezügen
durch die Rezipienten bedeuten kann, deshalb versuchte er aus
politischen Rücksichtnahmen, in seiner "Universalgeschichte"
die Chancen der Analogiebildung zu verringern:
> Die Sätze über den dunklen Mut des Königs Saul, die er da geschrieben hat, sind schön und hinreißend, und die "Eiferer des Tages" würden sie mit Begeisterung lesen. Aber ach, gerade das sollen sie ja nicht. Nicht in der Begeisterung sollen sie sich üben, sondern in der Vernunft, in der schlauen Geduld. Sie sollen sich fügen und kein zweites Mal sinnlos gegen Rom die Waffen erheben. (III,9)

Da Josephus bei Abschluß seiner "Universalgeschichte", die
einmal sein Hauptwerk hatte werden sollen, längst nicht mehr
diese Schreibintention verfolgte, kann er die genannte Kritik
schließlich doch leichter akzeptieren.

Ein angesichts der Gewaltherrschaft Domitians utopisches
Ziel formuliert er im "Psalm vom Mut", in dem er das Recht

auf freie Meinungsäußerung und künstlerische Freiheit fordert. Doch ist unter dem Regime das Schreiben solcher Inhalte lediglich für die Schublade möglich, was Schriftstellerkollegen von Josephus auch erfahren müssen.

Publius Cornel, Schriftsteller und Historiker, dem es darauf ankommt, "daß diejenigen, welche die Freiheit lieben, diese Zeit überleben", schweigt und schreibt insgeheim:

> Ich bin da, aufzuschreiben, was unter dem Tyrannen geschieht. Sagte ich mir das nicht immerzu vor, dann wüßte ich auch nicht, wie ich dieses Leben ertragen sollte. (III,61)

Nach dem Tyrannenmord beginnt er dann auf der Grundlage seiner geheimen Aufzeichnungen eine große, kritische Epochendarstellung.[1]

Während dieser geheime Chronist die Schreckensherrschaft übersteht, bezahlt Priscus seine Angriffe auf Domitian mit dem Leben. Er, der wie viele andere Oppositionelle unter Domitian sozusagen Publikationsverbot hat, überlebte zunächst schweigend und wirkt mit verborgener literarischer Arbeit und konspirativer Verbreitung seiner Manuskripte.[2] Schließlich arbeitet er an einer literarischen Biographie eines unerschrockenen, kämpferischen Republikaners der jüngsten römischen Geschichte.

> Seinen Grimm einsperren, das Buch in die Truhe sperren, genau das hatte er wollen, und sein einziger Zweck war gewesen, sich das Herz zu erleichtern.(III,156)

Das geschieht durch identifikatorisches Schreiben über einen historischen, biographischen Stoff anhand der Figur des Republikaners Paetus, die wesensverwandt, eine vergleichbare Problematik auf ähnliche Weise bewältigt wie der Biograph Priscus. An eine Veröffentlichung denkt Priscus zunächst nicht, weniger aus Angst um Stellung und Leben, als aus der ohnmächtigen Gewißheit heraus, daß er "an den Dingen selber nichts ändern <könne>, wie sollte Literatur gegen Macht aufkommen?"(III,156).

---

1) III,376f.
2) III,62

Als er sich dann doch dazu entschließt, das Manuskript in Abschriften zirkulieren zu lassen, wird der Autor zum Tode und sein Werk zur Verbrennung verurteilt, obwohl er "kein leisestes Wort <...> in seiner Biographie gegen den Kaiser Domitian"(III,192) gesagt hatte. Doch gibt es verdeckte und indirekte Angriffe auf den Prinzeps und seine Herrschaftspraktiken:

> Selbstverständlich wurde seine Biographie des Paetus als aufrührerischer Hymnus auf einen Aufrührer, als verschleierte Beleidigung des Kaisers angesehen.
> (III,206f.)

Historische Literatur als Form indirekter Auseinandersetzung mit der Gegenwart ist auch noch das Metier eines weiteren Schriftstellers: "Didymus, der in seine vielgerühmte Geschichte Kleinasiens Anspielungen eingestreut hat, die dem Kaiser nicht gefallen"(III,361).

Diese zusätzliche Aussageebene, die historische Dichtung haben kann, ist - wie bereits gezeigt - auch für Josephus ein virulentes Problem, da er mit seiner "Universalgeschichte" anfangs nicht indirekt oder ungewollt anheizend in den schwelenden Konflikt zwischen Judentum und Römischem Reich eingreifen wollte. Nach Abschluß des Werkes entdeckt Josephus jedoch, daß es sich dennoch als Waffe gegen Domitian einsetzen läßt. Bereits im Verlauf der Niederschrift muß sich bei ihm eine kompromißlosere, mutiger pro-jüdische Grundhaltung durchgesetzt haben. Er erzwingt durch eine Rezitation öffentliche Aufmerksamkeit für das Werk, das offiziell totgeschwiegen wird, und macht sich die Gegenwartsbezüge zunutze, die in seinem historischen Stoff mit angelegt sind. Der "Wahnsinnstat" (III,274), dem Prinzeps schonungslos Kritik indirekt in Form seiner historischen Literatur entgegenzuschleudern, läßt er noch seinen "Psalm vom Mut" folgen:

> Darum sag ich:
> Heil dem Manne, der den Tod auf sich nimmt,
> Sein Wort zu sagen, weil das Herz ihn drängt ...
> Darum sag ich:
> Heil dem Manne, den du nicht zwingen kannst,
> Zu sagen, was nicht ist.
> (III,271)

Im Rausch dieser mutigen Tat geht er sogleich zum nächsten
Politikum über, einer Polemik gegen den judenfeindlichen Theo-
retiker und Autor Apion, die er "in einem Zug <Herv. L.F.>"
(III,277), in einem "ungeheuren Rausch der Arbeit"(III,278)
schreibt. Da Josephus zunehmend von seinem Weltbürgertum ab-
rückt, will er das auch literarisch umsetzen, was er in der
"Universalgeschichte" "mühsam niedergedrückt hatte"(III,277).
> Er wird sich gehenlassen. Er wird schreiben, wie es ihm
> ums Herz ist, nicht objektiv, sondern mit Eifer und
> Zorn, mit dem ganzen Grimm, den seine Gegner verdienen.
> (III,276)

Mit dieser unmißverständlichen Wiederzuwendung zum Judentum
und zum direkt-politischen und persönlichen, engagierten
Schreiben erlebt er zwar seinen größten Erfolg bei den Juden,
beschleunigt jedoch auch seinen Sturz. Sein Schreiben und seine Schriftstellerexistenz werden vom Regime nicht länger geduldet; der Euphorie seines kämpferischen literarischen Impetus folgt die ernüchternde Erkenntnis von der Sinnlosigkeit
seines (literarischen) Tuns.
> Wozu sagen wollen, was ist, vor einer Welt, die das doch
> nicht hören will? Seit Jahrtausenden haben Männer der
> Welt gesagt, was ist, und sie haben nichts geändert,
> sie haben nur Unglück über sich selber heraufbeschworen.
> (III,333)

Schreiben ist für Josephus im höchsten Maße existentiell geworden - in der Bedeutung für seine Identität und seine religiöse und gesellschaftliche Rolle, es birgt aber auch eine
existentielle Bedrohung für sein Leben. Die Möglichkeiten des
Schriftstellers, gesellschaftlich verändernd zu wirken, erweisen sich für ihn als Illusion. Josephus, gescheiterter Kosmopolit und gescheiterter Künstler, wendet sich endgültig von
der Literatur ab, sucht erneut den Weg der revolutionären politischen Tat und entscheidet sich für den nicht erfolgver-
sprechenden, dennoch für ihn keineswegs sinnlosen Kampf gegen
Rom, "für den seiner eigenen Vernunft widersprechenden Befrei-
ungskampf des jüdischen Volkes"[1]. Es kapituliert dabei auch

---

1) Holger Zerrahn, <Lit.155>, S. 121.

der humanistische Intellektuelle vor dem tyrannischen Machthaber.

4. Der Jude Josephus und die jüdische Thematik

Je nach ideologischer Ausrichtung der Forschung zur Josephus-Trilogie wird die jüdische Thematik vernachlässigt und nicht mit in die Mitte des Blickfeldes einer Untersuchung gerückt.[1] Dies ist jedoch unabdingbar, da hier, durch die Epochen- und Sujetwahl sowie die vielgestaltige Verflochtenheit der jüdischen Thematik mit allen wichtigen Aspekten der drei Romane, eine Hauptaussageebene liegt.

Bei der von Feuchtwanger gewählten Epoche handelt es sich um die Zeit einer entscheidenden Wende in der Geschichte des Judentums. Die Zerstörung des Tempels in Jerusalem, die "<u>eine</u> Heimat <Herv. L.F.>"(I,144) der Juden, der eigentliche Beginn der Galuth und die Anlage der jüdischen Protagonisten als "eine neue Art Mensch, nicht mehr Jude, nicht Grieche, nicht Römer"(I,254) zeigen an, daß es Feuchtwanger besonders um eine jüdische Thematik ging. Die Entfaltung und Einbettung der jüdischen Themenkreise gilt es vergleichend vom ersten Band zu den beiden Exil-Fortsetzungen zu untersuchen, um nach einer Entwicklung dieser Thematik im Roman zu fragen.

Folgt man der Chronologie der Werke des historischen Flavius Josephus, so läßt sich eine Entwicklungslinie nachzeichnen, derzufolge - verglichen mit der pro-römischen Parteinahme des Werkes "Bellum Judaicum" - in den letzten Werken zunehmend eine jüdische Tendenz stärker wird, insbesondere in seinem letzten Text "Contra Apionem", einer Apologie des Judentums. Die-

---

1) Dies betrifft fast die gesamte materialistisch ausgerichtete literaturwissenschaftliche Forschung zur Josephus-Trilogie.

se von den Quellen her so skizzierbare Persönlichkeitsentwicklung liegt auch Feuchtwangers gedichtetem Josephus zugrunde. Bei der Frage nach Aussageveränderungen und konzeptionellen Modifikationen zwischen dem 1932 veröffentlichten ersten Josephus-Roman und den beiden im Exil entstandenen Fortsetzungen muß dieses historisch vorgegebene Grundmuster der jüdischen Lebensgeschichte berücksichtigt werden.

Feuchtwanger entwirft am Beginn des ersten Bandes DER JÜDISCHE KRIEG ein Zeitalter jüdischer Geschichte, das durch Judenfeindlichkeit und Assimilationszwänge bzw. -chancen, andererseits auch durch religiöse Toleranz geprägt ist. Die Gleichzeitigkeit dieser Strömungen ist für die Zeit des judäischen Krieges historisch belegbar.[1] In Rom herrschte für Juden ein, wenn auch labiles, so doch günstiges, d.h. liberales Klima, das für wirtschaftlichen Erfolg nicht unbedingt assimilatorische Zugeständnisse forderte. Dieser religiöse Liberalismus scheint für Rom historisch eher typisch gewesen zu sein, als Antisemitismus und Assimilationszwänge.[2]

Die Entwicklung des Juden Josef Ben Matthias spannt sich im ersten Band vom kämpferischen jüdischen Nationalisten über den opportunistischen Wahl-Römer, der auf den Beginn der Galuth nicht 'zionistisch', sondern assimilatorisch antwortet, bis zum Kosmopoliten. Josef wird als Josephus nicht einfach Römer, vielmehr versucht er eine kosmopolitische Synthese:

---

1) Alex Bein: Die Judenfrage. Biographie eines Weltproblems. Bd. I, Stuttgart 1980. - Walter Schmitthenner: Kennt die hellenistisch-römische Antike eine "Judenfrage"? In: Ernst Schulin u. Bernd Martin (Hrsg.), Die Juden als Minderheit in der Geschichte, München 1981, S. 9-29. - Horst Braunert: Jüdische Diaspora und Judenfeindschaft im Altertum. In: H.B.; Politik, Recht und Gesellschaft in der griechisch-römischen Antike, Stuttgart 1980, S. 29-48. - Weitere Literatur siehe Literaturverzeichnis.
2) Ebd. und besonders auch Léon Poliakov: Geschichte des Antisemitismus. Bd. I: Von der Antike bis zu den Kreuzzügen. Worms 1979.

"der erste Mensch, eine solche Weltanschauung beispielhaft vorzuleben"(I,254). Dieser Lebensplan wird von Josephus literarisch im "Psalm vom Weltbürger"(I,261f.) umgesetzt. Auch der Schriftsteller Josephus sieht sich als Mittler zwischen Ost und West, zwischen Juden und Römern, was ihm allerdings auch den Vorwurf einbringt, ein "doppelter Verräter"(I,263) zu sein. Die Emanzipation sieht er - gerade nach der Zerstörung Jerusalems - also nicht in völliger Assimilation, vielmehr in etwas Drittem, was jedoch die Gefahr der 'Heimatlosigkeit' in sich birgt: "Er gehörte nicht zu den Römern und nicht zu den Juden, die Erde war wüst und leer wie vor der Schöpfung, er war allein"(I,364).

Ein anderer jüdischer Künstler in Rom, der 'Hofschauspieler' Demetrius Liban, hat sich mehr als nur arrangiert, er hat sich assimiliert. In der Rolle des Juden Apella, die er zu spielen gezwungen wird, bringt er die ganze Tragik des einfachen Juden der Zeit auf der Bühne zur Darstellung (I,69-71); als Konsequenz seiner assimiliert-jüdischen Künstlerexistenz wird er zum "Zerrissenen" und zu einem "armen Menschen"(I, 434).

Auch gesellschaftlich wird das Leben in der Diaspora als nur sehr relative Sicherheit, als labile Existenzform geschildert: Die latente Gefahr von Pogromen und typische antisemitische Vorurteile (heimliche Dominanz der Minderheit, Verschwörung gegen die Mehrheit, Minderwertigkeit der jüdischen Religion), aber keine systematische Diskriminierung charakterisieren in Feuchtwangers erstem JOSEPHUS die römische Gesellschaft. Diese antisemitische Disposition Roms, die bei einzelnen auch zu Haß werden kann, tangiert Josephus jedoch kaum persönlich. Eher ist in DER JÜDISCHE KRIEG seine individuelle Problematik des jüdisch-römischen Weltbürgers, seine Vermittlerrolle zwischen Ost und West Thema.

Demgegenüber verschärft sich die Lage für die Juden und ganz besonders für den kosmopolitischen Juden Josephus im zweiten Band der Trilogie, DIE SÖHNE, und der Antisemitismus wird zu einem hervorstechenden Thema des Romans. - Gerade unter dem relativ 'liberalen' Prinzeps Titus zeichnet Feuchtwanger eine offen antisemitische römische Gesellschaft, und wie im Mittelalter werden Juden für wirtschaftliche Krisen und für Epidemien verantwortlich gemacht. Titus selbst wird von Feuchtwanger dauerhaft in eine persönliche Problematik mit dem Judentum verstrickt: Schuldgefühle und Racheängste wegen der Zerstörung des Jerusalemer Tempels tragen ebenso zu seiner (als historisch geltenden) psychischen Erkrankung bei wie seine Liebe zur jüdischen Prinzessin Berenike. Feuchtwanger macht die Beziehung zu ihr zu einem Lebensproblem von Titus und aktualisiert diese jüdisch-römische Problematik durch einen fiktiven Besuch Berenikes in Rom zur Zeit des Prinzipats von Titus.[1] - Wenn Justus von Tiberias den Prinzeps mit Ahasverus vergleicht und damit den Perserkönig Xerxes aus dem Buch Esther meint, "jenen etwas schwachsinnigen Haremskönig, der sich von seiner Favoritin im Bett die Wünsche ihres Clans suggerieren läßt"(II,379), schwingt sicher eine Anspielung auf die Schuld des Ewigen Juden Ahasverus mit, als eine Umkehrung zur Versündigung des Goi Titus an den Juden.

Der gesellschaftliche Antisemitismus betrifft Josephus nun in DIE SÖHNE hautnah, da seine eigene Familie betroffen ist. Seine ägyptische Frau entpuppt sich als Antisemitin, die ihren Antisemitismus sogar auch rassisch begründet: "du bleibst Jude, und wenn du dir den Bart noch so sorgfältig abrasierst" (II,130). Sein 'römischer' Sohn erleidet Diskriminierung als 'unechter' Römer und entwickelt sich unter dem Einfluß seiner antisemitischen Mutter und eines ebenso eingestellten griechischen Erziehers zunehmend judenfeindlich. - Der 'jüdische' Sohn ist andererseits übelstem Radau-Antisemitismus ausgesetzt. Schließlich wird er von seinem römischen Spielgefähr-

---

1) Berenike lebte tatsächlich mehrere Jahre mit Titus in Rom, allerdings nur zu Lebzeiten Vespasians. Siehe hierzu: John A. Crook: Titus and Berenice. In: American Journal of Philology 72(1951)S. 162-175.

ten während des Spiels getötet; es ist zwar ein Unfall, aber mit antisemitischem Hintergrund:

> Ich habe mich um den andern <Paulus, Anm. d. Verf.> bemüht, daß er kein Goi wird; inzwischen haben die Gojim mir meinen jüdischen Sohn erschlagen.(II;251)
> Alle haben sie seinen jüdischen Sohn gehetzt.(II,255)

Aber auch seinen römischen Sohn verliert Josephus und zwar an die Antisemiten.[1] Auf die Bedeutung des Verlustes der Söhne für den Roman wird bereits mittels des Titels DIE SÖHNE hingewiesen.

Beim kontinuierlich aufscheinenden Thema Antisemitismus fällt besonders auch die sprachliche Gestaltung auf. Neben der quantitativen und qualitativen Ausweitung der Thematik im zweiten Band, ist hier eine andere sprachliche Gestaltung unübersehbar: Judenfeindschaft in DER JÜDISCHE KRIEG wurde von Feuchtwanger historisierend in meist antiken oder mittelalterlichen Bildern literarisch umgesetzt. - Der Antisemitismus in der Exil-Fortsetzung manifestiert sich dagegen mit einer sprachlichen Gewalt, die aus der antisemitischen Terminologie der Entstehungszeit schöpft.[2] "Gewisse antisemitische Äußerung<en>"(II,69), teilweise mit entsprechendem Vokabular ("verjudet"II,237), ziehen sich durch den ganzen Text und gewinnen durch sprachliche Unmittelbarkeit noch an Aussagekraft, z.B. beim antisemitischen Asyndeton des Hauptmanns Pedan: "Ich bin dafür, daß man das, was man nicht mag <die Juden, Anm. d. Verf.>, ausreißt, ausrottet, austilgt, zertrampelt"(II,347).[3] Dem Leser wird außerdem eine ganze Palette antisemitischer Vorurteile und Verteufelungen dargeboten. Für die gesamte jüdische Thematik wird eine andere Terminologie benutzt als im

---

1) Bei der Handlung um die beiden Söhne von Josephus dreht es sich aber kaum um einen "Generationen-Konflikt", wie Ruth Rindfleisch behauptet (<Lit.132>, S. 133 bzw. 156); vielmehr geht es um die jüdische Thematik.
2) Siehe hierzu Punkt 5 (Gegenwartsbezüge im historischen Roman).
3) Ebenso Phineas, der griechische Erzieher: "Zerstört, vertilgt, vernichtet, zertreten, zerstampft, dem Erdboden gleichgemacht"(III,87).

ersten Josephus-Roman. Gab es dort lediglich den historischen Begriff "Pogrom" (z.B. I,87), werden vom Autor nun andere Begriffe und Namen benutzt, die aktuelle konnotative Qualitäten haben, wie z.B. "Ostjuden", "Westjuden", "Ghetto", "Emigranten", "Ahasver", "Hiob".

Josephus' direkt persönliches und familiäres Betroffensein durch Antisemitismus entspricht der Gesamtkonzeption des Romans DIE SÖHNE, in dem sich Feuchtwanger - im Gegensatz zum ersten Band - sehr auf die Persönlichkeit und Privatheit des Josephus konzentriert und sich mit seinen innersten Problemen, d.h. die der Identitätsstabilisierung und die des Schreibens und Autor-Seins befaßt. Seine Wiederzuwendung zu Mara, seiner ersten, jüdischen Frau, ist hierbei als wichtiger fiktiver Eingriff in die historische Biographie in dem Sinn zu verstehen, daß sich Josephus wieder stärker mit dem Judentum identifiziert; dies wird sogar in seiner äußeren Erscheinung deutlich.

Wie bereits gezeigt worden ist, wird Feuchtwangers Josephus mit der zweiten Fassung des "Bellum Judaicum" auch als Schriftsteller pro-jüdischer und antizipiert so literarisch ansatzweise eine Entwicklung, die sich erst nach den antisemitischen Erfahrungen abzeichnet. Die Identitätskrise als Schriftsteller und jüdischer Weltbürger versucht er durch stärkere Identifizierung mit jüdischer Geistestradition und jüdischem Schicksal zu begegnen. Das "Experiment"(II,298), zu dem ihn sein Verleger anregt, besteht in identifikatorisch gefärbtem Schreiben des jüdischen Autors über jüdische Stoffe: "Ob Sie Abraham oder Josef, Juda Makkabi oder Hiob darstellen, an innerer Anteilnahme dürfte es Ihnen nicht fehlen" (II,297). Seine Identifikation mit jüdischen Gestalten ("Ihm schien auferlegt, die Geschichten und Situationen der Bibel auf eine bittere, sonderbar verzerrte Art neu zu erleben"II, 298) führt ihn auch hin zu Hiob, dem von Gott und dem Schicksal geschlagenen Juden, und "Wie Hiob empörte er sich gegen Gott"(II,254). - Den Thorarollen, die Josephus aus dem zerstörten Jerusalem gerettet hatte, fühlt er sich "körperhaft verwandt"(II,458). Diesen Thorarollen, generell Symbole für den engen Zusammenhang von Religion, schriftlicher Überlieferung und Geschichte der Juden, besonders auch für die Schriftlichkeit der jüdischen Kultur und Religion, haftet seine eigene (jüdische) Geschichte an: "Zerfetzt, blutbeschmiert, zertrampelt von den Stiefeln der Soldaten"(II,457) sind sie Dokumente seiner persönlichen Schuld und erhalten metaphorische Bedeutung für seine Wiederannäherung an das Judentum.

Für sein jüdisches Geschichtswerk verläßt Josephus Rom und geht nach Judäa, sammelt Eindrücke der jüdischen Gegenwart und Wirklichkeit: "Was soll ein jüdischer Schriftsteller heute tun?"(I,81 und II,384). - Auf diese Frage, die im ersten Josephus-Band noch zu einem großen Disput zwischen Justus und Josephus über die gesellschaftlichen und politischen Möglichkeiten von Literatur führte, weiß Justus nun auch keinen Rat mehr, und seine "Gebärde der Hoffnungslosigkeit"(II,386) drückt ebenso die Stimmung Josephus' und die Unmöglichkeit einer Antwort aus. So findet er auf der Suche danach den Wert der "subjektiven Wahrheit" des Schriftstellers, die ein "Gemenge aus den Fakten, der Umwelt, der Realität und seinem eigenen, unbeständigen, gauklerischen Ich"(II,416) darstellt und sich mit jüdischen Themen beschäftigt. Die bereits referierten Literaturgespräche und diskutierten Schreibkonzepte und Autorprobleme sind ganz besonders die von jüdischen Autoren, die über jüdische Themen schreiben, auch wenn dies nicht immer explizit ausgesprochen wird. Auch in den Werken von Josephus, die ihn Feuchtwanger fiktiv dichten läßt, bearbeitet er literarisch seine jüdisch-kosmopolitische Problematik.[1]

Mit Machtantritt Domitians, also am Ende der SÖHNE, verschlechtert sich Josephus' Situation in Rom erheblich. Der ehemalige

---

1) Dies sind im zweiten Band die Psalmen "vom Ich" (II,259f), "von den drei Gleichnissen" (II,385f) und "vom Glasbläser" (II,455-457).

jüdische Anführer im judäischen Krieg wird gezwungen, an der Einweihung des Titus-Bogens teilzunehmen, der u.a. den Fall Jerusalems glorifiziert. Sein huldigendes Durchschreiten wird zum Kreuzweg und zeigt das Dilemma, in dem sich der jüdische 'Hof-Autor' von Vespasian und Titus unter den nun veränderten politischen Bedingungen gefindet.

Mit der zweiten Exil-Fortsetzung DER TAG WIRD KOMMEN tritt die jüdische Thematik zunächst zugunsten der Herrschaftspraktiken Domitians und der Konsequenzen für den Schriftsteller etwas zurück. Domitians Gewaltregime hat die Ausschaltung bzw. Unterdrückung aller tatsächlichen und potentiellen Gegner zum Ziel, und neben den Juden geraten ebenso die Christen zunehmend unter Druck. Die Gesellschaft wird als leicht manipulier- und durch den Herrscher steuerbar gezeichnet, in der Antisemitismus zu einem Mittel unter vielen zur Erreichung politischer Ziele geworden ist.

Josephus' Lebensgeschichte wird auf zwei Ebenen problematisiert: Bestimmend werden der sich verschärfende Konflikt mit dem Prinzeps sowie die konträre Entwicklung seines römischen Sohnes Paulus und seines zweiten jüdischen, Matthias, wodurch die Verlagerung der eigenen Lebensproblematik auf seine Söhne vom zweiten Josephus-Roman aufgegriffen und fortgeführt wird.

Paulus entwickelt sich zum ausgesprochenen Judenhasser, der seine jüdische Herkunft als brennenden Makel empfindet und sich von dieser so verstandenen Schande "reinwaschen"(III,28) will. Sein Ziel ist es, als römischer Soldat in Judäa "Strafexpeditionen"(III,28) gegen Juden durchzuführen. Damit übertrifft er in seinem Haß sogar seine Mutter und seinen antisemitischen Erzieher, denen als Erziehungsziel ein griechisch gebildeter, kultivierter Römer mit intellektueller Judengegnerschaft vorschwebte. Paulus' Karriere übertrifft am Ende des Romans sogar seine eigenen Träume: Seine Häscher töten in Judäa den eigenen Vater.

Kontrastiv zu Paulus ist ein zweiter jüdischer Sohn angelegt, in den Josephus all seine kosmopolitischen Wünsche und

Träume projiziert und der als Protegé der Kaiserin zum "Prinz Matthias" avanciert. Bar Mizwah u n d Toga Virilis: In Matthias soll sich die jüdisch-römische Synthese auf höchster gesellschaftlicher Ebene doch noch verwirklichen. - Der Prinzeps läßt den jüdischen "Prinzen" auch deshalb töten, weil er auf diese Weise den Vater tödlich treffen kann.

In der Konfrontation zwischen Josephus und dem Prinzeps spielt ein tiefer Haß gegen den jüdischen Parvenü eine wichtige Rolle, der zu seiner Herrschaft zunehmend kritisch Position bezieht, ja eine Provokation wagt: Josephus hält bei einer Rezitation in der Verkleidung jüdischer Geschichte dem Tyrannen den Spiegel vor. Die Geschichte des Herodes wird wegen ihres Gegenwartsbezuges zur literarischen, sein kämpferischer "Psalm vom Mut" mit dem Ruf nach Freiheit zur direkt politischen Waffe. Die Schriftstellerthematik, speziell das Thema der politischen Möglichkeiten von Literatur unter einer Gewaltherrschaft, wird von Feuchtwanger wie hier beim "Psalm vom Mut" teilweise von der jüdischen Thematik abgetrennt. Zum ersten Mal werden Fragen des Schreibens, der Rolle des Schriftstellers und der Wirkungsmöglichkeiten von Literatur nicht durch jüdische, sondern auch durch mehrere römische Schriftstellerfiguren ausführlich erörtert. - Die oppositionellen Aktivitäten von Josephus würden Domitian zu harten Maßnahmen ausreichen; als bedeutende Figur des Judentums zieht er zusätzlich noch antisemitischen Haß auf sich.

Bei Erscheinen ist das jüdische Geschichtswerk des Josephus für ihn selbst als jüdischen Schriftsteller eigentlich schon überholt und nicht mehr gültig, da sich "Gefühl und Erkenntnis"(III,249) in ihm nicht mehr decken. Es ist das letzte Werk seiner versuchten jüdisch-römischen Synthese geworden, die nicht mehr seinen Erfahrungen entspricht. Seine letzte Schrift wird die Polemik gegen den Antisemiten Apion, die zwar eine polemische Apologie des Judentums darstellt, doch bei Feuchtwanger allgemein aufklärerische Qualität hat, indem der Antisemit Apion
    zum Gleichnis aller Judenfeindschaft überhaupt, ja zum

>Gleichnis aller triumphierenden Dummheit in der Welt
><wird>, und wie dem Sokrates war ihm das Dumme mit dem
>Bösen identisch.(III,275f.)

Nach dem Scheitern seines Weltbürgertums, das zusehends Verlust statt Synthese geworden war, steht die Rückkehr nach Judäa, aber dennoch nicht die Regression zu einem engen, orthodoxen jüdischen Denken. In diesem letzten Lebensabschnitt von Josephus, den Feuchtwanger völlig frei gestalten konnte, kommt er als alter Mann wieder in Kontakt zu Aufständischen gegen die römische Herrschaft. Zur Zeit des jüdischen Passah-Festes, das ja an Flucht und Befreiung erinnert, aktualisieren ihm Reiseeindrücke die jüdische Not und obwohl ihm ein Aufstand als "blanker Wahnsinn"(III,400) erscheint und ein "Verbrechen und Narrheit, dabei mitzuwirken"(III,401), begibt er sich in das "Gebiet der militärischen Operationen"(III,402). Doch ist der alte, schwache und fast blinde Jude, der sich durch das Gebirge schleppt und den Tod ersehnt, nicht der national-jüdische Freiheitskämpfer, eher eine Ahasver-Gestalt als ein Revolutionär.[1] Er stirbt jämmerlich, allein und sinnlos, alles andere als heroisch "an der Seite seines kämpfenden jüdischen Volkes"[2].

---

1) Die materialistisch orientierte Forschung sieht im Romanschluß die Wendung zum jüdischen Bereiungskampf und Josephus als Freiheitskämpfer.
2) Ruth Rindfleisch, <Lit.132>, S. 120.

5. Gegenwartsbezüge im historischen Roman

Allgemeine Zeitbezogenheit, aber auch direkte Gegenwartsbezüge und aktuell-politische Anspielungen in den beiden Exil-Teilen der historischen Roman-Trilogie wurden von den Zeitgenossen registriert und begrüßt. Es ist zu klären, inwieweit der direkte "Vergleich mit dem Heute"[1] im Text angelegt ist und welche Signale über eine Aktualität der Gesamtaussage hinaus im Text zu einer Interpretation beitragen, die z.B. bei DIE SÖHNE den "politisch-aktuellen Charakter des Romans" betont und ihn als "Schlüsselroman aus unseren Tagen" sah.[2]

Betrachtet man vergleichend den ersten Band DER JÜDISCHE KRIEG mit den Fortsetzungen im Exil nach Art und Umfang der Gegenwartsbezüge, fallen grundsätzliche Unterschiede der beiden Entstehungsphasen auf.

Wie bereits gezeigt wurde, ist der erste Band durch ein hohes Maß an Historizität gekennzeichnet, die direkten Gegenwartsanspielungen mittels fiktiver Handlungsteile sehr enge Grenzen setzt. - In der Zeit der beginnenden Galuth, in der sich für das Judentum die existentielle Frage nach Fortbestand stellt, reflektiert der Roman die Deutungsweisen des Jahres 70 n.Chr., die assimilatorische und quasi 'zionistische' und hat damit implizit einen Bezug zur jüdischen Diskussion in der Weimarer Republik. "Die Geschichte eines typischen jüdischen Intellektuellen in einer Zeit des Antisemitismus und Nationalismus"[3] beinhaltet so für die Zeitgenossen eine durchaus aktuelle Problematik, deren Verschärfung und Bedrohung nach 1933 sich in den Exil-Fortsetzungen niederschlägt. Im ersten Band ist aber kaum zielgerichtetes Eingreifen zur Andeutung konkreter zeitgeschichtlicher Parallelen zu erkennen. Trotz histori-

---

1) M.G. (Rez.): Der Tag wird kommen, <Lit.114>.
2) Ludwig Marcuse (Rez.): Die Söhne, <Lit.111>.
3) Wulf Köpke: Lion Feuchtwanger, <Lit.103>.

scher Faktentreue beinhaltet die genannte jüdische Thematik sicher auch Gegenwartsbezüge, doch kaum direkte Anspielungen. Die gesellschaftliche und politische Wirklichkeit der Weimarer Republik legte z.B. eine Erwähnung und Darstellung der Gewaltherrschaft Neros nicht nahe, sie fehlt demnach im Roman, und die fanatischen Palast- und Bilderstürmer im judäischen Krieg haben keine aktualisierende Bedeutung, weil die zeitgeschichtlichen Bezugspunkte fehlen. - Ganz im Gegensatz zur 'Diktatur' des Domitian oder zur Bücherverbrennung im dritten Band, die ihren direkten Bezugscharakter zur NS-Wirklichkeit haben.

Die jüdische und die Künstlerthematik, die beiden Hauptthemenbereiche, erfahren in DIE SÖHNE und DER TAG WIRD KOMMEN eine 'Aktualisierung' durch einen vielgestaltigen Anspielungshorizont. Der pointierte Gegenwartsbezug der jüdischen Thematik besteht hauptsächlich in der Problematisierung des Antisemitismus, vor allem im zweiten Band. "Wenn man wirtschaftlich im Dreck steckt, dann muß man die Massen gegen die Juden loslassen"(II,26), einer solchen Feststellung konnten die "Emigranten"(II,48) nur bitter zustimmen. Besonders die auffallende, antisemitische Terminologie fördert durch ihre Nähe zur "Lingua Tertii Imperii"[1] eine Parallelität des historischen Stoffes mit den Zeitereignissen, die für Rezipienten im Exil bereits durch den geschichtlichen Stoff selbst herstellbar war - wenn auch auf eine eher historisch-distanzierte, analogiebildende Weise: die Diaspora, das Exil als Schicksal des jüdischen Volkes.

Bei aller Eindringlichkeit der Gegenwartsbezüge des dargestellten Antisemitismus erscheint die Analogie aber manchmal auch störend überzogen: So werden die Wurzeln des deutschen Judenhasses bereits im ersten Jahrhundert angesiedelt, denn
> es gab <u>eine</u> <Herv. L.F.> Sorte Menschen, die ihnen <den Deutschen, Anm. d. Verf.> auf die Nerven gingen: die

---

[1] So der Titel der Untersuchung zur Sprache des Nationalsozialismus von Victor Klemperer, Leipzig 1975 (entstanden 1946).

> Juden. In den Wäldern und Morästen der Deutschen erzählte man wüste Märchen von den östlichen Völkern, von den Juden im besonderen, wie feind sie allen blonden Menschen seien und daß sie gern blonde Menschen ihrem eselköpfigen Gott als Schlachtopfer darbrächten.(II,200)

Direkte Gegenwartsanspielungen wirken im zweiten Band größtenteils einmontiert, fallen sprachlich und begrifflich ("Tausendjähriges Reich" II,415) sowie stilistisch heraus. Der Gegenwartsbezug der jüdischen Thematik in DIE SÖHNE entsteht jedoch nicht so sehr durch diese zeitgeschichtlichen Signale im Text, sondern er liegt in der gesamten Aussage und Gestaltung.

Im dritten Josephus-Roman DER TAG WIRD KOMMEN wird der Antisemitismus als staatstragend dargestellt; eine angebliche Weltverschwörung der "schädlichen Tiere"(III,82) dient als Vorwand für repressive Maßnahmen. Doch sind die Juden lediglich e i n e unterdrückte Minderheit unter mehreren. Die historische Willkür-Herrschaft Domitians, "das Regime"(III,199), wird in der Darstellung seiner Herrschaftsausübung mit deutlichem Verweis-Charakter auf die Nazi-Diktatur beschrieben: Schwarze Listen und politische Morde der Geheimpolizei gehören ebenso zur analogiebetonenden Schilderung wie die Erklärung des Krieges als wirtschaftlich bedingt und als außenpolitische Ablenkung. Jegliche Opposition wird unterdrückt, die Polizei bespitzelt Dissidentenversammlungen. Besonders betroffen sind die Schriftsteller (und sogar deren Verleger), von denen Feuchtwanger neben Josephus eine ganze Reihe auftreten läßt. Zensur entspricht der Unterdrückung der Meinungsfreiheit und ist nur e i n Mittel der diktatorischen Gewaltherrschaft Domitians. Bücherverbrennungen und Publikationsverbote, die Angst des Dichters, von der Polizei abgeholt zu werden, sind direkte Analogien zu den Ereignissen in NS-Deutschland. Der letzte geschilderte Dichter im Roman, Cornel, sieht seine Aufgabe lediglich noch darin zu überleben, um später über die Schreckenszeit berichten zu können.

Trotz der deutlichen Gegenwartsbezüge des Terror-Regimes Domitians bleibt doch sehr fraglich, ob man es hier mit Feuchtwangers Faschismusbild zu tun hat, ob "Nazi Germany ist caricatured in the person of Domitian"[1]. Obwohl es im dritten JOSEPHUS eine Vielzahl von direkten, wenig verschlüsselten Anspielungen gibt, wird die Schilderung der historischen Schreckensherrschaft Domitians keine historisch verkleidete Beschreibung des nationalsozialistischen Deutschland; der römische Prinzeps ist nicht mit Hitler gleichzusetzen.

Im Roman wird die Frage der Aussagekraft von historischer Literatur für die aktuelle Gegenwart selbst thematisiert. Dabei wird ein breites Spektrum von Funktionen vorgestellt, die Literatur insbesondere solche mit historischen Stoffen für eine gegenwartsbezogene Aussage haben kann. Hierzu gehören sowohl vom Autor intendierte aktuelle Bezüge als auch eine gegenwartsbezogene Rezeption von literarischen Klassikern (z.B. der Odyssee).

Josephus, der gleich zu Beginn in DER JÜDISCHE KRIEG Literatur in ihrer politisch wirksamen Rolle kennenlernt ("jeder Satz war eine Anspielung" I,36), nutzt sodann historische Dichtung indirekt selbst als politische Waffe. Nachdem im zweiten Band mehr die identitätsbildende Funktion von Literatur für den Autor problematisiert wird, diskutiert der letzte Josephus-Roman das Thema anhand verschiedener Autoren und Texte.

Die historische Biographie des Priscus über den Republikaner Paetus, die sich "mit vorbildlicher Sachlichkeit auf eine exakte Darstellung des Lebens seines Helden" beschränkt, wird trotzdem "zu einer einzigen, ungeheuern <sic!> Anklage gegen Domitian, und als solche auch wurde es gelesen und verstanden" (III,192). Das Werk wird "als aufrührerischer Hymnus auf einen Aufrührer, als verschleierte Beleidigung des Kaisers"(III, 206f.) gelesen und deshalb samt Autor verbrannt. Subtiler geht ein anderer Schriftsteller, Didymus, vor, "der in seine vielgerühmte Geschichte Kleinasiens Anspielungen einstreut, die

---

1) Weissenberger, <Lit.152>, S. 195.

dem Kaiser nicht gefallen"(III,361). Und schließlich beschäftigt Josephus an seiner "Universalgeschichte der Juden" permanent die Problematik von intendierten und von ihm nicht angelegten, vom Rezipienten selbst hergestellten Gegenwartsbezügen:
> Gerade jetzt dürfte er so was nicht schreiben. <...> Josef darf ihre <der radikalen jüdischen Nationalisten, Anm. d. Verf.> hoffnungslose Tapferkeit nicht durch sein Buch noch weiter spornen. Sosehr der finstere Mut dieses Königs Saul ihn anzieht, er muß der Vernunft folgen, nicht seinem Gefühl, er darf seinen Juden diesen König nicht als nachahmenswerten Helden hinstellen.(III,7)

Mit seiner provokativen Lesung setzt Josephus diese Wirkungsmöglichkeit seiner historischen Dichtung jedoch später selbst ein:
> Immer deutlicher, während er las, wurde er sich bewußt, daß die Parallele <Herv. d. Verf.> zwischen seinem Herodes und diesem Domitian, der da vor ihm saß, nicht zu verkennen war.(III,270)

Historische Literatur wird somit mittels ihres anspielungsreichen Gleichnischarakters zur politischen Waffe. Doch werden im Roman auch die Grenzen einer so 'aktualisierten' historischen Dichtung verdeutlicht: Ein anonym als verdeckte Kampfschrift gegen die Römer zu lesendes Buch über die biblische Judith wird zwar von Josephus in bezug auf seine künstlerische Qualität kritisiert ("Die Fabel war unwahrscheinlich, manchmal geradezu kindisch" III,77), es begeistert ihn jedoch, weil der Autor "einfach seinen heißen Haß gegen die Unterdrücker ausströmen"(III,77) ließ. - Dagegen wird von Justus die Primitivität des Textes als plattes Gegenwartsgleichnis heftig attakkiert.

Trotz auf die Gegenwart gerichteter - auch ganz direkter - Anspielungen, Analogien und Vergleiche wird aus dem historischen Roman JOSEPHUS noch kein verkleideter Gegenwartsroman. Die teilweise gegenwartsbezogene, "teil-aktivierte Geschichte" macht aus dem historischen Roman noch keinen "verkappten" Gegenwartsroman.[1] Lion Feuchtwangers Konzeption historischer

---

1) Helmut Koopmann: Geschichte ist die Sinngebung ..., <Lit.611>, S. 21.

Dichtung beinhaltet generell den Bezug zum Heute, er sieht darin ein Merkmal historischer Romane überhaupt:

> Ich kann mir nicht denken, daß ein ernsthafter Romandichter, der mit geschichtlichen Stoffen arbeitet, in den historischen Fakten etwas anderes sehen könnte als ein Distanzierungsmittel, als <u>ein Gleichnis</u> <Herv. d. Verf.>, um sich selber, sein eigenes Lebensgefühl, seine eigene Zeit, sein Weltbild möglichst treu wiederzugeben.(1)

Die "sorgsam präparierte Vergangenheit"[2] scheint jedoch im ersten Josephus-Band in bezug auf Gegenwartsanspielungen viel weniger vorzuliegen als in den beiden Exil-Fortsetzungen. Feuchtwanger betont in seinem programmatischen Aufsatz "Vom Sinn und Unsinn des historischen Romans" 1935 gerade die Kontinuität seines nach dieser Konzeption geschaffenen Werkes und verteidigt sich als Autor historischer Romane und rechtfertigt das vermehrte Auftreten dieser Gattung im Exil gegenüber den Vorwürfen innerhalb des damaligen Streites.[3] Insofern trägt diese Rechtfertigung, die eigentlich ein Redemanuskript für den "Internationalen Schriftstellerkongreß zur Verteidigung der Kultur" im Juni 1935 in Paris war, nicht den Diskontinuitäten im eigenen Œuvre und besonders nicht der Exil-Zäsur im JOSEPHUS Rechnung, sondern beteuert gerade die eigene Werk-Kontinuität.

Der historische Stoff als "Distanzierungsmittel" und "Stilisierungsmittel", um "im Kostüm, in der historischen Einkleidung <...> die Illusion der Realität zu erzielen"[4]: Einerseits übertreibt Feuchtwanger in seiner Apologie den Umfang der Gegenwartsbezogenheit seiner historischen Dichtungen vor 1933; andererseits unterschätzt er hier den Einfluß der drückenden Exil-Erfahrung auf die Arbeit an historischen Stoffen (er war soeben an letzten Feinarbeiten zu DIE SÖHNE!). Die "Ruhe des Urteils" und die Freiheit "von Trübungen kleiner und klein-

---

1) Lion Feuchtwanger: Vom Sinn und Unsinn ..., <Lit.34>, S. 496.
2) Ebd., S. 495.
3) Siehe hierzu auch Kapitel IV.2. "Die Anklage auf Flucht" - Die Debatte um den historischen Roman im Exil.
4) Lion Feuchtwanger: Vom Sinn und Unsinn ..., <Lit.34>, S. 496.

licher privater Erfahrungen und Interessen"[1] garantiere nur die historische Dichtung. - Feuchtwanger setzt sein Plädoyer dem Verdikt entgegen, der historische Roman im Exil hätte entweder nichts mit der aktuellen Gegenwart zu tun oder aber erliege einer platten historischen Kostümierung zeitgeschichtlicher Thematik. Er will für sich reklamieren, daß er immer ein Autor von historischen Romanen war, ihn also der Vorwurf der Flucht aus der Gegenwart nicht treffe, andererseits betont er die Aktualität und Relevanz der Gegenwartsbezüge seiner Dichtungen.

Zur Illustration der Aktualität, die in der historischen Hülle stecke, führt Feuchtwanger in seiner Rede das Beispiel JOSEPHUS an:

> Ein Thema, das mich seit je von Grund auf bewegt hat, ist der Konflikt zwischen Nationalismus und Internationalismus in der Brust eines Mannes. Wenn ich dieses Thema in der Form eines zeitgenössischen Romans darzustellen versuche, dann fürchte ich, könnten persönliche Ressentiments meine Darstellung trüben und unrein machen. Ich zog es vor, den Konflikt in die Seele eines Mannes zurückzuverlegen, der ihn, wie mir scheint, <u>in der gleichen Form erlebt hat wie heute so viele</u> <Herv. d. Verf.>, allerdings vor 1860 Jahren, in die Seele des jüdischen Geschichtsschreibers Flavius Josephus.(2)

Objektivierung und Distanzierung vom Autor-Ich und seiner Gegenwart wird als Funktion der historischen Rückprojektion der Thematik in ein historisches Modell benannt. Doch betont Feuchtwanger gleich darauf die trotzdem vorhandenen Analogien auf der Bezugsebene zur Gegenwart:

> trotzdem glaube ich, kann ich die Leute, die vor 1870 Jahren einige zentrale Gebäude des Neronischen Rom in Brand gesteckt haben - trotzdem kann ich diese armen, törichten Werkzeuge der Feudalisten und Militaristen ihrer Zeit mit weniger Ekel und also überzeugender darstellen als etwa die Leute, die vor zwei Jahren den Reichstag in Berlin angezündet haben, arme, törichte Werkzeuge der Feudalisten und Militaristen ihrer, unserer Epoche.(3)

---

1) Lion Feuchtwanger: Vom Sinn und Unsinn ..., <Lit.34>, S. 497.
2) Ebd.
3) Ebd., S. 497f.

Aber dieses Beispiel aus dem JOSEPHUS mit seinem direkten Gegenwartsbezug ist fiktiv, als Argument für seine Rechtfertigung eigentlich nicht zulässig: Die zitierte Brandstiftung im Neronischen Rom mit Verweischarakter auf die faschistische Gegegenwart kommt in seinem Roman überhaupt nicht vor! Ja, sie ist mit dieser Aussageintention nicht einmal denkbar, da das Rom Neros nur zu Beginn des ersten, 1932 veröffentlichten Bandes DER JÜDISCHE KRIEG die Epochenkulisse bildet; wäre dieser erste Josephus-Roman erst im Exil entstanden, hätte Feuchtwanger das Zitierte der Anspielung wegen wohl im Roman verwenden können. - Ist seine Rede eine Polemik mit gezinkten Karten? - Sie spiegelt in gewisser Weise ein Dilemma wider: Einerseits will Feuchtwanger als Autor historischer Romane diese Gattung, die "zahllosen Mißverständnissen ausgesetzt"[1] sei, rechtfertigen und die Kontinuität seines Schaffens betonen; andererseits beteuert er die konstitutive Aktualität seines historischen Romans im Sinne der 'Kostümtheorie' anhand einer fiktiven Textstelle, die eigentlich gerade die Zäsur des Exils deutlich macht. Er weicht damit einer offenen Diskussion über 'Sinn und Unsinn des historischen Romans' i m E x i l aus. Insofern wurde dieser theoretische Beitrag bisher von der Forschung unkritisch als Feuchtwangers Theorie seines historischen Romans gesehen und nicht nach der Funktion dieser Selbst-Rechtfertigung gefragt.

Zum Schluß beteuert er in seiner Rede sogar die Relevanz seiner historischen Romane als quasi verdeckter Gegenwartsromane im Dienst des antifaschistischen Kampfes:
> Vielleicht gibt es auf dem Gebiet der Literatur Waffen, die unmittelbarer wirken: aber mir liegt, aus Gründen, die ich darzulegen versuchte, am besten diese Waffe, der historische Roman, und ich beabsichtige, sie weiter zu gebrauchen.(2)

Interessanterweise setzt sich Feuchtwanger nicht mit den Besonderheiten des historischen Romans im Exil auseinander und

---

1) Lion Feuchtwanger: Anläßlich des Henri IV von Heinrich Mann. In: Das Neue Tagebuch (1936)H.3, S. 65f. Hier: D. 65.
2) Ders.: Vom Sinn und Unsinn ..., <Lit.34>, S. 501.

nimmt nur in dieser Pariser Rede - und hier nur indirekt - zum Streit um diese Gattung Stellung. Auch in dem Fragment gebliebenen Versuch einer Theorie des historischen Romans "Das Haus der Desdemona oder Größe und Grenzen der historischen Dichtung"[1], kurz vor seinem Tod begonnen, setzt er sich damit nicht auseinander, und wie die verschiedenen Entwürfe zu dieser Abhandlung zeigen,[2] hatte er dies auch nicht vor.

In seiner Rezension zu den beiden Teilen des HENRI IV von Heinrich Mann betont Feuchtwanger die Aktualität des historischen Romans über den "höchst heutigen Mann"[3]:

> So aktuell, daß die Art, wie der Dichter an einigen Stellen die Parallele jener Menschen und jener Zeit mit unseren Menschen und unserer Epoche unterstreicht, beinahe überflüssig wird.(4)

Die Aktualität, die Feuchtwanger jedoch in vielen Aufsätzen immer wieder betont, ist in seinen Werken ganz besonders die der Bedeutung für den Autor selbst, der in seinen historischen Romanen "sich und sein Weltbild"[5] umsetzen wolle und dessen Ich "Triebkraft jeglicher historischer Dichtung"[6] sei.

Worin das in den historischen Romanen der Josephus-Trilogie transponierte "Erlebnis des Autors"[7] besteht, muß mit Blick auf ihn selbst geklärt werden.

---

1) Lion Feuchtwanger: Das Haus der Desdemona oder Größe und Grenzen der historischen Dichtung. Rudolstadt 1961 <Neudruck: München 1985>.
2) Ebd., S. 213-233.
3) Lion Feuchtwanger (Rez.): Heinrich Manns HENRI QUATRE. In: Die Neue Weltbühne (1939)H.21, S. 646-649. Hier: S. 648.
4) Ders.: Anläßlich des Henri IV von Heinrich Mann, <Lit.35>, S. 65.
5) Ders.: Vom Sinn und Unsinn ..., <Lit.34>, S. 498.
6) Ders.: Das Haus der Desdemona ..., <Lit.21>, S. 179.
7) Ebd.

6. Werk-Kontinuität und Exil-Zäsur

Das Josephus-Projekt stellt für Feuchtwanger eine besondere Verdichtung von im Werk immer wieder bearbeiteten Themen dar: Im Roman um Flavius Josephus verbinden sich Künstlerthematik und jüdische Problematik in der von ihm bevorzugten Form des historischen Romans. Im Œuvre ist das Zusammentreffen dieser drei Werkkonstanten, dieser Grundelemente seines Erzählens in einem Werk singulär.

Die Künstlerthematik, die sich bei Feuchtwanger meist als Dichterthematik konkretisiert, kreist auch schon vor dem Exil um Fragen nach der gesellschaftlichen Verantwortung und den Wirkungsmöglichkeiten des Künstlers; das Verhältnis von Geist und Macht und die Rolle des Künstlers finden sich als Thema bei einer Vielzahl von Künstlerfiguren von Thomas Wendt und Tüverlin, dem nebenberuflichen Autor Gustav Oppermann, über Wiesener und Meisel in EXIL bis zu den Romanen um Beaumarchais, Rousseau und Goya. Doch jüdische und Künstler-Thematik mittels e i n e s historischen Schriftstellers zu verarbeiten, hebt das Romanprojekt aus dem Schaffen Feuchtwangers heraus und läßt im JOSEPHUS ein Forum vermuten, auf dem der Autor "sich und sein Weltbild" in ganz besonderer Weise "aufzeichnen"[1] wollte. Der Stoff war insofern dafür prädestiniert, als er mit dem zur Macht gelangten Nationalsozialismus virulent gewordene existentielle Probleme Feuchtwangers als Dichter und als Jude eine literarische Be- und Verarbeitung ermöglichte.

Wenn Feuchtwanger gegenüber Arnold Zweig betont, daß er beim Herangehen an den zweiten Josephus-Roman "mehr Sorge habe als vor irgendeinem Buch"[2], ja "eine gewisse Angst"[3], dann liegt dies hauptsächlich an "der Schwierigkeit der Kontinuität"[4].

---
1) Lion Feuchtwanger: Vom Sinn und Unsinn ..., <Lit.34>, S. 498.
2) Ders. an Arnold Zweig. Brief vom 25.4.1934 (BRIEFE I,42).
3) Ebd., S. 43.
4) Ebd., S. 42.

Da er "bisher nur in sich Geschlossenes geschrieben"[1] hat, wird das Weiterschreiben bzw. das neuerliche Schreiben der Fortsetzung des begonnenen Projekts nach der Zäsur des Exils zum Problem. Bei den Vorarbeiten wird klar, daß Konzept und Umfang nicht mehr zu rekonstruieren waren und daß die Veränderungen auch zu einer erheblichen Ausweitung des Romans führen würde: "Was das für einen Schlag für mich bedeutete, brauche ich Ihnen nicht erst auseinanderzusetzen"[2], klagt er im Juli 1934 an Arnold Zweig.

Wenn Lion Feuchtwanger den 1932 "bis zu seinem Ende entworfenen und zu einem großen Teil ausgeführt‹en›"[3] zweiten Band seines JOSEPHUS, den er in Deutschland zurücklassen mußte, im Exil nicht in der "ursprünglichen Form"[4], sondern neu schreibt, so findet diese Schreiberfahrung Eingang in diesen zweiten Josephus-Roman: Aufgrund veränderter politischer Verhältnisse überträgt Josephus sein aramäisches Werk über den judäischen Krieg nicht einfach ins Griechische, sondern erarbeitet eine Art zweiter Fassung, in der er andere inhaltliche Akzente setzt und die Gesamtaussage modifiziert. In Abwandlung der historischen Erkenntnisse über die beiden sprachlichen Fassungen des "Bellum Judaicum" schafft Feuchtwanger gleich zu Beginn des Romans DIE SÖHNE eine Parallele zur eigenen Schreibsituation. Er thematisiert die Zäsur beim Neu-Schreibens eines Werkes: Josephus wollte das fertige Werk lediglich übersetzen, doch dabei fließen seine aktuellen Erfahrungen ein und färben den Text neu.

Doch nicht nur an diesem Punkt wird die Zäsur literarisch verarbeitet, sondern sie ist im ganzen Text erkennbar. Die Aspekte, die in der Forschung bereits hervorgehoben wurden, sollen hier nicht im einzelnen referiert, sondern neue Aspekte dargestellt werden.

---

1) Lion Feuchtwanger an Arnold Zweig. Brief vom 25.4.1934 (BRIEFE I,42).
2) Lion Feuchtwanger an Arnold Zweig. Brief vom 13.7.1934 (BRIEFE I,56).
3) Lion Feuchtwanger: Nachwort ‹zu DIE SÖHNE›, ‹Lit.3›, S. 503.
4) Ebd.

Wie bereits dargelegt wurde, gibt es außer der Weltbürgerthematik keine eindeutige Problemkontinuität in der Trilogie - zu einschneidend sind die thematischen Verschiebungen zur Künstler- und Antisemitismusthematik. In der Konzeption der Trilogie sind deutliche Brüche festzustellen, die besonders den zweiten Band charakterisieren: Aufgabe einer linearen Handlungsführung, 'montiertes' Handlungsgefüge, große diskursive Passagen, in denen aufgeworfene Themen nicht in Handlung aufgelöst werden ("manchmal wird mehr gesagt als gestaltet"[1]) und deutliche Psychologisierung der Personen und Konflikte. Bei den Figuren schlägt sich diese Wendung nach Innen auch formal in langen Sequenzen erlebter Rede nieder. Doch scheint es sich hier bei DIE SÖHNE weniger um "experimentelle Züge" zu handeln, als um Symptome einer Krise des Projekts einerseits und Dokumente einer unvollkommenen Neugestaltung von Themen und Intentionen durch den Autor andererseits.[2]

Die erhebliche Ausweitung des Umfanges der Exil-Fortsetzung des JOSEPHUS ist ein Indiz für die Fülle neuer Ideen und deren aktuelle Bedeutung für Feuchtwanger: die Faszination dieses historischen Stoffes und seiner literarischen Möglichkeiten. -

> Mir geht es - wie soll ich sagen? sehr abgeklärt. Ich
> habe über nichts zu klagen außer daß, wie ich Ihnen
> schon schrieb, der "Josephus" drei Bände haben wird und
> eigentlich zehn Bände haben müßte. Aber ich habe Zeit,
> und eigentlich darf ich auch darüber nicht klagen, denn
> ich muß sagen, die Arbeit macht mir Freude.(3)

Kurz nach Aufnahme der Arbeit am JOSEPHUS wird Feuchtwanger der Umfang seines - im Œuvre größten - Romanwerkes bewußt, bzw. wird im klar, welche umfangreichen Möglichkeiten das Projekt eröffnete, viele der ihn bedrängenden Themen literarisch zu verarbeiten.

Jedoch scheint es in dem so auf zwei Fortsetzungen projek-

---

1) Wulf Köpke: Lion Feuchtwanger, <Lit.103>, S. 128.
2) "Das Experiment mit einer offenen Romanform im zweiten Band". Holger Zerrahn: Exilerfahrung ..., <Lit.155>, S. 128f.
3) Lion Feuchtwanger an Arnold Zweig, Brief vom 17.7.1934 (BRIEFE I,57).

tierten JOSEPHUS während der Arbeit noch erhebliche Veränderungen gegeben zu haben, die mit Feuchtwangers neuen Erfahrungen zusammenhängen. Auf eine gravierende Wende macht eine Kommentierung von ihm zur Arbeit an DIE SÖHNE in einem Brief an Arnold Zweig aufmerksam:

> Der zweite Band des "Josephus" wird die zwei Jahre der Regierung des Titus umfassen, nicht mehr. Er schließt mit der Einweihung der von Josef in Rom gestifteten Synagoge.(1)

Dagegen steht eine ganz andere Einweihung am Ende des gedruckten Romantextes: Statt der für das zukünftige Leben von Josephus optimistischen Szene der Einweihung der Synagoge, steht der erzwungene, demütigende Gang des zurückgezogen lebenden und schreibenden Josephus im Triumphzug durch den Titus-Bogen mit der Darstellung des zerstörten Tempels, Symbol seiner Schuld und Beginn der jüdischen Diaspora, am Schluß des Romans. Ein von Feuchtwanger beabsichtigter, während der Arbeit bewußt verstärkter pessimistischer Grundton der Aussage wird hier deutlich.

Feuchtwanger, der bei seiner Reise in die Sowjetunion 1936/37 darauf angesprochen wird, ob sich die Erfahrung der (angeblichen) Lösung der Judenfrage und der Auflösung des Widerspruchs von Nationalismus und Internationalismus im Kommunismus auf sein Josephus-Projekt auswirken werde, deutet eine positive Lösung des Schicksals seiner Romanfigur im dritten Band an:

> Oft wird ihm <Feuchtwanger, Anm. d. Verf.> der pessimistische Ton der Josephus-Trilogie vorgehalten - der Trilogie über den ersten Juden, der Weltbürger zu werden wünschte. Auch ihn, Feuchtwanger selbst, haben oft, wie er zugibt, Zweifel bewältigt <sic!>, ob es ihm gelingen werde, den Roman dieser positiven Lösung entgegenzuführen, die er vorhat. - Doch seitdem ich mich in der UdSSR befinde - sagt abschließend der Dichter -, zweifle ich nicht mehr daran, daß ich die erstrebte Lösung werde gestalten können.(2)

---

1) II,457-460
2) Literaturnaja Gaseta vom 10.1.1937, S.3. - In Übersetzung von Arie Wolf, zit. nach A.W.: Lion Feuchtwanger und das Judentum, Teil II, <Lit.154>, S. 79.

Die in Aussicht gestellte "positive" Lösung im dritten Band kommt allerdings nicht zustande. Feuchtwangers Begeisterung für die (stalinistische) Sowjetunion hat für den JOSEPHUS keine Konsequenzen.[1] Zum einen geht es im Exil-JOSEPHUS nicht mehr ausschließlich um das kosmopolitische Experiment, und außerdem drängten sich bei der Niederschrift des dritten Bandes andere, neue Ereignisse in den Vordergrund, die seine Gedankenwelt veränderten und keinerlei Anlaß zu einer optimistischen Wende im Roman boten: der Zweite Weltkrieg und die Internierung Feuchtwangers.

Das Schreiben und die Schriftstellerproblematik werden in den Exil-Fortsetzungen des JOSEPHUS Thema. Die Diskussion unterschiedlicher Literaturkonzepte ist Reflex einer Krise des Schreibens. - Die Kritik an Josephus' "Bellum Judaicum" in DIE SÖHNE zielt als Selbstkritik Feuchtwangers auch auf seinen "Jüdischen Krieg" als 'unhistorisch' im Sinne von nicht-erkenntnisfördernd und weil die 'wahren' Probleme der Zeit nicht erfaßt würden und engagiertes Parteiergreifen für die Verfolgten fehle. Ein deutlich neues Element im Exil-JOSEPHUS stellen die Gegenwartsbezüge dar. Wie gezeigt werden konnte, entwirft Feuchtwanger einen Anspielungshorizont, der hauptsächlich aus den Bereichen Antisemitismus, Exilproblematik und diktatorischer Herrschaft besteht und auf die NS-Diktatur zielt.

Lion Feuchtwangers biographische, persönliche Exil-Zäsur konkret zu beschreiben, war und bleibt schwierig. Die erzwungene Emigration ist für ihn von Anfang an mehr als ein "vorläufiges Außenbleiben" (Thomas Mann). Finanziell unabhängig, lebte er nicht erst im kalifornischen Exil mit seiner 30-Zimmer-Villa und einer Bibliothek mit vierzigtausend Bänden im Luxus,[2]

---

1) Seine Erfahrungen schildert er in dem heftig umstrittenen Bericht "Moskau 1937. Ein Reisebericht für meine Freunde", Amsterdam 1937.
2) Fritz J. Raddatz: Weihnachten gingen wird zu Brecht. Am 21.Dezember 1958 starb der Schriftsteller Lion Feuchtwanger im kalifornischen Exil. In: DIE ZEIT Nr. 52 vom 22.12.1978, S. 37f.

sondern gehörte bereits im französischen Exil zu denen, die "wie entthronte Könige"[1] an der Riviera lebten. Doch dieser Lebensstil trübte nicht seinen Blick für die Realität:

> A propos Eldorado; es ist ein proletarisches Vorurteil, daß sorgfältig zubereitetes Essen, luftige Räume und eine gut besonnte Landschaft der Erkenntnis der Wirklichkeit abträglich seien.(2)

Antifaschistischer Kampf und eine im Exil zusehends stärker werdende Neigung zum Sozialismus und zur UdSSR waren für ihn ohne Schwierigkeiten zu vereinbaren:

> Es ist warm hier und angenehm, und wenn ich auch nicht wie Marta täglich im Meer bade, so kann man doch ohne jeglichen Heroismus die Mahlzeiten im Freien einnehmen. Das ist der Gesundheit förderlich und verhilft einem zu Einsichten, die im Norden viel langsamer wachsen. Ich habe erlebt, daß Leuten, die mit orthodoxer Querköpfigkeit darauf beharrten, eine nationalökonomische Doktrin sei der einzige des Dichters würdige Gegenstand, hier trotz allem langsam die Kruste wegschmolz.(3)

Nicht zufällig stammen diese Äußerungen aus Briefen an seinen Freund Bertolt Brecht, der Feuchtwangers Marxismus stets kritisiert hat und zu Recht nicht ernst nahm:

> Übrigens fühle ich, daß ich Sie warnen muß, alles, was in der Zeitschrift "Wort" steht, für marxistisch zu halten. <...> Und wie oft haben Ihre Frau und ich Ihnen auseinandergesetzt, daß das Goethesche "Am Gelde hängt, zum Gelde drängt doch alles" noch nicht reiner Marxismus ist! Ich sage das nicht ohne leisen Vorwurf.(4)

Die Krise, die bei Feuchtwanger durch das Exil ausgelöst wird, ist hauptsächlich eine der Kontinuität seines Schreibens, eine Krise seiner Literaturkonzeption, die nicht nur im JOSEPHUS ihren Niederschlag findet, sondern vor allem auch in EXIL, dem wohl umfassendsten Zeitroman mit Künstlerthematik der deutschen Exilliteratur. Während der Exil-JOSEPHUS jedoch eher

---

1) Berthold Viertel: Exil. In: Deutsche Literatur im Exil 1933-1945. Hrsg. von Michael Winkler. Stuttgart 1977, S. 52f. Hier: S. 52.
2) Lion Feuchtwanger an Bertolt Brecht am 27.1.1934 (BBA Sign. 478/93).
3) Lion Feuchtwanger an Bertolt Brecht am 16.2.1935 (BBA Sign. 478/84).
4) Bertolt Brecht an Lion Feuchtwanger <Juni 1937>. In: B.B.: Briefe, <Lit. 373>, Nr. 328, S. 326f. - Siehe auch B.B.: Arbeitsjournal. Erster Band 1938-1942. Frankfurt 1973, S. 17 und 299.

Dokument dieser Krise ist, zeigt EXIL das Ergebnis.[1]

Das Exil wird dann nach Kriegsbeginn zur ernsten, akuten Lebensbedrohung für Feuchtwanger. Nach einer ersten, zehntägigen Internierung lebt und schreibt er bei gesperrten Konten und ohne Bewegungsfreiheit weiter am JOSEPHUS. Der sehr zurückhaltende Feuchtwanger deutet in einigen Briefen nur sehr vorsichtig seine Situation an.[2] Nach der zweiten, viermonatigen Gefangenschaft im Internierungslager Les Milles, die zu einer prägenden Erfahrung wird,[3] schreibt er im Marseiller Versteck den dritten JOSEPHUS zu Ende. Über den Einfluß der schrecklichen Erlebnisse auf die Gestaltung des jämmerlichen Todes seines Josephus läßt sich nichts konkret aussagen. Wahrscheinlich war der Roman grob schon vor der Internierung abgeschlossen.[4]

Feuchtwanger schafft sich im Exil bis zum Zweiten Weltkrieg und später wieder in Kalifornien eine äußere Kontinuität der Lebensführung; im Werk versucht er die Zäsur des Exils, die besonders in sein JOSEPHUS-Projekt einbricht, zunächst durch Betonung der Kontinuitäten seines literarischen Schaffens und seines Selbstverständnisses als Schriftsteller ("Vom Sinn und Unsinn des historischen Romans") aufzufangen. In dem Aufsatz über den Dichterkollegen Max Herrmann-Neiße von 1936 zeigt sich dieser Versuch, die Identität und Kontinuität trotz des Exils herauszustellen und trotzdem eine besondere Aktualität

---

1) Siehe hierzu Lutz Winckler: Ein Künstlerroman. Lion Feuchtwangers EXIL. In: Frisch/Winckler (Hrsg.), Faschismuskritik und Deutschlandbild im Exilroman, Berlin 1981, S. 152-177.
2) "mir geht es nicht besonders gut <...>. Ich bin ein bißchen down". Lion Feuchtwanger an Bertolt Brecht am 4.10.1939 (BBA Sign. 1396/29).- "Mir geht es leidlich. Ich arbeite viel am Josephus. Aber ganz leicht ist es natürlich nicht". Lion Feuchtwanger an Brecht am 18.1.1940 (BBA Sign. 654/146).
3) Lion Feuchtwanger: Unholdes Frankreich. Mexiko 1942. Unter dem Titel "Der Teufel in Frankreich. Ein Erlebnisbericht". München 1983.
4) "Der dritte 'Josephus' ist in erster Fassung fertig". Lion Feuchtwanger an Arnold Zweig, Brief vom 9.4.1940 (BRIEFE I,217).

des Schaffens bzw. der Bedeutung des Schriftstellers zuzusprechen.[1] Erst bedeutend später - Anfang der vierziger Jahre - äußert sich Feuchtwanger explizit zum spezifischen Einfluß der Exil-Erfahrung auf die im Exil entstandene Literatur, vorher geschah dies nur vermittelt in seinem literarischen Schaffen: In dem bereits zitierten Aufsatz über die Besonderheiten des Schreibens im Exil DER SCHRIFTSTELLER IM EXIL und in einem englischsprachigen Essay über Ovid.[2]

Feuchtwanger spürt hier der Erkenntnis nach, daß das Exil "das innerste Wesen der Werke" bedingt und daß "nicht nur die Stoffe dieser Dichter" sich verändert haben "durch Verbannung, sondern ihr Wesen"[3]. Er betont, daß dies nicht nur den Inhalt der Texte, vielmehr auch die Form und die Sprache betreffe. Er räumt sogar ein, daß seine Überlegungen selbst zu sehr in die "Farbe <des> sehr schmerzhaften Erlebnis<ses>"[4] getaucht sein könnten. Er macht ganz besonders auf verdecktes Einfließen von Exilthematik aufmerksam, wie in den tieferen Schichten Exilspezifisches zu finden ist, daß trotz aller Typik und Topoi Ovidscher Verse das Exil als Quelle der Dichtung des exilierten Autors zu sehen sei: "Beneath all his artificiality lies genuine longing for his fatherland."[5]

---

1) Lion Feuchtwanger: Der Dichter Max Herrmann-Neiße. Zu seinem 50. Geburtstag am 23.Mai 1936. In: Das Neue Tagebuch IV(1936)S. 500f.
2) Lion Feuchtwanger: Ovid. In: The Torch of Freedom. Twenty Exiles of History. Hrsg. von Emil Ludwig u. Henry B. Kranz. New York 1943, S. 3-16.
3) Lion Feuchtwanger: Der Schriftsteller im Exil, <Lit.50>, S. 534.
4) Ebd.
5) Ders.: Ovid, <Lit.49>, S. 16.

7. Feuchtwanger und sein jüdischer Schriftstellerkollege

> Josephus ist mehr als jedes andere Buch mit Feuchtwangers Lebensgeschichte verbunden; es ist wohl Feuchtwangers persönlichstes Buch.[1]

Zwei Eigenschaften verbinden Feuchtwanger mit Flavius Josephus: Seine Romanfigur ist Schriftsteller hauptsächlich historischer Literatur und ist Jude - beides wird in den Exil-Fortsetzungen des Romans thematisch dominant. Beides sind Themen, mit denen sich Feuchtwanger immer wieder beschäftigt hat, im historischen wie im Zeitroman, meist auch mit Aspekten von Selbstdarstellung und Identifikation. Justus[2] oder Josephus als literarisches "Sprachrohr"[3] Feuchtwangers, der Roman JOSEPHUS als Werk der Selbstreflexion, ja als "Fazit der eigenen Existenz"[4] - vielfach wurde schon auf den autobiographischen Gehalt und auf die Bedeutung für den Autor hingewiesen.

Direkt autobiographische Partikel bei der Gestaltung der Hauptfigur sind eher nebensächlich (z.B. steht der dramatische dreifache Sohn-Verlust eindeutig in Beziehung zu Feuchtwangers unerfülltem Kinderwunsch) und nur sehr vereinzelt vorhanden. Seine Affinität zu seinem Josephus beruht anfangs darauf, daß die Figur als jüdischer Schriftsteller und Autor historischer Literatur die jüdische und die Künstlerproblematik aufzunehmen versprach. In den Exil-Fortsetzungen des Romans nimmt diese Affinität in der Weise zu, daß Feuchtwanger - bei abnehmender Historizität - drängende Probleme des Schreibens, aktuelle Gegenwartsprobleme und Exil-Erfahrungen transportiert. Dem dienen auch radikale Veränderungen in der Persönlichkeit der Titelfigur. Während sich im ersten Band Feuchtwangers Positionen erst im Widerspruch zwischen Josephus und seinem alter-ego Justus spiegeln, verschieben sich die identifikatorischen

---

1) Wulf Köpke: Lion Feuchtwanger, <Lit.103>, S. 121.
2) Walter A. Berendsohn: Der Meister des politischen Romans: Lion Feuchtwanger. Stockholm 1975, S. 103.
3) Arie Wolf: Lion Feuchtwanger, Teil II, <Lit.154>, S. 71.
4) Wulf Köpke: Lion Feuchtwanger, <Lit.103>, S. 128.

Aspekte im Exil-JOSEPHUS immer deutlicher zu Josephus selbst, so daß der Gegenspieler seine Funktion zunehmend einbüßt: Aus dem Konkurrenten wird ein kritischer, aber befreundeter, weiser Alter.

Feuchtwangers Verunsicherung der eigenen Literaturkonzeption, die auch seine vielzitierte Pariser Rede "Vom Sinn und Unsinn des historischen Romans" von 1935 dokumentiert, findet Eingang in den ersten Band der Fortsetzung des JOSEPHUS im Exil: Fragen einer - wegen veränderter politischer Verhältnisse notwendig gewordenen - Veränderung des Schreibens sowie Probleme der autobiographischen Motivierung und identifikatorischen Leistung von Literatur werden diskutiert. In der zweiten Exil-Fortsetzung findet das stabilisierte Dichter-Ich wieder den Weg zu einer 'littérature engagée', entdeckt die Möglichkeit, unter einem Gewaltregime politisch Brisantes verdeckt und aktuelle Aussagen durch Gegenwartsanspielungen in historisch-eingekleidete Texte zu unterlegen und einzumontieren.

Die Krise der Autoren Lion Feuchtwanger und Flavius Josephus ist nicht nur eine literarische und eine der Autor-Identität, sondern auch eine des jüdischen Intellektuellen in einer nicht-jüdischen Welt. Es gehört zu den wichtigsten Grunderfahrungen Feuchtwangers, Deutscher u n d Jude zu sein. Von seiner jüdisch-orthodoxen Herkunft hatte er sich früh losgesagt, doch das Judentum blieb bei ihm immer lebendig.

Die Beschäftigung mit jüdischen Themen, vor allem historischen jüdischen Stoffen, läßt sich ebenso als deutliche Werkkonstante ausmachen und ist (neben der Künstlerthematik) das andere der "Grundprobleme" des Erzählers Feuchtwanger.[1] Schon als Student widmet er sich literarisch historisch-jüdischen Stoffen (drei Einakter 1905/06), dann wissenschaftlich der jüdi-

---

1) Hans Mayer: Lion Feuchtwanger oder Die Folgen des Exils. In: H.M., Zur deutschen Literatur der Zeit. Zusammenhänge - Schriftsteller - Bücher. Reinbek 1967, S. 290-300. Hier: S. 294.

schen Dichtung Heinrich Heines, "Der Rabbi von Bacherach";[1] über JUD SÜSS und DIE JÜDIN VON TOLEDO bis zur TOCHTER DES JEFTA verarbeitet Feuchtwanger immer wieder jüdische Stoffe.

Sein Judentum ist ein geistiges Judentum, Chiffre für Intellektualität, für die geistig-kulturelle Mittlerfunktion der Juden.[2] Die Juden werden von ihm vor allem als ein Volk der Geschichte und des Buches verstanden, und hier sieht er auch seine Wurzeln als Schriftsteller:

> Der jüdische Schriftsteller, der heute historische Romane schreibt, fühlt sich tief bestätigt durch das Bewußtsein, daß er die großartigste literarische Tradition fortführt, welche der Erdkreis kennt: die der Bibel.(3)

Doch stammt dieses Bekenntnis aus dem Jahre 1957. - Der Feuchtwanger von 1933 ist ein "internationaler Schriftsteller", für den nur die deutsche Sprache entscheidend ist,[4] trotz einer durch die Nazis hervorgerufenen, stärker werdenden gefühlsmäßigen Solidarität mit dem Judentum: "Meine Bücher sind somit gefühlsmäßig jüdisch-national, verstandesmäßtig international betont."[5] - Judentum als "gemeinsame geistige Haltung" und "gemeinsame Mentalität"[6] im Dienste eines Kosmopolitismus im Sinne der Aufklärung, in der Tradition Lessings, Spinozas oder Voltaires - aus dieser Blickrichtung ist sein ursprüngliches Interesse am JOSEPHUS zu verstehen. - Interessant ist, daß seine Essays über jüdische Belange fast ausnahmslos entweder direkt mit dem JOSEPHUS-Projekt in Verbindung stehen oder dem Reflexionsdruck bezüglich der deutsch-

---

1) Lion Feuchtwanger: Heinrich Heines Fragment "Der Rabbi von Bacherach". Eine kritische Studie. Diss. phil. München 1907.
2) Klaus Modick: Lion Feuchtwanger im Kontext der Zwanziger Jahre: Autonomie und Sachlichkeit. Königstein 1981, S. 38.
3) Lion Feuchtwanger: Vom Geschichtsbewußtsein der Juden. In: Hans Lamm (Hrsg.), Von Juden in München, München 1958, S. 208-211. Hier: S. 211.
4) Lion Feuchtwanger: Bin ich ein deutscher oder jüdischer Schriftsteller? In: L.F., Ein Buch nur für meine Freunde, <Lit.22a>, S. 362-364. Hier: S. 363. (Erstmals in: Revue Politique et Littéraire, Revue Bleu (Paris) vom 15.4.1933).
5) Ebd.
6) Lion Feuchtwanger: Nationalismus und Judentum. In: L.F., Ein Buch nur für meine Freunde, <Lit.22a>, S. 467-487. Hier: S. 479.

jüdischen Identität durch die Verfolgung ab 1933 entspringen. Es ist das Ergebnis der faschistischen Judenverfolgung und Feuchtwangers Erfahrungen seit 1933, daß sein Josephus als erster jüdisch-kosmopolitischer Schriftsteller der Geschichte mit seinem Lebensplan scheitert. Die "Gebärde der Hilflosigkeit" mit der Justus (!) dem Josephus auf die Frage "Was soll ein jüdischer Schriftsteller heute tun?"(II,384) antwortet, kann auch für Feuchtwanger Gültigkeit haben. Josephus' Erfahrungen, daß Weltbürgertum in einer feindlichen Welt keine stabile Identität möglich macht, führt ihn immer wieder zum Schreiben, das für ihn existentiell wichtig wird und identitätssichernd wirkt. Er begegnet der Krise nicht jüdisch-nationalistisch, trotz seiner Wiederannäherung an sein Judentum. Sowenig wie Feuchtwanger sich im Exil dem Zionismus annähert,[1] propagiert auch der Exil-JOSEPHUS keine quasi zionistische, jüdisch-nationalistische Antwort auf die Verfolgung. - Brecht, der Feuchtwanger nicht erst beim dritten Band vor den "(geheimen) nationalistischen Wendungen"[2] warnte, befürchtete schon bei Wiederaufnahme des Projektes im Exil, daß es Feuchtwanger "zu jüdisch-chauvinistisch"[3] werden lassen könnte. Brechts Skepsis gegenüber einer metaphysischen (Rück-)Wendung zur jüdischen Geschichte als Tendenz der Exilliteratur generell und bei Feuchtwanger im besonderen war sicherlich berechtigt.[4]

---

1) Z.B. Lothar Kahn: Lion Feuchtwanger: Historical Judaism. In: L.K., Mirrors of the Jewish Mind, New York 1968, S. 95-110. Kahn spricht sogar von Auswanderungsplänen Feuchtwangers nach Palästina in den dreißiger Jahren. Doch Feuchtwanger war trotz vielfacher Einladung Arnold Zweigs nicht einmal zu einer Besuchsreise nach Palästina zu bewegen, obwohl Zweig mit dem Gewinn für den JOSEPHUS lockte.
2) Bertolt Brecht an Lion Feuchtwanger, Brief vom <Mai 1937> (BBA Sign. Z 19/199).
3) Marta Feuchtwanger: Nur eine Frau. Jahre - Tage - Stunden. München 1985, S. 254.
4) Lion Feuchtwanger an Bertolt Brecht v. 13.7.<1934> (BBA Sign. 478/98): "Ich arbeite am zweiten Josephus, der leider drei Teile haben wird. Eigentlich müßte er zehn haben. Wir Juden, die wir in Jahrmyriaden denken, - auch hierin hat Hitler versucht uns zu imitieren - tuns nicht billiger. (Da ich sowieso schon 30.000 Jahre alt bin, bin ich, wie sie sehen, in meinem 30.001. nicht klüger geworden.)."

> Sie müssen übrigens achtgeben, daß der 'Josephus' nicht
> allzu sehr dem Schwarzschild gleicht <...>. Weill soll
> mit Reinhardt und Werfel <...> jetzt an einer Glorifi-
> zierung der jüdischen Geschichte für Amerika arbeiten.
> <...> Ich möchte hören, was geschähe, wenn ich den Durch-
> zug der Cherusker durch den Teutoburger ... (1)

Feuchtwanger antwortet in einem durch und durch ironischen Brief, daß er sich nicht auf diese Linie festlegen lassen möchte:

> Hermann der Cherusker zu machen, ist auch ein alter Plan
> von mir. Wollen wir es zusammen machen? Sie steuern das
> Marxistische und das Rassische bei, ich das Menschliche,
> Piscator macht einen Film daraus, Weill schreibt die Mu-
> sik, und wir teilen die Tantiemen.(2)

Selbst das Ende des Flavius Josephus in Feuchtwangers Roman eröffnet keine jüdisch-nationalistische Perspektive und entfaltet erst recht keinen kämpferischen Impetus. In seinem Scheitern, im jämmerlichen Ende des alten Juden Josef, der längst kein Schriftsteller mehr ist, zeigt sich auch, daß der Exil-JOSEPHUS gerade nicht Ausdruck einer Überschätzung des bürgerlichen Intellektuellen ist.[3] Das Sendungsbewußtsein des Schriftstellers (II,448) wird fundamentaler Kritik unterzogen; die Feuchtwanger zurecht angekreidete (eigene) Überbewertung der Bedeutung, der gesellschaftlichen Relevanz und der Wirkungsmöglichkeiten des Dichters wird am Schluß der Trilogie zutiefst erschüttert. - Dem liegt sein eigener Erfahrungs- und Erkenntnisprozeß im Exil zugrunde.

Zu Beginn seines Exils hat sich Feuchtwanger noch von einem weiteren historischen Dichterkollegen angezogen gefühlt: von Pierre-Augustin Caron de Beaumarchais; die Pläne zu einem Roman um Beaumarchais werden aber erst viel später realisiert:

> Der erste Entwurf liegt lange zurück, zwanzig Jahre, um
> genau zu sein. Was mich zunächst anzog, war die Gestalt
> und das Schicksal des Schriftstellers Beaumarchais. Die-

---

1) Bertolt Brecht an Lion Feuchtwanger am 18.1.1935 (BBA Sign. 1396/28). In: B.B., Briefe, <Lit.373>, S. 239f. Hier: S. 240.
2) Lion Feuchtwanger an Bertolt Brecht am 16.2.1935 (BBA Sign. 478/84). In: Sinn und Form 11(1959)H.1, S. 12.
3) Siehe u.a. Heeg, <Lit.587>, und Zerrahn, <Lit.155>.

ser Mann hat den Amerikanern Waffen geliefert, die ihnen den Sieg von Saratoga ermöglichten, und er hat den "Figaro" geschrieben, die Komödie, welche die Französische Revolution einleitete. Ich spürte, es mußte da viele Zusammenhänge geben.(1)

Doch Feuchtwanger legt diese Projekt zu Beginn des Exils wieder beiseite; das leuchtende historische Beispiel widersprach zu sehr seinen aktuellen Erfahrungen und Einsichten. Erst seine Erfahrung in den USA und die des Krieges führen schließlich zur Wiederaufnahme des Vorhabens.

8. Exil-Literarische Identifikationsmodelle

Wie gezeigt wurde, eignet sich die Romanfigur des jüdischen Schriftstellers Flavius Josephus in ihrer aktuellen (Exil-) Problematik auf vielfältige Weise zur Identifikation für Autor und Leser; darüberhinaus ist diese Leistung ein wichtiges Thema dieses Dichterromans.

Das identifikatorische Moment wird im JOSEPHUS nicht nur im Verhältnis des Autors zu seinem Schreiben thematisiert, sondern - wie gezeigt werden konnte - auch als Element der Rezeption. Entsprechend den im Exil-JOSEPHUS diskutierten Literaturkonzeptionen geht es um eine Rezeption, bei der aktuelle Gegenwartsbezüge hergestellt werden, selbst wenn sie im jeweiligen Text nicht angelegt sind, was Feuchtwanger auch mit dem Leser Josephus zeigt: Als er seinen Sohn Paulus aus Homers Odyssee lesen hört, "Siehe, so mußte auch ich das Land meiner Väter verlassen, und so ward ich ein Fremder und Flüchtling unter den Menschen"(II,139), so stellt er einen direkten Bezug zu seiner aktuellen Situation her: "die Verse standen noch im Raum, Josef hatte nur ihren Klang gehört, jetzt überdachte er ihren Sinn, und sie schmeckten ihm bitter"(II,139). Die Sätze

---

1) Lion Feuchtwanger: Zu meinem Roman "Waffen für Amerika" <1954>. In: L. F., Ein Buch nur für meine Freunde, <Lit. 22a>, S. 394-402. Hier: S. 394.

des Theoklymenos aus dem 15. Gesang der Odyssee lassen Josephus in Gedanken versinken, weil darin ein Schicksal aufscheint, von dem er sich bewußt gar nicht betroffen fühlt: das des Exils. Homers Text, der für ihn eigentlich "lauter hübsch gefärbte Lügen und Phantasien"(II,140) darstellt, weist zusätzlich über den situativen Kontext hinaus und zielt auf den Rezipienten, auf den exilierten Leser des Romans.

Auch die zweite Erwähnung der Odyssee in DIE SÖHNE steht in diesem Bedeutungszusammenhang:

> "Ja, Homer", sagt er <Josephus, Anm. d. Verf.>. "Es steht viel Unsinn im Homer. Aber er versteht sich auf Schönheit und Weisheit. Wenn Odysseus die Freier alle erschlägt, die gewalttätigen, die Männer der Tat, dann schont er die Dichter. Sie wissen, was der Schriftsteller wert ist, die Griechen." Was sagt er denn da? Was geht denn das den Jungen an? Was soll denn Paulus von ihm denken? Trotzdem spricht er noch eine Zeitlang in diesem Ton weiter. Endlich verstummt er, steht nur da. (II,248f.)

Wiederum bringt die Odyssee ihn ins Grübeln; angeregt durch Homers bereits im Titel anspielungsreiches zentrales Denkmal der Weltliteratur läßt Feuchtwanger den Josephus etwas aussprechen, ohne daß es jenem recht zu Bewußtsein kommt. "Es" spricht förmlich aus ihm, was in seinem aktuellen Bezug für den zeitgenössischen Leser mehr als nur ein intendiertes Aha-Erlebnis war. - In der zitierten Textstelle aus dem 22. Gesang schonen Odysseus und Telemachos den Dichter Phenios: Historische bzw. literarische Perspektive der Wertschätzung der Dichter selbst in einer so gewalttätigen Zeit.

Die Homer-Zitate sind als retardierende Elemente im Handlungsablauf aus dem Kontext deutlich herausgehoben und sprechen die Exilthematik auf einer anderen Ebene an als der Roman selbst.

Josephus wehrt sich heftig gegen eine Deutung der Odyssee, die auf dem antisemitischen Kommentar des Apion beruht, den der Lehrer seines Sohnes benutzt:

> Es fragte sich, welchen Homer-Kommentar Phineas wohl benütze; es gab vier oder fünf sehr gute Kommentare, einer davon war voll von antisemitischen Ausfällen, es war der des Apion.(II,139)

Und in dieser Deutung bekommt sein Sohn den Text sowohl von seinem Haus- wie von den Schullehrern vermittelt. Dagegen weist der JOSEPHUS auf eine Aneignung von Literatur hin, die nicht nur individuell und identifikatorisch vom Leser geleistet werden soll, sondern Sicherung der Literaturtradition vor antisemitischem Zugriff bedeuten muß:

> Homer, das waren lauter hübsch gefärbte Lügen und Phantasien, aber man könnte viel Scharfsinn daran knüpfen, diese Phantasien zu kommentieren. <...> Es wäre amüsant, den Homer einmal kritisch zu beklopfen mit den Auslegungsmethoden, die man auf den jüdischen Hochschulen zur Kommentierung der Bibel anwandte. So hätte er <Herv. L.F.> dem Paulus den Homer beizubringen versucht.(II,140)

Bei einer exilspezifischen Literaturrezeption spielt der Aspekt eine Rolle, sich die Literaturtradition quasi anzueignen und sie so vor fremdem Zugriff zu schützen.[1] Odysseus, dem "es durch List und Tapferkeit gelang, alle Gefahren der Flucht zu überstehen" und der als "Identifikationsgestalt in der Literatur der Vertriebenen"[2] gelten kann, wird somit im JOSEPHUS nicht direkt in diesem Sinne zitiert, doch greifen die Texthinweise zur Odyssee auf ein exilspezifisches Bedeutungsfeld aus.

Es gibt im JOSEPHUS weitere, besonders auch jüdische, exilspezifische Identifikationsmuster: Hiob und Ahasver.

Hiob ist dabei in DIE SÖHNE Identifikationsfigur für Josephus - in DER TAG WIRD KOMMEN Sinnbild für das jüdische Schicksal schlechthin. "Wie Hiob empörte er sich gegen Gott" (II,254) und mißt somit seinem Leid nach dem (antisemitisch bedingten) Tod seines jüdischen Sohnes, das aber auch eine Identitätskrise als kosmopolitischer Jude und als Schriftsteller ist, stellvertretende Bedeutung bei. Seine Affinität zu

---

1) Zu diesem spezifischen Aspekt in der Exilliteratur siehe Kapitel III, Punkt C.6.2. und Kapitel IV, Punkt 1 dieser Untersuchung.
2) Wolfgang Frühwald: Odysseus wird leben. Zu einem leitenden Thema in der deutschen Literatur des Exils 1933-1945. In: Werner Link (Hrsg.), Schriftsteller und Politik in Deutschland. Düsseldorf 1979, S. 110-113. Hier: S. 111.

Hiob und dessen Schicksal wird allerdings nicht im einzelnen ausführlich motiviert;[1] eher sind die Nennungen Hiobs Signale für den Leser, den identifikatorischen Bezug zu sich selbst und zum jüdischen Schicksal der historischen Diaspora und der aktuellen Verfolgung in historischer Perspektive herzustellen. Obwohl der Josephus der beiden Exil-Teile der Trilogie ein Gewandelter im Vergleich zum schuldig gewordenen Josephus des ersten Teiles ist und die Schuldfrage nur eine untergeordnete Rolle spielt, ist die Hiob-Gestalt in der Handlung trotzdem eigentlich nicht voll integrierbar gewesen, und deshalb wirken die Hinweise auf Hiob wie in die Handlung einmontierte Bedeutungsträger. Der schuldlose Hiob paßt nicht recht zu der im ersten Band charakterlich entwickelten Hauptfigur mit ihrer schuldbeladenen Problematik; die Hinweise auf Hiob im Text zielen in den Exil-Fortsetzungen auf die aktuelle Verfolgung und das jüdische Schicksal.

Margarete Susman sieht in ihrem unmittelbar nach dem nationalsozialistischen Holocaust veröffentlichten Werk "Das Buch Hiob und das Schicksal des jüdischen Volkes" im Buch Hiob stellvertretend das jüdische Schicksal beschrieben:

> In dieser Sphäre stellvertretender und damit notwendig die eigene Existenz überschreitender Reinigung und Sühne leben beide, Hiob und das jüdische Volk. Wie Hiob leistet das Volk die Sühne seiner Geschichte nicht für eine einzelne Schuld; indem es sie für den eigenen Abfall leistet, leistet es sie für die Urschuld des Menschengeschlechtes, für die es von Anfang an steht.(2)

So weit reicht die Bedeutung Hiobs im JOSEPHUS zwar nicht, der "Modellcharakter des jüdischen Volkes"[3] steht nicht im Mittelpunkt, doch weist sie auch über einen nur jüdischen Sinnzusammenhang hinaus, zielt dabei metaphorisch auf das Exil. Insofern haben die Hiob-Nennungen nicht den Reflexionsgrad und

---

1) II,297f.: III,310.
2) Freiburg 1968 ⟨erstmals: Zürich 1946⟩.
3) Sigrid Bauschinger: Hiob und Jeremias. Biblische Themen in der Literatur des 20. Jahrhunderts. In: Akten des VI. Internationalen Germanisten-Kongresses Basel 1980, Teil 3, Bern 1980, S. 466-472. Hier: S. 468.

die Bedeutungstiefe wie z.B. in der Lyrik von Nelly Sachs, wo
Hiob, nach der Erfahrung der Vertreibung u n d der Vernich-
tung, zur Chiffre für das Schicksal Israels wie für unschul-
diges menschliches Leiden überhaupt wird ("O die Schornstei-
ne/Freiheitswege für Jeremias und Hiobs Staub"[1]; "O Du Windrose der Qualen/ Von Urzeitstürmen/ in immer andere Richtungen der Unwetter gerissen"[2]).

Ebenfalls weit umfassender und dichter wird Hiob in der
Exil-Dichtung Karl Wolfskehls zum Sinnbild jüdischen Schicksals
und zur Lebensmetapher des Dichters, der seine Hiob-Existenz,
sein Exil-Schicksal erfüllen und als "Exul Poeta" sterben müsse.[3]

"Hiobs Schicksal ist das Los der Vertriebenen und Verbannten"[4] - Feuchtwanger geht es mit der Einführung der Hiobs-
figur weniger um Fragen von Schuld und dem Ringen um Gottes
Gerechtigkeit, sondern um die Symbolhaftigkeit der Gestalt:
Hiobs stellvertretende Buße für schuldloses Tun und sein un-
endliches Leiden als trostspendendes Identifikationsmuster
für den exilierten Leser.

In Alfred Kerrs exemplarischen Zeitgedicht EXIL[5] wird neben
Hiob ("So wie Hiob einst, erbittert-bange / Frag' ich: dauert
das noch lange?") und Odysseus noch eine dritte Identifikationsfigur der Exilliteratur genannt,[6] die auch im JOSEPHUS

---

1) "In den Wohnungen des Todes". In: Das Nelly-Sachs-Buch. Hrsg. von Bengt
   Holmqvist. Frankfurt 1977, S. 73.
2) "Hiob". Ebd., S. 86.
3) Karl Wolfskehl: Zehn Jahre Exil. Briefe aus Neuseeland 1938-1948. Hrsg.
   von Margot Ruben. Heidelberg 1959, S. 19.
4) Gunter Grimm: Karl Wolfskehl. Die Hiob-Dichtung. Bonn 1972, S. 7.
5) Die Neue Weltbühne (1937)H.45, S. 1422-1424.
6) Ebd.: "Manchmal fühlt das Herz sich sehr erweitert
   (Trotz der zugeschlagnen deutschen Tür):
   Weil die Flucht den Horizont erweitert,
   Ja, du dankst den Jägern fast dafür.
   War dir noch so lausiges Leid geschehn - :
   Wenn du (gleichviel, wo du her bist)
   Ein Ulysses oder Ahasver bist,
   Kriegst du zur Belohnung was zu sehen."

erscheint: Ahasver. In Feuchtwangers historischem Roman meint die direkte Nennung Ahasverus' (noch) nicht den zur ewigen Wanderschaft verdammten "Ewigen Juden"; vielmehr ist bei der einzigen Namensnennung Ahasverus' (in hebräischer Namensform) der Perserkönig Xerxes gemeint, der im Buch Esther beschrieben wird;[1] doch geht es dabei schließlich um nichts anderes als um die Ausrottung der Juden. - Die sagenhafte Gestalt des Ewigen Juden, die erstmals im 16. Jahrhundert auftaucht und nach einem Bedeutungswandel im 19. Jahrhundert zum Mythos und zum Symbol des (Diaspora-)Judentums wurde,[2] scheint aber bei Josephus' jämmerlichem Ende durch.

"Er machte sich daran, seinen Weg fortzusetzen"(III,405): Der Greis Josef, der in den Bergen Galiläas allein herumirrt, wird in seiner Regression zu seinen biblisch-jüdischen Wurzeln auch äußerlich zum wandernden Ewigen Juden, der unvermutet zum Verfolgten wird. Rang und Name gelten nichts mehr, er wird von Soldaten des Landes, mit dem er sich aufs engste verbunden hatte, von den Schärgen des eigenen Sohnes, zu Tode geschleift. - Identifikationsmuster für den assimilierten und im Zeichen der nationalsozialistischen Verfolgung vertriebenen und bedrohten Juden.

Literarische Identifikationsmuster werden somit im JOSEPHUS problematisiert und auch exilspezifisch für den Leser angeboten, sogar mit konkreten exil-literarischen Identifikationsgestalten. Feuchtwanger zeigt auch außerhalb dieses Projekts ein großes Spektrum von Identifikationsmodellen aus Literatur und Geschichte. Dabei scheinen ihn - wie in der Trilogie verdeckt angesprochen - Probleme des Schreibens im Exil, des Einflusses von Verfolgung auf den Dichter und seine Literatur in Richtung einer Traditionsbildung zu interessieren, die Suche nach literar-historischen Vorgängern mit dieser Problematik.

---

1) II,379
2) Adolf Leschnitzer: Der Gestaltwandel Ahasvers. In: In zwei Welten. Festschrift für Siegfried Moses zum 75.Geburtstag. Tel-Aviv 1962, S. 470-505.

Feuchtwangers von der Forschung bislang völig unbeachtet gebliebener Aufsatz über Ovid zeigt dieses Interesse besonders umfassend.[1] "His verses will express the sorrows of exiles until the end of time"[2] - Ovids Exildichtung als exemplarischer Ausdruck von Exilproblematik und - wegen der Identifikationsmöglichkeiten ("and what émigrés has not done the same"[3]) - als Lese-Empfehlung für die Exilanten. Wie bei sich selbst versucht er bei Ovid die literarische Kontinuität zu betonen und gleichzeitig auf die prägenden inhaltlich-thematischen und formalen Einflüsse des Exils zu verweisen; sprachlich-künstlerische Mängel werden mit dem Leidensdruck im Exil entschuldigt:

> Despite all his sentimental flourishes, the art of this poet is great and genuine: genuine in its sorrow over his banishment. Beneath all his artificiality lies genuine longing for his fatherland.(4)

Ovid wird zum Dichtervorbild für Dichter-Exil im allgemeinen, wie Dante, Victor Hugo, Li-Tai-Po, Heine u.a.,[5] mit denen sich Feuchtwanger an anderer Stelle beschäftigt. Doch handelt es sich nicht um Flucht in die Vergangenheit, sondern um Identitätssicherung anhand des historischen Dichter-Exils und der Beschäftigung mit den Möglichkeiten und Auswirkungen des Schreibens im Exil.

Die Suche nach Texten, die exilspezifische Identifikation ermöglichen, führt ihn nicht nur zu historischen exilierten Autor-Kollegen, sondern auch punktuell zu einzelnen Texten: "And art made tongue-tied by authority" - er sieht "die Lage des heutigen Deutschland im 66. Sonett von Shakespeare genauer" widergespiegelt als z.B. in der "scheinbaren Aktualität"[6] von Heines 'Wintermärchen'.

---

1) In: The Torch of Freedom, <Lit.468>, S. 3-16.
2) Ebd., S. 16.
3) Ebd., S. 12.
4) Ebd., S. 16.
5) Siehe Eberhard Lämmert: Lion Feuchtwanger und das kalifornische Exil. In: Exilforschung 2(1984)S. 143-159.
6) Lion Feuchtwanger: Deutschland - ein Wintermärchen. In: Der Gegenangriff (Paris) IV(1936)Nr.2.

Immer wieder geht es in der Exil-Essayistik Feuchtwangers um die Bewußtmachung einer Art von Tradition des Dichter-Exils. "Das Exil spielt eine große Rolle im geistigen Leben der Deutschen und hat sie von jeher gespielt"[1] - Die Erkenntnis, daß ein "großer Teil der deutschen Literatur im Exil entstanden ist, und mehr noch, ein wie wichtiger Teil", soll "mit doppelter Intensität das Gefühl unserer ⟨der exilierten Autoren, Anm. d. Verf.⟩ ungeheuren Verantwortung"[2] stärken. Es geht Feuchtwanger nicht nur um ein Wiederfinden von Stimmungen und Themen in anderen Exil-Literaturen, sei es in den Terzinen Dantes oder den Versen des Emigranten Byron, vielmehr will er ein Traditionsbewußtsein des Exils schaffen und es als Aufgabe und Auftrag verstanden wissen. Die Traditionslinie in der deutschen Literatur führt nicht zufällig bis zum jüdischen Minnesänger Süßkind von Trimberg zurück, der "als einer der ersten unter den deutschen Dichtern, vom Leid erzwungener Wanderschaft"[3] singt. Sein Hinweis auf Süßkind macht erneut die Breite der exil-literarischen Identifikationsmuster bei Feuchtwanger deutlich: Es geht ihm im Exil auch um die eigene, persönliche Identifikation mit dem wesensverwandten (nicht unbedingt Exil-)Autorkollegen und den Möglichkeiten einer exilspezifischen Rezeption; insofern gehören Süßkind, der erste jüdische Dichter deutscher Sprache, und Josephus als erster jüdisch-kosmopolitischer Autor in Feuchtwangers Linie von exil-literarischen Identifikationsmodellen.

---

1) Lion Feuchtwanger: Das deutsche Buch in der Emigration. In: Pariser Tageszeitung vom 3.7.1937.
2) Ebd.
3) Lion Feuchtwanger: Der Dichter Max Herrmann-Neiße, ⟨Lit.36⟩, S. 500.

9. Zusammenfassung und Kritik

Nicht nur Feuchtwangers Zeitroman EXIL, sondern auch die Fortsetzungen des JOSEPHUS-Projekts im Exil, DIE SÖHNE und DER TAG WIRD KOMMEN, sind Künstlerromane mit - wenn auch eher verdeckter als offensichtlicher - Exilthematik; die Themen des Schreibens und der Rolle des Dichters sind dagegen im ersten JOSEPHUS-Roman DER JÜDISCHE KRIEG noch peripher. Die Dichterthematik ist e i n Aspekt, der die Exil-Zäsur in der Trilogie deutlich machen kann: Die Unmöglichkeit für Lion Feuchtwanger, die im nationalsozialistischen Deutschland zurückgelassene und damit verlorene Fortsetzung des begonnenen Projekts zu rekonstruieren, beruht auf seinen neuen (Exil-)Erfahrungen, die die neu geschriebene, stark veränderte und erweiterte Fortsetzung auf verschiedene Weise prägen.

In beiden im Exil entstandenen Josephus-Romanen lassen sich nicht nur punktuelle Gegenwartsbezüge und aktuelle Anspielungen finden, sondern die gesamte jüdische und Dichter-Thematik hat exilspezifische Bedeutung und Aussagekraft. Gezielte Abweichungen von der Faktizität des historischen Stoffes dienen Feuchtwanger hierbei im historischen Roman JOSEPHUS ebenso wie 'Aktualisierungen' des historischen Stoffes mit gegenwartsbezogenen und anspielungsreichen Aspekten, wobei auch unvermittelt 'einmontierte' aktuelle Anspielungen den (exilierten) Leser auf gegenwärtige (eigene) Probleme verweisen. Auf diesem thematischen Hintergrund können sich Elemente exilspezifischer Identifikationsmuster in bestimmten (auch literarischen) Gestalten realisieren und fungieren so als exilspezifische Identifikationssignale.

Die Fragen des Gegenwartsbezuges in historischer Dichtung - vom Autor intendiert, forciert, unbeabsichtigt oder gar bewußt vermieden -, der Funktion von Identifikation und der Rolle des Schriftstellers werden im Text selbst anhand der Entwicklung des Dichters Josephus diskutiert.

Die Schriftstellerexistenz und das Schreiben werden problematisiert, weil Feuchtwangers Literaturkonzept im Exil in eine Krise geraten ist. Die Probleme der Kontinuität des Schreibens unter veränderten politischen Bedingungen, die im Text sogar direkt angesprochen werden, und die Exil-Zäsur mit den verschiedenen Aspekten im gesamten Projekt dokumentieren Feuchtwangers exilbedingte Unsicherheiten bei der Frage nach "Sinn und Unsinn des historischen Romans". - Dieser vielzitierte programmatische Aufsatz von 1935 ist aber gerade nicht dazu geeignet, den Stand seiner literaturtheoretischen Überlegungen im Exil wiederzugeben. Vielmehr versucht Feuchtwanger hier, die eigene Schaffenskrise zu verdecken. Die im Exil entstandenen JOSEPHUS-Romane vermögen viel deutlicher die Krise seines Schreibens zu dokumentieren.

Feuchtwanger geht in DIE SÖHNE zunächst den Weg des stärker autobiographischen, identifikatorischen Schreibens, in DER TAG WIRD KOMMEN experimentiert er dann zunehmend mit den aktuellen Wirkungsmöglichkeiten und dem politischen Potential von Literatur. Das identifikatorische Engagement des Autors Feuchtwanger bezogen auf seinen jüdischen Dichterkollegen Flavius Josephus darf nicht unterschätzt werden, wenngleich sich für ihn auch in anderen literarischen Vorhaben die Möglichkeit bot, Exilerfahrung zu verarbeiten: in unmittelbarer Weise in den Zeitromanen DIE GESCHWISTER OPPERMANN, EXIL, DIE BRÜDER LAUTENSACK sowie in autobiographischen Berichten (MOSKAU 1937 und DER TEUFEL IN FRANKREICH) und ausgedehnt in essayistischer Form. Wohl kein anderer deutscher Exilautor hat die Arbeitsbedingungen im Exil so umfassend literarisch und essayistisch geschildert wie Lion Feuchtwanger.

Wenn Feuchtwanger über Heinrich Manns HENRI QUATRE schreibt, daß es "in diesem Buch natürlich nicht um den historischen Heinrich von Navarra ⟨geht⟩, sondern um das Bild, das dieser große Mensch in Heinrich Mann erregt hat"[1], so trifft das auch das Verhältnis Feuchtwangers zu seinem historischen Dich-

---

1) Das Neue Tagebuch (1936)Nr.3, S. 65f. Hier: S. 65.

ter Josephus; doch, wie gezeigt werden konnte, ist das Bild des Josephus in den im Exil entstandenen Teilen nachweisbar ein bedeutsam anderes als vor dem Exil. Unter den radikal veränderten politischen und persönlich-existentiellen Bedingungen mußte er an diesem eigentlich fertigen Projekt neu ansetzen - deshalb hatte er "vor dem Josephus eine gewisse Angst"[1].

Das Scheitern des Dichters und jüdischen Kosmopoliten Josephus in einem diktatorischen, intellektuellenfeindlichen und antisemitischen Regime und die Rückwendung zu seinen (jüdischen) Wurzeln: Eine ideologiekritische und textnahe Exilliteratur-Forschung kann den 1940 geschriebenen, in seiner Perspektive zutiefst pessimistischen Romanschluß nicht als Fanal des Befreiungskampfes deuten.

Die Frage nach Leistung und Grenzen von Feuchtwangers Faschismuskritik im JOSEPHUS ist nicht nur danach auszurichten, was das Medium Künstlerroman diesbezüglich zu leisten vermag,[2] sondern wie dies im historischen Genre überhaupt möglich sein kann. Feuchtwanger beteuert zu Beginn des Exils die Aktualität seiner historischen Dichtung:

> Ich habe zeitgenössische Romane geschrieben und historische. Ich darf <...> erklären, daß ich in meinen historischen Romanen die gleichen Inhalte zu geben beabsichtigte wie in den zeitgenössischen.(3)

Doch als er wegen seiner plumpen historischen 'Kostümierung' des auf den Nationalsozialismus bezogenen "historischen" Romans DER FALSCHE NERO angegriffen wird, zielt diese Kritik besonders auf diese Art des historischen Romans im Exil allgemein: "Man kann nur in die Geschichte eingreifen oder historische Romane schreiben. HENRI QUATRE ist kein Gegenbeweis"[4]; Arnold Zweigs Kritik meint den historisch eingekleideten Gegenwarts-

---

1) Lion Feuchtwanger an Arnold Zweig am 25.4.1934 (BRIEFE I,42).
2) Jan Hans und Lutz Winckler: Von der Selbstverständigung des Künstlers in Krisenzeiten. Lion Feuchtwangers 'Wartesaal-Trilogie'. In: Text und Kritik 79/80(1983)S. 28-48. Hier: S. 43.
3) Lion Feuchtwanger: Vom Sinn und Unsinn ..., <Lit.34>, S. 496.
4) Arnold Zweig an Lion Feuchtwanger am 7.2.1937 (BRIEFE I,143).

roman, in dem das Historische zu kurz kommt und der Faschismus ungenügend bis falsch definiert, dargestellt und angegriffen wird. - Auf die politischen Anspielungen hin gelesen, trifft dieser Hauptkritikpunkt in der Debatte um den historischen Roman im Exil auch die Exil-Bände des JOSEPHUS.

Doch die wichtigsten Themen der Romane - besonders die Dichterthematik - sind in ihrer verdeckt exilspezifischen Aussage so eingearbeitet, daß die Texte nicht nur als Dokumente der Krise des exilierten jüdischen Schriftstellers Feuchtwanger interessant sind. Die Schreib- und Identitätskrise, die das Exil auslöst, wird in das bereits vor dem Exil begonnene Projekt transponiert, ist Motivation des Autors u n d verdecktes Thema des Romans.

Der historische Stoff gerät dabei nicht zur Staffage, die Kritik an Feuchtwangers Konzept sollte eher darauf gerichtet sein, daß Geschichte häufig zur Kolportage, weltgeschichtliche Vorgänge zur Hintertreppenkomödie bzw. -tragödie werden.[1] Die große Schwäche liegt auch bei den literarischen Fähigkeiten des Autors. - Nicht nur punktuelle Schwächen wie sprachliche und stilistische Mängel stören im JOSEPHUS. Es sind die großen konzeptionellen und künstlerischen Schwächen vieler Texte Feuchtwangers, die - über den bloßen Vorwurf der Trivialität hinaus - das mäßige Interesse der Literaturwissenschaft verständlich machen. Keinesfalls lassen sich diese Defizite als ein auf das Exil zurückzuführender Qualitätsverlust deuten.[2] - Die Exil-Kollegen Thomas Mann oder Kurt Kesten waren aus diesen Gründen nicht erst im Exil scharfe Kritiker

---

1) Dies hat natürlich überhaupt nichts mit dem Stoff zu tun; zwei andere Beispiele historischer Romane aus dem Bereich der römischen Geschichte, die beide auch sehr deutlich auf die Gegenwart zielen und in geringem zeitlichen Abstand zu JOSEPHUS entstanden sind, können dies eindrücklich belegen: Bertolt Brechts "Die Geschäfte des Herrn Julius Caesar" und Marguerite Yourcenars "Mémoires d'Hadrian".
2) Hans Mayer: Lion Feuchtwanger oder Die Folgen des Exils, <Lit.112> kontra: Marcel Reich-Ranicki: Lion Feuchtwanger oder Der Weltruhm des Emigranten, <Lit.131>.

der mangelnden Qualität der Literatur Feuchtwangers.[1]

Wie auch schon bei anderen Exil-Romanen Feuchtwangers geschehen, kann erst der Zugang über Problem- und Fragestellung der Exilliteratur-Forschung interessante inhaltliche Aspekte und erhebliche Einzel-Qualitäten erschließen. Im Fall der JOSEPHUS-Trilogie versucht diese Studie darüber hinaus klarzulegen, daß es nicht nur eine verdeckte exilspezifische Aussage-Ebene gibt, sondern daß diese die eigentliche der beiden Romane DIE SÖHNE und DER TAG WIRD KOMMEN ist.

---

1) "Über die Schriftsteller Zweig, Ludwig, Feuchtwanger und Remarque. Welchem die Palme der Minderwertigkeit zu reichen." Thomas Mann: Tagebücher 1937-1939. Frankfurt 1980, S. 413. - Hermann Kesten an Franz Schoenberger. Brief vom 8.1.1947. In: H.K. (Hrsg.), Deutsche Schriftsteller im Exil. Briefe europäischer Autoren 1933-1949. Frankfurt 1973, S. 234

B. Bruno Frank: "CERVANTES"

1. Einleitung

"Von den Wirren und Nöten des Exils ist dem Roman nichts anzumerken"[1]. - Mit diesem Urteil steht Martin Gregor-Dellin in seinem Nachwort zu einer CERVANTES-Ausgabe von 1978 völlig allein. Das Gegenteil ist nicht nur von den damaligen Rezensenten, sondern auch von der Forschung erkannt worden, doch wurde der Roman bislang noch nicht genau auf seine Exilspezifik hin untersucht.

> Warum wohl drängte dies Thema sich in die Seele des Dichters? Hatte es nicht erschütternde Aktualität? Hing es nicht eng zusammen mit der historischen Erfahrung des Tages, mit seinem persönlichen Schicksal, mit dem, was ihn in die Fremde getrieben hatte?(2)

Diese Fragen stellte Thomas Mann 1944, zehn Jahre nach Erscheinen des CERVANTES und im elften Jahr des Exils, als Zugang zu einem tieferen Verständnis des Romans. "Erschütternde Aktualität" hat Bruno Franks CERVANTES für Thomas Mann durch den engen Zusammenhang des Textes mit dem Exil als politischer Erfahrung; sie bezieht sich dabei nicht nur auf eine möglicherweise sehr zeitgebundene Rezeption, sondern auf die Intention des Autors und auf die Bedeutung, die Thema und literarische Bearbeitung für seinen Freund gehabt hat.

1.1. Entstehung

CERVANTES ist der erste im Exil geschriebene Text von Bruno Frank, der unter dem Eindruck der Emigration entstand, obwohl direkt nach der Flucht die Novelle DIE MONDUHR vollendet wor-

---

1) Bruno Frank: Cervantes. München 1978, S. 349.
2) Thomas Mann: <Vorwort zu CERVANTES>. In: Th.M., Rede und Antwort. Frankfurt 1984, S. 387-391, hier: S. 387.

den war. Die Novelle, die Thomas Mann nach der ersten Lektüre als "etwas sentimental" und "zu glatt, zu weich und gefällig"[1] charakterisierte, konnte noch problemlos in Deutschland erscheinen.[2] Doch nicht nur der Inhalt dieses Erzähltextes läßt vermuten, daß Bruno Frank ein (nahezu) fertiges Manuskript in der Tasche hatte, als er am Tag nach dem Reichstagsbrand München verließ.[3] Vor allem die (nur teilweise mögliche) Rekonstruktion der ersten Wochen des Exils legt diese Vermutung nahe.

Nach der Flucht aus München am 28.Februar 1933 reiste das Ehepaar Frank zunächst nach Bissone im Tessin, wo Franks Schwiegermutter Fritzi Massary ein Haus hatte; Anfang März ließen sie sich dann in Lugano nieder. In diesem Monat kehrte Liesl Frank noch einmal nach München zurück, um mit der Flucht verbundene Angelegenheiten zu regeln.[4] Wenn man dem Kenner Harold von Hofe folgt, hatte Frank DIE MONDUHR bereits vor der Rückkehr seiner Frau aus München beendet, also noch vor Ende März.[5] - Es erscheint allerdings relativ unwahrscheinlich, daß Frank in diesen ersten Wochen des Exils, in denen er sich u.a. auch berechtigte Sorgen um seine Frau bei ihrer heiklen Mission in München machen mußte,[6] eine so völlig von jeder Zeitbezogenheit freie und naiv-sentimentale Geschichte

---

1) Thomas Mann: Tagebücher 1933-1934. Frankfurt 1977. Eintrag vom 27.7. 1933, S. 134. - Nach Franks Tod liest er die "reizende Geschichte" während der Trauerfeier vor, damit es "keine Stunde der Kopfhängerei, sondern der Freude an der glänzenden Lebensspur des abgeschiedenen Freundes sei"; die sentimentale Zeitlosigkeit der Novelle machte dies möglich. Thomas Mann: Die Entstehung des Doktor Faustus. In: Th.M., Rede und Antwort. Frankfurt 1984, S. 130-288, hier: S. 220.
2) Klaus Mann: Fast zu Hause. Bei Bruno Frank. In: K.M., Heute und Morgen. Schriften zur Zeit. München 1969, S. 67-77, hier: S. 72f.
3) Der Intimus Klaus Mann spricht davon, daß DIE MONDUHR "während der ersten Wochen des Exils beendet" worden sei. Ebd.
4) Liesl Frank ist spätestens am 2.4.1933 wieder in Lugano. Siehe Thomas Mann: Tagebücher 1933-1934, <Lit.435>, S. 32f.
5) Harold von Hofe: German Literature in Exile: Bruno Frank. In: German Quarterly XVIII(1945)S. 86-92, hier: S. 87.
6) Virginia Sease: Bruno Frank. In: Deutsche Exilliteratur 1933-1945, Bd.1 Kalifornien, Teil 1, hrsg. von Spalek/Strelka. München 1976, S. 352-370.

konzipiert und vollständig geschrieben haben soll.[1]

Über die Entstehungszeit des CERVANTES gibt es in der Forschung unterschiedliche Hypothesen, die jedoch selten durch Belege gestützt werden.

Elke Nyssen[2] vermutet, daß der Roman bereits vor der Emigration geplant, konzipiert und auch begonnen worden war; sie argumentiert hauptsächlich aus dem Inhalt des Textes, ohne Dokumente zur Entstehungsgeschichte heranzuziehen.[3] Da der Roman schon im Herbst 1934 - also nur eineinhalb Jahre nach Franks Flucht - erschienen ist, läßt sie dieser kurze Zeitraum vermuten, daß CERVANTES bereits vor dem Exil begonnen war. Sie glaubt aufgrund angeblicher inhaltlicher Unterschiede zwischen dem ersten und dem zweiten Teil des Romans, daß zumindest der erste Teil vor 1933 ausgearbeitet war. Sie entdeckt im ersten Teil kaum Zeitbezogenheit, vielmehr partielle Ähnlichkeiten mit früheren Texten, im zweiten Teil herrsche ihrer Ansicht nach jedoch "die Gesellschaftsdarstellung und die Klärung einer gegenwärtigen Problematik des Autors vor".[4] Ob ein derartiger "Exil-Bruch" am Text belegt werden kann, darauf wird noch einzugehen sein.

Ebenfalls für das Vorhandensein eines begonnenen Romans im Gepäck des Flüchtlings plädiert Lion Feuchtwanger in einem unveröffentlichten Nachruf auf Frank:

> Als er seinen Cervantes-Roman vorbereitete, begnügte er sich nicht, nach Spanien und nach Nord-Afrika zu gehen, er wälzte auch verschollene Staatsakten in den Archiven des Arsenals in Venedig.(5)

---

1) Ohne Belege schreibt Marta Mierendorff: "Sein erstes Werk war die in Lugano geschriebene Kurzgeschichte DIE MONDUHR". M.M., Literatur im Exil: Bruno Frank. In: Die Mahnung (Berlin) vom 1.7.1965.
2) Elke Nyssen: Geschichtsbewußtsein und Emigration. München 1974, S. 130-142, hier: S. 133.
3) Ähnlich auch Klaus Schröter: Der historische Roman, <Lit.647>, S. 128-130.
4) Elke Nyssen, <Lit. 629>, S. 133.
5) Lion Feuchtwanger: Zum Gedächtnis Bruno Frank. Unveröffentlichtes Typoskript (3 Bl. Abschr.): Deutsches Literaturarchiv Marbach a.N. - Hier: Blatt 2.

Feuchtwanger betont den 'guten Handwerker' Frank, der für den CERVANTES gründlich recherchierte; es spricht nichts dagegen, daß Bruno Frank Eindrücke von seinen Reisen durch die Mittelmeerländer für seinen CERVANTES verwendet hat - von der Einarbeitung bisher unbekannter historischer Quellen läßt sich allerdings nichts erkennen.

Harold von Hofe[1] und Virginia Sease[2] sehen beide den Beginn des CERVANTES erst im Exil. Ob Bruno Frank dabei gleichzeitig noch an der Novelle DIE MONDUHR arbeitete, wie Sease meint,[3] oder ob er erst danach mit dem Roman beginnt,[4] erscheint allerdings hierbei nicht entscheidend.

Konrad Umlauf, der in einem biographisch ausgerichteten Anhang über "Ästhetische Verarbeitung von politischer Erfahrung in ausgewählten Exilromanen"[5] Leben und Schreiben Bruno Franks im Exil nachzeichnet, sieht Frühjahr und Sommer 1934 als Hauptschaffenszeit des CERVANTES an, für den Beginn der Arbeit bleibt er vage: "Begonnen hatte BF den CERVANTES früher, im November 1933 las er Thomas Mann in Küsnacht die Anfangskapitel vor."[6] - Mehr als die Anfangskapitel lag wohl zu dem Zeitpunkt noch nicht vor. Frank war teilweise noch mit den Recherchen und Vorarbeiten beschäftigt: Nach einem Besuch des Ehepaares Frank bei Thomas Mann in Küsnacht blieb Frank anschließend noch einige Tage allein dort, um in Thomas Manns Bibliothek für den CERVANTES zu arbeiten.[7] In diesen Tagen kam es dann auch zu jener von Umlauf erwähnten Lesung für die Fa-

---

1) Harold von Hofe: German Literature in Exile: Bruno Frank, <Lit.206>.
2) Virginia Sease: Bruno Frank, <Lit.227>.
3) Ebd., S. 353.
4) Harold von Hofe, <Lit.206>, S. 88.
5) Konrad Umlauf: Exil, Terror, Illegalität. Die ästhetische Verarbeitung politischer Erfahrungen in ausgewählten deutschsprachigen Romanen aus dem Exil 1933-1945. Frankfurt 1982.
6) Ebd., S. 169, Anm. 53.
7) Thomas Mann: Tagebücher 1933-1945, <Lit.435>, S. 250. Eintrag vom 19. 11.1933 (Küsnacht).

milie Mann.[1]

Nachdem Bruno Frank im Januar 1934 viel gereist war (Paris, London), arbeitete er im Frühjahr und Sommer in Sanary-sur-mer planmäßig am Roman weiter. Er schrieb zu Jahresbeginn seinem Brunder Lothar Frank: "Mein Buch wird ein Cervantes-Roman. <...> Ich arbeite ziemlich viel, hoffe im Mai fertig zu sein."[2] - Dies scheint eine durchaus realistische Einschätzung gewesen zu sein,[3] denn bereits Anfang Juli wurde der Roman für den Druck vorbereitet, bzw. war im Druck: Am 9.Juli erkundigte sich Bruno Frank, wann er weitere Korrekturen vom Verlag erhalten würde.[4] Im Spätsommer/Herbst 1934 erscheint CERVANTES dann im Querido-Verlag in Amsterdam; am 7.Oktober bekam Thomas Mann von Bruno Frank ein Exemplar seines Romans geschickt.[5]

Aufgrund dieser Überlegungen und der angeführten Dokumente kann man von einer Entstehungszeit des Romans ausgehen, die vollständig im Exil liegt; zwischen Ende März/Anfang April 1933 und Juli 1934 scheint er entstanden zu sein. Dies schließt jedoch nicht aus, daß Frank bereits früher Interesse an einem biographischen Roman über Miguel de Cervantes gefunden und Vorarbeiten begonnen haben könnte.

Die Entstehungszeit des CERVANTES fällt zusammen mit Thomas Manns Beschäftigung mit dem Dichter Cervantes, die sich lite-

---

1) Thomas Mann: Tagebücher 1933-1945, <Lit.435>, S. 253 (Eintrag vom 22. 11.1933): "Er las uns im Arbeitszimmer, z.T. in Gegenwart der Kinder, die sehr hübschen Anfangskapitel seines Cervantes-Romans vor."
2) Brief an Lothar Frank vom 3.1.1934 (Deutsches Literaturarchiv Marbach a. N.).
3) "Frank arbeitet ungeheuer intensiv an einem Cervantes-Roman." - "er ist im Endspurt". Lion Feuchtwanger in einem Brief an Arnold Zweig v. 5.6. 1934. In: Lion Feuchtwanger/Arnold Zweig: Briefe, <Lit.22>, Bd.1, S.50.
4) Brief Bruno Franks an Werner Cahn v. 9.7.1934. Deutsches Literaturarchiv Marbach a.N.
5) Thomas Mann: Tagebücher 1933-1934, <Lit.435>, S. 541 (Eintrag vom 7. 10.1934).

rarisch in 'Meerfahrt mit Don Quijote' niederschlug.[1]

Thomas Mann war als enger Freund von Bruno Frank über die Entstehung des CERVANTES nicht bloß informiert; wie bereits ausgeführt, läßt der enge Kontakt eine frühe inhaltliche Auseinandersetzung Manns mit Franks Romanprojekt und dessen Thema annehmen. Nicht die bloße zeitliche Nähe der Entstehung legt dies nahe, sondern ein tiefer inhaltlicher Zusammenhang des Romans von Frank mit der "Feuilleton-Plauderei"[2] Thomas Manns, den dieser 1944 selbst betont:

> Die psychologischen Wurzeln <Herv. d. Verf.> von Franks Roman liegen eben dort, wo diejenigen meiner Beschäftigung mit dem spanischen Weltbuch lagen.(3)

Man kann m.E. davon ausgehen, daß Mann die aktuelle Anregung zur Beschäftigung mit Cervantes und seinem 'Don Quijote' von Franks Arbeit am CERVANTES bezogen hat, wenngleich Thomas Mann dies nicht zuzugestehen vermochte.[4] - Wie aus den Tagebüchern Thomas Manns hervorgeht, begann er im September 1933 mit der Lektüre des 'Don Quijote', die er mit Unterbrechungen bis zum Mai 1934 fortsetzte; er schloß die Lektüre am 22.5. 1934 bereits während der Überfahrt nach den USA, seiner ersten Amerika-Reise, ab.[5] Im September und Oktober 1933 lebten Thomas Mann und Bruno Frank im Tessin relativ nahe beieinander; es kam zu häufigen Treffen. Im November 1933 hielt sich Frank - wie bereits erwähnt - einige Zeit in Küsnacht auf, wo Frank in der Bibliothek Manns für seinen CERVANTES arbeitete und der Familie die Anfangskapitel vorlas.[6] Hier gingen für

---

1) Thomas Mann: Meerfahrt mit Don Quijote. In: Th.M., Leiden und Größe der Meister. Frankfurt 1982, S. 1018-1068.
2) "eine Art Plauderei über Don Quijote" - Thomas Mann an G. Bermann Fischer. In: Thomas Mann, Briefe an seinen Verleger Gottfried Bermann Fischer 1932-1955, Frankfurt 1973, S. 86. - "<...> jenes Feuilleton, genannt 'Meerfahrt mit Don Quijote', eine plauderhaft assoziierte Sache <...>". Thomas Mann an Ferdinand Lion am 3.9.1934. In: Th.M., Briefe 1889-1936, Frankfurt 1961, S. 372.
3) Thomas Mann: Vorwort <zu CERVANTES>, <Lit.217>, S. 445.
4) "Im selben Jahr, in dem der Emigranten-Verlag von Amsterdam Franks Roman herausbrachte, 1934, schrieb ich 'Meerfahrt mit Don Quijote', das Tagebuch einer Atlantik-Reise, die mit der erneuten gründlichen Lektüre von Cervantes' Meisterwerk ausgefüllt war." Ebd.
5) Thomas Mann: Tagebücher 1933-1934. Frankfurt 1977, S. 426.
6) Ebd., S. 250 (19.11.1933) und S. 253 (22.11.1933).

Thomas Mann sicherlich wichtige Impulse für sein Nachdenken über Cervantes aus.

Die literarische Umsetzung seines erwachten Interesses beginnt dann nach der tatsächlichen Überfahrt über den Atlantik, nämlich im August 1934. Es kommt dann bis zur Fertigstellung Anfang Oktober zu mehreren Unterbrechungen der Arbeit zugunsten seines 'Politikums' ("Buch des Unmuts"), einer von ihm geplanten größeren politischen Auseinandersetzung mit dem nationalsozialistischen Deutschland. Das Tagebuch verzeichnet unter dem 15.8.1934 Diskussionen mit Wolfskehl "über den Don Quijote und die Pflicht zur politischen Stellungnahme"[1]. Diese Problematik der Verantwortlichkeit des Künstlers interessiert Thomas Mann in der 'Meerfahrt' ganz besonders.

Am 26., 28. und 29.September 1934 treffen sich Thomas Mann und Bruno Frank, und Gespräche über Cervantes sind anzunehmen: sowohl über den der 'Meerfahrt' wie den des Romans von Frank (der in jenen Tagen erschien).[2] Am 1.Oktober liest Thomas Mann Frank aus dem wohl nahezu fertigen Text vor; zehn Tage später vermerkt er die Beendigung der Arbeit im Tagebuch.[3] Zwei Wochen später ist er nach der ersten Lektüre des fertigen CERVANTES seines Kollegen und Freundes ziemlich enttäuscht, obwohl er doch die ersten Kapitel nach der Lesung Franks im November 1933 mit Anerkennung quittiert hatte.[4] Jetzt notiert er dagegen in sein Tagebuch:

> Begann gestern Abend einiges in Franks 'Cervantes' zu lesen, eine saubere, aber nicht gerade bedeutende Arbeit. Die Philipp-Figur, eine Übertragung und ein Versuch, sie so zu machen, wie ich sie gemacht hätte. Aber das bißchen 'Spanien' im 'Zauberberg' ist schon mehr.(5)

Auch weil er diese nach seinen ersten Lese-Eindrücken vorgenommene Bewertung später völlig revidierte (allerdings für die Öffentlichkeit bestimmt!), liegt der Verdacht nahe, daß Thomas

---

1) Thomas Mann: Tagebücher 1933-1934. Frankfurt 1977, S. 506.
2) Ebd., S. 532f.
3) Ebd., S. 543f.
4) Ebd., S. 253 (22.11.1933).
5) Ebd., S. 554 (24.10.1934).

Mann hier aus Eitelkeit gegenüber der nicht nur unbewußt als konkurrierend empfundenen Cervantes-Dichtung spontan so negativ urteilte.[1] Dagegen ist sein 1944 geschriebener Aufsatz über den Roman eine ernsthafte Einführung in das Werk und stellt außerdem eine positive Rezension dar.[2]

1.2. Editionsgeschichte

Der Roman CERVANTES erschien im Herbst 1934 bei Querido in Amsterdam, erlebte dort 1937 eine zweite Auflage und 1944 eine weitere bei Bermann-Fischer in Stockholm. Das Manuskript des CERVANTES muß als verschollen gelten.[3]

Die englische Übersetzung A MAN CALLED CERVANTES kam 1934 in London bei Cassell & Comp. und 1935 in den USA in der Popular Library und bei The Viking Press (New York) heraus. Der Vertrag mit der Viking Press für die amerikanische Ausgabe war bereits im Sommer 1934 in Sanary-sur-mer zustande gekommen.[4] Im Jahr 1935 wurde CERVANTES als "Book of the Month" ausgewählt und in die gleichnamige Reihe aufgenommen.[5] Bis 1945 wurde CERVANTES u.a. auch noch ins Schwedische und Spani-

---

1) Am 31.10.1934 schreibt Thomas Mann "einen langen Brief an Frank über seinen 'Cervantes". - Thomas Mann: Tagebücher 1933-1934, <Lit.435>, S. 557. - Der Brief ist nicht in der Briefedition, befindet sich auch nicht im Thomas-Mann-Archiv in Zürich. Hans Wysling äußerte gegenüber dem Verf. die Vermutung, daß dieser Brief als verschollen gelten muß.
2) Thomas Mann: Vorwort <zu Cervantes>, <Lit.217>, S. 387-391.
3) Dies bestätigte Virginia Sease (Los Angeles/USA bzw. Dornach/Schweiz) dem Verf. - Im Teilnachlaß Bruno Franks im Deutschen Literaturarchiv Marbach a.N. befinden sich lediglich einige Briefe aus der Entstehungszeit. Daneben besitzt das Archiv das Manuskript des Exilromans DIE TOCHTER und einen Typoskript-Durchschlag des Fragments CHAMFORT ERZÄHLT SEINEN TOD von Bruno Frank.
4) Virginia Sease: Bruno Frank, <Lit.227>, S. 354.
5) Das Neue Tagebuch III(1935)H.8, S. 187 und nach Virginia Sease: Bruno Frank, <Lit.227>, S. 354. - Konrad Umlauf irrt, wenn er behauptet, Hans-Albert Walter hätte dies bestritten. Walter bemerkt lediglich, daß über den Erfolg des CERVANTES bei 'Book of the Month' nichts bekannt sei. Umlauf: Exil, Terror, Illegalität, <Lit.668>, S. 170, Anm. 73. - Hans-Albert Walter: Deutsche Exilliteratur 1933-1945, Bd. 2, Darmstadt 1972, S. 206.

sche übersetzt.[1]

Drei Kapitel des Romans wurden separat in Zeitschriften veröffentlicht. Dies war nicht nur übliche Praxis der Autoren und Exil-Zeitschriften, da die Publikations- und Verbreitungsmöglichkeiten im Exil als einer "reduzierten Öffentlichkeit" (H.-A. Walter) sehr begrenzt waren, geschah also aus wirtschaftlichen Gründen,[2] sondern die Wahl der selbständig veröffentlichten Kapitel kann auch auf die dem jeweiligen Auszug beigemessene Bedeutung hinweisen: Das Kapitel über das Terror-Regime in Algier erschien in der 'Sammlung', und das Kapitel "Theater" aus dem zweiten Buch des Romans wurde gekürzt (Vorausdeutungen und Rückverweise wurden gestrichen), mit ausdrücklichem Hinweis auf seine Gegenwartsbezüge unter dem Titel "Ein Hollywood im 16.Jahrhundert" im 'Aufbau' abgedruckt.[3] Das Kapitel "Blutsprüfung", das häufig als Kritik des nationalsozialistischen Rassenwahns gedeutet wird, erschien 1935 und 1936 in der für Deutschland bestimmten illegalen Tarnschrift "Deutsch für Deutsche", die vom Schutzverband Deutscher Schriftsteller und der Deutschen Freiheitsbibliothek in Paris herausgegeben wurde.[4]

Die erste deutsche Nachkriegsausgabe gab es 1951 in der DDR, im Henschel-Verlag Berlin, wo CERVANTES schnell eine hohe Auflageziffer erreichte (1952: 41.-55.Tausend, 1958: 68.-72.Tausend). In der Bundesrepublik brachte erstmals der Rowohlt-Verlag den Roman (als Taschenbuch) 1952 heraus, 1957 folgte dort ein Abdruck in "Bruno Frank: Ausgewählte Werke"[5]. Dieser Ablauf deutsch-deutscher Veröffentlichungsgeschichte bei Exil-

---

1) EN VISS CERVANTES - BIOGRAFIK ROMAN, Stockholm 1935. - CERVANTES, Madrid 1941.
2) DIE SCHLACHT BEI LEPANTO. In: Pariser Tageblatt Nr. 285 v. 23.9.1934, S. 4.
3) In: Die Sammlung II(1935)Nr.2, S. 101-105 bzw. in: Aufbau (New York) Nr.33 v. 18.8.1944, S. 15-17.
4) Deutsch für Deutsche. Leipzig 1935, S. 54-58.
5) Bruno Frank: Ausgewählte Werke. Hamburg 1957, S. 201-384.

literatur ist typisch. - Claasen legte 1969 und die Nymphenburger Verlagshandlung München 1978 eine Ausgabe vor. Letztere hat ebenso wie die im selben Jahr erschienene Neuausgabe in der DDR ein ausführliches Nachwort. 1982 brachte die Droemersche Verlagsanstalt - als bis jetzt letzte Edition - eine Lizenzausgabe als Taschenbuch auf den Markt.

1.3. Rezeptionsgeschichte

Von den Rezensionen, die nach Veröffentlichung des Romans geschrieben wurden, sind die aus den deutschen Exilzeitschriften besonders erwähnenswert, um die Aufnahme bei den Exilierten zu charakterisieren.[1]

Ernst Toller[2] ist irritiert, daß der Text 'Roman' heißt, den er als "ideale Biographie" bezeichnet. Der Text wird als stark gegenwartsbezogen gedeutet, als Darstellung einer historischen Person und ihrer Zeit, die auf ihren Erkenntnisgewinn für die Gegenwart hin gelesen werde:

> Dieses Buch ist ein tröstliches Buch. Es beweist aufs neue, daß die Macht der Diktatoren begrenzt ist. Die tötet den Geist eine Zeit lang, und sie tötet ihn in einem Land. Jenseits der Grenzen rettet und bewahrt sich die Macht des Wortes, die am Ende stärker ist als sie und sie überdauern wird.(3)

Die Problematik des Dichters Cervantes wird eindeutig auf die Exilproblematik des aus Deutschland vertriebenen Schriftstellers bezogen, und das historische Beispiel vereinfacht als Selbstversicherung gesehen. Toller geht somit davon aus, daß CERVANTES mit eindeutigem Zeit-, d.h. Exilbezug geschrieben worden ist. - Jedoch warnt er vor einer Rezeption, die, rück-

---

1) Weniger interessante Rezensionen bleiben unberücksichtigt: z.B. Julius Bab (Rez.): "Cervantes". Ein neuer Roman von Bruno Frank. In: C.V.Zeitung. Blätter für Deutschtum und Judentum 13(1934)Nr.51 v. 20.12.1934. - Zur Rezeption des Romans in den USA siehe Wulf Köpke: Die Exilschriftsteller und der amerikanische Buchmarkt, <Lit.515>, S. 110f.
2) Ernst Toller (Rez.): Bruno Franks "Cervantes". In: Das Neue Tagebuch II(1934)43, S. 1077.
3) Ebd.

wärts zu historischen Romanfiguren gewandt, Erkenntnisse oder Handlungsanweisungen für die Gegenwart geboten bekommen möchte:

> Wir beobachten ein eigentümlich starkes Interesse an Biographien. Die Menschen, in der Wirrnis der Zeit, suchen ihren Sinn im sinnvollen Leben des andern, erhoffen Gewinn an praktischer Klugheit, und lernen am Ende, daß Erfahrungen nicht erkauft, sondern erlebt werden müssen.(1)

Balder Olden[2] sieht den CERVANTES noch eindeutiger auf die Gegenwart, d.h. auf den Kampf gegen den Nationalsozialismus und die Exilproblematik bezogen. Nicht nur in der Rezeption entfalten sich seiner Ansicht nach die verschiedenen Aspekte historisch verfremdeter Gegenwartsbezüge, vielmehr sieht er die Handlung im Spanien des 16.Jahrhunderts als vom Autor intendierte Camouflage an, die auf die "zahllos<en> Analogien zum jüngsten Deutschland"[3] ziele. In einer kurzen Nacherzählung der Handlung benutzt Olden deshalb die gegenwartsbezogenen Begriffe, die für ihn hinter dem Historiengemälde zu stecken scheinen: Cervantes, "als junger Akademiker in den Weltkrieg gegen die Ungläubigen geschleudert", komme fünf Jahre in das "algerische Konzentrationslager", sei später Arbeitslosigkeit und Hunger ausgeliefert und werde u.a. "mischblütiger Abstammung geziehen", durch ein "Ahnenprüfungs-Tribunal" gedemütigt.[4]

Das Sujet erscheint Olden für einen deutschen Dichter gerade aufgrund der Analogien fruchtbar, Frank werde somit in einer besonderen Weise zum "Zeitgenossen" des historischen Romanhelden und umgekehrt.

---

1) Ernst Toller (Rez.): Bruno Franks "Cervantes", <Lit.228>.
2) Balder Olden (Rez.): Ja und Nein <Sammelrezension>. In: Neue Deutsche Blätter2(1934/35)S. 183f.
3) Ebd., S. 183.
4) Ebd.

Karl Schmückle[1] betont ganz besonders auch die Aktualität der Beschäftigung mit Don Quijote, seinem Autor und seiner Zeit, wobei er - die Rezension erscheint 1936 anläßlich der Publikation der russischen Übersetzung von CERVANTES - auf die Rezeption dieser Figur und seiner Epoche in der Exilliteratur hinweist: Ludwig Marcuses 'Ignatius von Loyola', Thomas Manns 'Don Quijote' und Jean-Richard Blochs 'Die Aktualität des Don Quijote' waren unterdessen veröffentlicht. Schmückle nimmt Frank vor dem Vorwurf der gewaltsamen "Modernisierung" des geschichtlichen Stoffes in Schutz, da es diesem darum ginge, "die Momente der 'Ähnlichkeit' geschichtlichen Materials selbst zu untersuchen"[2]. Dabei hebt er ganz besonders den Roman-Charakter, also den dichterisch-freien Umgang mit der historischen Dichterbiographie hervor.

Die Rezension der 'Sammlung', die vom Herausgeber Klaus Mann selbst verfaßt worden ist, stellt CERVANTES weniger in das Licht aktueller Anspielungen als Olden oder Toller.[3] Klaus Mann, der Bruno Frank bereits seit frühester Jugend kannte und verehrte, streicht beim CERVANTES stärker die Aspekte der Kontinuität des Œuvres Franks heraus:

> Deshalb liebt ihn <Cervantes, Anm. d. Verf.> der Schriftsteller Bruno Frank, der immer einen tapferen Pessimismus vereinigt hat mit einer wahren und hellen Sympathie für alles bedrohte, bedrängte, komische und heiße Leben. (4)

Sieht man andere Veröffentlichungen Klaus Manns über Frank durch,[5] fällt eine wenig kritische Auseinandersetzung mit dem Werk, eher Bewunderung für den Autor auf, die auch die CERVANTES-Rezension prägt. Auf die Frage eines direkten Zeitbezuges

---

1) Karl Schmückle (Rez.): CERVANTES von Bruno Frank. In: Internationale Literatur - Russ. Ausgabe (1936)Nr.6. In Übersetzung von Ute Tschischke im Anhang von: Bruno Frank, Cervantes, Berlin(DDR) 1978, S. 344-357.
2) Ebd., S. 346.
3) Klaus Mann (Rez.): Bruno Franks Cervantes-Roman. In: Die Sammlung II (1934)H.3, S. 152-155.
4) Ebd., S. 155.
5) Klaus Mann: Gespräch mit Bruno Frank. In: Willy Haas (Hrsg.), Zeitgemäßes aus der 'Literarischen Welt' von 1925-1932. Stuttgart 1963, S.51-53. - Klaus Mann: Fast zu Hause, <Lit.212>.

geht er in seiner Besprechung nicht ein. Trotzdem kommt er zu dem Schluß: "er <Cervantes, Anm. d. Verf.> ist einer von uns"[1] und meint damit die Verwandtschaft eines Dichters, "Sohn dieser armen und schlechten Erde"[2], der trotz oder gerade durch harte Lebensumstände zum Schreiben gekommen sei. Der Dichter Cervantes wird folglich nicht in so historischer Parallelität wie von Toller oder Olden gesehen, sondern abstrakter als leidensverwandter Dichter-Kollege.

1.4. Forschungslage

Es gibt bislang nur wenige Studien, die sich dem Roman CERVANTES widmen, ausführliche Untersuchungen fehlen ganz. Von den biographisch orientierten Beiträgen zu Bruno Frank, die dem Tenor nach meist Freundesgaben und Gedächtnisschriften sind, äußert nur Harold von Hofe[3] einige Gedanken zum CERVANTES, weswegen er bei einem Forschungsüberblick - der hier im wesentlichen chronologisch dargeboten wird - erwähnt werden soll.

Bereits zur Frage der Entstehungszeit des Romans ist von Hofe, der heutige Leiter des "Feuchtwanger-Institute of Exile Studies" in Los Angeles, wegen seiner zeitlichen und persönlichen Nähe zum Autor wichtiger Zeuge. In seinem Aufsatz über Bruno Frank stellt er den Roman als brillanten historischen Text heraus, in welchem der Autor "social and psychological motivation"[4] des Autor-Kollegen für das Schreiben des 'Don Quijote' herausarbeitete. Für von Hofe geht es Frank also nicht nur um die psychologisch überzeugende, mit Empathie porträtierte Person des Cervantes, vielmehr um die Gründe, warum der 'Don Quijote' geschrieben wurde, die für von Hofe in

---
1) Klaus Mann (Rez.): Bruno Franks Cervantes, <Lit.221>, S. 155.
2) Ebd.
3) Harold von Hofe, <Lit.206>.
4) Ebd., S. 88.

"utter political disillusionment"[1] wurzeln. Besondere Qualität gewänne CERVANTES dadurch, daß Frank der Historie die eigene Biographie unterlegt habe, was für von Hofe besonders im Kapitel "Blutsprüfung" deutlich wird: "the author's own experience, which had a compelling effect in shaping his own life, deepens and makes more cogent the historical interpretation".[2]

Carl Steiner widmet in seiner Dissertation "Untersuchungen zum historischen Roman der deutschen Emigrantenliteratur nach 1933" auch dem CERVANTES ein Kapitel.[3] Steiner, der den Roman mit Hermann Kestens 'König Philipp der Zweite' und Heinrich Manns 'Henri Quatre' in die Untersuchungsgruppe der historischen Romane aus dem "Zeitalter der Religionskriege" einreiht, sieht ihn als "Erziehungsroman in historischem Kleide"[4], als Darstellung der Entwicklung einer Künstlerpersönlichkeit. CERVANTES wachse über den Rahmen einer bloßen Dichterbiographie"[5] dergestalt hinaus, daß es Frank um eine Entwicklung zu innerer (Künstler-)Freiheit und Humanität nach einem "Kampf zwischen Recht und Unrecht, Menschlichkeit und Unmenschlichkeit"[6] ginge. Für Steiner transzendiert Frank in seinem Roman diese Ideen aus der historischen Biographie ins Allgemeingültige; eine Bedeutungsebene konkreter Anspielung auf die Realität des nationalsozialistischen Deutschland wird nicht diskutiert.

Wie Steiner geht auch Bruce Martin Broerman in seiner Arbeit über den historischen Roman im Exil davon aus, daß Frank keine bloße Biographie in Romanform schreiben wollte.[7] Doch sieht Broerman die Intention des Romans ganz im Sinne der historisch verfremdeten Gegenwartsbezüge:

---

1) Harold von Hofe, <Lit.206>, S. 88.
2) Ebd.
3) George Washington University, St. Louis (USA) 1966, S. 122-134.
4) Ebd., S. 122.
5) Ebd., S. 133.
6) Ebd.
7) Bruce Martin Broerman: The German Historical Novel in Exile after 1933. University of New York at Albany (USA) 1976, S. 38-47.

Instead, Frank has taken the historical material surrounding the life of Cervantes and turnes it into a novel of significance and relevance for his own life. (1).

Somit untersucht er den CERVANTES auf indirekte Gegenwartsbezüge; interessant erscheint die Parallelisierung des Autors und seines Romans mit Miguel de Cervantes und seinem 'Don Quijote': CERVANTES sei sozusagen der 'Don Quijote' Franks. Broerman sieht nicht nur diese Affinität von Autor und beschriebenem Dichterkollegen, die Verwandtschaft reiche bis zur formalen Gestaltung, ja zur von ihm behaupteten parallelen Struktur von CERVANTES und 'Don Quijote' (gemeint ist die Einteilung in zwei Bücher mit jeweils vielen Einzelepisoden).

Elke Nyssen geht in ihrer Untersuchung "Geschichtsbewußtsein und Emigration"[2] von einer starken Gegenwartsbezogenheit des historischen Romans aus. Für sie ist in Anlehnung an Georg Lukács "die ganze geschichtliche Thematik nur ein dünne Hülle"[3], unter der sich ein komplexes Bezugsgeflecht zur Situation im faschistischen Deutschland verberge. Da Nyssen diese aktuellen Bezüge hauptsächlich im zweiten Teil des Romans konstatiert, setzt sie die Entstehungszeit bereits vor 1933 an. Ebenso wie andere Autoren, die CERVANTES primär im Licht materialistischer Literaturtheorie sehen,[4] sucht sie fast ausschließlich Parallelen zwischen dem im Roman beschriebenen Spanien Philipps II. und dem faschistischen Deutschland, die sie im Bereich der Darstellung der Gesellschaft (Arbeitsmarkt, Lage der Bauern, Rechtssystem), des Rassenwahns, des Terror-Regimes (Inquisition) und der imperialistischen Außenpolitik zu finden glaubt. Zwar resümiert sie, daß neben der Gesellschaftsdarstellung "die Klärung einer gegenwärtigen Problema-

---

1) Bruce Martin Broerman, <Lit.542>, S. 46.
2) Elke Nyssen, <Lit.629>, S. 130-142.
3) Georg Lukács: Der historische Roman, <Lit.415>, S. 330.
4) Alexander Abusch: Über Bruno Frank. In: A.A., Literatur im Zeitalter des Sozialismus, Berlin/Weimar 1967, S. 485f. - Alfred Antkowiak: Der Dichter und das Leben. Gedanken über Miguel de Cervantes. In: Der Bibliothekar (Leipzig) 5(1951)Nr.12, S. 639-345. - Klaus Hermsdorf: Nachwort zu Bruno Franks Cervantes. In: Bruno Frank, Cervantes, Berlin(DDR) 1978, S. 330-335.

tik des Autors"[1] im Roman vorherrsche, doch geht sie diesem Gedanken kaum nach.

So ist für materialistisch orientierte Arbeiten über Literatur von nicht-kommunistischen Exilanten typisch, den Roman des bürgerlichen Exil-Autoren Bruno Frank zu jenen historischen Romanen zu rechnen, "die bewußt durch die Darstellung humanistischer Kämpfer der Bewahrung des Humanismus im geistigen Kampf gegen das deutsche faschistische Dunkelmännertum unserer Zeit dienen wollten"[2].

Für Georg Lukács stellt der CERVANTES ein Beispiel für den Übergangscharakter der noch-bürgerlichen historischen Literatur dar, der es noch an "konkrete<r> Gestaltung des Volkslebens selbst als Grundlage der Geschichte"[3] mangele, die jedoch der Forderung nach "Geschichte 'von unten'"[4] relativ nahe komme. Seine Kritik:

> Auch er <Frank, Anm. d. Verf.> geht nicht von den Strömungen im Volksleben aus, um die menschliche und dichterische Gestaltung als höchste Verkörperung dieser Strömungen zu gestalten, sondern, umgekehrt von der großen Persönlichkeit des Cervantes und benutzt das Volk nur als abstraktes Illustriationsmittel, als Kulisse.(5)

Die relativ traditionelle Erzählweise, die nicht experimentellen, wenig originellen formalen und sprachlichen Aspekte des Romans finden das Lob von Lukács und der materialistischen Literaturwissenschaft und -kritik (Formalismusdebatte!); die bürgerliche Kritik bemängelt wiederum genau dies. Einer qualitativen Beurteilung sollte jedoch eine fundierte Analyse und Deutung des Romans zugrunde liegen.

Die beiden jüngsten Beiträge der nicht-marxistischen Literaturwissenschaft, die sich mit dem Roman befassen, zeigen in

---

1) Elke Nyssen, <Lit.629>, S. 133.
2) Alexander Abusch: Über Bruno Frank, <Lit.186>, S. 485.
3) Georg Lukács: Der historische Roman, <Lit.415>, S. 332.
4) Ebd., S. 349.
5) Ebd., S. 365.

ihrer Widersprüchlichkeit zwei verschiedene Richtungen der Beschäftigung mit dem Text.

Martin Gregor-Dellin schreibt in seinem Nachwort[1] zu CERVANTES einerseits, daß "von den Wirren und Nöten des Exils dem Roman nichts anzumerken"[2] sei, Zeitbezüge hält er punktuell jedoch sehr wohl für möglich. Außerdem scheint er einen gewissen autobiographischen Zug zu erkennen, wenngleich er diesen als Quasi-Antizipation der Rückkehr aus dem Exil - analog zu Miguel de Cervantes' Rückkehr aus der Fremde nach Spanien - deutet.

Kondrad Umlauf, der in seiner Arbeit über Verarbeitung politischer Erfahrung in Zeitromanen des Exils u.a. Franks DER REISEPASS als ein Beispiel wählt, charakterisiert in einem biographischen Anhang auch Franks CERVANTES und dessen Rezeption.[3] Er sieht den Problemgehalt des Romans durch Abenteuerhandlung und facettenreiches Zeitgemälde verdeckt: Autobiographische Bezüge und "der Komplex epochaler Künstlerthematik"[4] sind für Umlauf ebenso wichtig wie erkennbare Verarbeitung von Aspekten des Nationalsozialismus mit antifaschistischer Intention.

2. Bruno Franks dichterisches Cervantes-Bild

Um klären zu können, wie sich die eingangs zitierte "erschütternde Aktualität" (Thomas Mann) des Themas im Roman niederschlägt und für Leser und Interpreten faßbar wird, muß der historische mit dem durch den Roman vermittelten Cervantes auf denkbare Veränderungen und Deutungen Franks verglichen werden. Wo er in seinem gedichteten Cervantes-Bild Schwerpunkte setzt und wo er biographische Einzelheiten vernachlässigt oder wegläßt, kann für sein Interesse am Stoff aufschlußreich sein.

---

1) In: Bruno Frank, Cervantes. München 1978, S. 343-350.
2) Ebd., S. 349.
3) Konrad Umlauf: Exil, Terror, Illegalität. <Lit.668>, S. 112-115.
4) Ebd., S. 114.

Gerade die Figur des Miguel de Cervantes läßt dem Biographen, mehr noch dem Romanautor, erhebliche Freiheiten, da nur ein relativ grobes Faktengerüst zur Biographie vorhanden ist. - Bruno Frank hat diesen Spielraum erkannt und genutzt - er schrieb Monate nach Vollendung des Romans an Alexander Moritz Frey: "erfunden, da freilich viel, habe ich nur in Bezug auf Cervantes selbst, dessen Leben sehr lückenhaft bekannt ist"[1].

Was die Ausgestaltung der Biographie "mit seinem <Franks, Anm. d. Verf.> persönlichen Schicksal" zu tun haben könnte, soll hierbei getrennt werden von der Frage nach dem, was den historischen Roman "mit der historischen Erfahrung des Tages"[2] verbindet. Dieses Scheiden von autobiographischer Färbung und historischem Anspielungshorizont ist ein für diese Untersuchung pragmatisches Vorgehen. Die beiden Ebenen hängen miteinander zusammen; Wiederholungen und Verweise bei der Darstellung sind unvermeidlich.

2.1. Stoffliche und formale Gestaltung

Bruno Franks Roman CERVANTES beschreibt die Zeit und das Leben von Miguel de Cervantes Saavedra zwischen 1568, als er Spanien verließ, und dem Beginn der Niederschrift seines Hauptwerkes 'Don Quijote' 1597/98. Weltgeschichte und persönliches Künstlerschicksal werden von Bruno Frank so miteinander verknüpft, daß die individuelle Entwicklung des Dichters in seiner Zeit, aber nicht als deren bloßes Produkt gezeichnet wird. Die Geschichte der Weltmacht Spanien unter Philipp II. wird mit einigen für Cervantes bedeutsamen Ereignissen und prägenden Zügen als Zeit des Untergangs geschildert, die im Roman von einer durchgehenden entsprechenden Stimmung gefärbt ist. Frank entwirft ein morbides Spanien unter einem fanatischen christlichen Gewaltherrscher, der wie ein bereits zum Tode Ge-

---

[1] Bruno Frank in einem Brief an Alexander M. Frey am 6.12.1934 (Deutsches Literaturarchiv Marbach a.N.). <Herv. d. Verf.>.
[2] Thomas Mann : Vorwort zu Cervantes, <Lit.217>, S. 387,

weihter agiert. Politisch-religiöser Dauerkonflikt mit Rom, wirtschaftliche Strukturkrise trotz des Silberzuflusses aus Südamerika, Inquisition und korrupte Verwaltung sind Elemente dieser spanischen Gesellschaft; kriegerische Auseinandersetzungen läßt Frank wie letzte Gefechte vor dem Untergang erscheinen: Krieg gegen die Türken (Lepanto), Kämpfe gegen Liberalität und das Autonomiestreben anderer Länder (Frankreich, Niederlande) bzw. der Untergang der Armada.[1]

Die Irrfahrt des Cervantes beginnt als Sprachlehrer eines Kardinals in Rom, führt ihn als Soldat in die Schlacht von Lepanto und läßt ihn als Kriegsversehrten herumziehen. Die Rückkehr nach Spanien scheitert durch Entführung in den türkisch-korsarischen Terrorstaat Algier, wo er jahrelang auf seine Auslösung warten muß. Am Ende des ersten Buches des CERVANTES ist er zwar vom Sklavendasein erlöst, doch diese neu gewonnene Freiheit ist auf dem weiteren Lebensweg nicht von Dauer - sämtliche Versuche zur Autonomie und Selbstbestimmung scheitern; Cervantes ist als Bittsteller, als Dichter, als Ehemann, als Steuereintreiber in königlichen Diensten erfolglos. Die Entwicklung des Dichters Cervantes, der als junger Mann schlechte Verse geschrieben hat, dann als Briefsteller und Autor von Gelgenheitsgedichten das Schreiben zur Brotarbeit macht und durch die Zwänge des damaligen Literaturbetriebes zum Modeschriftsteller wird, ist von dauernden Mißerfolgen gezeichnte. Mit seinen dem Tagesgeschmack entsprechenden literarischen Versuchen reüssiert er ebensowenig wie mit seinen autobiographisch geprägten Werken, die nicht dem Zeitgeschmack und der Marktlage entsprechen. Der Erfolg des 'Don Quijote' liegt dagegen außerhalb der erzählten Zeit des Romans. Dieses

---

1) Klaus Schröter sieht in seiner Polemik gegen den CERVANTES von Bruno Frank angebliche Bewunderung für Philipp II. im Roman und spricht unerklärlicherweise von "reaktionären Apotheosen des Dynastischen". - Klaus Schröter: Der historische Roman. Zur Kritik seiner spätbürgerlichen Erscheinung. In: Exil und Innere Emigration, hrsg. von Reinhold Grimm und Jost Hermand. Frankfurt 1972, S. 111-151, hier: S. 129.

Hauptwerk wird von Frank inhaltlich als Summe des Lebens des Cervantes gedeutet, der völlig identifikatorisch mit dem Titelhelden auf sein Leben zurückblickt.

Bruno Frank bezeichnet seinen CERVANTES im Untertitel als "Roman" und zeigt damit an, daß er keine Biographie zu schreiben beabsichtigte, sondern einen biographischen Erzähltext mit den inhaltlichen und gestalterischen Möglichkeiten und Mitteln der Gattung Roman.

Bei einer formalen Beschreibung ist deshalb die Art und die Funktion der erzählerischen Mittel des Romans innerhalb des Rahmens dieser historischen Künstlerbiographie zu untersuchen. Auch die Frage nach möglichen Abweichungen vom historisch Gesicherten ist im Hinblick auf eine Herausarbeitung bedeutungstragender Unterschiede zwischen historischem und gedichtetem Cervantes und die Charakterisierung des Textes von Interesse. Daß Frank sein erstes Werk im Exil einmal einen "autobiographischen Roman"[1] genannt hat, deutet nicht so sehr auf einen formalen Aspekt, sondern auf eine bestimmte inhaltliche Intention beim Schreiben hin, um die es in dieser Untersuchung des Romans in besonderer Weise gehen soll. - Thomas Mann spricht von einer "biographie romancée"[2], betont dabei aber ganz besonders die fiktiven Aspekte, d.h. den Romancharakter.

Die Gliederung des Romans CERVANTES ist formal durchaus als Anspielung auf den 'Don Quijote' zu sehen; Frank gliedert seinen Roman in zwei Teile, die er "Erstes Buch" und "Zweites Buch" überschreibt. Die beiden Teile werden in fünfzehn bzw. vierzehn Kapitel untergliedert, wobei der erste Teil deutlich umfangreicher als der zweite ist.

Auktoriales Erzählen wird bis auf das dritte Kapitel des ersten Buches fast völlig durchgehalten. Das Kapitel "Geehr-

---
1) Laut Herbert Günther: Drehbühne der Zeit. Hamburg 1957, S. 93.
2) Thomas Mann: Vorwort zu Cervantes, <Lit.217>, S. 387.

te, geliebte Eltern ..." ist ein Brief des Cervantes von Rom aus an seine Eltern in Spanien, der jedoch funktional eindeutig in den Erzählablauf eingegliedert ist. Während dieses Kapitel als Brief notwendigerweise im Präsens abgefaßt ist, wählt Bruno Frank für den übrigen Roman in der Regel die verschiedenen Tempi der Vergangenheit.

Die einzelnen Kapitel sind in Umfang, im Umspannen erzählter Zeit und unter dem Aspekt der Verknüpfung der beiden Handlungsstränge nicht einheitlich. Äußerliches Zeitgeschehen und die Lebensgeschichte von Cervantes sind inhaltlich nicht völlig miteinander verwoben, sondern bilden zwei Bereiche, aus denen auch getrennt erzählt wird: Die Geschichte Philipps II. und seiner Epoche, in der Frank die Historie vergegenwärtigt, bildet neben dem Lebensweg des Helden durchaus einen zweiten Handlungsstrang, der dreimal sogar in eigenen Kapiteln selbständig weiterverfolgt wird ("Audienz", "Die toten Könige", "Escorial"). Mehrfach erfolgt innerhalb eines Kapitels eine deutliche Trennung der beiden Ebenen (z.B. "Der Kommissar").

Die Verknüpfung der beiden Handlungsstränge geschieht in "korrelativer" Form, obwohl inhaltlich durchaus ein "Kausalnexus" (E.Lämmert) vorliegt.[1] Dies bedeutet, daß das Leben des Cervantes (inhaltlich gesehen) zwar sehr stark als historisch und gesellschaftlich bedingt, ja direkt von politischen Entscheidungen abhängig geschildert wird, obwohl es auch einen eigenen Handlungsstrang, eine Ebene der 'großen Geschichte' gibt. Diese erzähltechnisch nicht vollständige Einbettung des individuellen Schicksals der Hauptfigur in seine Zeit könnte Gründe in der Geschichtsauffassung Franks haben. Der Bedeutung der geschichtlich-gesellschaftlichen Verhältnisse für die Entwicklung der Künstlerpersönlichkeit wird in der Textanalyse nachzugehen sein.

---

1) Eberhard Lämmert: Bauformen des Erzählens. Stuttgart 1975, S. 52-56 bzw. S. 61.

Dadurch, daß Bruno Frank einen historisch-biographischen
Stoff zum Roman verarbeitet, sind weitere erzähltechnische
Aspekte bemerkenswert: Im sukzessiven Erzählen wahrt Frank
die Chronologie der Lebensgeschichte von Cervantes trotz einiger Einschübe des zweiten Handlungsstranges (s.o.). Bei der
Untersuchung des Textes bzgl. Raffung, Verweilen und Aussparung ist besonders nach deren bedeutungstragenden Momenten zu
fragen: Es gilt herauszufinden, wo Frank seine inhaltlichen
Schwerpunkte beim Erzählen dieser historischen Lebensgeschichte setzt. Das Wechseln des Verhältnisses von Erzählzeit und
erzählter Zeit im Verlauf des Romans wird besonders an den
Stellen für die Interpretation mitentscheidend wo der Autor
selbst Entscheidungen über das Gewicht von Lebensabschnitten
und -umständen trifft.

2.2. Historischer und gedichteter Cervantes

Bruno Frank setzt mit seiner Romanhandlung an einem Wendepunkt
im Leben des Miguel de Cervantes ein: Er hat seine Studien beendet und ist durch mehrere Veröffentlichungen als Dichter
hervorgetreten. Frank schildert Auswahl (vermittelt und durch
Protektion seines Lehrers) und Eintritt in den Dienst des Kardinals und päpstlichen Legaten Aquaviva als Sprachlehrer. Damit folgt Frank einer relativ unbedeutenden Linie der Cervantes-Forschung, die keinerlei Belege für einen solchen Grund
und Verlauf des Weggangs nach Rom hat. Dagegen galt es bereits
zur Entstehungszeit des Romans als relativ sicher, daß Cervantes vor einem Haftbefehl wegen eines Duells aus Spanien fliehen mußte.[1] - Frank entscheidet sich für die historisch zweifelhafte Version, die weniger abenteuerlich, nicht den Auftakt

---

1) Einige Beispiele der Cervantes-Biographik: Rudolph Schevill: Cervantes.
New York 1919. - Americo Castro: Cervantès. Paris 1931. - Sebastián
Juan Arbó: Das große Lebensabenteuer des Miguel de Cervantes. München
1952. - William Byron: Cervantes. New York 1978. - Anton Dieterich:
Miguel de Cervantes in Selbstzeugnissen und Bilddokumenten. Reinbek 1984.

zu einem wilden, stürmischen Leben bildet, auf welches Cervantes ja dann später doch zurückblicken kann. Trotz der Farbigkeit und der Abenteuer-Elemente des übrigen Romans läßt Frank seinen Cervantes in guter Stellung nach Rom reisen, obwohl er dort historisch nicht Sprachlehrer, sondern Kammerdiener war.

Frank stellt seinen Cervantes als schüchternen, wenig selbstbewußten jungen Mann vor, der den Kardinal aber durch Ehrlichkeit, Intelligenz und persönliche Integrität beeindruckt - er ist kein jugendlicher Abenteurer und Haudegen, wie ihn die meisten Biographen überzeugend schildern. Für den Leser bleibt jedoch unklar, was Cervantes, der sogar seine Qualifikation selbst bezweifelt, als Lehrer ins Ausland treiben sollte; im Text fehlt ein Motiv für seine 'Emigration'. Vielleicht schien Frank ein Duell mit drohender Strafverfolgung kurz nach seiner eigenen Flucht aus dem nationalsozialistischen Deutschland als Flucht-Motiv für Cervantes literarisch nicht verwendbar. - Die Analogie wäre für den zeitgenössischen Leser zwar naheliegend, doch vielleicht zu platt und außerdem inhaltlich unpassend gewesen; doch bot eine solche Analogiebildung sicher wenig Identifikationsmöglichkeit für Leser und Autor.

Eine weitere Abweichung vom historisch Gesicherten fällt hier auf und muß auf seine Bedeutung für die intendierte Aussage geprüft werden: Der historische Cervantes benötigte zum Antritt seines Dienstes als Kammerdiener in Rom den Nachweis der "Reinblütigkeit", d.h. die amtliche Bestätigung, daß er nicht jüdischer oder maurischer Abstammung war. Die Dokumente zu diesem Vorgang gehören seit dem 19.Jahrhundert zu den wenigen gesicherten Fakten der Biographie. Demnach bekam Cervantes das Abstammungszeugnis Ende 1569 vom Vater geschickt, dem bereits fünfzehn Jahre vorher die "Reinblütigkeit" bestätigt worden war. - Frank verzichtet hier auf die Einarbeitung dieses Vorganges, doch nur um die eigentliche Brisanz des Themas mit ihren aktuellen Bezügen an anderer Stelle des Romans zu einem eigenen Kapitel ("Blutsprüfung") zu vertiefen und den gedichteten Cervantes persönlich in diese Problematik zu verstricken.

Frank legt seinen Cervantes gleich am Romananfang als Gelehrten und Dichter mit Zukunft an. Außerdem ermöglicht die Version vom in Spanien eingestellten Sprachlehrer eine inhaltliche Verknüpfung der Dichter-Vita mit der Ebene der politischen Geschichte: Im ersten Kapitel des Romans ("Audienz") werden die Verhandlungen des päpstlichen Legaten mit Philipp II. aufgrund fehlender Spanischkenntnisse von diesem unterminiert. Damit ist Frank die Darstellung einer Grundbedingung für die Entwicklung des Dichters Cervantes in seinen Roman gelungen - das Eingebundensein in die Zeit, ja die direkte Abhängigkeit des persönlichen Schicksals von historischen Ereignissen.

Der skizzierte Einstieg in die Handlung im ersten und zweiten Kapitel macht bereits zwei Grundabsichten des Romans deutlich, die im Romanverlauf weiterverfolgt werden: Frank gibt seinem Cervantes einen eigenen Charakter und macht seine Eingebundenheit in die Zeit zu einem wichtigen Thema. Doch es sind nicht nur konkret fixierbare Divergenzen von historischem und gedichtetem Cervantes, die zu einem besonderen Cervantes-Bild führen.[1] Wirkungsbereiche, in denen sich seine Persönlichkeit im Roman entfaltet, lassen sich in drei Komplexe bündeln, die Bruno Franks Charakterisierung des Cervantes abdecken: Cervantes als Soldat, als 'mit-leidender Beobachter' und als Dichter.

Cervantes nimmt viele Jahre als Soldat an verschiedenen Feldzügen und Schlachten teil, der Höhepunkt seines Soldatendaseins ist wohl Lepanto. Den jungen Sprachlehrer in Rom schil-

---

1) Lion Feuchtwanger schreibt 1952 in einem Brief an Arnold Zweig: "Freilich habe ich heute noch den Einwand, den ich damals Frank nicht verschwieg, daß nämlich Spanien in dem Buch ist, aber kein Cervantes." - Er bemängelt damit die reduzierte Faktizität und Beschränkung der Persönlichkeit auf wenige Bereiche in der Biographie der Romanfigur bei Frank. Lion Feuchtwanger - Arnold Zweig: Briefwechsel 1933-1958, <Lit. 22>, Bd. II, S. 169.

dert Frank als fasziniert, ja geblendet von Tapferkeit und
Heldentum. Nach einer schweren persönlichen Enttäuschung erscheint die Aussicht auf tapferes Sich-Bewähren umso verlockender. Politische Zusammenhänge im Vorfeld des Krieges interessieren Cervantes wenig, ihm schwebt ein abstraktes, absolutes Heldentum vor.[1] Die durch die Literatur vermittelte kriegerische Heldentat (Caesars Kriegsberichte 'De bello gallico') "beruhigt sein Blut"(66). Doch nach der Schilderung von Kriegsgreuel kommt es zu einem Rückfall seines psychosomatischen Fiebers. Noch heftiger ist seine Reaktion bei der blutrünstigen Einstimmung auf die bevorstehende Schlacht von Lepanto: Seine durch die Literatur geprägten naiven Vorstellungen von Krieg ("Jeder wußte doch, was eine Seeschlacht war: man fuhr heran an das feindliche Schiff, warf Enterbrücken hinüber und schlug die Ungläubigen tot. Das war keine Kunst" <71>) kollidieren mit der Realität des Krieges. Erneute psychisch bedingte körperliche Beschwerden setzen ihn im wahrsten Sinne "außer Gefecht":

> Miguel taumelte, als man auseinandertrat. Er lehnte sich
> über Bord und erbrach.(79)
> Er zitterte. Er schloß die Augen, mit äußerster Energie
> bemüht, das Vernommene fortzudrängen. Die Zähne schlugen
> ihm aneinander. Mit Verzweiflung spürte er das Fieber
> aufbrennen in seinem Blut.(80)

So fährt Cervantes als Kranker in die Schlacht, in die er dann aber doch noch eingreift; beides ist historisch verbürgt. Frank hält sich also an die Fakten, es ließ sich aus Cervantes kein Pazifist machen. Jedoch will weder beim Erzähler noch beim Titelhelden Kriegsbegeisterung aufkommen. Franks Cervantes reflektiert sein blutiges Handwerk kritisch, ebenso wie der Erzähler. Cervantes schämt sich seines Mordens in einem Kampf, der "regelloser und wütender Mord"(87) ist, dessen strahlender Admiral zum "mordende<n> Knabe<n>"(89) wird. Verletzt geht Cervantes aus der Schlacht hervor, der durch die Todeserfahrung, nicht durch die kriegerische Tat eine Art Heldentum erlangt hat. Lepanto bleibt ohne positive Folgen -

---

1) Kapitel "Fieber", besonders S. 66ff.

politisch wie auch persönlich: Cervantes bleibt kriegsversehrt weitere Jahre Soldat, ohne zu avancieren. Kaum von seinen Lepanto-Verletzungen genesen und nur noch mit einer Hand, meldet sich der historische Cervantes zu immer neuen Kriegseinsätzen. - Franks Cervantes ist ein Soldat auf Wanderschaft und Abwegen - fast ein Don Quijote.

Nach fünf Jahren Militärdienst und Umherziehen deutet Frank den Antritt der Heimreise von Cervantes und seinem Bruder als "Bankrott-Erklärung"(112). Ohne Rang, Geld und konkrete Zukunftsaussichten will der Soldat, der am liebsten liest und dem das Soldatenleben immer zuwider war, nach Spanien zurückkehren. Mit der Einschiffung ist Franks Cervantes eigentlich kein Soldat mehr, Grund für die Heimreise ist auch nicht die Hoffnung auf eine Offizierskarriere wie beim historischen Cervantes. "Miguel Cervantes, ein gläubiger Mann von Mut, Phantasie und Erbarmen, <der> sich als Opfer verschlagen fand" (147), ist in Franks Roman zwar faktengetreu Soldat, doch einer, dem dies ein Problem ist, der dagegen innere Widerstände verdrängen muß.[1]

Von allem Soldatischen befreit, ist Cervantes den geschilderten Rest seines Lebens der sensible Beobachter, der Mit-Fühlende und -Leidende und auch der Getriebene.

> Die Zeit war hart, er war ihr Kind, und hart war er gegen sich selbst. Aber er war ein Mensch der Empfindung und Phantasie, qualvoll befähigt, fremde Qual mitzufühlen. Und was er sah, war zuviel.(158)

Er reagiert jetzt nicht mehr psychosomatisch auf sich selbst bezogen, sondern mit menschlicher Anteilnahme und auch literarisch.

Allein hätte Cervantes aus der Gefangenschaft in Algier fliehen können, doch sein Ziel war die Befreiung vieler: "Er

---

1) Die meisten Biographen halten Cervantes für einen begeisterten Soldaten. Die, die ihn als Gegner von Gewalt sehen, haben erhebliche Probleme, dies auch zu belegen (z.B. William Byron, <Lit.194>, S. 162f.).

suchte hier eine Rechtfertigung für sein Dasein"(177). Selbst als ein Fluchtversuch wegen seiner "Menschlichkeit" scheitert, läßt er sich nicht beirren. Später, als Steuereintreiber in Spanien, hat sein Gefühl und sein Handeln gegen Unrecht noch einmal fatale Folgen für ihn. Als bloßes Werkzeug der staatlichen Ausbeutung der Bauern zum "Armenpresser" und "Blutsauger" (293) geworden, der sich nur durch "Nicht denken!" am Leben hält, bringt ihm eine gerechtere Behandlung der Bauern die Exkommunikation ein: "Denken wäre tödlich. Fing er zu denken an, so war diese Existenz nicht zu führen"(294). Die Steuerbehörde wird unzufrieden, Cervantes landet im Gefängnis.

Trotz seines Einsatzes für Mitgefangene und Sklaven in Algier und Bauern in Spanien bleibt Cervantes in Franks Roman eher passiv, ein Ge- und Umhergetriebener, ein Scheiternder besonders in Auseinandersetzung mit kirchlichen bzw. staatlichen Institutionen. Die Religion bietet Franks Cervantes keinen Trost. Das Problem der Theodizee, Erfahrungen mit der Inquisition und kirchlichen Würdenträgern führen zu einer kritischen Haltung gegenüber Kriche und Glauben - anders als beim historischen Cervantes.[1]

In einem Punkt hat Frank seinen Cervantes jedoch unkritischer gemacht: Hatte der historische Cervantes eine eher ambivalent zu nennende Einstellung zu den Juden, so findet man beim gedichteten eine auffallend vielfältig sich manifestierende, positive Haltung zu Juden und Sephardim. Dem gedichteten Cervantes und damit dem Erzähler ist dieser Aspekt offensichtlich so wichtig, daß er im Zusammenhang mit der Frage nach möglichen direkten Gegenwartsbezügen noch genauer zu untersuchen ist.

Zwei Bereiche der Selbstverwirklichung für Cervantes blieben bisher ausgespart: Privates Glück und die Literatur. Als er

---

1) Dieterich spricht sogar von "bravem Untertanengeist". Anton Dieterich: Miguel de Cervantes in Selbstzeugnissen und Bilddokumenten. Reinbek 1984, S. 98.

nach literarischen und beruflichen Mißerfolgen, persönlichen
Enttäuschungen und im Bewußtsein eines verpfuschten Lebens
versucht, in einer Ehe mit der begüterten Catalina vom Dorf
in der Mancha "unterzukriechen"(268), scheitert dieser Versuch einer 'inneren Emigration' letztlich daran, daß er sich
weder persönlich noch literarisch entfalten kann. Die Literatur ist für Franks Cervantes das einzige konstitutive Element
seines Lebens, das sogar einer nachvollziehbaren Entwicklung
unterliegt. Nach der gescheiterten Ehe wandte sich der historische Cervantes über zehn Jahre vom Schreiben ab. Erst das
Gefängnis machte den Dichter Cervantes wieder frei. - Franks
Cervantes entwickelt sich kontinuierlich zum Dichter, der zunehmend literarisch auf Erlebnisse, Erfahrungen und Konflikte
reagiert.

3. Der Dichter Cervantes

Bruno Franks Titelheld ist vom Beginn angehender Dichter, der
das Schreiben jedoch noch nicht als einziges Lebensziel ansieht und sich bewußt ist, daß "Dichtung und täglicher Umgang
<...> zweierlei"(29) sind. Seine ersten Schreibversuche sind
recht klägliche Gelegenheits- und Schäfergedichte, seine Verse haben (noch) nichts mit seinen Erfahrungen und seinem Leben
zu tun. Literarisch vermittelte Wirklichkeit beeindruckt ihn
stark (z.B. Caesar), obwohl ihm dies angesichts seines Erfahrungshungers nicht ausreicht. Doch auch als Soldat bleibt die
Literatur wichtig für ihn:
> Etwas nämlich hatte der junge Miguel an sich, was für
> die anderen, ohne Ausnahme unangenehm lächerlich war:
> er las. Vier, fünf gedruckte Bücher hatte er immer unter seiner Decke verborgen.(72)

Von seinen schweren Kriegsverletzungen genest er lesend: "Der
Seelsorger des Spitals, ein Jesuit, hatte ihm einen Plutarch
und einen Thukydides besorgt, beide in lateinischer Übersetzung; er erging sich in seinem Element, unter Brüdern"(92).
Er lernt von dieser Lektüre, seine Erlebnisse in packende,
farbige Geschichten zu verwandeln und wird so zu einem bril-

lanten (literarischen) Geschichtenerzähler.

Wovon er im Wirtshaus fabuliert, erlebt er später selbst: die türkisch-korsarischen Seeräuber. Während seiner langen Gefangenschaft schreibt er dort als Briefsteller für illiterate Mitgefangene poetisierte Briefe in die Heimat. - Unter schwersten Lebensbedingungen erfährt er hier eine neue Motivation für das Schreiben:

> Der Gedanke gewann Gestalt in ihm, die Geschichte seiner eigenen letzten Jahre in einem Zyklus zu bringen, dieser Jahre, die sich vor Fülle zu dehnen schienen wie ein Jahrhundert.(154f.)

Doch gelingt die literarische Verarbeitung von eigenen Erlebnissen nicht sofort, zu tief sitzt der angelernte Formenkanon: Er entlarvt seine Verse zunächst als "rhetorisch und leer"(155), ertappt sich selbst beim Plagiat. Der Schritt zum autobiographisch gefärbten Schreiben mit realem Hintergrund erfolgt dann doch, jedoch erst in einer Phase verschärfter Gefangenschaft:

> Hassan hielt sich den einhändigen Sklaven wie ein edles, nicht zähmbares Tier. "Mein berühmter Leopard", sprach er zu den Besuchern, wenn er sie an die Nische heranführte, darin Cervantes schreibend saß.(187)

Der schreibende Paradiesvogel an der Silberkette dichtet ein Schauspiel "oder etwas doch, was dem ähnlich sah"(188): 'Handel und Wandel in Algier'. Was er als literarische Unzulänglichkeit selbstkritisch zu erkennen glaubt, ist doch gerade die neue Qualität seiner literarischen Kreativität:

> Wirr und willkürlich, <u>allzu lebensnahe</u> <Herv. d. Verf.>, liefen seine Schicksale durcheinander, schwach verknüpft, Kräftiges und Eindrucksloses dilettantisch beisammen.(188f.)

Erstmals wird das autobiographische Element in seinem Schreiben so stark, daß er es als "allzu lebensnahe" also unkünstlerisch empfindet. Er schreibt persönlich und historisch wahr, ohne daß er ein persönliches Leidenswerk verfaßt. Indessen läßt der Erzähler an diesen Fortschritten keinen Zweifel - es wird deutlich, daß dieser neue Impetus des Schreibens für Cervantes wegweisend wird. - Neu ist auch die Wirkung, die er mit seiner neuen Literatur erzielen will. Sie soll nicht nur

eine persönliche und erbauliche, sondern eine kämpferische
sein und zum politischen Handeln auffordern:
> Er schrieb auf, was ihn marterte: die Leiden der Gefangenen in dieser Stadt. Sollte nicht Andere ergreifen, wovon er selbst seit fünf Jahren täglich ergriffen ward? <...> vielleicht gab sein Drama das Signal zu einem Kreuzzug, der den afrikanischen Pestherd vertilgte.(188)

Die Brisanz einer solchen Literatur kann natürlich für den
Autor gefährliche Folgen haben, ein Manuskript kann zum Kassiber werden: "Er träumte davon, die Handschrift auf geheimem Weg übers Meer zu schmuggeln. Eine der berühmten Theatergesellschaften Spaniens würde sein Stück aufführen..."(188).
Das Schauspiel gelangt jedoch nicht nach Spanien. Nach seiner
Freilassung muß er auf Verlegersuche ebenso wie beim Besuch
des Theaters feststellen, daß modische Massenware und kein
autobiographisch gefärbtes, wenn auch realistisches Schauerdrama gefragt war. Der ernüchternde Einblick in den Literaturbetrieb der Zeit verhindert, daß Cervantes sein Manuskript
überhaupt anbietet. Für den Tagesbedarf und -geschmack des
Theaters hat Lope de Vega das Monopol mit seinen Stücken, die
"lustig, blutig und fromm"(222) sind. Berufsschriftsteller zu
sein, erfordert Anpassung an den Markt - für Cervantes bedeutet das Brotarbeit: immer wieder Gelgenheitsdichtung und dann
die "Galatea", ein Schäferroman als Auftragswerk. Nachdem er
jedoch in der Gefangenschaft einen neuen literarischen Weg
eingeschlagen hatte, kommt er mit dieser "parfümierte<n> Welt
ohne Wirklichkeit"(241) nicht mehr zurecht:
> <...> dies falsche Arkadien, bot keine Atemluft,(241) Während er süßliche Reize ausformte und seine Paare spitzfindige Dialoge führen ließ, wußte sein Blut nicht, wovon die Rede war. Mit Leidenschaft, wie der Mann sie fühlte, hatte dies preziöse Gezirp und Gejammer, hatte diese pedantische Liebesrhetorik nichts zu tun.(241f.)

Cervantes, dessen erste in Freiheit geschriebene Worte
einem Schuldschein galten, lehnt diese Literatur, die für
ihn Künstlichkeit statt Kunst war, innerlich ab. Es entsteht
keine innere Beziehung zwischen ihm und seinem Schäferroman;
außerdem arbeitet er für den schnellebigen Literaturmarkt zu
zu langsam.

Seine bereits gemachten Erfahrungen mit dem persönlich motivierten Schreiben lassen sich jedoch nicht mehr völlig verdrängen, das Autor-Ich hat erkannt, daß Dichten eine persönliche Funktion haben kann:

> Als er am andern Tag über dem dritten Buch der 'Galatea'
> saß, merkte er plötzlich, daß er eine Weile <u>fast ohne
> Bewußtsein und Kontrolle</u> <Herv. d. Verf.> fortgeschrieben hatte. Eine der üblichen zierlichen Liebesklagen
> hatte er einfügen wollen. Nun überlas er, was dastand,
> ein Gemisch aus drängender Prosa und kunstlos stockenden
> Versen. Eine Liebesklage war es geworden, gewiß, aber
> eine wirre und wilde, stoßweise hervorbrechend aus verwundeter Brust.(249)

Hier bricht der Autor als Person durch, Inhalt und Form der literarischen Gattung sprengend, drängt es das Dichter-Ich, sich persönlich auszudrücken. Hiermit war jedoch der Vertrag für einen Schäferroman nicht zu erfüllen: "Kein Wort war zu gebrauchen. Das ganze dünne Gewebe seines Romans wäre in Fetzen gegangen"(250). Das Werk, das er aus wirtschaftlicher Not vollendet, wird ein finanzieller Mißerfolg, da sich der Publikumsgeschmack mittlerweile gewandelt hatte. Zur ökonomischen Katastrophe kommt für Cervantes persönliche Not, beides summiert sich zur Lebenskrise und zur Abkehr von der Literatur.

Als er wieder zur Feder greift und sich mit "Numantia" dramatisch einem spanischen Geschichtsstoff zuwendet, ist dies eine Protestreaktion gegen die triviale Ritter- und Feenliteratur seiner Frau. Befreiungsthematik, historisch-patriotischer Stoff und Verarbeitung seiner Erfahrung mit dem einfachen Volk werden mit persönlichem Drang nach Freiheit, Unabhängigkeit und Selbstverwirklichung literarisch geformt: "Er war ein Dichter, zum ersten Mal ganz"(282) - doch stößt Cervantes mit seinem Werk wiederum auf Ablehnung, in seiner Familie wie bei den Verlegern.

Bruno Franks Cervantes verfolgt den eingeschlagenen literarischen Weg jedoch weiter, wenngleich er bis zur Entstehung des 'Don Quijote' nur wenig schreibt, einen Vertrag für sechs Theaterstücke nicht erfüllt. Jeweils sind es aktuelle Anlässe, die ihn zu literarischer Verarbeitung seiner Betroffenheit treiben, und immer ist mit den Texten eine konkrete Wirkungsabsicht verbunden.

In einem Fall handelt es sich um ein Spott-Gedicht, das anonym ein aktuelles politisch-militärisches Ereignis kritisiert und in Abschriften reichlich Verbreitung findet.(327f.).

Zum andern: Eine herausragende Bedeutung im Roman hat Cervantes' Erlebnis mit der "Reinheitskammer", die seine rein christliche Abstammung überprüfen soll. Diesen Vorgang, dem Frank ein eigenes Kapitel widmet, verarbeitet Cervantes literarisch in einer beißenden Satire. - Die offensichtlichen, direkten Gegenwartsbezüge des Kapitels "Blutsprüfung" sind Frank vermutlich sehr wichtig gewesen, so wie das Erlebnis für seinen Cervantes einschneidend war.

Franks Cervantes dichtet hier zum ersten Mal sowohl aus persönlichem Antrieb als auch mit politischer Aussage und sogar mit großer Resonanz: Die Komödie EL RETABLO DE LAS MARAVILLAS[1] wird ein Theaterstück mit großem Erfolg. Allerdings ist das "Zwischenspiel vom Wundertheater"[2] des historischen Cervantes, wie die anderen Zwischenspiele von ihm auch, nicht vor dem 'Don Quijote', sondern erst zwischen 1607 und 1615 entstanden; außerdem sind diese Zwischenspiele zwar gedruckt, vermutlich aber nicht aufgeführt worden. - Frank ist dieser Entwicklungsschritt seines Dichters entscheidend, deshalb griff er stark in die Biographie des historischen Cervantes ein. Es ist von eminenter Bedeutung für die Aussage des Romans, daß sich der Dichter gerade im (von Frank konstruierten) Konflikt mit den Gesetzen zur "Rassenreinheit" literarisch entscheidend weiterentwickelt. Franks Cervantes findet hier in der Verknüpfung von persönlicher Schreibmotivation, politischer Einsicht und aufklärerischer Wirkungsabsicht zu einer für ihn neuen Funktion von Literatur.

---

1) Miguel de Cervantes: Obras Completas. Madrid 1975, Tomo I, S. 707-714.
2) Miguel de Cervantes: Gesammelte Werke in 4 Bde. Stuttgart 1963-1970, hier: Bd. 4, S. 1193-1215.

Bezüglich der Entstehung des 'Don Quijote' kann sich Bruno Frank dem historischen Cervantes wieder nähern, indem er - wie die Cervantes-Forschung es allgemein tut - die autobiographischen Züge seines Hauptwerkes und die Aspekte der Identifikation des Autors mit seinem Ritter herausstellt. Frank weitet diesen Zusammenhang in seiner Bedeutung erheblich aus und macht ihn zu einem Thema, das sich über zwei Kapitel erstreckt.

Mit einem Blick in den Spiegel, der Erforschung des eigenen Spiegelbildes, setzt, vom Unbewußten gesteuert, die Selbsterforschung in und mit einer Figur ein, die als Abbild seiner selbst entsteht: "Ohne daß er's recht wußte, begann er zu kritzeln, zu zeichnen. Ungelenk zeichnete er sich selber ab ..."(340). Es entsteht jedoch kein Selbstporträt, sondern die Skizze von Don Quijote und Rosinante, von Frank so beschrieben, als sei es eine Zeichnung aus der Tradition der Buchillustrationen zum 'Don Quijote'. Das Sich-(Er)Finden in dieser Figur ist für Cervantes ein befreiender Akt: "Endlich hatte er absteigen dürfen vom Gaul und saß bequem im Gefängnis. Endlich hatte er Muße. Eine sonderbare Art von Wohlbehagen überkam ihn..."(340).

Der 'Don Quijote' wird Medium auch der bewußten Auseinandersetzung mit seinem bisher gelebten Leben: "Er begann in dem geräumigen Gemach auf und ab zu wandern, bemüht, Vergangenes zu sichten, zu klären"(341). Als es dunkel wird und sich Traum und Erinnerung vermischen, vollzieht sich die kritische Selbstbetrachtung auch bewußt in der erst gezeichneten und dann auch gedichteten Projektionsfigur:

> Es war nicht mehr hell im Zimmer. Er merkte es nicht. Der Wärter hatte Essen für ihn eingestellt. Er berührte es nicht. Er durchlief seine Jahre der Länge und Quere nach. Immer wieder kam er die selben Straßen, der Ritter schien sich selber entgegenzureiten wie ein Gespenst. Illusion und Traum! <sic!> (341)

Ein autobiographischer Roman wird der 'Don Quijote' aber trotzdem nicht, doch haben sich hinter der tarnenden Narrenkappe autobiographische Züge eingegraben:

> Und wie es in glücklichen Träumen eine Gewißheit ohne Worte gibt, so kannte er ohne Wort alle die verborgenen Züge unter Don Quijotes magerem Gesicht. Sie lugten her-

> vor, doch er rief sie nicht an. Sich selber nicht, der
> doch aus dem Spiegel zuerst heruntergestiegen war in
> dies Buch.(356)

Diese verdeckt autobiographischen Züge erfahrbar werden zu lassen, ist von Cervantes allerdings nicht unbedingt beabsichtigt. Den 'Don Quijote' als Spiegel der Zeit zu erkennen, hält er für möglich und vielleicht sogar wünschenswert, aber ob er als Spiegel des Autors zu verstehen sein sollte und würde? -

> Er schrieb einfach ein lustiges Buch, das die Ritterromane verspottet ... Würde man kommen und fragen? <...>
> Er zuckte die Achseln. Es gab nichts zu erklären. Fabel und Sinn waren eins.(356)

Schließlich deutet Cervantes dennoch selbst auf die Möglichkeit des Entschlüsselns seines Romans hin: So wie sich Don Quijote am Ende seines Lebens als ein eigentlich anderer zu erkennen gibt, soll der Roman doch noch auf ihn als Autor bezogen werden:

> Einst aber, er nahm es sich vor, sollte die unverlarvte Wahrheit dennoch hervortreten in seinem Buch, einem jeden verständlich. <...> Auf die rückwärtige Schwelle des weiten Baus wollte er einen winzigen Schlüssel niederlegen zu seiner innersten Kammer.(360)

Nachdem ihm auf seinem Lebensweg in den verschiedenen Bereichen Selbstverwirklichung versagt blieb, findet Bruno Franks Cervantes zu einem Schreiben, mit dem er in der Literatur ein kritisches Zeitbild entwerfen und persönliche Problematik verarbeiten und verdeckt einfließen lassen konnte. Diese beiden Aufgaben von Literatur macht die Kunstauffassung von Franks Cervantes aus, und sie entsprechen dabei den beiden Bereichen im Roman, dem der Entwicklung der Künstlerpersönlichkeit und dem der historischen Handlung mit seinen Gegenwartsbezügen.

4. Historie und Gegenwart im CERVANTES

Bruno Franks CERVANTES ist "biographie romancée" und historischer Roman. Die Historie ist mehr als nur Kulisse für den Titelhelden, und gerade der historischen Dimension des Romans hat man in der Forschung bisher fast ausschließlich Aufmerksamkeit geschenkt, ganz besonders innerhalb der Beschäftigung mit den historischen Romanen aus dem Exil.[1] Einige offensichtliche, direkte Gegenwartsbezüge im Sinne von Analogien und Anspielungen werden generalisiert, die Wahl der Epoche und der "fortschrittlichen" Hauptfigur wird als Erkennen einer historischen Parallelsituation und eines exemplarischen Repräsentanten gesehen. Gilt diese Sichtweise hauptsächlich für die materialistisch ausgerichtete Literaturwissenschaft, so besteht für den übrigen Teil der Forschung die Bedeutsamkeit und Relevanz des Romans für die Gegenwart meist in einzelnen historischen Anspielungen und punktuellen politischen Gegenwartsbezügen in einem historischen Gewand:

> It is clear that a biography of Cervantes was not Frank's intent in writing CERVANTES. Instead, Frank has taken the historical material surrounding the life of Cervantes and turned it into a novel of significance and relvance for his own age.(2)

Für die materialistisch orientierte Forschung geht es dagegen nicht so sehr um vereinzelte, direkte Gegenwartsbezüge, vielmehr um die Gesamtheit einer Darstellung der Epoche des gesellschaftlichen Umbruchs und der verstärkten staatlichen Repression, in der der Schriftsteller Miguel de Cervantes mit seinen Büchern für die Interessen des Volkes eintritt. Dieser Zusammenhang wird als Gegenwartsbezogenheit des historischen Romans untersucht und als Beitrag eines bürgerlich-humanistischen Autors zum Kampf gegen den Hitlerfaschismus gedeutet.[3]

---

1) Carl Steiner: Untersuchungen zum historischen Roman..., <Lit.652>.
2) Bruce Martin Broerman: The German Historical Novel, <Lit.542>, S. 46.
3) Elke Nyssen: Geschichtsbewußtsein und Roman, <Lit.629>. - Günter Wirth: Erstaunliche Figuren. In: Neue deutsche Literatur 30(1982)H.9, S. 107-123, besonders S. 113-115.

Doch bevor man sich näher mit Leistung und Funktion des historischen Romans CERVANTES befassen kann, gilt es, das 'Historische' des Romans am Text zu charakterisieren und zu konkretisieren.

Epochendarstellung und die Entwicklung der Dichterpersönlichkeit sind in Franks Roman nicht vollständig miteinander verwoben. Die Schilderung von historischen Zusammenhängen wird meist komprimiert als Überblick dargeboten und zwar in einem separaten Kapitel oder innerhalb eines Kapitels abgetrennt. Im ersten Teil des Romans findet sich dagegen in der Darstellung noch am ehesten eine Konvergenz von persönlichem und historischem Geschehen: In den drei aufeinanderfolgenden Kapiteln "Flottenparade", "Lepanto" und "Im schwarzen Hut" ist Cervantes allerdings direkter Augenzeuge von historischen Ereignissen, was eine Verknüpfung der Ebenen nahelegte. Die materialistisch orientierte Forschung glaubt, im Verlauf der Romanhandlung eine Zunahme des historischen Charakters des Romans zu erkennen, was sich am Text jedoch nicht nachweisen läßt. Lediglich die Darstellung der bäuerlichen Bevölkerung und die indirekten und direkten Anspielungen auf die Gegenwart nehmen zu. Zwischen großen historischen Ereignissen und dem individuellen Dichterschicksal ist gegen Ende des Romans nur noch eine akzentuierte Parallelisierung, keine erzählerische und inhaltliche Verknüpfung mehr vorhanden.

Die Epoche des Romans, das Spanien Philipps des Zweiten, wird in düsteren Farben von einer Untergangsstimmung geprägt und mit Philipps mörderischen Praktiken, seiner Todessehnsucht (Bau des Escorial) und seinem qualvoll langsamen Dahinsiechen ins Bild gesetzt. Obwohl Spanien unter Philipp den Zenit seiner Macht erreicht hat, herrscht in Franks Roman von Anfang an eine Art Endzeitstimmung.

Die, historisch gesehen, positive Gegenfigur Philipps wird im vorletzten Kapitel eingeführt: Henri IV steht für den Beginn einer neuen Zeit. Auf HENRI QUATRE von Heinrich Mann und auf den Ideengehalt dieses Romans wird hier von Bruno Frank mit verwiesen.[1] Trotzdem läßt sich der CERVANTES nicht als Vorgeschichte zum gleichzeitig entstandenen HENRI QUATRE lesen. Frank schildert die Zeit des Cervantes eher als Zeit des Unterganges, denn als Zeit des Umbruchs. Der CERVANTES wird von der materialistischen Literaturwissenschaft als Darstellung einer Zeit des Umbruchs gelobt, man überträgt aber dabei eine geschichtswissenschaftliche Beurteilung des Zeitalters auf den Roman. Franks CERVANTES ist aber - trotz des Verweises auf ein neues, liberaleres Zeitalter, für das Henri IV steht - von Geschichtspessimismus und resignativer Sicht des Ganges der Geschichte gekennzeichnet.

Direkte und indirekte Gegenwartsbezüge lassen sich grob in drei Bereichen zusammenfassen: Judenthematik, Militarismuskritik und Kritik staatlicher Gewaltherrschaft.[2]

Im Bereich der Darstellung und der Anklage des damaligen Rassedenkens und der Rassenverfolgung in Spanien konzentriert sich Bruno Frank im CERVANTES, speziell im Kapitel "Blutsprüfung", auf die gewaltsame Zerstörung einer Kultursymbiose. Dabei fehlt jedoch die explizite Darstellung oder Nennung von Vertreibung und Ermordung der Sephardim und der Morisken. Historisch gesehen ist das Rassedenken und die Rassenverfolgung zur Zeit Philipps II. nur im Kontext der Vertreibung und Verfolgung unter Ferdinand und Isabella einerseits und Philipps Nachfolger andererseits, also im Zusammenhang einer Entwicklung zu verstehen.[3] - Pogrome oder Zwangstaufen kommen im Roman nicht vor, es handelt sich mehr um die Beschwörung der

---

1) Bruno Frank wußte gut über das Entstehen des HENRI QUATRE Bescheid; Kontakte zwischen ihm und Heinrich Mann in Sanary-sur-mer im Sommer 1934 sind nachweisbar.
2) Von "zwei, drei aufgesetzte⟨n⟩ Bezüge⟨n⟩ zur Zeitgeschichte im letzten Teil des Romans" zu sprechen, zeugt schlichtweg von mangelnder Textkenntnis und -analyse. Klaus Schröter: Der historische Roman, ⟨Lit.647⟩, S. 129.
3) Ernst Schulin: Die spanischen und portugiesischen Juden im 15. und 16. Jahrhundert. Eine Minderheit zwischen Integrationszwang und Verdrängung. In: Die Juden als Minderheit in der Geschichte, ⟨Lit.226⟩, S. 85-109.

jüdisch-maurisch-christlichen kulturellen Symbiose in Spanien ("Mauren und Juden hatten nach Spanien das Beste gebracht, das Schöne die einen, und die andern Wissen und Weisheit" <309f.>). Die Leistungen der Juden und des Judentums für die abendländische Geschichte werden mehrfach hervorgehoben ("Dies Mittelländische Meer, Wiege der beiden großen Gedanken, von denen das Herz der Menschheit lebt: Griechische Freiheit und jüdisches Erbarmen"<154>), Juden werden positiv charakterisiert (181). - Morisken oder die Unterscheidung von getauften und nichtgetauften Juden werden nicht thematisiert.

> Die Judenthematik verdichtet sich im Kapitel über die Estatudos de limpieza: "Blutsprüfung", mit unerschütterlich historisierender Miene und ohne jede Anspielung vorgetragen, dabei aber eine einzige beschämende Anspielung.(1)

Bei der Beschreibung der "Absurdität der Idee von Reinheit der Rasse"(307) und der praktischen Anwendung der entsprechenden spanischen Gesetze (wobei Frank historisch sehr faktentreu vorgeht)[2] ist die Analogie zum nationalsozialistischen Deutschland überdeutlich: die Ausstoßung aus der Gemeinschaft aller Altchristen, die Notwendigkeit eines genealogischen Rassenreinheitsnachweises, die Beurteilung der Physiognomie dabei, die Existenz einer Reinheitskammer, die unterschiedliche Stellung der Verdächtigten. - Man sollte bei der kritischen Beurteilung der literarischen Verarbeitung dieser Thematik bedenken, daß CERVANTES nach der Ausschaltung der Juden aus dem öffentlichen Leben Deutschlands, aber noch vor den Nürnberger Rassegesetzen entstanden ist.

Trotz historischen Schlachtengemäldes ("Lepanto") und militärischen Zeitkolorits ist dem Krieg und Kriegerischen von Bruno Frank im Roman antimilitaristische Kritik unterlegt, was bislang in der Forschung nicht beachtet wurde. Er entlarvt gerade

---

1) Thomas Mann: Vorwort <zu Cervantes>, <Lit.217>, S. 390.
2) Ernst Schulin: Die spanischen und portugiesischen Juden..., <Lit.226>, S. 101f.

die "Ästhetisierung des Krieges"[1].

Militärische Präsentationsformen werden als "sakrale Darbietung"(77) und geschickte Massensuggestion enttarnt. Heldentum wird dadurch relativiert, daß es durch "Morden" entsteht, denn so wird das Töten im Krieg bezeichnet (87 bzw. 90); der strahlende Feldherr Juan d'Austria wird so zum "mordenden Knaben"(89). Cervantes reift nicht durch Tapferkeit und Heldenmut, sondern durch die Todeserfahrung, die er auch in anderem Zusammenhang hätte machen können. Das Soldatenleben wird als grausam geschildert, die Uniformierten haben "keine Achtung für Leben und Eigentum"(96). Krieg wird als fragwürdiges Mittel der Politik vorgeführt: Nüchternes Bilanzieren nach der Seeschlacht von Lepanto listet die Toten auf und setzt auf seiten der Politik ein Fragezeichen (91). Kriegerisches wird in CERVANTES zwar in der Farbigkeit eines Historiengemäldes dargestellt, aber auch entscheidender Kritik unterzogen, die hauptsächlich den Wert des Soldatischen treffen soll.

Auch der Darstellung des Bereiches und der Praktiken staatlicher Gewalt ist in ihrer Gegenwartsbezogenheit Bedeutung beizumessen: Der Terror-Staat Algier mit einem Zustand der Rechtlosigkeit und seinem brutalen Strafsystem sowie Spanien mit den subtilen wie drastischen Methoden staatlicher Represssion, wie z.B. der Inquisition und der Rassengesetze. Dem Herausstellen der internationalen Gefahr einer Alleinherrschaft, der Diktatur, die ihre Herrschaft mit Absolutheit und metaphysisch legitimiert, kann mit Sicherheit aktuelle politische Aussagekraft zugesprochen werden.[2]

Bei der Feststellung von Analogien und Bezügen zur Gegenwart, d.h. zu der Zeit der Entstehung des Romans, darf jedoch nicht vergessen werden, daß sich diese Rezeption je nach histori-

---

1) Wie Frank von Klaus Schröter unterstellt wird. <Lit.647>, S. 129.
2) Frank hebt zum Thema Alleinherrschaft/Diktatur im Text einiges durch Kursivdruck hervor, wie z.B. S. 227f.

scher Position des Lesers verändert. Der Anspielungshorizont wird ein anderer, das Entdecken von Analogien und Anspielungen wird durch eine veränderte Rezeption bedingt: In diesem Sinne ist der Akt des Lesens produktiv. Bei der wissenschaftlichen Deutung muß berücksichtigt werden, daß die Rezeption bezüglich der Gegenwartsanspielungen nach Erscheinen des Romans graduell anders war, als im Vergleich etwa zu 1944, als Thomas Mann von der "erschütternden Aktualität"[1] sprach.

Bruno Frank schildert im Kapitel "Theater" den Literatur- und Theaterbetrieb im Spanien des 16.Jahrhundert. Die Probleme, die Cervantes bei der Suche nach einem Verleger hat, sind 1934 sicher aktuell verstanden und von Autorkollegen identifikatorisch rezipiert worden. Ein Angebot zur produktiven Rezeption unter veränderten Bedingungen macht Bruno Frank, indem er dieses Kapitel gekürzt 1944 im 'Aufbau' noch einmal separat veröffentlicht - unter der Überschrift "Ein Hollywood im 16.Jahrhundert" war folgender einleitender Text vorangestellt:

> Wenn Bruno Frank in Hollywood gelegentlich aus seinen Werken vorliest, bringt er mit Vorliebe das Stück aus seiner Cervantes-Geschichte, das wir nachfolgend abdrucken. Es spielt im Spanien des 16.Jahrhunderts, handelt von Cervantes und Lope de Vega, von der unerfüllten Leidenschaft des Künstlers und der Befriedigung der Masse durch den Kunstgewerbler. Hier ist (unversehens und nebenbei) das brillanteste Bild des heutigen Hollywood gezeichnet worden.(2)

Diese Parallelen waren vom Autor 1933/34 wohl weder beabsichtigt noch voraussehbar.

---

1) Thomas Mann: Vorwort ⟨zu Cervantes⟩. ⟨Lit.217⟩,S. 387.
2) Aufbau (New York) vom 18.8.1944, S. 15.

5. Bruno Frank - Leben und Schreiben im Exil

> Ich habe die Empfindung, beinahe alles ausdrücken zu können, was mein innerstes Inventar ausmacht - und alles indirekt.(1)

Das sagt nicht etwa Cervantes über seinen 'Don Quijote' in Bruno Franks Roman, sondern der Autor selbst über die Arbeit an seinem CERVANTES und zur Bedeutung, die dieser erste im Exil entstandene Text für ihn hatte. Worin Bruno Franks "innerstes Inventar" zu Beginn seines Exils 1933/34 bestand und inwieweit er es "indirekt" in den Roman transponiert hat, sind die richtungsweisenden Fragen, die sich stellen.

5.1. Biographie und Werkhintergrund

Bruno Franks Leben bis 1933 war von seiner großbürgerlichen Herkunft, von ebensolchem Lebensstil und einem Lebensideal des "humanen Gentleman, wie ihn unter den Schriftstellern etwa Turgenjew verkörperte"[2], geprägt. Er fühlte sich einem traditionellen, konservativen Erzählen verpflichtet, wobei es bei ihm eine deutliche Tendenz zum historischen Erzählen gibt:

> Auseinandersetzung mit Geschichte war für Frank Suche nach Vorbildern, nach humanistischen Größen, an denen, so könnte man wohl im Sinne Franks sagen, wir uns zu messen haben. Frank legt den Akzent auf die moralisch-humanistische Integrität des Einzelnen, auf seine individuelle Verantwortung gegenüber der Menschheit.(3)

Nicht die, "die etwas besitzen, sondern immer nur die anderen, die um etwas kämpfen"[4] seien laut Klaus Mann seine Helden gewesen, was vielleicht eine etwas unkritische, stilisierte Sicht des Freundes ist. Vielmehr kann man in Franks jahrelan-

---

1) Brief Franks an Alexander Moritz Frey vom 3.12.1934. Deutsches Literaturarchiv Marbach a.N.
2) Bruno Frank: Kleine Autobiographie. In: Die Literatur 32(1929/30) S. 516-517. Hier: S. 516.
3) Konrad Umlauf: Exil, Terror, Illegalität, <Lit.668>, S. 122.
4) Klaus Mann: Briefe und Antworten. München 1975, Bd.2, S. 264.

gem Interesse für Friedrich den Großen eine teilweise verklärend rückwärtsgewandte Abkehr von der Realität der Weimarer Republik sehen.

> Was Frank an Friedrich dem Großen anzog, war das Humane in dem Monarchen, der in der ersten Stunde seiner Regierung als erster König des Kontinents für seine Länder die Folter verbieten ließ, das Humane, das ihn zum Schützer der Armen und Elenden machte und zum Förderer der Gerechtigkeit.(1)

Dies ist jedoch eher eine Deutung der Persönlichkeit Franks, als tatsächlicher Inhalt seiner literarischen Beschäftigung mit der preußischen Geschichte.

Gerade in den Arbeiten am Ende der Zwanziger Jahre werden die Grenzen seines historischen und politischen Bewußtseins mit ZWÖLFTAUSEND (1926) und POLITISCHE NOVELLE (1928) deutlich,[2] wenngleich sein Eintreten für Pazifismus und Völkerverständigung und seine frühen Warnungen vor dem Faschismus zu nationalsozialistischen Attacken führten. Als Autor war Bruno Frank seit 1919 im SDS aktiv - sein politisches Engagement lag nur in diesem schriftstellerischen Bereich.

Da es nur wenige Quellen zu Franks Denken am Ende der Weimarer Republik und zu Beginn seines Exils gibt, läßt sich schlecht abschätzen, ob folgender Auszug aus einem Brief von 1932 charakteristisch für ihn ist. Er fügt sich jedoch ein, wenn auch lückhaftes Bild des Autors ein:

> Wir haben den Sommer hier draußen am Tegernsee verbracht und ich habe hier die Erholung gefunden, die mir nach einer recht unangenehmen Magengeschichte recht nötig war. Diese Krankheit hat eigentlich keine organischen Gründe gehabt, sondern nur psychische: der anständige Deutsche muß ja nicht nur, nach Chamforts Wort, jeden Morgen seine Kröte schlucken, er trinkt bei der Lektüre seiner Morgenzeitung einen Sumpf voll Kröten aus! Das bessere der Himmel!(3)

---

1) Herbert Günther: Drehbühne der Zeit. <Lit.202>, S. 89.
2) Konrad Umlauf: Exil, Terror, Illegalität, <Lit.668>, S. 120f.
3) Bruno Frank an Herbert Günther am 24.8.1932. Zit. nach H.G.: Bruno Frank, <Lit.201>, S. 228.

Deutlich wird hier u.a. die bereits frühe Beschäftigung mit Nicolas Chamfort als Identifikationsfigur. Vermutlich setzte seine Reflexion über die Stellung und Verantwortung des Künstlers anhand Chamforts schon vor dem Exil ein.

Aufgrund des Berichts von Herbert Günther[1] und den Studien von Konrad Umlauf[2] und vor allem der von Virginia Sease[3] weiß man über die biographischen Fakten der Jahre im Exil relativ gut Bescheid.

Das Ehepaar Frank verließ Deutschland am Tage nach dem Reichstagsbrand,[4] der Auslöser der Massenflucht der Künstler, Journalisten und Wissenschaftler war.[5] Bruno Franks erste Exiljahre (Schweiz, Sanary-sur-mer, Großbritannien, Österreich) waren in seiner eigenen Einschätzung ein nur kurzfristiges Exil, da er wie viele andere auch davon überzeugt war, daß die Nazi-Herrschaft nicht lange dauern könnte. Ab 1935 verbrachte das Ehepaar Frank die Sommermonate sogar in unmittelbarer Nähe Deutschlands (Aigen bei Salzburg), den Winter in London, bis sie im Herbst 1937 in die USA emigrierten.

Die Lebensbedingungen Bruno Franks im Exil wurden durch ununterbrochene finanzielle Unabhängigkeit durchaus gemildert. Sein politisches Engagement als Schriftsteller setzt er im Exil verstärkt fort. Wie Virginia Sease und Konrad Umlauf eindrücklich zeigen, setzte sich Frank in jeder Phase des Exils auch für die Solidarität der Exilanten und deren Rechte und Möglichkeiten im Ausland ein. Er stand 1934 Pate bei dem Projekt, einen Exilverlag zu gründen; das Vorhaben scheiterte jedoch an der restriktiven Politik der Schweiz gegenüber den Exilanten.[6] Von der Gründung 1934 an gehörte er zu den Förderern der Deutschen Freiheitsbibliothek in Paris, gemeinsam

---

1) Herbert Günther: Drehbühne der Zeit. <Lit.202>.
2) Konrad Umlauf: Exil, Terror, Illegalität, <Lit.668>.
3) Virginia Sease: Bruno Frank. <Lit.227>.
4) In seinem unveröffentlichten Aufsatz "Lüge als Staatsprinzip" beschreibt Frank die Umstände seiner Flucht. Zit. nach Sease, <Lit.227>, S. 353.
5) Hans-Albert Walter: Bedrohung und Verfolgung bis 1933. Deutsche Exilliteratur 1933-1950, Bd.1, Darmstadt 1972.
6) Max Krell: Das alles gab es einmal. Frankfurt 1961, S. 269-271.

mit seiner Frau leistete Frank immer wieder praktische Hilfe für exilierte Kollegen.[1]

Franks Antifaschismus ist in den ersten Exiljahren mit dem Ekel vor dem "Kot- und Eismeer dieser deutschen Gegenwart"[2] und vor den "Stinktiere⟨n⟩ und Werwölfe⟨n⟩, die in die Gärten des Geistes eingebrochen sind"[3], der Nazi-Gegnerschaft Thomas Manns vergleichbar, doch bekannte sich Frank von Anfang an öffentlich zum Exil und zu einer antifaschistischen Grundhaltung.

Wenn man auch keine autobiographischen Aufzeichnungen und nur wenige Briefe aus der Anfangszeit des Exils hat - also aus der Entstehungszeit des CERVANTES -, so ist dabei jedoch zu bedenken, daß deren Erkenntniswert für die <u>individuelle</u> Reaktion des Dichters auf Flucht und Exilierung bei vielen Exilautoren vergleichsweise gering ist, denn "es sind die Romane, Erzählungen, Gedichte und Dramen, die wirklichen Aufschluß geben über das, was da in der Emigration über die Verfolgten hereingebrochen ist.[4]

---

1) Hans-Albert Walter: Asylpraxis und Lebensbedingungen in Europa. Deutsche Exilliteratur 1933-1950, Bd.2, Darmstadt 1972, S. 253 bzw. S. 294. Siehe auch Werner Mittenzwei: Exil in der Schweiz. Leipzig 1981, S. 136.
2) Bruno Frank: Reinhardt in Hollywood. In: Das Neue Tagebuch VI(1938) Nr. 36, S. 358f. - Hier: S. 358.
3) Bruno Frank: Polgar (Alfred Polgar zum 60. Geburtstag). In: Das Neue Tagebuch III(1935)Nr. 41, S. 978f.
4) Helmut Koopmann: Von der Unzerstörbarkeit des Ich. Zur Literarisierung der Exilerfahrung. In: Exilforschung 2(1984)S. 9-23, hier: S. 13.

5.2. Schreiben im Exil

> Mein Buch wird ein Cervantes-Roman. <...> pessimistisch, herrliche Figur, tolle Zeit: Gegenreformation, Philipp II. usw. Gelegenheit, <u>viel</u> zu sagen, was mir am Herzen liegt. Ich arbeite vie<u>l</u>, hoffe im Mai fertig zu sein. <Herv. B.F.> (1)

Die historische Epoche schien für Bruno Frank gut geeignet, viel von dem auszudrücken, was ihn in der Entstehungszeit des Romans beschäftigt hat. Auch Hermann Kesten schrieb zwei Romane über diese Epoche und nutzte die vielfältigen Möglichkeiten, Gegenwartsbezüge herzustellen, die dieser Abschnitt spanischer Geschichte für einen Exilroman bot. Jedoch sind FERDINAND UND ISABELLA (1936) und PHILIPP DER ZWEITE (1938) im Aufzeigen von Analogien viel deutlicher, die Analogie wird dort zum Thema. Kesten hat in beiden Romanen die Entstehung und Ausbildung einer totalitären Herrschaft mit Rassenverfolgung und Gleichschaltung gestaltet.[2] - Frank schildert diese nicht so analytisch, vielmehr auf seinen Dichterhelden hin; nicht in die Zukunft gerichtet als Zeitalter des Übergangs, sondern als düsteren, pessimistischen Untergang einer Epoche, als eine von Anfang an zum Untergang verurteilte Zeit des Schreckens und der Unterdrückung. Ihm standen die historischen und politischen Beurteilungskriterien, wie sie ein historischer Roman erfordert hätte, der so komplex in Analogie zur nationalsozialistischen Gegenwart und zum Exil wie bei Kesten geschrieben war, 1933/34 (noch) nicht zur Verfügung. Bruno Frank reagierte 1937 mit dem Zeitroman DER REISEPASS viel direkter auf seine Erfahrungen; und 1943 erschien dann DIE TOCHTER[3], ein historischer Roman, der bis in die aktuelle Gegenwart, also bis

---

1) Bruno Frank in einem Brief an seinen Bruder Lothar v. 3.1.1934. Deutsches Literaturarchiv Marbach a. N.
2) Walter Seifert: Exil als politischer Akt. Der Romancier Hermann Kesten. In: Die Deutsche Exilliteratur 1933-1945. Hrsg. v. Manfred Durzak. Stuttgart 1973, S. 464-472.
3) In englischer Übersetzung 1942 als ONE FAIR DAUGHTER in New York erschienen. Deutschsprachige Erstveröffentlichung bei El libro libre, Mexico-City 1943, dann 1945 im Bermann-Fischer-Verlag, Stockholm. Erstmals in der Bundesrepublik Deutschland 1985 verlegt.

in den Zweiten Weltkrieg, hineinreicht. - Mit CERVANTES schreibt Frank dagegen fast unmittelbar nach der Flucht einen Künstlerroman, den er selbst nicht historisch, sondern auch "autobiographisch" nennt.[1] Immer wieder betont er, wie sehr sein "Innerstes" im Roman verarbeitet und wie das in dieser Art und Weise neu in seinem Werk sei:

> Und ich glaube, so völlig werde ich meine Empfindungen und meine "Weltanschauung" nie mehr ausdrücken können. Der Gegenstand war sehr günstig.(2)
> Ich habe nie an einem Buch mit solcher Freude gearbeitet. Ich habe die Empfingung, beinahe alles ausdrücken zu können, was mein innerstes Inventar ausmacht - und fast alles indirekt.(3)

Vom "innersten Inventar" handelt auch der 'Don Quijote' von Franks CERVANTES:

> Und wie es in glücklichen Träumen eine Gewißheit ohne Worte gibt, so kannte er ohne Wort alle die verborgenen Züge unter Don Quijotes magerem Gesicht. Sie lugten hervor, doch er rief sie nicht an. Sich selber nicht, der doch aus dem Spiegel zuerst heruntergestiegen war in dies Buch.(355f).

Exilerfahrung konnte unterschiedliche Folgen für das Schreiben haben, doch war die Kernproblematik immer wieder "Ich-Behauptung" und "Ich-Verwirklichung".[4] Die tiefe Identitätskrise, die auch bei Frank durch die Flucht ausgelöst wurde, findet im CERVANTES literarisch ihren Niederschlag. Aufgrund der Textanalyse und Franks Selbstdeutungen des Romans ist diese in den Text transponierte, jedoch thematisch verdeckte Problematik primär in zwei Bereichen zu finden: zum einen der Themenbereich Judentum und jüdische Identität, zum anderen die Künstlerthematik, die Frage nach Sinn und Aufgabe des Schreibens und der Verantwortung des Dichters.

---

1) Herbert Günther: Drehbühne der Zeit. <Lit.202>, S. 93.
2) Bruno Frank in einem Brief vom 10.11.1934 an Lothar Frank. Deutsches Literaturarchiv Marbach a.N.
3) Bruno Frank in einem Brief vom 6.12.1934 an Alexander Moritz Frey. Deutsches Literaturarchiv Marbach a.N.
4) Erich Kleinschmidt: Schreiben und Leben. <Lit.604>, S. 24.

Bruno Frank kam aus einer völlig assimilierten deutsch-jüdischen Familie, er lebte nicht als Jude, seine jüdische Herkunft war bis 1933 kein Thema, geschweige denn ein Problem für ihn. Wie so vielen anderen wurde ihm seine jüdische Herkunft erst durch die Nationalsozialisten nachhaltig bewußt. sie ist mit ein Grund für seine Flucht. 1934 spricht Frank von seinem Exil als "Diaspora".[1]

Im CERVANTES läßt er eine grandiose kulturelle Symbiose wiederauferstehen, die ihm ein vernünftiges Argument gegen Ideen der Rassentrennung und "Rassenreinheit" zu sein schien. Eine im Zusammenwirken mehrerer Völker geschaffene Nationalkultur und deren hohen Wert betont er im Roman immer wieder. Angesichts dieser Realität, die eben auch die deutsch-jüdische Symbiose war, erscheint das Rassedenken mittelalterlich irrational. Wie gezeigt wurde, weicht Frank bei diesem Thema relativ stark vom Historischen ab ("Blutsprüfung"). "The author's own experience"[2] wird hier verdeckt zu einem Thema des Romans und zum Beginn einer neuen Thematik im Œuvre Bruno Franks.

> Ich habe mich als deutscher Schriftsteller gefühlt - als was denn auch sonst! Meine Meister heißen Lichtenberg, Schopenhauer, Grimm, Jakob Burckhardt, und nicht Gabirol oder Maimonides, die ich gar nicht lesen kann.(3)

Frank setzt sich im Exil mit dem Judentum auseinander; es kommt bei ihm jedoch nicht zu einer Rückbesinnung auf jüdische Wurzeln oder zu dem Streben nach einer jüdischen Zukunft. Er bleibt ein Vertreter der Integration des europäischen Judentums; die Vertreibung als Jude bringt ihn nicht einem jüdischen Nationalismus näher, wie z.B. zeitweise Arnold Zweig oder Alfred Döblin. - Doch beschäftigt er sich mit Beginn des CERVANTES mit dem jüdischen Teil seiner Identität.[4] Literarisch vertieft sich diese Auseinandersetzung in seinem letzten

---

1) Bruno Frank in einem Brief an Alexander Moritz Frey am 6.12.1934. Deutsches Literaturarchiv Marbach a.N.
2) Harold von Hofe: Bruno Frank. <Lit.206>, S. 88.
3) Bruno Frank: Juden müssen die deutsche Sprache bewahren. In: Aufbau (New York) Nr. 52 vom 27.12.1940, s. 9.
4) "Auch wer sich ein Leben lang als Deutscher, Tscheche, Holländer, Franzose gefühlt hat und den verdünntesten Tropfen jüdischen Blutes in sei-

Roman DIE TOCHTER, den er Anfang der vierziger Jahre schreibt.
Es entsteht ein historischer Roman in der Atmosphäre des polnisch-galizischen Judentums zu Beginn des Jahrhunderts, der sich bis zur Judenverfolgung nach der Zerschlagung Polens erstreckt. Autobiographische und biographische Elemente (Franks Ehefrau) sind unterlegt.[1]

Wie das aus autobiographischen Quellen gespeiste Schreiben für Frank im Exil zunehmend an Bedeutung gewinnt, läßt sich an der Veränderung der Schreibkonzeption des Dichters Cervantes in Franks Roman verfolgen.

Behindert durch wirtschaftliche Zwänge, verändert der Cervantes Franks allmählich seine Kunstauffassung und findet schließlich zu einem neuen Schreiben, das gesellschaftliche Realität kritisch darstellt u n d der dichterischen Selbstfindung dient. Im ersten Entwicklungsschub geschieht das mit "Handel und Wandel in Algier" in noch nicht adäquater literarischer Form und letztlich ohne Erfolg. Am Ende des Romans findet Cervantes jedoch mit dem 'Don Quijote' die geeignetere (epische) Form und hat mit einer satirischen, zur Identifikation einladenden Handlung sogar Erfolg. In beiden Fällen kommt das neue Schreibkonzept erst im Zustand äußerer Unfreiheit, in Gefangenschaft zustande. Die literarische Entwicklung des Cervantes und seiner Schreibkonzeption entsprechen im Ergebnis dem Schritt, den Bruno Frank mit seinem Roman CERVANTES vollzieht. Die für ihn neue Konzeption des Schreibens bleibt für ihn nicht ohne Folgen. Gerade anhand der Künstler- und Dichterthematik reflektiert er über seine Künstler-Identität

---

nen Adern weiß, der hat sich heute als Jude zu bekennen, wo er nur kann und so laut er nur kann. Aber das hat mit historischer Perspektive nichts zu tun. Es ist eine simple Forderung des Anstandes und der Ehre." Bruno Frank: Juden müssen die deutsche Sprache bewahren. <Lit. 180>.
1) Klaus Hermsdorf: Anmerkungen zu Bruno Franks DIE TOCHTER. In: Theatrum Europaeum (Festschrift für Elida Maria Szarota), München 1982, S. 611-623. - Martin Gregor-Dellin: Nachwort <zu DIE TOCHTER>. In: B.F., Die Tochter. München 1985, S. 359-366.

im Exil. Frank schreibt deshalb bis auf eine Ausnahme keine
Dramen mehr, obwohl er als Dramatiker einen guten Namen und
viel Erfolg hat.[1]

Die Thematik des bedrohten Dichters findet sich u.a.
auch im letzten der 1934 erschienenen DREI ZEITGEDICHTE[2]. Der
Dichter in der zeitlosen Gestalt des Sängers bekennt sich darin zum Annehmen des (Exil-)Schicksals und zum furchtlosen
Weiterschreiben:

> Und Steg und Zaun und Brücke bricht,
> Und alle Hallen stehn verwaist,
> Du sing dein Lied und bange nicht!(3)

Sogar im Zeitroman DER REISEPASS fließt das Problem des
Schreibens im Exil verdeckt ein: Das (wissenschaftliche)
Schreiben über Goya im Exil wird zum selbstreflektorischen
und politischen Akt. Die Beschäftigung mit dem historischen
Künstler wird zu einer sinngebenden Aufgabe des Exilierten,
die sich nahezu zwangsläufig einstellt ("In disem gewaltigen
Kuppelraum, dem Lesesaal des Britischen Museums, mündete, un-
weigerlich fast, der Weg der Heimatlosen, Verbannten."[4]). Die
Motivation des Prinzen Ludwig, Leben und Werk Goyas zu beschreiben, scheint der Franks bezogen auf Cervantes (und der
des gedichteten Cervantes bezüglich seines 'Don Quijote') vergleichbar:

> Das Leben des Malers Francisco de Goya zu schreiben -
> nie hatte ihn auch nur der Gedanke berührt. Jetzt war
> er da und war schon ein Zwang <...> (5)

Beschwörend schreibt Frank 1942 über vier französische Schriftstellerkollegen in einer Tradition des "gedichteten Mut<es>
und der gedichteten Freiheit" das Feuilleton VIER SCHLÄFER[6].

---

1) Konrad Umlauf: Exil, Terror, Illegalität, <Lit.668>, S. 111.
2) In: Die Sammlung I(1934)Nr.5, S. 237.
3) Ebd.
4) Bruno Frank: Der Reisepaß. München 1980, S. 169.
5) Ebd., S. 174.
6) In: Freies Deutschland (Mexico-City) I(1942)Nr.12, S. 25.

Voltaire, Baudin, Victor Hugo und Emile Zola als Kronzeugen der möglichen Wirkung und des beispielhaften Selbstverständnisses von Autoren: Kampf gegen den Usurpator, das Exil-Schicksal und Einsatz für das Judentum.

Im letzten Werk Franks, dem Fragment gebliebenen Text CHAMFORT ERZÄHLT SEINEN TOD[1] wird wiederum das Thema der Funktion des Schreibens und des Dichters an einer historischen Dichterfigur erarbeitet: "ausgestattet mit dieser Doppelseele ist Chamfort recht unser Schicksalsgefährte"[2]. Die Frage nach dem Standort des Dichters an einer Zeitwende, in einer Situation höchster existentieller Bedrohung, geht Frank diesmal subjektiviert im Ich-Bericht mit reduzierter historischer Handlung an. Der durch einen Selbstmordversuch angeschlagene Schriftsteller und ehemalige Direktor der Nationalbibliothek in Paris will (sich) mittels seiner zu schreibenden Lebensgeschichte Rechenschaft ablegen. Er ist Dichter und (Nachlaß-)Verwalter einer "verlorenen Bibliothek", einer Geistestradition von Dichtergenerationen "derer, die ihre gierig wimmelnden Menschengenossen haben aufhorchen machen, zur Besinnung bringen und anleiten wollen"[3]. Die elegische Stimmung des Fragments, die im Manuskript noch stärker hervortritt,[4] bezieht sich sowohl auf das eigenen Lebensende Chamforts, das in der Intention des "Frei"-Todes dem Selbstmord vieler Exilanten ähnelt, als auch auf das Ende einer (Kultur-)Tradition in der Metapher der "verlorenen Bibliothek".

Es geht Frank nicht um die historische Parallelität dieses von der Französischen Revolution verstoßenen Revolutionärs; man verkennt die Intention und den Charakter des Fragments, wenn man von "Versagen im Genre des historischen Romans"[5] spricht.

---
1) In: Bruno Frank: Ausgewählte Werke. Hamburg 1957, S. 385-390.
2) Vorwort Franks zu CHAMFORT ERZÄHLT SEINEN TOD, ebd., S. 385.
3) Bruno Frank: Chamfort erzählt seinen Tod, <Lit.167>, S. 386.
4) Abweichungen zur gedruckten Fassung im Typoskript (-Durchschlag) im Deutschen Literaturarchiv Marbach a.N.
5) Klaus Schröter: Der historische Roman, <Lit.647>, S. 116.

Bruno Franks literarischer Weg führt hier kurz vor seinem Tod im Juni 1945 (er hatte sich nach einer Herzattacke 1944 nicht mehr recht erholt) in einer Entwicklungslinie vom Beginn des Exils konsequent zur Identifikationsfigur eines historischen Dichterkollegen zum Zweck der Selbstreflexion: Die Schreibintention und -motivation des "Schicksalsgefährten" verweist auf den Autor selbst; das kurze Fragment stellt komprimiert das Ergebnis der literarischen Entwicklung Franks dar, die mit CERVANTES begonnen hatte.

6. Zusammenfassung und Kritik

"Er ist einer von uns" schreibt Klaus Mann in seiner Rezension über den CERVANTES von Bruno Frank. - Der Roman war nicht nur eine Identifikationserfahrung für den Autor, sondern wurde zum Identifikationsangebot für seine Dichterkollegen, da hinter der historischen Handlung das (Weiter-)Schreiben im Exil und die Aufgaben des Dichters reflektiert werden. Der von der Geschichte Getriebene, glücklos Umherziehende, innerlich und teilweise äußerlich heimatlose Cervantes war, auch aufgrund vielfältiger Gegenwartsbezüge konkreter Art, ein Identifikationsangebot für Exilierte generell.

Innerhalb eines historischen Faktengerüstes gestaltet Frank in einigen Bereichen den historischen Roman relativ frei. Eine anspielungsreiche, gegenwartsorientierte jüdische Thematik findet so Eingang in die Romanhandlung und wird in die historische Dichterbiographie eingebettet.
 Wichtiges seiner ersten Erfahrungen im Exil läßt der Autor in seinen Roman einfließen; zum verdeckten Thema wird das Schreiben und die notwendige Veränderung der eigenen Schreibkonzeption im Exil. Am Modell des historischen Dichterkollegen entwickelt Frank eine Schreib- und Literaturkonzeption, die über verschiedene Entwicklungsstufen allmählich zu einem Schreiben führt, das von verdeckter zeitgeschichtlicher Aktualität und stark autobiographischem Hintergrund geprägt ist,

der Selbstreflexion dient, ja zum Akt individueller Befreiung und identitätssichernder Selbstverwirklichung wird.

Frank steht mit seiner Beschäftigung mit diesem Zeitalter spanischer Geschichte in der Exilliteratur nicht allein: Valeriu Marcu schreibt ein historisches Werk über "Die Vertreibung der Juden aus Spanien"[1]; Hermann Kestens historische Romane derselben Epoche "Ferdinand und Isabella"[2] und "Philipp der Zweite"[3], sind in ihrer Analogie zur Gegenwart des deutschen Nationalsozialismus und zur Massenemigration viel deutlicher als Franks CERVANTES. Er steht mit seiner Cervantes-, bzw. Don-Quijote-Rezeption der deutschen Exilliteratur am Anfang, die später durch den Spanischen Bürgerkrieg besonders motiviert wurde.[4] Dabei wird der 'Don Quijote' zum literarischen Modell, in der sich "Wirklichkeit und Ideal, Wunschtraum des Emigranten und seine tagtägliche Realität <...> in der Figur des Don Quijote nicht in ihrer Brutalität, sondern in ihrer paradoxen Komik"[5] spiegelt.

Doch die Verweise auf Don Quijote in Exilromanen, in historischen wie Hermann Kestens und dem "Henri IV" Heinrich Manns oder Zeitromanen wie Lion Feuchtwangers "Exil" und Klaus Manns "Mephisto", deuten nicht auf eine komische Gestalt; eher ist der Don Quijote eine tragik-komische Figur wie der donquijotte Oberst Stjerbinsky in Franz Werfels "Jacobowsky und der Oberst". - Der auszugsweise Abdruck von Heinrich Heines, 1837 entstandenes, Vorwort zum "Don Quijote" in der Exil-Zeitschrift 'Das Wort' zur einhundertjährigen Wiederkehr der Erstveröffentlichung hat im Bezug auf den Exilanten Heine

---

1) Valeriu Marcu: Die Vertreibung der Juden aus Spanien. Amsterdam 1934.
2) Hermann Kesten: Ferdinand und Isabella. Amsterdam 1936.
3) Ders.: Philipp der Zweite. Amsterdam 1938.
4) Explizit bei Rudolf Leonhard, der den Titel DER TOD DES DON QUIJOTE einer Sammlung von Erzählungen des Spanischen Bürgerkrieges voranstellt (Zürich 1938).
5) Helmut Koopmann: 'Geschichte ist die Sinngebung des Sinnlosen', <Lit. 611>, S. 27.

noch eine zusätzliche Bedeutungsebene.[1]

Frank selbst läßt Don Quijote noch einmal in seinem Roman DER REISEPASS auftreten, als Identifikationsfigur für den exilierten Professor Rotteck:

> Da hing ein Holzschnitt, das einzige Bild hier im Raum. Aber "der dort" war nicht Cervantes, der Dichter. Es war sein hohes Geschöpf, im Kerker gezeichnet: Der Don Quijote in Daumiers Vision, ungeheuer und mager, das heldenhafte und absurde Antlitz dunkelnd fast weiß in den Wolken.
> Es folgte ein Schweigen. Rotteck hatte seine Feder zur Hand genommen und vollführte in der Luft runde Schreibbewegungen.(2)

Der utopische Charakter des Don Quijote im Sinne Blochs,[3] der im Exil zum "Sinnbild dessen ‹wird›, der die Welt nicht versteht, ‹...› dennoch nicht untergeht"[4], wird von Frank stark auf die Dichterthematik bezogen, was ihn von den genannten exilspezifischen Verweisen unterscheidet. Nur Thomas Mann reflektiert in seiner "Meerfahrt mit Don Quijote" auch u.a. eine aktuelle Schriftstellerproblematik des Exils: Die Episode vom Morisken Ricote wird für Thomas Mann - anspielungsreich für die Gegenwart rezipiert - zum Kern der Auseinandersetzung mit dem "Weltbuch und Menschheitssymbol"[5] Don Quijote, indem er daran Fragen von Freiheit des Schriftstellers einerseits sowie der Verantwortung und Loyalität dem Staat gegenüber andererseits problematisiert und so die "stille Kritik"[6] des Cervantes aus der Episode herausdestilliert.

Wenn Franks Cervantes in Algier phantasiert, daß das Manuskript der literarischen Verarbeitung seiner Erlebnisse im Terror-Staat nach Spanien geschmuggelt werden und dort auf-

---

1) Das Wort (Moskau) IV(1938)H.1, S. 120-124. - Heinrich Heine: Miguel de Cervantes de Saavedra. Der Sinnreiche Junker von la Mancha. Einleitung ‹zum Don Quijote›. In: H.H., Sämtliche Schriften, Bd.4, München 1971, S. 80.
2) Bruno Frank: Der Reisepaß. München, S. 80.
3) Ernst Bloch: Don Quijotes traurige Gestalt und goldene Illusion. In: E.B., Das Prinzip Hoffnung, Bd.3, Frankfurt 1973, S. 1216-1235.
4) Helmut Koopmann: Geschichte ist ..., ‹Lit.611›, S. 27.
5) Thomas Mann Meerfahrt mit Don Quijote, ‹Lit.429›, S. 1062.
6) Ebd., S. 1061.

klärend und zum Kampf mobilisierend wirken könnte, so hatte
diese typische Exil-Phantasie für den Roman eine Parallele in
der Realität: Bruno Frank steuerte für die Tarnschrift
"Deutsch für Deutsche", die in Nazi-Deutschland verbreitet
wurde und aufrüttelnd wirken sollte, das Romankapitel "Blutsprüfung" aus dem CERVANTES bei.[1]

Der Roman CERVANTES kann mit dem heutigen, historischen Abstand, mehr noch als für damalige Kritiker, auch als Exil-
Roman rezipiert, enttäuschend sein. Je nach Erwartungshaltung
bietet er kein überzeugendes Geschichtsbild und nur vereinzelt brisante, direkte Gegenwartsbezüge. Doch auch als tradi-
tioneller Künstlerroman kann er aus qualitativen Gründen ent-
täuschen. Der Roman, der alles andere als ein "zeitgenössi-
scher Roman" des 20.Jahrhunderts im Sinne Adornos ist, vermag
in seinem antiquierten Erzählstil kaum mehr zu fesseln. Die
Gestaltung zwischenmenschlicher Beziehungen gerät häufig,
auch sprachlich, zur Anhäufung trivialer Klischees.

Die Bedeutung des Romans liegt dagegen in der exilspezifischen Dichterthematik, der vielfältigen Einarbeitung von verdeckter Exilthematik und in seiner Beispielhaftigkeit für
Auswirkungen und Bedeutung von Exil für den Autor eines traditionellen historischen Romans. Doch trotz Qualitätsmängel
steigert Bruno Frank seine schriftstellerischen Fähigkeiten
im Exil nachweisbar, was er bei vielen Autorkollegen im Exil
festzustellen glaubt; sein Urteil trifft auf ihn selbst
sicherlich zu:
> Wen der Welt bedrohende deutsche Bestialismus am Leben
> läßt, dem verhilft er zu einem gesteigerten, bewußteren
> Dasein. Wenigstens gilt das für viele der Künstler, die
> seinen Fängen entgangen sind und nun draußen, in bedroh-
> ter Existenz, mit erhöhtem Verantwortungsgefühl ihre Ar-

---

1) Deutsch für Deutsche. Leipzig 1935, S. 54-58.

beit tun. Diese schweren drei Jahre haben manchen zu einer geistigen und künstlerischen Reife verholfen, die er in ruhigen Zeiten nicht so bald, vielleicht niemals erlangt hätte.(1)

---

1) Bruno Frank (Rez.): Klaus Mann "Symphonie Pathétique. In: Das Neue Tagebuch IV(1936)Nr.13, S. 309.

C. Hans Natonek: "DER SCHLEMIHL"

> Er veröffentlichte den historischen
> Roman "Der Schlemihl" mit dem vorder-
> gründigen Bezug auf Chamisso und mit
> hintergründigem auf sich selbst.(1)

1. Einleitung

Hans Natoneks 1936 erschienener Roman "DER SCHLEMIHL - Ein Roman vom Leben des Adelbert von Chamisso" ist von der Exilliteratur-Forschung bislang völlig unbeachtet geblieben. Damals ging der Roman des als Romancier kaum etablierten Hans Natonek in der großen Menge historischer Romane unter - heute sind Autor und Text weitgehend vergessen. Hans Natonek war bis 1933 in Leipzig Feuilletonchef einer liberalen Zeitung, überregional bekannt als Publizist und Kritiker, weniger als Dramatiker und Romanautor. Er gehört zu denjenigen, die durch ihr Exilschicksal allmählich vergessen wurden und nach 1945 weithin vergessen blieben. - Eine 1982 herausgegebene Anthologie hat erstmals wieder auf den Feuilletonisten und Romanautor aufmerksam gemacht,[2] blieb jedoch ohne größere Resonanz.[3]

"Es ist ein Roman des französischen Emigranten Adelbert von Chamisso, voll Parallelen zur heutigen Zeit"[4]: Der Gegenwartsbezug, auf den Natonek hier selbst hinweist, beschränkt sich nicht auf eine oberflächliche Parallelisierung des Emigranten-

---

1) Hans Bauer: Damals in den zwanziger Jahren. Berlin 1968, S. 28.
2) Hans Natonek: Die Straße des Verrats. Publizistik, Briefe und ein Roman. Hrsg. von Wolfgang U. Schütte. Berlin (DDR) 1982.
3) Christel Förster: Wer war Hans Natonek? In: Neue Deutsche Literatur 31 (1983)H.7, S. 154-158. - Heribert Seifert: Chronist des bürgerlichen Krisenbewußtseins. In: Neue Zürcher Zeitung vom 7.6.1985, S. 41f. - Hans J. Schütz: Der Mann ohne Schatten. 30 Jahre im Exil: der Publizist, Kritiker und Romancier Hans Natonek. In: Börsenblatt des deutschen Buchhandels vom 17.12.1985.
4) Hans Natonek in einem Brief vom 28.11.1938 an Hubertus Prinz zu Löwenstein. In: Hans Natonek, Die Straße des Verrats, <Lit.237>, S. 337.

schicksals Chamissos mit dem der Flüchtlinge von 1933; als historische Analogie wäre dies zudem gar nicht stimmig.[1] - In dieser Studie sollen die subtilen - auch verdeckten - Bezüge zur damaligen Exilproblematik aufgezeigt und nach ihrem Stellenwert für den Text mit seinem historischen Stoff befragt werden.

Darüber hinaus sind die Fragen nach der Entstehungszeit und -situation bislang nicht geklärt, ist die Stellung des Romans im Œuvre noch nicht untersucht worden . - Obwohl noch vieles zu einer Rekonstruktion der Biographie fehlt, soll durch den Blick auf Zusammenhänge im Werk Nataneks - besonders des Exilwerkes - ein Zugang zur Funktion und zum Wert des Romans für den Autor in seiner persönlichen und dichterischen Exilproblematik eröffnet werden.

1.1. Entstehungs- und Editionsgeschichte

Die exakte Entstehungszeit des Romans ist nicht zu ermitteln. Die Amsterdamer Erstausgabe und die Veröffentlichung eines Roman-Auszuges Ende 1935 lassen darauf schließen, daß DER SCHLEMIHL dem Verlag Allert de Lange noch 1935 abgeschlossen vorlag und dort am Jahresende erschien.

Obwohl der Roman in den einschlägigen bibliographischen Handbüchern und in dem bislang einzigen größeren Aufsatz über Hans Natonek als Exilroman gilt, wirft ein Feuilletonbeitrag von Natonek aus dem Jahr 1932 die Frage auf, ob der Roman nicht bereits vor dem Exil entworfen oder sogar begonnen worden war.

---

1) "Schließlich sind es nicht immer die Edlen gewesen, die man ins Exil verstoßen hat. Auch die französischen Aristokraten, die nach 1789 bei deutschen Fürsten Unterschlupf suchten <...> waren Emigranten." Jost Hermand: Schreiben in der Fremde. Gedanken zur deutschen Exilliteratur seit 1789. In: Exil und Innere Emigration. Third Wisconsin Workshop (Hrsg. von Reinhold Grimm und Jost Hermand). Frankfurt 1972, S. 7-30, hier: S. 7.

Es handelt sich um den Artikel "DER FREMDLING - Ein gewisser Herr von Chamisso", der unter Natoneks Kürzel "Nek" in der Neuen Leipziger Zeitung veröffentlicht ist, in der er selbst Feuilletonchef war.[1] Als Anlaß zu diesem kleinen Beitrag nennt Natonek eine Zeitungsmeldung, in der vom Tod eines Nachkommen Adelbert von Chamissos in Pommern berichtet wird, der im Ersten Weltkrieg an der Westfront einem französischen Nachfahren Chamissos gegenübergestanden haben soll. Natonek führt die Lebensgeschichte Adelbert von Chamissos an, um in kritischer Form gegen Rassedenken und rassisch begründete, chauvinistische Deutschtümelei ein Beispiel zu geben, wie ein Franzose Deutscher, ja deutscher Dichter werden konnte:

> Er mußte sich alles erst erobern, was die anderen als uraltes Erbe vom Blute her schon zu besitzen wähnten: Sprache und Gefühl. Das gab ihm den Vorsprung, die Sicherheit und die Kraft.(2)

Der Tenor dieses Feuilletons widerspricht mit der beispielhaften, erfolgreichen Erringung einer neuen Heimat und nationalen Identität allerdings der Problematik in Natoneks Chamisso-Roman DER SCHLEMIHL. Dort geht es gerade um die andauernde Heimatlosigkeit Chamissos; Natoneks Chamisso von 1932 fühlt sich dagegen nur "manchmal wie ein Schlemihl", überwindet jedoch erfolgreich "scheele Blicke und Widerstände"[3]. Erwähnung finden auch die Eltern Chamissos, die hier im Feuilleton DER FREMDE "halb rechtlos und gerade noch mißtrauisch geduldet"[4] in Frankreich leben - eine ganz andere Anlage der Geschichte als im Roman.

Im Potsdamer Nachlaß befindet sich auch eine Art Selbstanzeige von Natonek, "Chamisso-Schlemihl", in der er einiges

---

1) Neue Leipziger Zeitung und Leipziger Tageblatt vom 23.6.1932. - Ein Exemplar dieses Feuilletonbeitrages mit handschriftlichen Korrekturen Natoneks befindet sich im Teilnachlaß im Zentralen Staatsarchiv der DDR in Potsdam, das dem Verf. eine Mikroverfilmung der direkt zum SCHLEMIHL gehörenden Dokumente zur Verfügung stellte.
2) Ebd.
3) Ebd.
4) Ebd.

über den "soeben erschienenen" Chamisso-Roman erläutert:[1]

> Und auf das beispielhafte Leben des Adelbert von Chamisso kam ich so. Es war im Jahre 1932. Es lag in der Luft. Täglich rannte der Nationalismus gegen die Menschlichkeit. Damals war es, daß ich mich nach einem Beispiel umsah, in dem das Menschliche dem Nationalismus ein Schnippchen schlägt.(2)

Daraufhin zitiert Natonek aus dem daraus entstandenen Feuilleton DER FREMDE von 1932 und bemerkt dann über das Verhältnis dieser ersten Beschäftigung mit Chamisso und dem Roman:

> Erst die Erlebnisse der Folgezeit bestätigten mir das ahnende Vorgefühl <Herv. d. Verf.>, daß das Fremdlings-, Emigranten- und Judenschicksal, ganz gleich, wem es widerfährt, exemplarisch ist in seiner Menschlichkeit.(3)

Es ist nicht wahrscheinlich, daß Natonek zum Zeitpunkt des Artikels DER FREMDE von 1932 den Roman in der dann verwirklichten Problemstellung bereits konzipiert hatte. Weitere Indizien hierfür bietet das erste von zwei Exposés zum Roman, die sich ebenfalls im Potsdamer Nachlaß befinden.

Dieses erste (undatierte) Exposé,[4] das noch mit zwei alternativen Arbeitstiteln überschrieben ist und in der Skizzierung der Kapitel noch deutlich vom Roman abweicht, umreißt genau die Problemstellung und das thematische Schwergewicht des SCHLEMIHL. Es ist sicherlich nicht gleichzeitig mit dem Feuilleton DER FREMDE entstanden, wenngleich die Idee einer Chamisso-Dichtung hier gelegen haben könnte. - Im Exposé heißt es:

> Albert von Chamisso, aus einem altadeligen französischen Geschlecht, ist der Emigrant und Heimatlose von 1790 <Herv. d. Verf.>, dessen Leben seit seiner Flucht eine Odyssee, eine Sehnsucht nach Heimat und Heimkehr ist.(5)

---

1) Auf der Grundlage der Mikroverfilmung dieses gedruckten Artikels läßt sich nicht eruieren, aus welcher Publikation er stammt; es handelt sich mit Sicherheit nicht um eine der wichtigen Exilzeitschriften.
2) Ebd., Blatt 2, Spalte 1.
3) Ebd., Blatt 2, Spalte 2.
4) Es handelt sich um eine aus zwei Seiten bestehende Darstellung und einer eineinhalb-seitigen Kapitel-Übersicht. Ein Exemplar des Typoskripts ist mit handschriftlichen Korrekturen Natoneks versehen.
5) Ebd., Blatt 1.

Als "andere Exilierte jener Zeit"[1] werden weitere (historische) Romanfiguren genannt - schon die Begrifflichkeit ist hier eine andere, im Vergleich mit der des Feuilletons von 1932 eine eher exilspezifische: "auswandern", "einwandern", "vertreiben", "Exilierte".

Was die Interpretation des Romans im einzelnen noch belegen soll, läßt sich bereits aufgrund dieser drei für die Entstehungsgeschichte wichtigen Quellen mit guten Gründen behaupten, daß nämlich DER SCHLEMIHL ein Werk aus Natoneks Exil zwischen 1933 und 1935 und somit aus seinem Prager Exil-Zeit ist.

Das zweite im Nachlaß befindliche Exposé läßt sich mittels des Hinweises auf das Jubiläum der Französischen Revolution, "die sich in diesem Jahr zum 150.mal jährt", auf das Jahr 1939 datieren;[2] das wird auch von der Pariser Adresse Natoneks in der linken oberen Ecke gestützt, die mit der von Briefen aus der Zeit von Ende 1938 bis Ende 1939 übereinstimmt, als Natonek nach der Flucht aus Prag im Pariser Exil lebte.[3] Zu welchem Zweck Natonek dieses Exposé verfaßt hat, läßt sich nicht sagen. - Beide Exposés sollen, als Selbstkommentare des Autors verstanden, Eingang in die Interpretation finden.

Natoneks Roman erscheint 1936 unter dem Titel "DER SCHLEMIHL. Ein Roman vom Leben des Adelbert von Chamisso" bei Allert de Lange (Copyright 1935; die Auslieferung begann noch 1935). Einen Romanauszug brachte die Zeitung "Der Wiener Tag" im Dezember 1935:[4] Hierbei handelt es sich um einen inhaltlich zentralen Teil des Romans aus dem VI.Kapitel in nur am Anfang

---

1) Erstes Exposé, Blatt 1.
2) Es handelt sich um ein eineinhalb-seitiges Typoskript mit einer fortlaufenden Darstellung des Romaninhalts.
3) Wolfgang U. Schütte: Der Mann ohne Schatten. Vorläufiges zu Hans Natonek. In: W.U.S. (Hrsg.), Hans Natonek 'Die Straße des Verrats'. <Lit. 237>, S. 356-372.
4) Der Wiener Tag (Wien) vom 22.12.1935, S. 18f.

leicht abgewandelter Form.[1] Die Schweizer Buchgemeinschaft Universum-Bücherei Basel übernimmt den Roman 1937 in ihr Programm.

Druckidentisch mit der Originalausgabe brachte der Behrendt-Verlag in Stuttgart den Roman 1949 heraus. Die Bertelsmann-Ausgabe (Gütersloh 1959) ist dagegen eine von Hans Natonek neu bearbeitete und gekürzte Fassung und trägt den Titel "DER MANN OHNE SCHATTEN. Der Lebensroman des Dichters Adelbert von Chamisso". Die Abweichungen dieser Überarbeitung des Romans betreffen sowohl stilistische und sprachliche Glättung wie auch inhaltliche Eingriffe in Form von Kürzungen auch bei zentralen Textpassagen, deren Aussagekraft für den Gesamttenor dieser Bearbeitung an ausgewählten Textstellen geprüft werden soll.

1.2. Rezeptionsgeschichte und Forschungslage

Die damalige Literaturkritik reagierte mit nur geringem Interesse auf Natoneks SCHLEMIHL. In den wichtigsten Exil-Periodika finden sich kaum Reaktionen, das Gros der Rezensionen erscheint in kleineren tschechischen Blättern und Schweizer Zeitungen, in denen Natonek zum Teil selbst Mitarbeiter war.

"Wer Adelbert von Chamisso nachspürt, findet ein Emigrantenschicksal"[2] - In fast allen Rezensionen wird betont, daß sich "in diesem neuen Buch manche traurige Erscheinung der Gegenwart"[3] spiegele, wie es in einer Besprechung vorsichtig formuliert wird. DER SCHLEMIHL wird von der Literaturkritik im Exil als "Gleichnis unseres Schicksals" und "Abbild unseres Geschicks"[4] verstanden, und es wird lobend vermerkt, daß der

---

1) Es handelt sich dabei um die Seiten 268-276 des Romans.
2) C.S. (Rez.): Hans Natonek, Der Schlemihl. In: National-Zeitung Basel vom 12.1.1936.
3) Anonyme Rez. vom 25.1.1936. Der Zeitungsausschnitt befindet sich im Potsdamer Nachlaß und liegt dem Verf. mikroverfilmt vor; die Quelle ist nicht eruierbar.
4) h.p. (Rez.): Hans Natoneks Chamisso. In: Selbstwehr (Prag) Nr.52(1936) S. 8.

Roman "unheimlich zeitgemäß"[1] wirke, obwohl er "in den Anspielungen sparsam"[2] sei.

> <...> das Gleichnis zu finden, um in ihm verschweigen zu dürfen, was zu sagen drängt und dennoch unsagbar ist, und noch im Verschweigen beredter und deutlicher zu sein, als spräche man das Unsägliche mit Worten wieder und wieder aus.(3)

Die verdeckte Exilthematik wird somit erkannt und als solche sogar besonders geschätzt. Hervorgehoben wird, wie sehr der Roman "aus dieser Zeit geboren, von ihren Schmerzen und ihrer Wirrsal erzeugt und zeugend"[4] sei, und dem Leser eine entsprechende Wirkung erzielen soll: "Indem wir miterlebend mitleiden, erwacht uns Verständnis für so Vieles, was uns schwer und leidvoll heute umgibt"[5] - so sieht eine Basler Zeitung für seine Schweizer Leser das Ergebnis der Lektüre des SCHLEMIHL.

Das jüdische Blatt "Selbstwehr" hebt besonders die jüdische Thematik des Romans hervor: Chamissos Schlemihl wird als "eigentümliche Übersetzung Ahasvers in ein Deutsch ironischer Phantasie" mit dem Roman Natoneks in Parallelität gesehen.[6] Aber auch in anderen Rezensionen wird das Wiederaufflebenlassen der intellektuellen deutsch-jüdischen Symbiose im Berlin des beginnenden 19.Jahrhunderts als gleichnishaft gedeutet.

Auf die Schwächen des Romans weist nur eine Rezension hin: "Feuilletonistische Gewandtheit" wird hier zu einem Euphemismus für Oberflächlichkeit. Die Kritik an der "offenbar etwas übereilten Publikation" zielt vor allem auf mangelnde literarische Gestaltung und überdeutliche Quellennähe in den letzten Kapiteln des Romans.[7]

---

1) Anonyme Rezension in den Basler Nachrichten vom 3.6.1936.
2) h.p.(Rez.): Hans Natoneks Chamisso, <Lit.344>.
3) Ebd.
4) Ebd.
5) Ebd.
6) Ebd.
7) C.S. (Rez.): Hans Natonek 'Der Schlemihl', <Lit.334>.

Von einer Forschungslage zum Roman DER SCHLEMIHL kann eigentlich nicht gesprochen werden, nicht einmal bezogen auf seinen Autor Hans Natonek: Zu DER SCHLEMIHL gibt es keinerlei Forschungsliteratur; über Hans Natonek existiert lediglich ein größerer Aufsatz in Zusammenhang mit der von seinem Autor Wolfgang U. Schütte (Leipzig) besorgten Anthologie mit publizistischen Beiträgen, Briefen und einem unveröffentlichten (Exil-)Roman Natoneks.[1] Anläßlich dieser wertvollen Pioniertat Schüttes entstanden weitere Beiträge über Natonek, die jedoch keine selbständigen Forschungsbeiträge darstellen, sondern lediglich die von Schütte erregte Aufmerksamkeit für den vergessenen Autor verstärken wollen.[2]

Schüttes Anthologie will ein Gesamtbild Natoneks geben: Der Herausgeber hatte Zugang zum Teilnachlaß Natoneks im Zentralen Staatsarchiv der DDR in Potsdam, in dem Nachlaß-Material aus der Zeit von 1932 bis zur Flucht Natoneks aus Paris 1940 liegt. Allerdings gestattete die Archivverwaltung dem Verf. keine Einsichtnahme, stellte schließlich jedoch Aufnahmen des im engeren Sinne den SCHLEMIHL betreffenden Materials zur Verfügung (siehe die Aufstellung im Literaturverzeichnis). Eine exakte und vollständige Nachlaßbeschreibung existiert leider nicht.

Die Personalakte Natoneks des Reichsverbandes Deutscher Schriftsteller bei der Reichsschrifttumskammer beinhaltet einige Dokumente, die sein Verhalten nach 1933 und einige bisher unklare Einzelheiten der Biographie erhellen können; das Document Center Berlin stellte dem Verf. Kopien zur Verfügung.

Der zweite Teilnachlaß, zu Hans Natoneks amerikanischem Exil, befindet sich bei der State University of New York in Albany (N.Y./USA). Dort entstanden zwei am Nachlaß orientierte, bis-

---

1) Hans Natonek: Die Straße des Verrats, <Lit.237>.
2) Christel Foerster: Wer war Hans Natonek? <Lit.338>. - Will Schaber: Ein Hans-Natonek-Profil. In: Aufbau (New York) v. 5.8.1983. - Heribert Seifert: Chronist des bürgerlichen Krisenbewußtseins, <Lit.360>.

her unveröffentlicht gebliebene Arbeiten von John M. Spalek und Dagmar Malone: "Hans Natoneks Exil in Amerika" sowie "Hans Natoneks - Quellenkundlicher Bericht"[1]. Leider gewährte man dem Verf. keinen Einblick in diese beiden Arbeiten. Die unveröffentlichten Manuskripte, Briefe und Dokumente sind bislang noch nicht wissenschaftlich bearbeitet worden.

Die große Anzahl an kleineren feuilletonistischen Arbeiten Natoneks ist - gerade für die Zeit des Prager und Pariser Exils - bibliographisch kaum vollständig zu ermitteln. In dieser Zeit hat er in vielen Blättern publiziert, die dem Verf. nicht immer zugänglich waren (z.B. die nur in der CSSR vorhanden sind). Trotzdem ließ sich eine Bibliographie von Zeitungs- und Zeitschriftenbeiträgen zusammenstellen, die erheblich über die im "Handbuch der deutschen Exilpresse 1933-1945"[2] unter Natonek vorhandene hinausgeht; die dortigen Nachweise wurden zudem von Fehlern bereinigt und zusätzlich wurden Veröffentlichungen in Schweizer Zeitungen miteinbezogen.

---

1) Laut Auskunft von Wolfgang U. Schütte, Leipzig.
2) Hrsg. von Lieselotte Maas. 3 Bde., München 1976-81.

2. Die gedichtete Lebensgeschichte Chamissos

Hans Natonek spannt seinen Roman über Adelbert von Chamisso zwischen der Flucht der Familie aus Frankreich 1792 bis zu Chamissos Tod 1838. Die folgenden Lebensstationen und -abschnitte sind Schwerpunkte des biographischen Romans: Flucht, Stationierung in Hameln, literarisches Leben in Berlin, die Freundschaft mit Eduard Hitzig, Kontakt zu Anne Germaine de Staël, die Entstehung des "Schlemihl", die Weltreise sowie die Familiengründung und endgültige Niederlassung. Für die Zeit bis zur Entstehung des "Schlemihl" widmet Natonek dem Leben Chamissos fast dreiviertel seines Romans, während die über zwanzig Lebensjahre danach mit den abschließenden beiden Romankapiteln abgedeckt werden. Dem etablierten bürgerlichen Wissenschaftler und Familienvater, der in dieser Zeit ein sehr produktiver Dichter war, gilt das Interesse des Autors nur sehr eingeschränkt. Dieser Lebensabschnitt wird von Natonek vernachlässigt, da sein Thema der zwischen seinen zwei Vaterländern und Muttersprachen hin-und-hergerissene, heimatlose Chamisso ist.

Der Roman konzentriert sich nicht ausschließlich auf den Dichter; die Künstlerthematik ist ein Thema neben anderen. Chamisso steht nicht nur als Dichter, sondern hauptsächlich als "exemplarischer Mensch"(151) ohne Heimat im Mittelpunkt. Diese Heimatlosigkeit ist für seine Biographie bestimmend und für den Roman leitmotivisch prägend. Natonek entwickelt einen heimatlosen, kontaktscheuen und introvertierten Außenseiter, dessen Leben von der Entwurzelung, vom Exil geprägt ist. Dadurch kommt es folgerichtig zu Streichungen oder Abschwächungen der Bedeutung bei wichtigen, langandauernden zwischenmenschlichen Beziehungen des historischen Chamisso, wie z.B. der intensive Kontakt zu Herminia von Chézy oder zu seinem Freund de la Foye.

Natoneks Persönlichkeitsbild Chamissos ist stark von den "phantastisch-grotesken"(322) Schlemihl-Illustrationen von Cruikshanks beeinflußt. Das Linkisch-Tolpatschige dieser Gestalt wird, entsprechend der traditionellen Identifikation der Schlemihl-Figur mit seinem Autor, bestimmend für die äußere Erscheinung; das "lächerlich-linkische Ungeschick <...> eines stolpernden Tolpatsches"(18) wird als Ausdruck seiner Existenz ausgelegt:

> Es war eine tiefe Gleichgewichtsstörung und eine Verlorenheit im Raum, weil seine ausgerissenen Wurzeln nirgends hafteten.(18)

Eine charakterliche Disposition hierzu ist beim "Sorgenkind, scheu, still und überzart"(11) jedoch schon angelegt. Das Exil, das Chamisso als Kind erlebt, wird zum Leitmotiv seines Lebens. Aber entgegen der historischen Biographie gestaltet Natonek seinen Chamisso als kontaktscheu, passiv und in vielerlei Hinsicht entwurzelt, wobei dies ein Dichterbild mit langer Tradition ist.

Der historische Chamisso, eher robust als zerbrechlich, war bereits elf Jahre alt, als die adlige Familie aus dem revolutionären Frankreich flieht; bei Natonek soll Adelbert neunjährig sein, wird jedoch wie ein Kleinkind beschrieben, das sich zu Boden "strampelt"(14). Als Napoleon die Repatriierung der Emigranten ermöglicht, kehren Adelberts Eltern und Geschwister zurück, doch während der historische Chamisso zunächst sehr wohl seiner Familie nach Frankreich folgt (wenngleich dieser Rückkehrversuch bald scheitert), läßt Natonek sein "verlorenes Kind"(20) sich für ein Leben in der Fremde entscheiden:

> Bleiben oder gehen war für ihn gleich schwierig. Das Exil begann heimatlich zu werden; die Heimat war fern und sein Herz zerrissen vor Wehmut, Sehnsucht und zweiseitigem Heimweh. Zweiseitiges Heimweh ist das schlimmste.(21)

Es ließe sich sicherlich entwicklungspsychologisch treffend begründen, warum sich der zwanzigjährige Chamisso nach zehnjährigem Exil in Preußen für diese neue Heimat entschied - Natonek schreibt das Leben seines Adelbert dagegen ausschließlich nach den Kategorien einer Psychologie des Exils, nicht mit den Argumenten und der Stringenz einer psychologischen Biographie. - Daraus entsteht eine Psychologie der Romanfigur, die den verlorenen Schatten als seine Lebensmetapher und Quelle seines Leidens und Schreibens ansieht. Bezeichnend für

Natoneks Chamisso-Bild ist dabei, daß sein Adelbert meist Getriebener und höchstens Geduldeter, lediglich passives Opfer der epochalen historischen Ereignisse ist, denen sein Schicksal entspringt. Demzufolge ist er niemand, der seine Interessen aktiv durchzusetzen versucht: Bei Natonek reist Chamisso nicht nach Paris, um seine Entschädigungsangelegenheiten zu regeln (1825), vielmehr bekommt er als ehemaliger Revolutions-Emigrant, quasi aus Fortunati Glücksäckel, unverhofft zur rechten Zeit eine Entschädigungssumme aus dem restaurativen Frankreich.

Der politisch stark interessierte und reflektierende, auch mit politischer Aussage schreibende Chamisso läßt sich bei Natonek kaum finden. - Zum hervorstechenden fiktiven Geschehnis, das er, breit entfaltet, seinem Chamisso in die Biographie schreibt, nutzt Natonek die Emigrantenrunde um Madame de Staël, dem Ort der "petites postes", wo er Chamisso zum Retter des gefährdeten Manuskripts von "De l'Allemagne" macht, dem Buch, das Napoleon konfiszieren und verbieten läßt und dessen Autorin dieser zur Emigration zwingt.

Das personelle Inventar des Romans besteht mit wenigen Ausnahmen (z.B. Spazier) aus historischen Figuren; Natonek trifft hier eine Auswahl (z.B. fehlt E.T.H. Hoffmann, Louis de la Foye wird vernachlässigt), wobei Eduard von Hitzig als wichtigste Kontaktperson Chamissos zur zentralen Nebenfigur wird. Bei den meisten auftretenden Personen handelt es sich um welche mit Emigrantenschicksalen verschiedener Art, die Natonek auch als solche vorstellt; deren Ausgestaltung wird im einzelnen auch zu untersuchen sein.

Zu Natoneks Quellen, die er für seinen Chamisso-Roman benutzte, gehören neben den Werken Chamissos besonders auch seine Briefe an verschiedenste Adressaten. Die von Eduard Hitzig herausgegebenen beiden Bände "Leben und Briefe" sind mit Abstand Natoneks wichtigste Quellen.[1] Bei einigen Lebensabschnitten schildert Natonek sehr nah an der Quellenlage, z.B. stellen der lange Brief Chamissos an Varnhagen über die Kapitulation von Hameln[2] und Chamissos Rechtfertigung über sein dortiges Verhalten[3] die historisch-biographische Grundlage für das Romankapitel "Das Kind von Hameln" dar; für Chamissos jahrelange Forschungsreise bot sich sein Tagebuch "Reise um die Welt" an.

3. Literatur und Schreiben

Die Literatur ist für Natoneks Chamisso von Beginn seines Lebens im Exil an Refugium und Ort des Trostes. Die Möglichkeit, ja die Notwendigkeit, "in der Poesie Trost für vielen Verlust zu finden", läßt die Frage allerdings noch offen, ob er sich "nur aufnehmend oder auch ausübend"(23) der Literatur zuwenden soll. Sein Exilschicksal, sein "zweiseitiges Heimweh"(21) wird Movens der Wendung zur Literatur, in die er über die neue, deutsche Sprache eintaucht: "Er versuchte, den Schmerz zu bannen mit sanften, beschwörenden Worten"(21).

Der Weg führt über das allmähliche Erlernen der neuen Sprache und über den Nachholbedarf an literarischer Bildung schließlich zum Dichten selbst. Die fremde Welt der Kunst wird für ihn zunächst im literarischen Leben, im literarischen Salon und im Dichterbund wirklich, und das heißt für den Exilanten: Im Kreise von Schicksalsgefährten und gleichgesinnten (Dichter-)Freunden wird die Entwurzelung und die "schale Wirklichkeit"(22) erträglich.

Doch zunächst bleibt Chamisso "in der Versunkenheit des Lesens <...> ein rezeptiver, leidenschaftlich hingegebener Dich-

---

1) Leben und Briefe von Adelbert von Chamisso. Hrsg. v. Julius Eduard Hitzig. Leipzig 1839 (=Adelbert von Chamisso: Werke Bd. 5 und 6). 5., vermehrte und berichtigte Aufl.(besorgt von Friedrich Palm), Berlin 1864.
2) Ebd., Bd.5, S. 185-203 (Brief vom 22.11.1806).
3) "Memoire über die Ereignisse bei der Kapitulation von Hameln". In: Adelbert von Chamisso, Sämtliche Werke in zwei Bänden, hrsg. von Volker Hoffmann, München 1975, Bd. 2, S. 507-509.

ter" (27). Homer wird ihm zur "Bibel, seine Leidenschaft, sein
täglicher Umgang"(23); konkret ist es die Odyssee, die identifikatorisch rezipierte Geschichte des "heimfahrenden Dulders"
(27), die ihm ebenso Trost und Linderung von Exil-Schmerz bietet wie Dantes Göttliche Komödie. Natonek zitiert hier "Dantes
Klage des Verbannten"(27) als Lebensmotto und zur Kennzeich-
nung, unter welchem Stern das Schicksal seines Chamissos
steht:
> Wie wird das Brot der Fremde bitter schmecken,
> Wie hart Dir's wird, die fremden Treppen auf- und abzu-
> steigen,
> Du wirst es bald entdecken.(1)

Der "mühsame\<r\> Sammler der deutschen Sprache"(27) vertieft
sich somit nicht etwas in die literarischen Größen der deutschen Klassik und Romantik, sondern greift zu den Klassikern
der Exilthematik.

Im Wechsel der "petites postes" zwischen Anne Germaine
de Staël und Chamisso, der sich zu einem großen Gespräch über
die Themenkreise Heimatlosigkeit und Exil ausweitet, antwortet Chamisso auf die Frage nach dem Vaterland erneut mit Dich-
terworten von Autoren, die in diesen Fragen kompetent sind:
> Überall Vaterland, die nährende Erde, sagt Euripides. -
> Wo ich Sonne und Gestirne sehe, ist Vaterland, sagt Dan-
> te in der Verbannung. La patrie est aux lieux où l'âme
> est attachée, sagt Voltaire. So trösten die Dichter, die
> am tiefsten wissen, was Heimatlosigkeit ist.(186)

Der in Sachen Exil erfahrenen Dichter ist mit seiner trösten-
den Literatur für Natoneks Chamisso einer der stabilisieren-
den Aspekte seiner so unsicheren Exil-Existenz.

Die beginnende eigene dichterische Arbeit Chamissos schildert
Natonek nicht so sehr mittels des Schreibens für den Grünen
Musenalmanach des Nordsternbundes, sondern zunächst mit dem
dichterischen Werben um Cérès Duvernay. - Nicht zufällig
schreibt er dieser ebenfalls Exilierten französische Verse,

---

1) Hans Natonek: Der Schlemihl, S. 27. - Vers 58-60 aus dem 17. Gesang
des 'Paradieses' der Göttlichen Komödie Dantes.

mit der er sich in "Schicksalsverwandtschaft"(31) verbunden fühlt. Liebe verbindet Chamisso mit Begriffen wie Heimat und Ewigkeit. Natonek gibt der Schilderung dieser ersten Schreiberfahrung den Vorrang, die dem thematischen Konfliktbereich der Exilproblematik des jungen Chamisso entspringt. Von anderen poetischen Werken erfährt der Leser zunächst kaum etwas. - Schreiben steht für Natoneks Chamisso von Anfang an in sehr engem Zusammenhang mit seinem Leben. Und wenn Natonek im Verlauf des Lebensromans auf Werke Chamissos zu sprechen kommt, denn handelt es sich meist um Zäsuren in Chamissos Leben, die von ihm im Dichten antizipatorisch erahnt oder künstlerisch (nach-)vollzogen werden.

Die erstgenannte größere Dichtung, FORTUNATI GLÜCKSÄCKEL, wird mit Rückkehrplänen nach Frankreich in Beziehung gesetzt, nachdem Chamisso auf die Möglichkeit der napoleonischen Repatriierung adeliger Revolutionsemigranten hingewiesen wurde: "Herrlich! Chamisso lachte vor Glück. Ich habe Fortunati Glücksäckel. Es kann mir nicht fehlen. Von allen Seiten winkt es mir zu"(55). Mehr als nur Identifikation mit der eigenen Dichtung wird das Märchenspiel, das er bereits gedruckt bei sich trägt, zum Ausdruck der möglichen, entscheidenden Wendung seines Lebens. - Die Erfahrung, daß ihn sein Schreiben wie ein starkes märchenhaftes Wünschen der Erfüllung seiner Träume näherbringt, läßt ihn sich im Roman zum ersten Mal mit seinem Schreiben identisch fühlen. So bekommt er den Mut, sich offen zu seinem Dichten zu bekennen. Das geradezu kindliche Sich-in-Beziehung-Setzen mit der eigenen Märchenfigur erscheint Chamisso als Merkmal einer gänzlich anderen Dichterexistenz als der eines anderen 'Märchen-Dichters', des dichtenden Soldaten de la Motte Fouqué, den der Dichter des Fortunat kennenlernt. Hier ist Schreiben "Strategie" und "Ersatz für den ersehnten Waffengang, dem er <Fouqué, Anm. d. Verf.> nachtrauert wie einem niedergelegten Degen"(62). Fouqués "Märchen- und Ritterwelt"(62) als Kompensation für das (zurück-)gewünschte nicht (mehr) gelebte Leben - dieses literarische Konzept

bleibt dem in mehrfacher Hinsicht gegensätzlichen Chamisso fremd.
 Für Chamisso bedeutet Schreiben gerade nicht das Sich-Zurückträumen in eine märchenhafte Idealwelt, in eine Idealität und frühere Identität, sondern für ihn gilt es, mittels der Literatur erst einmal Identität zu bilden und den fremden Boden, der die neue Heimat sein soll, in der deutschen Sprache schreibend tragfähig zu machen und zu sichern. Sein Ziel, "in der deutschen Dichtung ein Plätzchen zu finden"(107), heißt, einen Platz am wärmenden Ofen einer Heimat, Verwurzelung in einer Sprache und Literatur zu erlangen und mit Literatur als "seltsam rätselhafter Geheimsprache"(268) sein Innerstes ausdrücken zu können.

Doch darüber reflektiert erst der Dichter des Schlemihl. Bis zu diesem zentralen (für den Roman titelgebenden) Werk "Peter Schlemihls wundersame Geschichte" zeichnet Natonek seinen Chamisso als "eine strömende poetische Natur", in dessen Leben bis dahin "mehr Poesie als in seinen bisherigen Versen"(118) war.
 "Es war die seltsame Figur, die er nicht schrieb"(118): die er zumindest bis zum "Schlemihl" noch nicht schrieb. Natonek geht weit über die verbreitete autobiographische Deutung des "Peter Schlemihl" hinaus. Sein Chamisso hat nicht nur die Züge und äußere Gestalt Schlemihls, vielmehr wird die Schattenlosigkeit zur Lebensmetapher für seinen Autor. Der Verlust des Schattens, der so viele Deutungen zuläßt,[1] ist von Natonek leitmotivisch in DER SCHLEMIHL verarbeitet und als Ausdruck von Chamissos Heimatlosigkeit, dem Fehlen persönlicher Verwurzelung, sozialer und gesellschaftlicher Verankerung eingesetzt:

---

1) Gero von Wilpert: Der verlorene Schatten. Varianten eines literarischen Motivs. Stuttgart 1978. Besonders S. 20-50. - Winfried Freund: Adelbert von Chamissos "Peter Schlemihl", Geld und Geist: ein bürgerlicher Bewußtseinsspiegel. Paderborn 1980.

> Ich bin bemakelt, vogelfrei, ein Vaterlandsloser, entbehren muß ich, was noch der Geringste so sicher besitzt wie seinen Schatten.(59)
> Was ist das: der Schatten? Die Unschuld, die Wesenseinheit, - Ja, auch das. Ein Nichts und doch hat ihn jeder. Also ein alles, wenn er fehlt. Der Schatten ist das dem Menschen Anhaftende, das eigentlich Unverlierbare: sein Selbst!(270)

Schreiben wird von Natonek ausführlichst und äußerst vielschichtig und dicht als Bewußtwerdungsprozeß für Chamisso geschildert:

> Er hielt inne. Leicht und ungehemmt schossen die Gedankenfäden hin und her, aber wenn man sie <u>verdichten</u> <Herv. d. Verf.> wollte zu einer Figur durch die geschriebene Sprache, begannen die Schwierigkeiten. Was habe ich denn verloren, was suche und was entbehre ich so bitter schmerzlich?(271)

Chamisso macht in Natoneks Roman seine existentiellen Probleme verdeckt zum Thema seines Hauptwerkes, in dem er sich "das Erlittene und noch zu Erleidende vom Herzen dichten"(269) will. Während der Niederschrift der 'wundersamen Geschichte' von Peter Schlemihl zeigt sich ihm "die Verpfuschtheit und Verlorenheit seiner Existenz mit der Schärfe eines überhellen Spiegelbildes"(268), und die Erkenntnis wird im Prozeß des Schreibens gebündelt und zur Triebkraft seiner dichterischen Phantasie. Doch er kann das alles nur 'verdeckt' ausdrücken: das "Erlittene" wird in einer Art und Weise transponiert, die ihm im "schamhaften Gleichnis" "bekennen und verhüllen"(268) ermöglicht: Das Schmerzliche "geradeweg zu erzählen, war ihm unmöglich"(269).

"Aber niemand soll bei meinem Schlemihl an einen gewissen Herrn Chamisso denken"(271). - Der Camouflage dient das 'verdeckte' Schreiben "in seltsam rätselhafter Geheimsprache"(268), wobei auch die literarische Form als "Geheimschrift" bezeichnet wird: "Ich will, damit man mich nicht erkenne, meine Geschichte in der Geheimschrift eines Märchens erzählen"(271). - Auch die Herausgeberfiktion verbirgt den Autor, doch ist Natoneks Metapher "Tarnkappe" auf den Prozeß des Schreibens selbst bezogen, auf "seinen Zustand, den er zugleich bekennen und verhüllen wollte (268).

Dieses Schreibkonzept nimmt im Roman geradezu Züge eines psychoanalytischen Prozesses an, des qualvollen und doch entlastenden Durcharbeitens, das ihm im Kampf gegen eigene psychische Widerstände die Grundproblematik seiner Existenz erst Schritt für Schritt erhellt:

> Das waren Hieroglyphen, deren Schlüssel er verloren hatte, wenn er sie entziffern wollte; eine Geheimschrift, als wollte er sie vor sich selbst verstecken. Die Wortzeichen des Vortags blickten ihn am nächsten Morgen fremd an, als hätte nicht er sie hingeschrieben. Er schrieb, um es wieder durchzustreichen. Es war Penolopens endloses Gewebe.(268)

Bis zur Vollendung seiner chiffrierten Geschichte von Peter Schlemihl bleibt diese Spannung erhalten, "verwirrte"(274) ihn das Märchen, für das er zunächst keinen Schluß weiß:

> Er wollte zu Ende kommen und wußte nicht, wie, und ob ein Mensch ohne Schatten weiterleben kann. Wie konnte er es auch wissen, da er doch selber mitten in dieser Spaltung befangen war... (274)

Das "vielschichtige Werk" steht aber nicht nur als "getarnte Beichte"(280) Chamissos im Mittelpunkt seiner im Roman angesprochenen Werke; es werden auch antizipatorische Aspekte für das Leben Chamissos aufgezeigt: Wird der erste Teil des Märchens, der Schattenverlust Schlemihls, quasi als literarische Verarbeitung des bisherigen Lebens seines Autors gedeutet, so wird der zweite Lebensabschnitt als Vorwegnahme seines späteren Schicksals gesehen, das er im 'Schlemihl' "prophetisch gedichtet"(398) habe:

> Der Makel der Heimatlosigkeit, der den Schlemihl in die Welt hinaustrieb, das Hin- und Hertaumeln zwischen der harten nordischen Zone und den lieblichen Südländern, die unvollkommenen naturwissenschaftlichen Sammlungen für die Berliner Universität, das Mißgeschick und der Fehlschlag der Expedition: das alles war im "Schlemihl" schon enthalten, lange bevor es geschehen war.(333)

Der 'Schlemihl' ist für Natoneks Chamisso eine entscheidende Zäsur ganz besonders im Hinblick auf die Selbsterkenntnis ("ich habe meinen Schatten verloren"<279>) des vaterlandslosen, heimatlosen Dichters durch den Prozeß des Schreibens. Er erkennt, woran er leidet und daß dieser Leidensdruck aus seiner existentiellen Zerrissenheit Quelle seiner dichterischen Phantasie ist. Einen wirklich entlastenden Effekt im Sinne einer selbsttherapeutischen Wirkung hat Schreiben für Natoneks Chamisso allerdings kaum. Schreiben ist für ihn - im Gegensatz z.B. zu Fouqué - allerdings auch kein Verdrängungsprozeß. Die Funktion des Schreibens für Chamisso, wie sie im Roman beschrieben wird, meint auch der als Dichter u n d Literaturwissenschaftler reflektierende Adolf Muschg, wenn er schreibt: "Das Schreiben hat mein Leben nicht entlastet. Es hat nur den Riß verdeutlicht, der durch meine Geschichte geht."[1]

Wenn Natonek in seinen Exposés zum SCHLEMIHL resümiert, daß "das Wesentliche des Romans <...> nicht das geschriebene Werk Chamissos <ist>, sondern die gelebte Dichtung seines gleichnishaften Lebens"[2], wird verständlich, wieso neben dem 'Schlemihl' andere Texte bloß noch erwähnt werden. - Das Verhältnis von "persönlichem Schicksal" und "gelebter Dichtung"[3] wird zentral am 'Schlemihl' entfaltet; anders geartete Schreibkonzepte und Literaturen werden mittels eingefügter anderer Dichtung vorgestellt und von Chamisso reflektiert.

Von Chamisso selbst werden neben den bereits genannten Texten lediglich ein bekanntes Beispiel seiner politischen Lyrik, "Der Invalid im Irrenhaus", angeführt und aus einer Reihe von Liebesgedichten einzelne Verse zitathaft eingestreut; ebenso werden von Natonek immer wieder Zitate aus Gedichten eingefügt, die thematisch zum Bereich der Heimatlosigkeit und Exilproblematik gerechnet werden (z.B. "Bei der Rückkehr", "Berlin", "Schloß Boncourt"). Den Stellenwert des Schreibens für Natoneks Chamisso trifft nach dem 'Schlemihl' am ehesten die Bezeichnung "Gelegenheitspoesie"(371).

---

1) Adolf Muschg: Literatur als Therapie? Ein Exkurs über das Heilsame und das Unheilbare. Frankfurt 1981, S. 104.
2) Zeites Exposé zum SCHLEMIHL. Zentrales Staatsarchiv der DDR in Potsdam, Nachlaß Hans Natonek. 2. Blatt.
3) Erstes Exposé zum SCHLEMIHL, ebd., 1. Blatt.

Die Entstehung des politischen Gedichts "Der Invalid im Irrenhaus", eigentlich erst 1827 geschrieben, wird von Natonek über zehn Jahre vorverlegt, um Chamissos späteren Rückzug in die Natur und Naturwissenschaft als Zäsur markanter zu machen.

Politische Erfahrungen werden von Natoneks Chamisso kaum literarisch verarbeitet, obwohl er diese auch im Roman durchaus macht. Mit Ausnahme des oben genannten Gedichts geht es Natonek nicht um die literarische Umsetzung politischer Aussagen - der politische Lyriker ist nahezu ausgeblendet. - Die Menschen sind Verlorene in der Welt, Spielbälle der (Welt-) Politik, die nach Versuchen der Einflußnahme und des Willens zur Gestaltung resigniert in die Idylle und Privatheit oder eine Art des realen Exils getrieben werden bzw. sich selbst dorthin zurückziehen. Chamissos Botanisieren und seine Weltreise sind somit nicht nur Rückzüge aus der Literatur.

Literatur mit explizit politischen Intentionen oder mit einer implizit politischen Brisanz wird dem Leser an zwei Dichtern vorgestellt. Eduard Hitzig verfaßt und druckt im Untergrund getarnte Pamphlete gegen Napoleon, worauf Chamisso zu diesem Zeitpunkt noch mit einem "Lächeln des Zweifels und Widerspruchs"(135) reagiert.

Eine andere Einstellung zu politischer Literatur gewinnt er im Wirkungskreis der gebannten Madame de Staël, nach deren Manuskript von "De l'Allemagne" Napoleons Zensur und Geheimpolizei fahndet. Auch sie arbeitet literarisch mit dem Konzept der verdeckten Transponierung des eigentlichen Anliegens - im Gegensatz zu Chamisso geht es ihr allerdings um politische Absichten: "Fast jede Zeile war, mehr oder weniger versteckt, sichtbar oder nicht, gegen ihn <Napoleon, Anm. d. Verf.> gerichtet"(178). - De Staëls Buch ist so untrennbar mit ihrem Schicksal verknüpft wie Chamissos 'Schlemihl' mit seinen - nur aus verschiedenen Gründen und mit anderen Konsequenzen für den Autor. "Das Verbot des Buches, das ist die Verbannung" (189) - das politisch gefährliche Werk über Deutschland wird zur (Lebens-)Gefahr für die Autorin, weil die Machthaber die

Bedeutung kennen, die Literatur haben kann und die Gefahr für
das Regime, die vom literarischen Wort ausgehen kann. Auch
nach dem napoleonischen Publikations- und Schreibverbot arbeitet die unbeugsame de Staël - nun im Exil - weiter:
> Ihr Geist begann schon wieder zu arbeiten. Sich gegen
> den Tod wehrend, entwarf sie einen Essay über den
> Selbstmord. Die Vernichtete rang sich zum Leben, mit
> Hilfe des Wortes <...>.(221)

Zunächst in Paris, später in der Umgebung der de Staël, lernt
Chamisso eine ganze Reihe von Schriftstellern kennen, die eines gemeinsam haben: das Leben und Schreiben in der Fremde.
Sei es aus politischen oder anderen Gründen, mit diesem Verbindenden werden die Brüder Schlegel, Helmine von Chézy und
auch der fiktive Spazier vorgestellt, ja, die Unterhaltungen
drehen sich immer wieder um das Thema Heimatlosigkeit und
Heimweh, um nationale und individuelle Identitätsprobleme.

Das Gegenbild zu diesen Dichtern ist im Roman Goethe,
der in barscher Polemik als weltabgewandte und ignorante Dichter-Eminenz kritisiert wird.[1]

Eine weitere Gestalt der Literaturgeschichte, Chateaubriand, dient Natonek am Romanschluß dazu, noch einmal einen
schicksalsverwandten Dichterkollegen auftreten zu lassen:
> Das also ist der Mann, dachte Chamisso, der Emigrant
> war wie ich <...>.
> Sein ganzes Leben kreiste um Heimweh-Sehnsucht <...>
> (375).

Chateaubriand verarbeitet sein wechselhaftes Dichter- und Emigrantenleben, den "trüben Stoff", in seinen Memoiren, "einem
ungeheuren Manuskriptkonvolut"(375). Der wesensverwandte Dichter erkennt kongenial den Sinn und die Autor-Intention von
Chamissos Hauptwerk: "Sie also sind der Dichter des Schlemihl,
der dem Schmerz aller Heimatlosen und Verlorenen so rührend,
so zart versteckt Ausdruck gibt"(375):

---

1) S. 26, 148ff., 364.

4. DER SCHLEMIHL - Eine jüdische Geschichte

Obwohl DER SCHLEMIHL ein Roman über einen katholischen französischen Exilanten im protestantischen Preußen ist, spielt dieser Glaubensgegensatz für Natoneks Chamisso überhaupt keine Rolle, er wird nicht einmal erwähnt. Überraschend ist, wie sehr die Probleme des jüdischen Lebens in einer nicht-jüdischen Umwelt diesen Adelbert von Chamisso beschäftigen. Neben seiner eigenen nationalen Identitätsproblematik und seinem Exil steht die Auseinandersetzung mit anderen Emigranten, besonders aber mit denen des jüdischen Exils.

Auf vielfältige Weise kommt er mit den Problemen jüdischen Lebens in Berührung und erlebt dieses zwischen dem Makel der Diaspora einerseits und den Lösungsversuchen der Assimilation bzw. Emanzipation andererseits.

Natonek greift hiermit historisch gesehen ein durchaus virulentes Problem im Preußen des frühen 19.Jahrhunderts auf: Die Zeit ist geprägt von einer antisemitischen Welle im Zuge der napoleonischen Eroberungen, nachdem es seit der Jahrhundertwende zu pragmatischen Verbesserungen der Stellung der Juden gekommen war, aber auch von den grundlegenden Neuansätzen in Richtung auf eine jüdische Emanzipation, die nach der preußischen Niederlage mit dem Meilenstein des Judenedikts von 1812 die Entwicklung vorangetrieben haben.[1]

Im Roman wird das Bild eines Staates und einer Gesellschaft vermittelt, wo Antisemitismus besonders in Krisenzeiten aktivierbar und daneben auch eine kurze "Blütezeit deutsch-jüdischer Geselligkeit"[2] (literarische Salons) möglich ist. Doch nicht erst der erneute antisemitische Schub nach den Be-

---
1) Siehe zur historischen Situation der Juden in Preußen u.a. Heinz Holeczek: Die Judenemanzipation in Preußen. In: Die Juden als Minderheit in der Geschichte, <Lit.343>, S. 131-160.
2) Wanda Kampmann: Deutsche und Juden. Die Geschichte der Juden in Deutschland vom Mittelalter bis zum Beginn des Ersten Weltkrieges. Frankfurt 1979, S. 118.

freiungskriegen ist nötig, um die Skepsis gegenüber einer Emanzipationsperspektive auszudrücken, die im Roman durchgängig festzustellen ist. "Jene kurze Zeitspanne, da der alte Judenhaß wirklich abgetan und der moderne Antisemitismus noch nicht geboren war"[1], ist bei Natonek sowohl durch alte Judenfeindschaft wie auch durch Aspekte von rassisch geprägtem Antisemitismus charakterisiert; Assimilation hat Züge einer notwendigen Tarnung - Emanzipation wird als nur mittels Überanpassung erreichbar geschildert.

Natoneks Chamisso wird im Roman immer wieder mit Juden konfrontiert, mit denen er nicht nur theoretische 'Religionsgespräche' führt, vielmehr identifiziert er sich als Heimatloser mit dem jüdischen Schicksal. "Es hat Gott gefallen, diesem französischen Vicomte ein jüdisches Schicksal aufzuerlegen" (113): Dieses jüdische Schicksal wird im Roman einerseits historisch vom Assimilations- und Emanzipationsthema her, andererseits als Emigrantenschicksal und ahasverischer Fluch definiert.

    Eduard Hitzig, Chamissos engster Vertrauter, plädiert für die Konversion und für das "ganz aufgehen in einem Volk"(138), für die völlige Assimilation:
> Zu Ende die Fabel vom ewigen Juden, Ahasver soll sterben, diese Figur des Schreckens und des Ärgernisses, die sich die Völker mit unbarmherzigen Schlägen aus dem zähen jüdischen Herzen gehämmert haben ... (139)

Hitzig gelingt dieser Schritt, der für das frühe 19.Jahrhundert auch ein historischer ist, doch Chamisso, der sich mit Hitzig solidarisch fühlt und sich mit dem jüdischen Schicksal identifiziert, hat diesen Prozeß noch vor sich: "Mit ihm <Hitzig, Anm. d. Verf.> verglichen bin ich der 'Nirgendwo', der ahasverische Jude"(139). Leitmotivisch durchzieht diese Identifikation den Roman.

---

1) Hannah Arendt: Elemente und Ursprünge totaler Herrschaft. Frankfurt 1955, S. 104.

"Ich bin überall Fremdling <...> ein Nachfahr' des Ewigen Juden"(187): Dafür erfindet Chamisso eine literarische Figur, mit der er seine Problematik ausdrücken kann:

> Und von dem andern Freund, von Hitzig, kam ihm das zweite, weckende Zauberwort: Schlemihl, ein gutmütiges jüdisches Spott- und Kennwort für eine uralt-ewige Figur, einen Hans im Glück und Unglück, der immer verliert und im Verlieren gewinnt, der immer stürzt und nie fällt, vom Regen in die Traufe stolpert <...>; ein Hiob, den Gott zaust und herumstößt, aber nicht der Gnade und Auszeichnung würdigt, ihn groß und bis ins Mark zu schlagen; ein Ahasver, aber auf eine harmlosere und fast komische Art, als wäre er nur der kleine Neffe des großen ruhelosen Dämons. <Herv. d. Verf.> (269f.)

Seine Identifikationsfigur wird der jüdische Schlemihl, der in Verwandtschaft mit Ahasver und Hiob gedeutet wird. Somit bekommt die tradierte Gleichsetzung von Autor und Märchenfigur bei Chamissos 'Peter Schlemihl' durch den hier eingesetzten jüdischen Bedeutungshintergrund eine spezifische Richtung. "Das komische Abbild eigenen Stammesschicksals"(351), der Schlemihl, und die "Schicksalsparallele und Wahlverwandtschaft" zwischen Hitzigs "Ahnherrschaft Ahasvers"(352) und dem jüdischen Schicksal Chamissos: Durch die enge Verknüpfung der "Tarnung"(271) des exemplarischen Hitzig und des "schamhaften <literarischen> Gleichnisses"(268) Peter Schlemihl, weitet Natonek einen traditionellen Deutungszusammenhang für seine jüdische Exilproblematik aus und vertieft sie zur dominanten Thematik des Romans.

Natonek zeigt seinem Chamisso die Möglichkeit, den Bezug zur jüdischen Thematik im 'Peter Schlemihl' ganz offen und direkt herzustellen:

> Rasch hängte er ihm <Chamisso dem Schlemihl, Anm. d. Verf.> einen langen grauen Bart um, "sodaß er für einen Juden gelten konnte, darum er aber <...> nicht minder sorgfältig gepflegt wurde". Bei dieser Stelle zuckte Hitzig zusammen, wie immer, wenn er das Wort Jude hörte. Wie leicht hätte Chamisso das ganze Leid und Elend Schlemihls dem Hitzig aufbürden können, sich selbst verbergend und den andern enthüllend, das lag sehr nahe. (280)

Doch "für so eine bösartige Transfiguration war seine Feder nicht zu haben"(280): Natonek untermauert damit seine Darstellung der jüdischen Thematik im 'Peter Schlemihl', die eben für seinen gedichteten Chamisso so bedeutsam und wichtig ist.

Das Motiv des verlorenen Schattens wird im Sinne der Heimatlosigkeit des Autors Chamisso gedeutet ("Mein Schlemihl hat Heimweh nach einem - verlorenen Schatten. <...> die Sehnsucht nach dem Verlorenen, nach Geborgenheit, nach Heimat"<270f.>) und in die jüdische Deutung seines Schlemihls miteinbezogen:
> Sie sprachen nicht darüber; an Stelle des Worts, des harten, mißverständlichen, stand das verhüllende Gleichnis des Märchens. Während der Lektüre fühlte Hitzig sich wiederholt von einem Schatten gestreift, der ihn ansah wie ein dunkles Spiegelbild, schmerzlich und fragend; aber er wich dem Blick aus. Ich bin es nicht, sagte er zu sich selbst, aber ich hätte es sein können, beinahe.(279)

Während Hitzig die "Schattenlosigkeit" durch Assimilation überwunden glaubt, sieht sein "in Melancholie der Heimatlosigkeit versinkende<r> Freund"(352) Chamisso das eigene Leben als noch unbewältigtes jüdisches Schicksal im Bild des verlorenen Schattens: "Seine Tarnkappe wirkt, und ich, ich habe meinen Schatten verloren"(279). Hitzigs Existenz ist zwar eine persönlich geglückte Assimilation, doch gesellschaftlich gesehen nicht gesichert - die "Tarnkappe" könnte sich als "Narrenkappe" herausstellen: "Ein Windstoß kann dir die Tarnkappe vom Kopfe reißen"(141). Hier zeigt Natonek selbst die Grenzen der Identifizierung Chamissos mit dem jüdischen Schicksal auf:"bild dir doch nichts Ahasverisches ein, und nur weil du das eine entbehrst"(141). - Das, was Hitzig "gelungen ist, der es viel schwerer hat und von viel weiter herkommt" (244), gelingt aber schließlich auch Chamisso, ein stilles, privates Glück durch Familiengründung und feste berufliche Stellung.

Natoneks Chamisso wird jedoch von der verdeckten jüdischen Bedeutungsebene seines Schlemihl in seinem idyllischen Lebensabend eingeholt. Sein Sohn bekommt in der Schule nicht nur gesagt, daß sein Vater als "Franzmann"(361) kein echter deutscher Dichter sein könne, sondern auch, daß er ein Schlemihl sei und "Schlemihl sei ein Jude, und das sei noch schlim-

mer"(362).
> "Ist es wahr, daß Schlemihl ein Jude ist?" <...>
> "Ich weiß es nicht, Ernst, aber wenn er einer ist,
> dann ist der Jude und der Schlemihl der Inbegriff des
> Schmerzes um die verlorene Heimat, Inbegriff des ur-
> menschlichen Leidens überhaupt."(362)

Schlemihl als jüdischer Archetypus und als Repräsentant menschlichen Leidens generell - die konkrete Konfrontation Chamissos mit seiner 'jüdischen' Exilproblematik zeigt deren nur scheinbare Überwindbarkeit. Natonek nutzt diese Störung des idyllischen letzten Lebensabschnittes Chamissos auch, um die Permanenz der prägenden Exilerfahrung für Chamisso, "seine wahre ahasverische Schlemihl-Bestimmung"(372), zu bekräftigen: "Meine Kinder, gern möchte ich euch mehr hinterlassen als mein anhängliches Schlemihltum"(362f.).

Natonek verknüpft den Lebensweg des Christen Chamisso auch direkt mit dem Antisemitismus, dessen Auswirkungen im Roman auf verschiedenen Ebenen angesprochen werden. Chamissos Umgebung, die größtenteils aus intellektuellen jüdischen Kreisen besteht, dient im Roman der Verdeutlichung von verschiedenen Positionen zu Fragen von Assimilation und Emanzipation - am Ende des Romans werden verschiedene Positionen bedeutender Zeitgenossen (Hardenberg, Humboldt, Goethe) in pointierter Form vorgestellt.

Die Zeugen der deutsch-jüdischen Symbiose von Moses Mendelssohn über den Kreis der Berliner literarischen Salons bis zu Eduard Hitzig werden im Roman zur Frage nach den Chancen dieser Symbiose und der Zukunft einer jüdischen Emanzipation befragt, wobei auch ein dritter Weg aufgezeigt wird, der des kosmopolitischen jüdischen Intellektuellen (Spazier), der "nirgends und überall zuhause"(105) ist: für Natoneks Chamisso, der nach einem Muster für seine Lebensführung sucht, kein gangbarer Weg.

Natoneks Chamisso-Roman wird durch vielfältige jüdische Thematik - wie der 'Peter Schlemihl' des gedichteten Chamisso - zur jüdisch deutbaren Geschichte. Die jüdische Thematik ist

so durchdringend im Roman eingearbeitet, daß Natonek auf die
Verwendung der jüdischen Dichtungen des historischen Dichters
Adelbert von Chamisso verzichten konnte; die Béranger-Nach-
dichtung "Le juif errant", "Abba Glosk Leczeka", "Baal Teschu-
ba" oder "Der neue Ahasver" boten Natonek aber sicher Anregungen für sein Bild des Dichters. - Jüdische Heimatlosigkeit,
die jüdische Exilproblematik, wird in Natoneks Roman repräsen-
tativ auch für Chamisso, der sein Leiden am Exil literarisch
in seiner jüdischen Märchenfigur verarbeitet.

5. Emigrantenschicksale als Identifikationsmodelle

5.1. Roman unter Emigranten

Der Untertitel "Roman unter Emigranten", den Klaus Manns Exilroman "Der Vulkan" trägt, wäre auch für Natoneks Chamisso-
Roman passend. Bis auf wenige Ausnahmen haben die Personen,
die Natonek auftreten läßt oder erwähnt, entweder eine Exil-
Geschichte im Sinne jüdischer Diaspora, wie Eduard Hitzig,
oder eine aus politischen Gründen verschiedenster Art, was
auf die meisten zutrifft. Dazu gehören adlige französische Revolutionsemigranten wie Louis de la Foye, Cérès Duvernay und
Chateaubriand, die von Napoleon vertriebene Anne Germaine de
Staël und mehrere (auch fiktive) deutsche Exilanten in Paris.
Selbst bei de la Motte Fouqué wird auf die historische Exil-
vergangenheit seiner Hugenottenherkunft hingewiesen. Dieser
weite Exil-Begriff umfaßt im Roman mit der jüdischen Diaspora
die verschiedensten Formen von "Exil", das Natonek meist mit
"Heimatlosigkeit", "Asyl", "Emigration" faßt. Bereits die
Widmung "Allen Heimatlosen dieser Welt"(7) zeigt an, daß es
weder nur um ein historisch konkret fixierbares Exil geht,
noch um ein bloß gegenwartsbezogenes historisiertes Gleichnis.
Insofern wird nicht historisch gewertet oder differenziert,
trotzdem wird der Exil-Begriff nicht völlig ahistorisch. Exil
wird geradezu als Konstante der Geschichte gesehen, denn "die

Nutznießer der Triumphe von 1806 werden die Emigranten von Anno X sein"(87).

Mit dieser verallgemeinernden Feststellung unterbricht der Erzähler den Erzählfluß, wie dies auch an anderen Stellen im Roman dann geschieht, wenn im Präsens allgemeingültige Beiträge zu einer Art Theorie des Exils in den Handlungsablauf eingeschoben werden: "O Gott, wann werden die Menschen lernen, im Fremdling den Gast, den Schutzlosen, zu sehen, wie die Alten es taten und selbst die Wilden es tun ..."(102). - Es geht im Roman stets um die Beschreibung verschiedener Formen von Exil und um die Auswirkungen von Exil auf die Betroffenen; das Aufzeigen von Lösungsmöglichkeiten ist bereits durch den historischen Stoff beschränkt.

Exil wird im Leben von Natoneks Chamisso paradoxerweise zur Konstante seines Lebens, Heimatlosigkeit wird für ihn zur Lebensmetapher. Dahinter steht nicht ein quasi metaphysischer Exil-Begriff, sondern das Problem der Permanenz des Exils gemäß der Formel 'einmal Emigrant - immer Emigrant':
> In wessen Leben der Blitz gefahren ist, dessen Herz ist gespalten, und er findet keine Einheit und keinen Ort, wo er bleiben kann.(65)
> Wer sein Vaterland verloren hat, ist notwendigerweise ein Abenteurer und muß Freiheit und Heimat am Ende der Welt suchen.(164)

Seine Heimatlosigkeit und sein - im Roman lebenslängliches - Entwurzeltsein ist kein angelegter psychischer Defekt Chamissos, sondern Ergebnis des Exils; hier ist das Verbindende zu den vielen Exilierten in seiner Umgebung:
> So waren sie alle, der Hitzig, die Rahel <Rahel Levin bzw. Varnhagen, Anm. d. Verf.>, die Staël, der Schlabrendorf und er selbst, taumelnd und stürzend, wenn man ihnen die Heimat nahm. Wer einmal sein Vaterland verloren hat - - (247f.)

So droht allen die Gefahr, daß sich auch ihre "Heimatlosigkeit verewigen"(106) könnte; alle stehen im Schatten des ahasverischen Schreckgespenstes - jüdische wie christliche Exilanten und an welchen Exilorten sie auch Zuflucht gefunden haben.

Exil hinterläßt bei Chamisso und seinen "Schicksalsgefährten" nicht nur Narben - Exil verursacht irreparable Schäden. Besonders für den politisch denkenden und handelnden Menschen sowie für den Dichter kann Exil tödlich sein. - Wenn Napoleon die Schriftstellerin Germaine de Staël zu Publikations- und Schreibverbot verdammt und schließlich verbannt, dann bedeutet dies "unwirksam machen, ver-nichten, seelisch töten"(179). Chamisso, der zwar Exilant und auch Dichter ist, aber nicht im Dichter-Exil wie de Staël, wird ebenso existentiell von seiner Exil-Erfahrung erschüttert, er verliert, "was ein Mensch, außer seinem Leben, nur verlieren kann"(17), nämlich alles. Später findet er für sich die Literatur, dann die Botanik und die Ethnologie, Bereiche, die Züge von Flucht und Trost bekommen.

Die Reaktionsbreite, die unterschiedlichen Möglichkeiten auf Exilierung zu antworten, die Natonek im SCHLEMIHL anhand der vielen auftretenden Exilanten darstellt, weist kaum eine positive Perspektive auf; die bürgerliche Idylle des Konvertiten Hitzig ist dabei eine Ausnahme.

Abgeschlossene Exil-Räume bieten Natoneks Exilanten nur wenig Entfaltungsspielraum: der gleichgesinnten Gruppe um Anne Germaine de Staël, in ihrer von Napoleon verhängten Isolation "unter dem Druck des Exils"(182) ebenso, wie den Hotelzimmer-Existenzen in Paris. Chamisso lernt diese Exile selbst kennen: "Dieses elende, verlorene Zimmer mitten in Paris <...> das Ende der Welt"(164f.), wie auch die "Schloß-Asyle"(175) der de Staël.

Der Präfekt Barante, ein späterer Exilant, der zunächst in einer Art "Geistesexil"[1] im napoleonischen Frankreich auszuhalten versucht, nimmt Chamisso längere Zeit auf: "Der Aus-

---

1) So kennzeichnet Gert Sautermeister die Position Goethes, wie er sie in Thomas Manns LOTTE IN WEIMAR einnehme. G.S.: Thomas Mann - Volksverführer, Künstler-Politiker, Weltbürger. Führerfiguren zwischen Ästhetik, Dämonie, Politik. In: Exilforschung 1(1983)S. 302-321, hier: S. 319.

weg Barantes, die herrschende Gewalt anzuerkennen, um sie zu täuschen, mißfiel Chamissos geradem Sinn, der auf's Moralische gerichtet war"(203). Das "System von Rechtfertigungen", das Barante für sein Dableiben bereithält, wird vom Exilanten respektiert, weil dieser weiß, daß Barante "wie sie alle, eine heimliche Verzweiflung in sich trug"(203). Die Kritik an dieser Form des Opportunismus wird auch dadurch abgeschwächt, daß Barante zum Retter des gefährdeten Manuskripts des verbotenen Buches "De l'Allemagne" wird, sich so subversiv für die exilierte Autorin und den Kampf gegen den Gewaltherrscher einsetzen kann: "Es ist gut, daß die Machthaber nicht in das Herz ihrer Diener blicken können, so wird den Verfolgten geholfen"(205).

5.2. Exil-literarische Identifikationsmuster

> "Wo werde ich im nächsten Jahr sein, Eduard?" So
> fragt die Seelenbangigkeit; so fragt der reisende
> Mensch, der seiner Bestimmung harrt, im Warteraum der
> Zeit.(151)
> So nicht, mein Gott, nicht so in einem Zimmer der
> Fremde, in der unbehausten Ödnis, möchte ich enden.
> (167)

DER SCHLEMIHL bot als Roman unter Emigranten für den exilierten Leser eine Fülle von Identifikationsmöglichkeiten: Die jüdische Thematik im Roman in ihrem spezifisch jüdischen Gehalt wie auch stellvertretend als Exilproblematik und die verschiedenen Exil-Schicksale machen jedoch längst nicht die ganze Breite des Identifikationsangebotes im Roman aus.

Bereits die Titelfigur Chamisso wird als Schlemihl zur literarischen Identifikationsfigur. Natonek setzt den traditionellen Bedeutungsgehalt des Schlemihl[1] in einen exilspezifischen Kontext und gestaltet daraus seinen Schlemihl-Chamisso als "exemplarischen Menschen"(151) für die "Heimatlosen", denen er den Roman gewidmet hat ("Allen Heimtlosen der Welt"):

> "Kann man noch sagen, Sie <Chamisso, Anm. d. Verf.> sind
> das Modell ihrer Figur, ihr ähnlich, oder ist nicht vielmehr die Figur das Urbild von tausend Schicksalsverwandten."(375)

Das Motiv des verlorenen Schattens gehört ebenso wie der Traum von den Schlemihl'schen Stiefeln, Heimatlosigkeit und Heimkehrsehnsucht zu den Exil-Motiven, die in der Titelfigur entfaltet werden. Das Leitmotiv, das der verlorene Schatten darstellt, symbolisiert bei Natonek eindeutig den Heimat- und Vaterlandsverlust, wenngleich die Schuldfrage aus Gründen der

---

1) Der Schlemihl ist generell eine literarische Identifikationsfigur für diejenigen, "die sich aus einer als unglücklich empfundenen gesellschaftlichen Lage aus eigener Kraft nicht mehr zu befreien vermochten. Ein Schlemihl ist einer, der von den Möglichkeiten zur Selbstverwirklichung abgeschnitten ist, er ist ohnmächtiger Pechvogel, Außenseiter und Anti-Held in einer Person." Winfried Freund: Adelbert von Chamissos Peter Schlemihl, <Lit.340>.

Schlüssigkeit dieser Deutung völlig verschwiegen wird.[1] Bereits am Romananfang ist das Schattenmotiv (hier als Vergleich) angelegt: "Ich bin bemakelt, vogelfrei, ein Vaterlandsloser, entbehren muß ich, was noch der Geringste so sicher besitzt wie seinen Schatten"(59). Das Motiv durchzieht den Roman bis in den Epilog[2], wo Peter Schlemihl in Gesellschaft der "Heimat- und Glückssucher aller Zeiten und Breiten <...> immer noch ohne Schatten, aber heiter resigniert"(401) überragt wird von Ahasver, in dessen "Riesenschatten"(402) er sich befindet: der Heimatlose im Schatten des ewigen Wanderers.

Eine Fülle von exilspezifischen Signalen weisen im Roman auf eine entsprechende Lesart hin. Allein die verschiedenen Exil-Orte, auch Chamissos eigene Exil-Stationen, haben einen überdeutlichen Bezug zur Realität des Exils zu der Entstehungszeit des Romans; viele wichtige Exile der Zeit kommen vor: Paris (Spazier, Chamisso, Schlabrendorf u.a.), London (Chateaubriand), Prag (Freiherr vom Stein), die befristete Geborgenheit in der Enge des Exillandes Schweiz (de Staël) und immer wieder Reflexionen über eine mögliche Emigration nach Amerika. Diese "Amerika-Emigration"(107) ist als Diskussion um "Amerika-Pläne"(223) mehrfach zu finden; sie wird vom Erzähler und den Romanfiguren sehr skeptisch betrachtet. So wie Chamisso sie verwirft, um zumindest in räumlicher Nähe zu Deutschland zu bleiben, so trifft dies die Situation vieler Exilanten in der Entstehungszeit des SCHLEMIHL.

    Das ausführliche, an mehreren Figuren illustrierte (Dichter-)Exil in Paris, mit den Cafés als Treffpunkte,[3] hat nicht

---

1) Das literaturwissenschaftliche Für und Wider dieser prinzipiell möglichen Deutung kann hier vernachlässigt werden. Siehe hierzu u.a. Gero von Wilpert: Der verlorene Schatten, <Lit.364>, S. 34f.
2) "Legende als Epilog", S. 401f.
3) Cafés und Hotels als Exil-Chiffren. Siehe hierzu Helmut Koopmann: Narziß im Exil, <Lit.612>.

nur aktuelle Anspielungsfunktion, es beinhaltet auch einen Bezug zu einer Tradition deutschen Dichter-Exils in Paris: vom exilierten Leser wird hier nicht nur Heine assoziiert.

Eine typische Exilproblematik wird auch mit Chamissos Sprachwechsel angesprochen.

> Im Exil versuchte ich, die Sprache zu wechseln, mich
> auszudrücken in der Sprache, die mich umgab. Später
> verstand ich, daß dies bedeutete: die Identität zu
> wechseln.(1)

Der Exilant Peter Weiss deutet hier auf den engen Zusammenhang von Sprach- und Identitätsverlust im Exil hin.[2] Nach dem Verlust von Heimat und Muttersprache bedeutet der Sprachverlust für Chamisso aber nicht zugleich auch künstlerische Selbstaufgabe, da er erst in der Verbannung zum Dichter wird. Die Gleichstellung "Sprache ist Heimat"[3] ist der leitende Gedanke bei seinem Versuch, in der neuen Sprache schreibend das Exil tragfähiger zu machen und eine neue Identität aufzubauen. Er versucht, der "zerbrochenen Sprachexistenz"[4] mit einer gesteigerten Form von Anpassung zu begegnen, indem er sich nicht nur sprachlich assimiliert, sondern in der neuen Sprache dichtet - und sich hierüber sogar definieren will. An Chamisso wird die Problematik der kollektiven Erfahrung des Exils als einer "Verstoßung aus der Sprache"[5] und (damit) der bisherigen Identität besonders intensiv darstellbar. Im Roman steht folglich nicht Chamissos Bilingualismus im Vordergrund, sondern der existentielle Versuch, in und mit der neuen Sprache Heimat und Identität zu erringen, der in Natoneks Roman allerdings nur bedingt erfolgreich ist.

---

1) Peter Weiss: Notizbücher 1971-1980, Bd. 2, Frankfurt 1981, S. 728.
2) Helene Maimann: Sprachlosigkeit. Ein zentrales Phänomen der Exilerfahrung. In: Leben im Exil, <Lit.616>, S. 31-38, hier: S. 32.
3) Wolfgang Georg Fischer: Zur Sprache des Emigranten. In: Literatur und Kritik 128(1978)S. 475-480, hier: S. 475.
4) Helene Maimann: Sprachlosigkeit. Ein zentrales Phänomen der Exilerfahrung. In: Leben im Exil, <Lit.616>, S. 34.
5) Peter Weiss: Notizbücher 1971-1980, <Lit.511>, Bd.2, S. 725.

Eine ebenfalls für den Rezipienten ganz direkt auf eigene (Exil-)Erlebnisse zu beziehende Erfahrung Chamissos und der Exilantin de Staël ist, "daß ein Mensch ohne Paß ein schreckliches Ding und ein verbotenes Subjekt ist"(335). Mit dem Trauma "als heimatloser Supplikant ohne Papiere dazustehen", mit der "Amtsstuben-Angst"(101) die Ausreisepapiere nicht zu erhalten, steht Chamisso nicht allein - auf die Masse anderer "Gesuchsteller" wird angespielt:

> Diese gilbenden, staubrichenden Aktenstöße... Chamissos Blick verlor sich in den Wust wie in ein Dickicht der Hoffnungslosigkeit. In fünfzig Jahren weiß keiner mehr, wieviel Qual in diesen Deckeln stak.(101)

Eine solche Szene - in der Chamisso hier nach gescheitertem Re-Integrationsversuch in Frankreich erneut nach Preußen zurückkehren will - findet sich in vielen Romanen, die Exilproblematik thematisieren; Aufenthaltsgenehmigungen, Visa, Reisepässe - Papiere, die für den Exilanten lebensrettend sein können:

> Ohne Paß kann der Mensch nicht leben. Das scheinbar unbedeutende Dokument ist in Wahrheit ebenso kostbar wie der Schatten, dessen Wert der arme Schlemihl erst so recht begriff, als er sich seiner leichtfertigerweise entledigt hatte.(1)

Nicht Rettung, doch Trost bietet Chamisso das identifikatorische Lesen der 'Exil-Klassiker': Dantes "Klage des Verbannten" ("Schwere, ahnungsvolle Worte"<27>) und die Odyssee, "seine Bibel, seine Leidenschaft, sein täglicher Umgang, Studium und Trost zugleich"(23). Die Odyssee des "heimfahrenden Dulders" (27) wird zur Metapher für das 'Reisen' des Exilanten, das kein bürgerliches (Bildungs-)Reisen, sondern Getriebensein und Flucht heißt. Diese Rezeptionshaltung, die Suche nach Exilthematik in der Literatur zur trostreichen Identifikation, wird im Roman auch gegenüber anderen diesbezüglich kompetenten Klassikern angenommen.

---

1) Klaus Mann: Der Wendepunkt. Ein Lebensbericht. Frankfurt 1953, S. 321.

Mit denselben Lese-Absichten griff bereits ein Exilant des 19.Jahrhunderts zu 'Peter Schlemihls wundersamer Geschichte':

> Ich habe diese 'wundersame Geschichte' als Knabe und Jüngling oft gelesen; allein, solang ich in Deutschland war, erschien mir der Schmerz ihres Helden über den verlorenen Schatten stets ein wenig übertrieben und unnatürlich. Seitdem ich aber in der Fremde lebe, habe ich den bittern Kern des duftigen Phantasiegebildes nur zu sehr erkannt. Mir ist's, als wäre Peter Schlemihl mein alter Freund und Bruder, als wäre er ein Stück von mir. <...> Chamisso's Dichtung ist die mit dem Herzblut des Verbannten geschriebene tief poetische Elegie eines edlen Mannes, der, ein Franzose in Deutschland und ein Deutscher in Frankreich, mitten in thatenreicher Zeit zum thatenlosen Zusehen verdammt war und selbst nur zu gut wußte, daß er seinen Schatten, das Vaterland, nicht wiederfinden würde.(1)

Auch im antifaschistischen Exil steht Natoneks exilspezifische Lesart von Chamissos 'Schlemihl' nicht allein. Auch Klaus Mann erkennt die identifikatorischen Möglichkeiten einer Rezeption des historischen Exilanten und seiner Märchenfigur - "and a homeless man is a shadowless man": Er widmet dem Chamisso in seiner (unveröffentlichten) erzählerischen Aufsatzsammlung über berühmte Amerika-Besucher ein Kapitel; hier wird Chamisso und die mit ihm identifizierte literarische Figur zum Repräsentanten des Exils.[2] Klaus Mann fügt in einer zweiten Fassung am Schluß dieses Kapitels "A Russian Brig - Adelbert von Chamisso" an:

> Oh, those strange pilgrims, those poets, those homeless ones - : doomed and blessed they are; errant from pole to pole; rather exhausted but unsatisfied. What does he seek, in St. Petersburg, in Berlin, in Alaska, on the Californian coast? A lost kingdom? A lost home? a lost shadow?(3)

---

1) Friedrich Kapp: Die Achtundvierziger in den Vereinigten Staaten. In: Demokratische Studien 2(1861), hrsg. von Ludwig Walesrode, Hamburg 1861, S. 287.
2) Klaus Mann: Distinguished Visitors <1940>. Typoskript in der Handschriftenabteilung der Stadtbibliothek München (Klaus-Mann-Archiv).
3) Ebd.

6. Hans Natonek - Leben und Schreiben im Exil

6.1. Biographischer Hintergrund und Exil-Zäsur

Für Hans Natonek bedeutet die Machtübertragung an die Nationalsozialisten in mehrerer Hinsicht eine existentielle Zäsur: Verlust der beruflichen Stellung, radikale Einschränkung seiner schriftstellerischen und journalistischen Arbeitsmöglichkeiten und der durchaus mit den politischen Ereignissen in Verbindung stehende Bruch mit seiner Ehefrau und der daraus resultierenden Aufgabe seines Familienlebens.

Hans Natonek, am 28.10.1892 in Prag geboren, arbeitete nach einem in Wien und Berlin absolvierten philologischen Studium als Journalist und Schriftsteller; ab 1917 lebte und arbeitete der protestantisch getaufte Jude hauptsächlich in Leipzig. Nach einem kurzen Exil in der Schweiz 1933 kehrte er nochmals kurz nach Deutschland zurück und ging dann ins Prager Exil,[1] wo DER SCHLEMIHL entstand. Hier, in seiner alten Heimatstadt, wurde der zweisprachige Natonek 1936 wiedereingebürgert. Nach der Zerschlagung der Tschechoslowakei entkam er nach Paris, das er im November 1938 "meinen neuen Aufenthaltsort"[2] nennt. Sein "Aufenthalt in Paris war nur als Durchgang gedacht"[3], seine Versuche, nach Großbritannien zu gelangen, scheitern jedoch.[4] Bis zum deutschen Einmarsch bleibt er in Paris, schafft es, 1940 über die typischen Fluchtweg-Stationen Marseille und Lissabon mit einem Einreisevisum im Januar 1941 in die Vereinigten Staaten zu entkommen. Natonek wird 1946 Bürger

---

1) Hans Natonek: Die Straße des Verrats. <Lit.237>, S. 359.
2) Hans Natonek in einem Brief an Hubertus Prinz zu Löwenstein am 28.11. 1938 aus Paris. In: H.N.: Die Straße des Verrats. <Lit.237>, S: 337. - Es ist unverständlich, wie Schütte trotz dieses Dokuments in seinem biographischen Abriß schreiben kann: "Im Frühjahr 1939 konnt Natonek mit wenig mehr als einigen Koffern voller Manuskripte nach Paris entkommen". Ebd., S. 361.
3) Hans Natonek in einem Brief an Bernhard Menne vom 26.7.1939. Ebd., S. 338f., hier: S. 338.
4) Ebd.

der USA, starb am 23.10.1963 in Tuscon/Arizona.

Stets war Hans Natonek hauptsächlich Journalist und Autor von feuilletonistischen Arbeiten - erst in zweiter Linie war er Roman- und Dramenautor. In der Weimarer Republik war er relativ bekannt als Mitarbeiter expressionistischer Zeitschriften und (links-)liberaler Zeitungen; er schrieb regelmäßig für die Schaubühne bzw. Weltbühne. Ab 1920 arbeitete er als Feuilletonredakteur, wenig später als Feuilletonchef des Leipziger Tageblatts und der Leipziger Zeitung (später fusioniert zur "Neuen Leipziger Zeitung"), schrieb einige Romane und Komödien (mit Hans Reimann) und erhielt 1931 den Preis der Leipziger Dichter-Stiftung.

Natonek, der Freimaurer war und sich im Schutzverband Deutscher Schriftsteller engagierte, war in der Weimarer Republik dem linken Spektrum zugehörig, ohne aber einer Partei zugerechnet werden zu können. Seine publizistischen Beiträge weisen ihn als engagierten, auch direkt politisch schreibenden Redakteur aus, als Verteidiger der Republik und linken Kritiker von Militarismus, Nationalismus, von Ideologien und Machtpolitik sowie den herrschenden antidemokratischen bürgerlich-konservativen Eliten (z.B. der Justiz).[1]

Natonek verlor im Laufe des Jahres 1933 seine berufliche Stellung und weitestgehend seine schriftstellerischen und journalistischen Arbeitsmöglichkeiten. Wie aus einem "Fragebogen für Mitglieder" des Reichsverbandes Deutscher Schriftsteller vom 1.9.1933 hervorgeht, hatte Natonek zu diesem Zeitpunkt seine Leipziger Stellung noch inne.[2] Seine Eintragungen machen deutlich, daß er wußte, worauf es den neuen Machthabern ankam: Unter der Rubrik "Kriegsteilnehmer" beteuert der Pazi-

---

1) Siehe hierzu u.a. die Auswahl an Essays in der von Schütte besorgten Anthologie <Lit.237>.
2) Document Center Berlin.

fist Natonek,[1] "wegen Körperschwäche" wiederholt abgelehnt worden zu sein, und fügt noch an: "Zwei Brüder waren Frontkämpfer mit hohen Kriegsauszeichnungen"[2]. Auf die Frage nach Mitgliedschaft in der NSDAP oder deren Untergliederungen antwortet er mit "bisher nicht". Als Bürgen nennt er einen Chefredakteur und ausgerechnet Hanns Johst, weil dieser die beiden ersten Romane Natoneks sehr positiv rezensiert hatte.[3] - Der vorgedruckten Versicherung, sich "jederzeit für das deutsche Schrifttum im Sinne der nationalen Regierung einsetzen" zu werden, fügt er handschriftlich die Beteuerung an, "und habe dies bereits wiederholt getan".

Im zweiten Fragebogen, den Natonek zusammen mit einer Aufnahme-Erklärung in den Reichsverband am 11.12.1933 einreichte, fehlen Angaben über eine Berufsadresse, als Bürgen verweist er u.a. erneut auf Johst und läßt seinen Kollegen Friedrich Michael eine Referenz schreiben, in der dieser eine politische Unbedenklichkeitserklärung für Natonek abgibt und seine (für die Berufsausübung notwendige) Aufnahme in den RDS befürwortet:

> Im Grunde vertrat er wohl eine parteilos bürgerliche Haltung liberaler Art, wie sehr viele von uns Schriftstellern, die trotzdem und ganz natürlicher Weise heute den neuen Staat unbedingt bejahen. <...> Wenn man also schon die heute üblichen Vokabeln verwenden will, so hat ihm sicher jede im üblen Sinne zersetzende Tendenz ferngelegen. <...> Daß Natonek früher gelegentlich Beiträge für das "Tagebuch" und die "Weltbühne" geschrieben hat, werden Sie wissen. Die Zeiten haben sich ja aber geändert und so auch manches heute bereits zu neuem Ansehen gelangte Mitglied unseres Reichsverbandes.(4)

Hans Natonek wird aufgenommen, um ihm "bis zur endgültigen Entscheidung, die auf Grund eingehender Überprüfung der Perso-

---

1) "Sind Sie Pazifist?" fragte mich neulich ein irgend jemand. Dummkopf, dachte ich, was würdest du sagen, wenn ich dich fragte: "Sind Sie ein Mensch?" Hans Natonek: Tagebuch der Verzweiflung. Teil IV, in: Die Weltbühne 14(1918)S. 559-561, hier: S. 559.
2) Document Center Berlin.
3) Hanns Johst (Rez.): Hans Natonek "Der Mann, der nie genug hat." In: Velhagen & Klasings Monatshefte 44.Jg.(1929)H.1, S. 116f. - Ders. (Rez.): Hans Natonek "Geld regiert die Welt". Ebd., H.4, S. 445f.
4) Friedrich Michael in einem Brief an Hans Richter, Reichsleitung des RDS am 13.12.1933. Document Center Berlin.

nalakten erfolgt, einstweilen nicht die Möglichkeit eines Verdienstes aus schriftstellerischer Betätigung zu nehmen"[1].
Eine echte und ausreichende Existenzmöglichkeit hatte er jedoch nicht mehr. - Natonek flieht zunächst in die Schweiz, später nach Prag, und seine plötzlich zur aggressiven Antisemitin gewandelte Ehefrau in Leipzig betreibt die Scheidung und die Ausbürgerung Natoneks. Anfang 1935 erreicht den Reichsverband Deutscher Schriftsteller ein denunziatorisches Schreiben des Rechtsanwaltes von Natoneks geschiedener Frau, in dem darauf hingewiesen wird, daß der "Volljude" unter einer Deckadresse in Hamburg polizeilich gemeldet sei, sich aber dauernd im Ausland aufhalte.[2] Der geforderte Ausschluß aus dem Schriftstellerverband wird von der "Reichsleitung" daraufhin am 7.3.1935 aufgrund "nichtarischer Abstammung" vollzogen.[3]

Natonek hatte tatsächlich noch nicht alle Brücken zu Deutschland abgebrochen und publizierte von Prag aus unter Pseudonym wohl sogar ab und zu in deutschen Blättern. Seine Hamburger Briefkastenadresse war die Anschrift seines Schwiegervaters, eines jüdischen Juristen; insofern bekommt die Denunziation seiner ersten Frau eine besondere Note, da Natonek inzwischen erneut geheiratet hatte,[4]. - Er reagiert (unter dieser falschen Adresse) mit einem Brief an den Präsidenten der Reichsschrifttumskammer Blunck, in dem er geradezu naiv an dessen "Ritterlichkeit" und "Kameradschaft" appelliert und um Überprüfung seines Falles bittet:

---

1) Der Präsident der Reichsschrifttumskammer in einem Schreiben an Hans Natonek am 7.3.1935. Document Center Berlin.
2) Dr.jur. H. Fritzsche in einem Brief an den RDS am 14.2.1935. Document Center Berlin.
3) Ebd. - Der Präsident der Reichsschrifttumskammer in einem Schreiben Hans Natonek am 7.3.1935. Document Center Berlin.
4) Erika Klara Wassermann (geb. 12.4.1909 in Hamburg), laut Deutscher Reichsanzeiger und Preußischer Staatsanzeiger Nr. 194 v. 21.8.1941. Diese Ehe ist bislang nirgends erwähnt worden.

> Es dürfte für die Beurteilung meines Falles von Wichtigkeit sein, daß ich als gebürtiger Prager als Ausländer anzusehen bin, demnächst meine tschechoslovakische Staatsangehörigkeit zurückerwerbe und meinen Wohnsitz im Ausland nehmen werde. An meiner Zugehörigkeit zum deutschen Sprach- und Kulturkreis kann dies nichts ändern. Meine Muttersprache, in der ich einiges glaube geleistet zu haben, ist deutsch und bleibt deutsch.
> Für einen ausländischen Schriftsteller mit einem Wohnsitz im Ausland ist die Mitgliedschaft im RDS nicht erforderlich. Doch würde ich es als ein Zeichen der Verbundenheit mit dem deutschen Schrifttum begrüßen, diese Mitgliedschaft beizubehalten. Auch außerhalb der deutschen Reichsgrenzen für deutsches Kulturgut einzutreten, mich unvoreingenommen für Deutschland einzusetzen und gegen Vorurteile anzugehen, erachte ich als meine selbstverständliche Pflicht gegenüber einem Lande, in dem ich seit zweiundzwanzig Jahren gelebt und als deutscher Schriftsteller gewirkt habe. Mein Name ist im Ausland bekannt - zumal in der deutschsprachigen Tschechoslovakei - und mein Wort wird gehört.(1)

Einerseits erklärt sich Natonek zum "Ausländer", kündigt seine Emigration an und hält seine Mitgliedschaft für nicht erforderlich, andererseits betont er, deutscher Schriftsteller zu sein und für Deutschland eintreten zu wollen: ein Dokument der Hilflosigkeit gegenüber den Zeitereignissen und der fatalen Situation des Prager Exilanten, der die Tür zu Deutschland nicht endgültig zuschlagen möchte, bzw. sich eine Publikationsmöglichkeit nicht völlig verschließen will.

Sehr viel der Ereignisse von 1933 und dieser ersten Jahre im Exil hat Natonek in dem 1935/36 geschriebenen und 1982 erstmals veröffentlichten Zeitroman DIE STRASSE DES VERRATS verarbeitet, den er selbst "autobiographisch" nennt.[2] Haupt- und Nebenfiguren, die Orte, Ereignisse und Konflikte sind von überdeutlicher Ähnlichkeit mit denen aus Natoneks Leben, was sich jedoch im einzelnen nicht immer genau belegen läßt, da die biographischen Quellen fehlen: der Journalist Nyman aus

---

1) Hans Natonek in einem Brief an Hans Friedrich Bluck vom 8.4.1935. Document Center Berlin.
2) Dies schreibt er in einem Exposé zum Roman DIE STRASSE DES VERRATS (Zentrales Staatsarchiv der DDR, Potsdam), das Schütte in Auszügen zitiert: <Lit.237>, S. 367f.

Leipzig, die Konflikte 1933 in der Zeitung und mit der Ehefrau, die Exilstationen. Natonek hat Auszüge aus dem Roman veröffentlicht;[1] einzelne Motive und Handlungsteile aus dem Roman sind auch in anderen, kürzeren Prosatexten wiederzufinden.[2] Warum dieser Exilroman damals nicht veröffentlicht wurde, ist unklar; qualitativ kann er - sieht man von einem bedenklichen Schluß ab - durchaus neben anderen Zeitromanen aus dem Exil bestehen. Denkbar wäre Natoneks eigenes Zurückhalten angesichts der übergroßen Deutlichkeit und Offenheit des autobiographischen Charakters.

In den Jahren des Prager Exils sind Natoneks Publikationen in Zeitungen und Zeitschriften des Exils meist Feuilletons, häufig von überraschender Ferne zu Zeitthemen. Auffallend ist die mehrfach verarbeitete Künstler- und Dichterthematik in literarischen Feuilletonbeiträgen.[3] Trotz der schwierigen wirtschaftlichen Lage verlegt sich Natonek nicht verstärkt auf seine journalistische Arbeit und das Schreiben kurzer Prosa, sondern er widmet sich hauptsächlich der Arbeit an den beiden Romanen DER SCHLEMIHL und DIE STRASSE DES VERRATS. Politische Rücksichtnahmen und die Hoffnung auf eine Rückkehrmöglichkeit mögen bei den fast ausschließlich unpolitischen, zeitlosen Zeitungsbeiträgen der ersten Exiljahre ebenso eine Rolle gespielt haben, wie die Verlagerung von literarischer Verarbeitung des soeben Erlebten hin zum Roman. Joseph Roth hatte Natonek bereits Ende 1932 den Weg für die Zukunft als Romancier gewiesen:

> Versuchen Sie, sich vom Journalismus innerlich <Herv. J.R.> fernzuhalten. Kein Interesse für Tages-Vorgänge. Sie sind fälschend. Sie fälschen das Menschliche.(4)

---

1) Z.B. in: Das Wort 2(1937)H.6, S. 9-14.
2) "Das letzte Blatt" in: Hans Natonek, Die Straße des Verrats. <Lit.237>, S. 107-113. - Die Kurzgeschichte "Der Gang über die Straße" in: Tages-Anzeiger für Stadt und Kanton Zürich vom 1.5.1935, 4. Blatt.
3) Vor 250 Jahren starb Corneille. In: Pariser Tageblatt II(1934) vom 1. 10.1934. - Der Fall Wurm. In: Ebd., III(1935) vom 9.5.1935, S. 4. - Legende vom Kunstmaler. In: Pariser Tageszeitung Nr. 352 vom 29.6.1937, S. 4.

Das Exil ruft zunächst nicht den engagierten Journalisten und Feuilletonisten auf den Plan, sondern führt zu einer Wendung zum Autobiographischen und zum Roman (was am SCHLEMIHL noch zu zeigen sein wird), ja sogar zur lyrischen Form.

Mit dem Zusammenbruch der Tschechoslowakei verliert Natonek sein Asyl und "die schmale Existenzbasis in Prag"[1]. In Paris, seinem zweiten Exilort, zeigt sich nun plötzlich wieder ein auch politisch schreibender Literat, der vor allem in Zeitungsbeiträgen Exilproblematik brillant verarbeitet und gegen Antisemitismus und das nationalsozialistische Terror-Regime schreibt. Kurzgeschichten über bitteren Exil-Alltag überwiegen feuilletonistische Plaudereien, wie er sie bis 1938 vorwiegend veröffentlicht hat. Unter seinen beißend politischen, oft satirischen Feuilletonbeiträgen ab Ende 1938/Anfang 1939, die hier nicht im Mittelpunkt des Interesses stehen, sind auch kürzere Erzählungen, die am zeitaktuellen Schicksal politische Zusammenhänge verdeutlichen wollen (z.B. "Der Apparat. Ein Akt der tschechischen Tragödie"[2]). Neben den beiden grossen Bereichen der jüdischen Themen und der Exilerfahrung als Thema, über die Natonek ebenfalls erst im Pariser Exil schreibt, publiziert er Politisches, ohne daß der Zweite Weltkrieg eine erneute Zäsur darstellt.

Wie aus Briefen hervorgeht, waren Natoneks Lebensumstände in Paris so desolat, daß er nicht einmal den Beitrag bezahlen konnte, den er für die existentiell notwendige Mitgliedschaft im "Syndicat de la Presse Etrangère" entrichten mußte.[3]

---

4) Joseph Roth in einem Brief an Hans Natonek vom 14.10.1932. In: Joseph Roth, Briefe 1911-1939, hrsg. v. Hermann Kesten. Köln 1970, S. 236-238, hier: S. 238.
1) Hans Natonek in einem Brief an Hubertus Prinz zu Löwenstein vom 28.11.1938, <Lit.237>, S. 337.
2) Ebd., S. 77-89. - Vermutlich 1939 entstanden.
3) Brief Natoneks an das "Syndicat" vom 28.4.1940. In: <Lit.237>, S. 344f.

Den entscheidenden nächsten Einschnitt stellt die Flucht nach den USA dar, der "Abschied von Europa"[1]. Dokument der hoffnungslosen, hauptsächlich von Armut und gezeichneten, ersten Monate Natoneks im amerikanischen Exil ist sein autobiographischer Bericht IN SEARCH OF MYSELF[2], der Mitte 1942 bereits übersetzt wurde und 1943 in Amerika erschien.[3] Seine Lebensbedingungen sind jämmerlich,[4] Natonek gehört zu den in Armut lebenden Exilanten New Yorks, die keine adäquate Beschäftigung finden und trotz vereinzelter publizistischer Beiträge ihren (journalistischen und) schriftstellerischen Beruf nicht mehr ausüben können und schließlich scheitern.

6.2. Natonek und sein Chamisso - Intentionen, Funktion und Werkzusammenhang

Hans Natoneks Chamisso-Roman ist nicht nur, wie er selbst betont, "voll Parallelen zur heutigen Zeit"[5], er war trotz seines historischen Stoffes von überraschender Aktualität für den damaligen Leser - ganz besonders aber für den Autor selbst. Die Aktualität entsteht für den Leser durch das Aufgreifen der brennenden Zeitprobleme und -erfahrungen, wenngleich dies im historischen Stoff, in verdeckter Form geschieht, so ist dies zumindest für den damaligen Leser erkennbar gewesen, was sich auch an den Rezensionen in Ansätzen erkennen läßt.[6]

---

1) So der Titel des mehrfach nachgedruckten Textes von Natonek, den er 1941 nach Ankunft in Amerika geschrieben hat. In: Aufbau (New York) VII(1941)Nr.1, S. 5-7.
2) Hans Natonek: In Search of Myself. New York 1943 <übersetzt von Berthold Fles>, 261 Seiten.
3) Hans Natonek in einem Brief an Hubertus Prinz zu Löwenstein vom 2.8.1942. Institut für Zeitgeschichte München, Nachlaß Prinz zu Löwenstein (Sign. LED 206, Bd.17a).
4) Ebd.
5) Brief Natoneks an Hubertus Prinz zu Löwenstein v. 28.11.1938, In: <Lit.237>, S. 337.
6) Siehe Abschnitt 1.2. dieser Einzelstudie zu Natoneks SCHLEMIHL.

Notwendig ist die Frage, auf welche Erfahrungen Natoneks die Themen des Romans schließen lassen, welche Aussage-Intention dahinter steht und welchen Stellenwert dieser Roman im (Exil-)Œuvre des Autors hat.

Es gibt eine Anzahl von Gründen, die Natonek dazu bewogen haben könnten, sich am Beginn seines Exils dem Leben Chamissos als historischem Stoff zuzuwenden.

Ausgangspunkt war wohl schon die für 1932 nachweisbare, zufällige Beschäftigung mit Chamisso.[1] Ist der Dichter hier ein historisches Beispiel gegen Rassedenken, Nationalismus und Deutschtümelei, so tritt im Exposé und im Roman selbst das Dichter-Exil in der Vordergrund. Die dominierende Exilproblematik für Autor und Roman verstellt aber nicht den Blick auf das Anliegen, das Natonek in seinem Chamisso-Feuilleton von 1932 schon hatte. Chamisso, "deutsch ohne Rasse-Stammbaum, den die Tierzüchter aufstellen und Rassenbolde für unumgänglich halten"[2], wird vom 'Erzfeind' zum deutschen Dichter: Während der Nationalsozialismus und die braune Germanistik bei Chamisso das angeblich arische Blut des vermeintlich germanischen Siedlungsraumes der Champagne propagierte und ihn gar zum Antisemiten machen wollte,[3] zeigt Natonek die völlige Irrelevanz dieser Frage. Der Roman setzt sich mit den Rasseargumenten auseinander (z.B. mit der Figur de la Motte Fouqués), doch geht es kaum noch um den Gegensatz deutsch - nichtdeutsch, sondern den Themenbereich Judentum und Antisemitismus. Jüdisches Exil und jüdische 'Nicht-Identität' werden thematische Träger der Exil- und der Rasse-Problematik.

---

1) Hans Natonek: Der Fremdling, <Lit.242a>.
2) Ebd.
3) Curt Hohoff: Adelbert von Chamisso. In: Das innere Reich 7(1940/41) Bd.2, S. 448-460. - Josef Nadler: Die Berliner Romantik 1800-1814. Ein Beitrag zur gemeinvölkischen Frage: Renaissance, Romantik, Restauration. Berlin 1920, S. 115-125. - Heinrich Spier: Chamissos 'Peter Schlemihl' in völkischer Sicht. In: Zeitschrift für Deutschkunde 54 (1940)S. 332-334.

Natonek hatte sich publizistisch oder literarisch bis 1933 kaum mit jüdischen Themen befaßt; im einzigen Beitrag hierzu, VOM JÜDISCHEN ZWIESPALT von 1917/18,[1] macht sich beim getauften Juden Natonek eher noch ein verbreiteter, latenter jüdischer Antisemitismus bemerkbar. Sein Eintreten gegen Rassedenken war stattdessen allgemin und in Zusammenhang mit seiner Nationalismus-Kritik zu sehen.[2] - Der rassistische NS-Staat (und seine plötzlich sich zur lärmenden Antisemitin wandelnde Ehefrau) zwingen ihn, sich mit seinem verschütteten Judentum auseinanderzusetzen. Er tut dies auch literarisch, verdeckt identifikatorisch im historischen Roman DER SCHLEMIHL und offener und direkter in GHETTO[3], seiner melancholischen Rückbesinnung auf die durchtrennte jüdische Tradition angesichts des alten Prager Judenviertels.

Natoneks Prager Exil, wo er den SCHLEMIHL schrieb, war Exil und auch eine Art Heimkehr für ihn, was er aber erst mit der Repatriierung 1936 in Form eines Passes verbürgt bekam; er schreibt den SCHLEMIHL als quasi staatenloser Exilant: "Er betrat sein Heimatland mit dem Gefühl eines Menschen, der in die Verbannung geht"(154), schreibt Natonek über seinen Chamisso bei dessen Rückkehrversuch nach Frankreich. - In der autobiographischen Erzählung DIE PASS-STUNDE von 1939, in der in einem Traum "Schüler Natonek" in der "Schule der Emigration" zum Unterrichtsgegenstand "Paß" abgefragt wird, heißt es:

> Nie werde ich den Tag vergessen, als ich den Eid auf die Verfassung der tschechoslowakischen Republik leistete. Nicht ich habe ihn gebrochen.
> Es war ein großer Augenblick. Ein Traum vieler Nächte ging in Erfüllung. Ein Staat, ein menschlicher, ein Heimatstaat nahm den Verlorenen wieder auf. Ich drückte den funkelnagel-neuen <sic!> Paß mit den tschechoslowakischen Löwen ans Herz. Ich war stolz und froh. Das war mehr als ein Papier, es war eine Heimkehr.(4)

---

1) Hans Natonek: Vom jüdischen Zwiespalt. In: Der Jude 2(1917/18)S.318-321.
2) Hans Natonek: Nationalstolz <1921>, <Lit.237>, S. 318-321.
3) Ders.: Ghetto <entstanden im Prager Exil>, <Lit.237>, S. 74-76.
4) Ders.: Die Paß-Stunde. In: Pariser Tageszeitung Nr.984 v. 30.4./1.5. 1939, S.3.

Der Paß als Exil-Motiv hat für Natonek 1935 bei der Arbeit am Roman über das Exil-Schicksal Chamissos ganz reale, existentielle Bedeutung - die breite Ausgestaltung im SCHLEMIHL ist nur so zu erklären.

Als ihm 1936 das Exil zur scheinbar neuen und sicheren Heimat erklärt wurde, scheint Natonek an eine Art "Heimkehr" zu glauben. Vielleicht ist so zu erklären, daß er bis Ende 1938 kaum noch für Exil-Organe schreibt. - In der Entstehungszeit des SCHLEMIHL sieht er sich dagegen eher als "Gast" und heimatlosen Sucher. Möglicherweise ist sein Gedicht GEDULD Ausdruck der Stimmungslage in der ersten Zeit des Prager Exils, die so verwandt ist mit der Stimmung im Roman um den heimatlosen, unglücklichen Exil-Dichter Chamisso:

          TRPĚLIVOST (Geduld)
          - Prager Heimkehr 1934 -

   Ich kam nach Haus, da wars schon spät...
   "Was willst du hier? Wo kommst du her?"
   Das Schicksal hat mich heimgeweht,
   Der Weg war weit und wirr und schwer.
   Nun bin ich hier - "So komm herein,
   Warst lange fort, wirst müde sein."

   Der neu geschenkten Heimat Brot
   Ist eine harte, bittre Kost;
   Ich lerne mit dem alten Kopf
   Mühsam das Wort 'trpělivost'.

   Ihr habt ein Lied wie ein Gebet:
   'Kde domov muj'*, mir klingts verwandt.
   Weil es mich heimgesucht hat, seht,
   Drum fand ich heim in unser Land.
   Nun lerne ich mit viel Geduld,
   Ein später Gast, ein müder 'host'**,
   Das Wörtchen fast so schwer wie Schuld:
   'Trpělivost, trpělivost'.(1)

---

1) * 'Wo ist meine Heimat'
   ** Gast
   In: Internationale Literatur (Moskau) 9(1939)H.8, S. 95.

In der PASS-STUNDE zitiert Natonek aus seinem Roman DER SCHLE-
MIHL den Satz, den der Exilant Freiherr vom Stein spricht:
"Wer einmal sein Vaterland verloren hat, ist notwendig ein
Abenteurer und muß Freiheit und Heimat am Ende der Welt su-
chen."[1] DER SCHLEMIHL wird nach dem Verlust des Prager Exils
("Ich kehrte heim ins Vaterhaus, da stürzte es ein"[2]) zum
kompetenten Nachschlagewerk in eigener Sache.

Aus der Zeit des frühen Pariser Exils stammt auch das
zweite Exposé zum SCHLEMIHL, in dem es einige Akzentverschie-
bungen nicht nur in diesem Punkt gibt. Im eigentlichen (ersten) Exposé faßte Natonek das Leben seines Chamissos als eine "Odyssee, eine Sehnsucht nach Heimat und Heimkehr" zusammen und deutete noch eine positive Lösung an:
> Nach einer phantastischen Weltumsegelung wird ihm end-
> lich in Berlin die ersehnte Heimkehr zuteil. Der Altern-
> de findet die Liebe eines jungen Geschöpfes. Die Über-
> windung Schlemihls ist die Krönung und der Sinn seines
> Lebens. Er wird als "Dichter seines Volkes" geliebt
> und als Naturforscher (u.a. von Alexander v. Humboldt)
> geehrt.(3)

Im Roman selbst wird die Alters-Idylle allerdings als durchaus brüchig gezeichnet; der Epilog betont eine fast tragische
Kontinuität der Exilproblematik und drückt große Skepsis in
bezug auf ein Ende des Exils aus. - Im zweiten vorhandenen
Exposé, das Natonek drei Jahre nach Vollendung des Romans, zu
Beginn des Pariser Exils, also 1939 geschrieben hat, dringen
zusätzlich die neuen Einsichten aufgrund der neuen Exilerfah-
rungen durch:
> Chamisso ist der Mensch, der nirgends zuhause ist. "Wer
> einmal seine Heimat verloren hat, muß sie am Ende der
> Welt suchen" <...> Dieses Wort trifft sehr auf Chamisso
> zu, der sein Leben lang ein Heimatsucher bleibt.(4)

Der zweite Verlust der Heimat, der zwei für ihn möglichen Vaterländer, findet somit Eingang in seine literarisierte Exilthematik, sogar im Sinne einer noch verstärkten 'Exil-Lesart'

---
1) Hans Natonek: Die Paß-Stunde. <Lit.282>, S. 3.
2) Ebd.
3) Zentrales Staatsarchiv der DDR, Potsdam; Nachlaß Hans Natonek.
4) Ebd.

seines eigenen Exilromans DER SCHLEMIHL.

Natonek deutet die Biographie Chamissos nicht völlig um, doch ist es bei ihm keine Geschichte überwundener Heimatlosigkeit. Wenn er in einer Rezension von Ernst Erich Noths Exilroman "Die Wüste" 1940 kritisiert, "nur in sich und in die Schwärze zu starren" und das Exil in der Literatur "zu einem klinischen Fall einer geheimnisvollen Seelenerkrankung zu machen"[1], dann zeigt dies, wie wenig man seinen Schlemihl-Chamisso als 'pathologisch' heimatlos, als in sich Zerrissenen zu sehen hat:

> Noth ist hier ein Artist der Verzweiflung, deren letzter Grund dunkel bleibt, weil sein Geschöpf in sich versinkt, anstatt sie redlich zu ergründen.(2)

Genau das unterscheidet seinen Roman und seinen Chamisso von dem hier rezensierten Exiltext. Nicht passives Leiden, sondern Auseinandersetzung mit den Bedingungen des Exils macht er seinem Roman zum leitenden Gedanken.

Doch Natonek tut gut daran, trotzdem nicht seinen Roman als leuchtendes Gegenbeispiel anzuführen - er bringt aber Chamissos "Peter Schlemihl" ins Spiel:

> Ein neuer Schlemihl der Emigration? <...> Jedoch die Parallele stimmt nicht ganz: der Schlemihl überwindet <Herv. H.N.> den Verlust seines Schattens, die Heimatlosigkeit, er wirft sich nicht in den Abgrund der Verlorenheit.(3)

Sein eigener Chamisso von 1935 kann das Exil keineswegs überwinden, wird immer wieder von seiner "Schattenlosigkeit" eingeholt.

Die Verschränkung von jüdischer Thematik und Exilproblematik, entwickelt an einer Dichterfigur, stellt eine im Œuvre Natoneks einzigartige Dichte von für ihn aktuellen Problemen dar. Die Dichterfigur bietet dabei die Möglichkeit, autobiographi-

---

1) Hans Natonek: Die Wüste <Rez. von E.E. Noths "Le désert">. In: Das Neue Tagebuch VIII(1940)H.9, S. 212f., hier: S. 212.
2) Ebd.
3) Ebd., S. 213.

sche Elemente zu unterlegen und das Schreiben in seiner Bedeutung für den Dichter zu reflektieren. Der exilierte historische Dichter-Kollege, der sich zudem noch mit (jüdischen) Identitätsproblemen befaßt, wird mit dem eigenen exilierten jüdischen Dichter-Ich parallelisiert und zum Medium, um die aktuelle Krise literarisch zu verarbeiten.

Es ist auffallend, daß sich Natonek in seinen Feuilletons aus dem Prager Exil fast ausschließlich der Dichter- und Künstlerthematik widmet, sei es als historisches Porträt sei es als Feuilleton-Plauderei über Literatur.[1] In einer 1935 erschienenen Novelle, die entstehungsgeschichtlich mit dem Roman DIE STRASSE DES VERRATS in Zusammenhang steht, kommt es sogar zu einer Verknüpfung von Künstler- und Flucht-Thematik.[2] Natonek hält sich in diesen ersten Jahren der existentiellen Verunsicherung und Ungewißheit seines Exils, in denen er das Exil noch nicht voll annimmt, an die Literatur sowohl schreibend mit zwei Romanen als auch im literarischen Essay und in kleineren Erzähltexten. Seinen Chamisso läßt er erkennen: "in der Literatur wird die verlorene Heimat unverlierbar"(378).

Im Pariser Exil schreibt Natonek dann - neben seinen Hauptthemen Exil und NS-Staat - auch wieder über Dichter; über seine Aneignung der französischen Literatur[3] und mehrfach über seinen Freund, den "Juden-Christen"[4] Joseph Roth. In ihm sieht er das "Heine-Schicksal"[5] wiederholt, denkt also in Kategorien historischen Dichter-Exils, was auch den SCHLEMIHL prägt. Der verschollene Roman (ein Romanfragment?) REPUBLIQUE TOURNON[6], nach dem Exilanten-Treffpunkt in Paris

---

1) Z.B. Hans Natonek: Vor 250 Jahren starb Corneille. In: Pariser Tageblatt II(2934) v. 1.10.1934. - Ders.: Der Fall Wurm. In: Pariser Tageblatt III(1934) v. 9.5.1935, S.4.
2) Ders.: Der Gang über die Straße. In: Tages-Anzeiger für Stadt und Kanton Zürich v. 1.5.1935, 4. Blatt.
3) Ders.: Racine und der Antisemitismus. In: Jüdische Welt-Rundschau (Jerusalem) I(1939)H.11, S. 8. - Ders.: Das Lächeln Montaignes. In: Das Neue Tagebuch VII(1939)H.46, S. 1077.
4) Ders.: Glosse zum Juden-Christen Joseph Roth. <Lit.237>, S. 89-92, hier: S. 91.
5) Ebd.
6) Laut Schütte, <Lit.237>, S. 362.

betitelt, sollte von Roth und dem Dichter-Exil handeln.

Im sechsten Kapitel des SCHLEMIHL werden Heine-Verse als Motto vorangestellt, in denen genau das Zusammentreffen von realem und literarischem, jüdischem Dichter-Exil in der archetypischen Gestalt des Schlemihl angesprochen wird:
> Was das Wort Schlemihl bedeutet,
> Wissen wir. Hat doch Chamisso
> Ihm das Bürgerrecht in Deutschland
> Längst verschafft, dem Wort nämlich... (237)

In seinem Gedicht auf "Jehuda ben Halevy"[1] aus den hebräischen Melodien des 'Romanzero', dem diese Verse entstammen, spiegelt Heinrich Heine ironisch sein eigenes Dichter-Ich im wesensverwandten jüdischen Dichter-Kollegen, "autobiographisch-bekenntnishafte und historisch-didaktische Elemente sind eng miteinander verschmolzen"[2]. Auch wenn man in bezug auf Natoneks SCHLEMIHL nicht von einem "stilisierten Selbstporträt" wie bei Heine sprechen kann,[3] so zeigt sein literarisches Zitat-Motto, in welchen komplexen Bedeutungszusammenhängen Natonek den Schlemihl seines Romans stellt. -
"Unschuld ist das Kennzeichen des Stammbaums derer von Schlemihl, und wegen seiner Unschuld erwachsen aus diesem Geschlecht dem Volke seine Dichter"[4] - Schlemihl als jüdischer Ursprung der Dichter und als Archetypus des Exilanten. In seinem "ohnmächtigen Schlemihltum der Humanität"[5] wird die Nähe der jüdischen Figur zu Chaplin verständlich, die schon vielfach gedeutet wurde (Benjamin, Arendt). So überrascht Natoneks Verehrung für Chaplin nicht:[6] "Chaplin belongs to my

---

1) Heinrich Heine: Sämtliche Schriften, Bd.6, 1. Teilband, Darmstadt 1975, S. 129-158.
2) Hartmut Kirchner: Heinrich Heine und das Judentum. Bonn 1973, S. 271.
3) Ebd., S. 275.
4) Hannah Arendt: Die verborgene Tradition (Heinrich Heine: Schlemihl und Traumweltherrscher). In: H.A., Sechs Essays, Heidelberg 1948, S. 81-111, hier: S. 85.
5) Hans Natonek: Kinder einer Stadt. Roman. Berlin/Wien 1932, S. 428f.
6) Ders.: Chaplin verzichtet. In: Das Neue Tage-Buch VI(1938)H.8, S. 1151. Ders.: Sonett für Chaplin. In: Das Neue Tage-Buch VII(1939)H.17, S. 407. - Ders. Chaplins Wallfahrt. In: Internationale Literatur (Moskau) 9(1939)H.7, S. 147-151.

'curriculum vitae'"[1].

Natonek transponiert Exilproblematik, den aktuellen Konflikt mit seiner jüdischen Identität und ihn drängenden Fragen seines Schreibens in den historischen Roman, doch politische (Exil-)Erfahrungen gehen nur sehr eingeschränkt in den Text ein.

Wenn Chamisso Deutschland so erlebt, "als wäre es gar nicht das Volk, dem ein Goethe, Kant und Lessing geworden war"(41), so weckte das beim damaligen Leser sicherlich bestimmte Assoziationen. Die Frage des Tyrannenmordes (in bezug auf Napoleon), das Zunehmen sogenannter "völkischer Instinkte"(290), Franzosenfeindschaft und Nationalismus sind Aspekte politischer Kritik im Roman, die ihre deutlichen Gegenwartsbezüge haben. Doch handelt es sich hier nur um einzelne Facetten, die kein Gesamtbild ergeben und auch im historischen Stoff nicht stringent und überzeugend in ihrer Aussage sind. So bleibt politisch Aussagekräftiges auch in seinem Gegenwartsbezug disparat, lediglich der Themenbereich Antisemitismus und die Militarismuskritik[2] überzeugen in der historischen Stimmigkeit wie in der aktuellen Gültigkeit sowie in der konsequenten, durchgängigen Einarbeitung in den Roman.

So aktuell die Thematik des Romans für den Autor und Leser, so spezifisch zeitgebunden ist die Aussage als Exilroman. Dem versucht Natonek entgegenzuwirken, als er für die 1959 erschienene Neu-Ausgabe den SCHLEMIHL bearbeitet.[3] In einem

---

1) Hans Natonek: In Search of Myself. New York 1943, S. 57f.
2) Hier wird der Militarismus-Begriff in Anlehnung an die moderne Friedens- und Konfliktforschung verwendet, die damit nicht nur die Verbindung von Politik und Militär in Form von Dominanz des Militärischen über Politisches versteht, sondern auch "die Durchdringung der zivilen Gesellschaft mit militärischen Imperativen, die maßgeblich Interessen, Selbst- und Umweltbild, Kultur (einschließlich Erziehungsinhalte und Erziehungsstile) der zivilen Gesellschaft prägen." - Dieter Senghaas: Rüstung und Militarismus. Frankfurt 1972, S. 14.
3) Hans Natonek: Der Mann ohne Schatten. Der Lebensroman des Dichters Adelbert von Chamisso. Gütersloh 1959.

Brief an seinen Sohn in Deutschland schreibt er Ende 1957, daß er den Roman "neu bearbeitet, gekürzt und verbessert"[1] habe. In der Tat hat Natonek einige stilistische und sprachliche Verbesserungen vorgenommen sowie gestrafft (z.B. eine ganze Person, Helmina von Chézy, gestrichen).

Aussagekräftiger sind die Abänderungen bei wichtigen Themenbereichen und zentralen Textpassagen. Radikale Kürzungen erfährt die jüdische Thematik, was besonders die Identifikation Chamissos mit dem jüdischen Schicksal der Diaspora und die jüdische Deutung des Schlemihls betrifft. - Eine zentrale Stelle der Dichterthematik mit sehr starkem Gegenwartsbezug, das Verbot, die Fahndung und schließlich Rettung des Staël-Manuskripts von "De l'Allemagne", wird umgearbeitet und deutlich gekürzt. Auch bei den Reflexionspassagen über Exil streicht Natonek mehrfach, was allerdings an der Aussagekraft und Dichte der Thematik prinzipiell wenig ändern kann.

Natonek vermeidet durch Streichungen auch mögliche Mißverständnisse, die einige Textstellen nach der historischen Erfahrung des Holocausts und des Zusammenbruchs des nationalsozialistischen Deutschland provoziert hätten: So läßt er z.B. Humboldt nicht mehr sagen, "Als Ganzes halte ich die Judenheit für verloren"(356). Auch politisch und historisch Mißverständliches wird getilgt, wenn es z.B. in der überarbeiteten Fassung über Preußen nicht mehr heißt: "Ein waffengewohntes Volk, dem die soldatische Ehre ins Blut gehämmert ist, läßt sich nur fallen, um eines Tages um so schrecklicher aufzuerstehen"(126). - Diese Beispiele für Abänderungen in der Nachkriegsfassung des SCHLEMIHL untermauern die starke Gegenwartsbezogenheit und exilspezifische Aktualität der verdeckten Thematik des Romans.

---

1) Zit. nach Wolfgang U. Schütte (Leipzig) in einem Brief an den Verf. vom 13.11.1985.

7. Zusammenfassung und Kritik

Der Prozeß des Schreibens, der mit der Entstehung von Chamissos "Peter Schlemihl" im Roman ausführlich beschrieben wird, trägt die Züge von Natoneks eigener Schreiberfahrung zu Beginn seines Exils. "Seinen Zustand, den er zugleich bekennen und verhüllen wollte"(268), transponiert er in den Roman um den Dichter Adelbert von Chamisso, indem er die literarische Verarbeitung von Exilerfahrung des schicksalsverwandten historischen Dichter-Kollegen überträgt, denn "geradezu zu erzählen, war ihm unmöglich"(269). Schreiben wird als Erkenntnis und literarische Camouflage problematisiert ("bekennen und verhüllen"<268>). - Natonek schreibt seine eigene aktuelle Exilproblematik verdeckt in einen historischen Modellfall, der bereits die Exilthematik anbot, wobei die historische Biographie im Roman dichterisch gestaltet und damit intentional verändert wird.

Wie Chamissos ist auch Natoneks SCHLEMIHL ein "vielschichtiges Werk"(280). Natonek weitet bei Chamissos "Schlemihl" den jüdischen Hintergrund der Figur zur jüdischen Thematik aus und macht sie in Verwandtschaft mit Ahasver und Hiob zur (allerdings unschuldigen) Identifikationsfigur für alle, "die Sehnsucht nach dem Verlorenen, nach Geborgenheit, nach Heimat"(270f.) haben; entsprechend rückt er in seinem Roman Probleme jüdischer Diaspora und jüdischen Lebens in einer judenfeindlichen Umwelt in den Vordergrund. Die "ahasverische Schlemihl-Bestimmung"(372) wird zur Exil-Metapher, in die Natonek viel eigene Leidenserfahrung transponieren konnte: Hans Natonek hatte im Zuge der Machtübertragung an die Nationalsozialisten Heimat, Arbeit und Familie verloren und mußte im Exil in Prag leben, die Stadt seines jüdischen Ursprungs, mit dem er 1933 plötzlich konfrontiert worden war; Eine umfassende Identitätskrise, für die ein so umfassender, fast metaphysischer Exil-Begriff wie in seinem Roman Ausdruck ist.

Neben der verdeckten Exilthematik im SCHLEMIHL wird Exil

auch explizit problematisiert. Natonek läßt eine lange Reihe
von Exil-Schicksalen auftreten, die von einem "Roman unter
Emigranten" sprechen lassen und im Text als literarische Identifikationsmodelle fungieren wie die Exil-Klassiker der Literatur, die sein Chamisso rezipiert (Homer, Dante). Typische
Probleme wie Sprachverlust, Paß- und Visa-Nöte oder Gefährdung und Publikationsschwierigkeiten von Manuskripten werden
mehrfach im Roman zum Thema gemacht, wie auch verschiedene
Trost- und Fluchträume: Rückzüge in die Literatur, in die
"verlorene Bibliothek"[1], in enge Kreise Gleichgesinnter und
Schicksalsgenossen, in Pariser Dichter-Cafés oder aber im metaphysischen Dichter-Exil als vermeintlich notwendige Existenz des Schreibenden. Hier liegt auch die Grenze eines Exil-Begriffs zu einer Exil-Metapher, die den Dichter notwendig
zum Exilanten macht. Auf konkrete Exilierung bezogen problematisiert der Roman die Gefahr eines irreparablen Schadens
durch Exilerfahrung, ja einer irreversiblen Lebens-Zäsur nach
dem Motto 'Einmal Emigrant - immer Emigrant'.

Neben dem Dichterroman schreibt Natonek in der Anfangszeit
seines Prager Exils noch den Zeitroman DIE STRASSE DES VERRATS, ein autobiographisches "Buch der Flucht"[2]. - Zwei unterschiedliche Bewältigungsmuster, verschieden in Stoff und
Gattung, in der Art und Weise persönliche Exilerfahrung zu
transponieren, aber auch weil Natonek jeweils eine Seite seines Ichs einarbeitete: im Zeitroman den Journalisten und im
historischen Roman den Dichter.
    Hans Natonek wollte immer ein ernstzunehmender Dichter
sein, aber die Defizite bei seinen schriftstellerischen Fähigkeiten sind unübersehbar. Er war ein Feuilletonschreiber des
"brillanten Bonmots"[3]. - Die Schwächen seiner Romane sind man-

---

1) Barantes Bibliothek, in Anlehnung an Mehrings Werk "Die verlorene Bibliothek", <Lit.448>.
2) Schütte in Hans Natonek: Die Straße des Verrats, <Lit.237>, S. 368.
3) Hans Bauer, <Lit.328>, S. 27.

nigfaltig und teilweise gravierend. Für den SCHLEMIHL gilt dies besonders bei dem teilweise gescheiterten Versuch einer historisierenden Sprache, für häufige Nähe zu sentimentalem Kitsch und pathetischer Langatmigkeit bei zu großer Quellennähe einzelner Passagen. Seine Romane haben keinerlei Berührungspunkte zur literarischen Moderne und zum modernen Roman des 20.Jahrhunderts; als Romancier sah Natonek sich selbst als "überlebtes Kind des 19.Jahrhunderts, fremd-altmodisch" und "prosaisch-trocken"[1]. - "Die Säure seiner Tinte"[2] im Feuilleton und im politischen Essay oder auch in einigen Kurzgeschichten ist sicher von größerem literarischen Wert, als es seine Romane sind.

DER SCHLEMIHL ist in seiner Aussage und in seiner literarischen Gestaltung verdeckter Exilthematik sicher zeitgebunden und heute nur in seiner Spezifik als Exilroman wirklich fruchtbar zu rezipieren. Doch auch als Roman des Exils und über Exil mag seine 'Harmlosigkeit', seine vielleicht zu wenig erkenntnisfördernde Verarbeitung von Exilerfahrung im historisch-biographischen Modell befremden. Aber unter den Voraussetzung des Genres vermag Natonek vieles von dem sehr komlex auszudrücken, was ihm zu Beginn seines speziellen Exils zur existentiellen Not wurde. Für den damaligen Leser mag der Roman als melancholische, trostspendende Lektüre über ein gleichnishaftes historisches Exil-Schicksal gedient haben.

Die literarische Figur des Schlemihl ist durchaus auch heute noch aktuell, bietet auch in Natoneks Roman Identifikationsmöglichkeiten gerade durch die Gleichsetzung der Figur mit seinem Schöpfer Chamisso. Schlemihl ist nicht nur in der amerikanischen und jüdischen Literatur eine beliebte literarische Figur (z.B. bei Isaac B. Singer), sondern generell ein

---

1) Hans Natonek: An einen alternden Dichter. In: <Lit.237>, S. 352.
2) Ebd.

Prototyp eines "modern hero"[1]: "Der Schlemihl nimmt an nichts Anstoß; er stolpert nur über seine eigenen Füße. Er ist der einzige Friedensengel, der auf die Erde paßt."[2]

---

1) Ruth R. Wisse: The Schlemihl as Modern Hero. Chicago 1971.
2) Walter Benjamin: Windrose des Erfolges (Ibizenkische Folge). In: W.B., Illuminationen, Frankfurt 1977, S. 317-324, hier: S. 321.

D. Vergleich der Ergebnisse unter typologischen Gesichtspunkten

Die untersuchten Dichterromane weisen nicht nur Spuren der Exilerfahrung auf, sondern die Exilproblematik bedingt geradezu Themen und literarische Gestaltung. Wie gezeigt werden konnte, ist bei den immer wiederkehrenden Themen typologisch vergleichbare Gestaltung zu erkennen, was hier zusammengefaßt wird.

Beim Umgang mit dem historischen Stoff sind ähnliche Strategien der Bearbeitung zu beobachten; eine "sorgsam präparierte Vergangenheit"[1] wird mit ähnlichen literarischen Mitteln erreicht. Vor dem Hintergrund eines meist korrekten biographischen Faktengerüstes gibt es immer dann Eingriffe des Autors, wenn Historisches im Sinne einer gegenwartsbezogenen Rezeption unpassend, störend oder falsch wäre, und wenn sie den Intentionen des Autors zuwiderliefe. Die exilierten Schriftsteller schreiben dem Autor-Kollegen dann neue Elemente in die Biographie, wenn sie eine Chance sehen, entscheidende Aspekte ihrer Aussageabsicht damit zu unterlegen. Dies kann einzelne Episoden wie ganze thematische Bereiche betreffen. - So werden aktuelle, politische, unmittelbar auf die Gegenwart des Exils und des Faschismus bezogene Bedeutungsträger einmontiert: Dies geschieht mitunter ganz direkt durch Nennung der entsprechenden aktuellen Begriffe. Bei den subtilen literarischen Mitteln einer verdeckten Einarbeitung von Exilthematik, die demgegenüber eine exilspezifische Aussage schwerer erkennbar machen, ist die Ähnlichkeit des Vorgehens bei den untersuchten Texten hier zu verdeutlichen.

Die Dichterfiguren in den untersuchten Romanen sind nicht nur partiell oder phasenweise, sondern prinzipiell durch eine Identitätsproblematik tief verunsichert. Im labilen Verhältnis

---

1) Lion Feuchtwanger: Vom Sinn und Unsinn des historischen Romans, <Lit. 34>, S. 496.

zur staatlichen Gewalt und zur Gesellschaft herrscht Reglementierung und Bedrohung vor; das Spektrum staatlicher Maßnahmen umfaßt Zensur, Publikations- bis Schreibverbot, Bespitzelung, Verfolgung, Exil und Tod. Das Bild vom Autor, dessen Literatur und dessen Existenz latent bis akut bedroht ist, entsteht nicht nur aus den Titelfiguren, sondern auch durch andere auftretende Dichter in den Romanen. Die Bedrohung ist jedoch nicht prinzipiell und durchgängig konkret politischer Natur, vielmehr entsteht die existentielle Identitätsproblematik der Dichter durch die verschiedenen Formen des Exildaseins oder des angedrohten Exils. - Charakteristisch ist für sie das Entwurzeltsein, nicht im Sinne von gesellschaftsabgewandter Künstlerautonomie, sondern als tatsächlich Heimatlose, die diesen Mangel als schmerzlich erleben.

Der Dichter als heimatloser Wanderer - diese Motiv konkretisiert sich im Text immer an den gleichen Gestalten, die als Identifikationsmodelle fungieren oder auf die verwiesen wird. - Es sind ahasverische Gestalten, die man im Schicksal der Dichter erkennen kann und soll - Ahasver selbst wird als Symbolfigur häufig genannt.[1] Doch dies ist nur deshalb möglich, weil das ahasverische Schicksal als exemplarisch verstanden wird: Das jüdische (Exil-)Schicksal wird in der Gestalt Ahasvers zum Identifikationsmodell für den Exilanten, mit Rückgriff auf jüdische Erfahrungsmuster des Exils als 'conditio judaica', auch immer wieder in der Hiobsgestalt .

Der heimatlos Umherziehende oder -getriebene wird auch in den Gestalten des Odysseus[2] und Don Quijotes"[3] angesprochen. Beides sind literarische Modelle, die in ihrer Gleich-

---

1) Zum Gestaltwandel und der Tradition Ahasvers in der Literatur siehe Werner Zirus: Der ewige Jude in der Dichtung, vornehmlich in der englischen und deutschen. Leipzig 1928. - Adolf Leischnitzer: Der Gestaltwandel Ahasvers. In: In zwei Welten. Festschrift für Siegfried Moses zum 75. Geburtstag. Tel-Aviv 1962, S. 470-505.
2) Wolfgang Frühwald: Odysseus wird leben. Zu einem leitenden Thema in der deutschen Literatur des Exils 1933-1945, <Lit.574>.
3) Helmut Koopmann: "Geschichte ist die Sinngebung des Sinnlosen". <Lit. 611>, S. 27f.

nisfunktion nicht nur in den untersuchten Romanen benutzt werden, sondern in der Exilliteratur generell zu finden sind (z.B. in den Figuren des Gottes Konrad in Alfred Döblins BABYLONISCHE WANDRUNG, des Stepan Gars in Georg Kaisers VILLA AUREA und in denen des Exilwerks von Joseph Roth). Der heimatlose Wanderer läßt sich als durchgängiges Motiv in der Exilliteratur beschreiben, auch in so bezeichnenden Personifizierungen wie der des JOHANN OHNELAND bei Yvan Goll und der des JAN HEIMATLOS bei Stephan Lackner, das über die Grenzen eines konkreten, zeigeschichtlichen Exil-Begriffes hinausweist.

Ein verbindendes Element dieser Personifikationen ist das Reisemotiv, das sich mit exilspezifischer Bedeutung ebenfalls auffallend häufig in Exilliteratur finden läßt. Doch es geht dabei nicht um bürgerliches (Bildungs-)Reisen, sondern um Flucht und heimatloses Umherirren. Grenzübertritte (real und metaphorisch) und Schwierigkeiten mit Pässen ("Identitäts"-Papieren) sind symbolischer Ausdruck exilbedingter Identitätsproblematik, Metaphern der Heimatlosigkeit.

Mit historischen Dichtern oder fiktiven Dichterfiguren werden auch konkret Dichter-Exile erwähnt oder unterschiedlich auf sie verwiesen. Die 'Klassiker' des Dichter-Exils und der Exilliteratur oder fiktive Schicksalsgenossen werden als Selbstrechtfertigung oder Reflexionsmöglichkeit innerhalb einer so gesehenen Tradition des Exils eingearbeitet. Die rechtfertigende Anrufung kompetenter historischer Autoritäten in Sachen Exil kann als Motto oder auch als Zitat im Text erfolgen.

In allen Texten findet eine gegenwartsbezogene, d.h. an den aktuellen Problemen orientierte jüdische Thematik Eingang. Was beim Josephus-Projekt bereits vor dem Exil konstitutiv war, überrascht im Stellenwert gerade in den anderen Dichterromanen. Die drei Schriftsteller der Einzelstudien sind allesamt Vertreter einer deutsch-jüdischen Symbiose, bei denen das Exil eine Rückbesinnung, aber keine Rückkehr zum Judentum bewirkt hat. Und diese Kultursymbiose wird in allen Texten thematisch faßbar, was teilweise erhebliche Abstriche bei der Historizität erfordert. - Das Exil wurde von den untersuchten Autoren speziell auch als jüdisches Exil erfahren: Die Aspekte des jüdischen und des Schriftsteller-Exils werden in die Texte transponiert und die Beziehung dieser beiden Kennzeichen ihrer Exilerfahrung wird reflektiert. Auffallend in allen Dichterromanen ist die Eindringlichkeit, mit der die jüdische Thematik sprachlich umgesetzt wird, indem in mehr als nur bewußter Anspielung die Sprache des Antisemitismus, auch Begriffe des aktuellen, nationalsozialistischen Judenhasses benutzt werden.

Die Stabilisierung der Identität des Exilanten, besonders die Identitätssicherung des Dichters, erfolgt über literarische Produktivität. In allen Texten wird das Entwerfen von Schreib- und Literaturkonzeptionen geschildert, die von der genannten krisenhaften Situation ihre Impulse zur Weiterentwicklung erhalten. Bei allen Romanen führt dies zu einem Schreiben, bei dem die Selbstreflexion für den Autor im Vordergrund steht. Mit dem Ziel des durch Leidensdruck motivierten, autobiographisch gefärbten Schreibens, werden jeweils verschiedene literarische Verarbeitungsweisen beschrieben. Dabei geht es immer wieder um das verdeckte Transponieren eigener Problematik in den Text. Doch nicht das autobiographische 'Leidenswerk' wird als Ziel propagiert, vielmehr wird in allen Romanen ein anderes Literaturkonzept positiv hervorgehoben: das eines auf persönlicher Erfahrung beruhenden Werks mit autobiographischer Bedeutung u n d politischer Aussagekraft, ja mit politischer Wirkungsabsicht. Was beim JOSEPHUS und beim CERVANTES mit deren eigenem Œuvre angesprochen werden konnte, wird beim Chamisso-Roman DER SCHLEMIHL durch die herausgehobene Darstellung von "De l'Allemagne" de Staëls exemplarisch verdeutlicht. Die besonderen Gestaltungprobleme bei historischer Dichtung dieser Schreibintention werden von den Autoren als eigene Probleme ihrer gedichteten Autor-Kollegen in die Romane transponiert.

Geradezu ein Topos der Gefahr für Literatur in einer Zeit der Bedrohung des Dichters ist das den Verfasser und seine Umgebung gefährdende, in seiner politischen Brisanz gefährliche und durch staatliche Verfolgung gefährdete Manuskript. Der vor staatlichem Zugriff zu rettende, aus der Gefangenschaft oder dem Exil zu schmuggelnde literarische Text, der seinen Urheber und seine Beschützer in Gefahr bringt, aber veröffentlicht dann aufklärend wirken soll:[1] Ein hoch verdichtetes, immer wiederkehrendes Bild für die Lage und die Ziele der exilierten Autoren und ihrer Literatur,[2] das die Romane in ihrer Entstehung teilweise selbst betraf. Selbstzensur, Publikations- und Schreibbeschränkung oder -verbot, Bücherverbrennungen sowie Verbannung und Autodafés für die Dichter: Konstanten der Künstlerthematik im Dichterroman des Exils.

Politisch faßbare Thematik wird hauptsächlich im Bereich des Verhältnisses von Politik und Kunst sowie Antisemitismus und Militarismus gestaltet. Der Dichter und das 'Regime': Hier wird anspielungsreich Historisches in gegenwartsbezogener Analogie entwickelt. Direkte aktuelle Anspielungen betreffen die Bereiche der Judenverfolgung und der Unfreiheit der Kunst.

Zum poetischen Programm der Romane gehört, daß die intendierte Rezeption im Text selbst reflektiert wird. Die Identifikation des Rezipienten mit schicksalsverwandten Figuren wird in verschiedener Form vorgeführt: (exil-)spezifische Identifikationssignale als -angebote für den exilierten Leser.

Was Dichterbiographie und Dichterroman in der Exilliteratur für Autor und Leser zu leisten vermögen und wie die Bewertung dieser speziellen Verarbeitungsform von Exilproblematik zu beurteilen ist, wird an späterer Stelle kursorisch als Tour d'horizon zu klären versucht.

---

1) Siehe hierzu u.a. Guy Stern: The Plight of Exile, <Lit.658>, S. 113.
2) Es ist auch im Zeitroman zu finden, wie z.B. als Leitmotiv in Theodor Balks (d.i. Fodor Dragutin) "Das verlorene Manuskript". Moskau 1935 bzw. Mexiko 1943.

III. ABGRENZUNG VON ANDEREN HISTORISCHEN DICHTERROMANEN

Neben den beiden Exil-Fortsetzungen des JOSEPHUS von Lion Feuchtwanger, dem CERVANTES von Bruno Frank und Hans Natoneks Chamisso-Roman DER SCHLEMIHL gibt es nur noch wenige Texte, die in der Form des Romans Exilproblematik mittels einer Dichterfigur verdeckt reflektieren. Im engeren Sinne sind hier als Roman nur Hermann Brochs DER TOD DES VERGIL und Thomas Manns LOTTE IN WEIMAR zu nennen. Davon gilt es Texte zu scheiden, die trotz erzählender Elemente Biographien sind, wie z.B. Bruno Adlers ADALBERT STIFTER[1] oder Peter de Mendelssohns WOLKENSTEIN[2].

Stefan Zweigs TRIUMPH UND TRAGIK DES ERASMUS VON ROTTERDAM und sein CASTELLIO GEGEN CALVIN sind als biographische Texte sehr "den Gesetzen des gedanklichen Traktats, der in die politische Bekenntnis- und Kampfschrift hinüberreicht"[3] verpflichtet; nichtsdestoweniger ist besonders Zweigs historisch-biographisches Werk über den "kämpfenden Künstler"[4] Castellio stark von der Exilerfahrung des Autors geprägt.

Zweigs Texte sollen nicht im Gesamten, als Einzelstudien, untersucht werden, sondern nur unter einzelnen Gesichtspunkten, wie z.B. der Funktion der Dichterfigur für Autor und Leser. - Das Programm der historisch-biographischen Texte ist klar und für Zweigs Œuvre im Gesamten gültig: die historische Analogie, die Parallelität einer historischen Person und Konstellation zur geistigen Auseinandersetzung mit der Gegenwart zu nutzen. So ist auch im ERASMUS sein Ziel, "durch Analogie" und "durch Symbol vieles Heutige deutlich und verständlich zu machen",

---

1) Bruno Adler (Ps. Urban Roedl): Adalbert Stifter. Geschichte seines Lebens. Berlin 1936 <verboten>, London 1945.
2) Peter de Mendelssohn (Ps. Karl J. Leuchtenberg): Wolkenstein oder Die ganz Welt. Wien 1936.
3) Klaus Matthias: Humanismus in der Zerreißprobe. Stefan Zweig im Exil. In: <Lit.548>, S. 291-311, hier: S. 301.
4) Stefan Zweig: Ein Gewissen gegen die Gewalt. Castellio gegen Calvin. Frankfurt 1979, S.9.

was jedoch nicht zu tagesaktuell und -politisch werden darf.[1]

Wenn Zweig vom ERASMUS als einer "verschleierten Selbstdarstellung"[2] spricht, meint er damit seine Identifikation mit dem Humanisten, die einer geistig-politischen Standortbestimmung dient. Doch die Frage nach verdeckter Exilproblematik ist wenig fruchtbar, weil sich Zweig nicht wie sein Erasmus einer "literarisch-humanistischen Verpackungskunst"[3] bedient, sondern seine Anliegen offen thematisiert. In dem 1933/ 34 teilweise im Londoner 'Halbexil' entstandenen ERASMUS liegt des Schriftstellers Credo vor, in dem er in einer Zeit ähnlicher historisch-geistiger Herausforderungen die Werte propagiert, für die der kosmopolitische Humanist Zweig immer stand.

Dagegen ist der 1936 in London abgeschlossene CASTELLIO Anklage gegen die (aktuelle) Gewaltherrschaft, in dem "Castellio die Feder wie eine Lanze hält zu diesem gefährlichen Streit"[4]: "das Bild eines Mannes, der ich sein möchte"[5].

Der "Künstler-Humanist"[6] Erasmus und der "kämpfende Künstler"[7] Castellio glauben noch fest an die Aufgabe des geschriebenen Wortes, jedoch weiß Castellio "um die Ohnmacht jedes rein geistigen Krieges gegen die Übermacht einer geharnischten und gepanzerten Diktatur und damit um die Aussichtslosigkeit seines Unterfangens"[8].

Dem Erasmus ("der erste bewußte Kosmopolit und Europäer"[9])

---

1) Stefan Zweig in einem Brief an Klaus Mann vom 15.5.1933. In: Stefan Zweig, Briefe. Hrsg. v. Richard Friedenthal. Frankfurt 1978, S. 228.
2) Stefan Zweig: Die Welt von Gestern. Erinnerungen eines Europäers. Frankfurt 1984, S. 434.
3) Ders.: Triumph und Tragik des Erasmus von Rotterdam. Frankfurt 1982, S. 46.
4) Ders.: Ein Gewissen gegen die Gewalt, <Lit.486>, S. 7 (Einleitung).
5) Stefan Zweig in einem Brief an Joseph Roth <Herbst 1937>. In: Stefan Zweig, Briefe, <Lit.491>, S. 286.
6) Stephen Garrin: Castellio gegen Calvin. Das Bekenntnis eines Humanisten im Exil. In: Das Exilerlebnis, <Lit.567>, S. 486-496, hier: S. 487.
7) Stefan Zweig: Ein Gewissen gegen die Gewalt, <Lit.486>, S. 9.
8) Ebd., S. 7.
9) Ders.: Triumph und Tragik des Erasmus von Rotterdam, <Lit.489>, S. 12.

war von Stefan Zweig noch die Heimatlosigkeit als Konstitutivum des Weltbürgers zugeschrieben worden:

> als der wahre Kosmopolit bleibt er überall nur Besucher, nur Gast, nirgendwo nimmt er Sitten und Wesen eines Volkes in sich auf, nirgends eine einzige lebendige Sprache.(1)

Diese von Zweig selbst vertretene Freiheit der Heimatlosigkeit eines humanistischen Intellektuellen bleibt bei Castellio nur im unbeugsamen, freien Gewissen erhalten; er ist

> Ein nemo, ein Niemand, ein Nichts im Sinne öffentlichen Einflusses und obendrein noch ein Habenichts, ein bettelarmer Gelehrter, der mit Übersetzungen und Hauslehrerstunden Weib und Kinder mühsam ernährt, ein Flüchtling im Fremdland ohne Bleibe- und Bürgerrecht, ein zweifacher Emigrant: wie immer in den Zeiten des Weltfanatismus steht der Humane machtlos und völlig allein zwischen den streitenden Zeloten.(2)

Die Realität der Bedrohung wird von Zweig in seiner Einleitung sehr deutlich in Analogie zur Gegenwart beschrieben:

> Man zerreißt, man verbietet, man verbrennt, man beschlagnahmt seine Bücher, man erzwingt mit politischer Erpressung im Nachbarkanton ein Schreibeverbot <...> stumm liegen seine Schriften in der Lade <...> (3)

Der Anspruch historischer Exaktheit steht jedoch nicht in Widerspruch zur parteiergreifenden Schilderung Castellios. Die eigentlich direkten Gegenwartsbezüge, die unmittelbarer als die gleichnishafte Biographie selbst auf die Aktualität des Textes, seiner Aussage und der Intention des Autors verweisen, werden in einem Vorwort dem Text von Zweig vorangestellt. Der historische Castellio ist wie der Erasmus bei Zweig in seiner gesamten Haltung zum historischen Modell und Vorbild geeignet; die literarische Gestaltung der Biographie kann im einzelnen jedoch nicht mit den Dichterromanen verglichen werden, die andere gattungsspezifische Möglichkeiten haben.

---

1) Stefan Zweig: Triumph und Tragik des Erasmus von Rotterdam, <Lit.489>, S. 40.
2) Ders.: Ein Gewissen gegen die Gewalt, <Lit.486>, S. 8f.
3) Ebd., S. 16.

Weniger Biographie als vielmehr einen biographischen und literaturkritischen Essay - trotz einiger erzählerischer Passagen - stellt René Schickeles LIEBE UND ÄRGERNIS DES D.H. LAWRENCE dar, der 1935 erschien.[1] Die "liebevoll kritische Untersuchung"[2] ist aber kein echter Erzähltext. Wenngleich die Art, wie sich Schickele "in höchst selbständiger Art und bekenntnishafter Form zu den Absichten und Gestalten in den Romanen von Lawrence"[3] äußert, wie er den Dichterkollegen zeichnet, deutlich auf ihn selbst zurückweist, kann dieser ungewöhnliche Essay hier nicht vergleichend herangezogen werden (trotz seiner verdeckten exilspezifischen Aspekte).

Zwei Romanen mit Dichterthematik wird hier ebenfalls keine Einzelstudie gewidmet: Hermann Brochs DER TOD DES VERGIL und Thomas Manns Goethe-Roman LOTTE IN WEIMAR. Beide Texte sind in ihrer besonderen Romanform mit den untersuchten traditionellen historischen Romanen nur äußerst eingeschränkt vergleichbar und unter der Fragestellung bedingt fruchtbar zu untersuchen.

Die autobiographische Selbstreflexion im gedichteten Goethe in Thomas Manns Goethe-Roman trägt Spuren, ist aber kein literarisches Ergebnis der Exilerfahrung. Autor-Identifikation ist nicht nur in seiner LOTTE IN WEIMAR Leitgedanke; was hier als "Identifikationsspiel"[4] praktiziert wird, stellt den Höhepunkt der werkkonstanten Auseinandersetzung und des Sich-in-Beziehung-Setzens als "imitatio Goethe" dar.
    Bereits mehrfach wurde LOTTE IN WEIMAR unter der Fragestellung der eingeflossenen Exilproblematik Manns und der

---

1) Amsterdam 1935.
2) Klaus Mann (Rez.): Liebe und Ärgernis des D.H. Lawrence. In: Die Sammlung II(1934/35)S. 204-206.
3) Manfred George: Das vertrackte Problem. Anmerkungen zu einer Anmerkung René Schickeles. Unveröffentlichtes Typoskript. Deutsches Literaturarchiv Marbach a.N.
4) Thomas Mann: Tagebücher 1937-1939. Frankfurt 1980. Eintrag vom 2.12.1938, S. 327.

Exilbedingtheit des Romans untersucht.[1] Dabei werden einerseits am Text die auf die Gegenwart zu beziehenden, anspielungsreichen Textstellen beleuchtet, andererseits die selbstreflektorische Funktion des Goeteromans in der Zeit einer entscheidenden Wende seines Exils, ja seines Lebens betont. Doch erweist sich diese Fragestellung nicht als Schlüssel zum Werkverständnis, ein exilspezifisch ausgerichteter Zugang kann bei LOTTE IN WEIMAR nur eine untergeordnete Rolle spielen.[2]

Thomas Manns Plan, "Goethe einmal persönlich wandeln zu lassen"[3], reicht bis zur Entstehungszeit des "Tod in Venedig" zurück. Die Aufnahme der Arbeit an LOTTE IN WEIMAR 1936 fällt dann nicht zufällig in die Zeit, als Mann beginnt, sich eindeutig zum Exil zu bekennen und sich öffentlich vom nationalsozialistischen Deutschland abzuwenden. Die Entstehungszeit des Romans reicht bis Ende 1939, das zentrale "siebente Kapitel" entstand größtenteils nach Kriegsbeginn. - In der persönlichen Krisensituation diente das "Identifikationsspiel" der Selbstversicherung bei der Frage nach Künstlertum und nationaler Repräsentanz von Dichtung und Dichter im Exil. Die notwendige Auseinandersetzung mit der Ambivalenz von "Größe" durch die aktuelle "Verhunzung"[4] deutscher (Geistes-)Größe

---

1) Siehe hierzu u.a. Herbert Lehnert: Repräsentation und Zweifel. Thomas Manns Exilwerke und der deutsche Kulturbürger. In: Die Deutsche Exilliteratur, <Lit.548>, S. 398-417. - Eike Midell: Ein Goetheroman, ein Deutschlandroman. In: Erfahrung Exil, <Lit.563>, S. 193-220. - Gert Sautermeister: Thomas Mann: Volksverführer, Künstler-Politiker, Weltbürger. <Lit.643>. - Helmut Koopmann: Das Phänomen der Fremde bei Thomas Mann. Überlegungen zu dem Satz "Wo ich bin, ist die deutsche Kultur". In: Leben im Exil, <Lit.616>, S. 103-114.
2) Zu einer tiefergehenden Bedeutung des Goeteromans siehe: Rolf Günther Renner: Lebens-Werk. Zum inneren Zusammenhang der Texte von Thomas Mann. München 1985. - Zur Goethe-Thematik siehe: Heinrich Siefken: Thomas Mann. Goethe - "Ideal der Deutschheit". Wiederholte Spiegelungen 1893-1949. München 1981, S. 171-243.
3) Thomas Mann in einem Brief an Alfred Neumann v. 28.12.1937. In: Th.M., Briefe 1937-1947. Frankfurt 1963, S. 40.
4) Ein zentraler Begriff des Aufsatzes "Bruder Hitler" <1938/39>. In: Thomas Mann: Reden und Aufsätze, Bd.4, Frankfurt 1974, S. 845-852.

wird hier in der Person Goethes geleistet. Trotz Kritik am "Privattyrann"[1] wird Goethes kosmopolitischer Humanismus gegen den nationalen Ungeist gestellt. Die historischen Ereignisse bedingen Goethes Geistesexil, das in der deutschen Umwelt zu "Gesinnungsvereinsamung"[2] führt. Im Verhältnis Goethes zu den politischen Ereignissen klingen mehrfach aktuelle Anspielungen an, was sich, durch das Zeitgeschehen bedingt, im "siebenten Kapitel" in seiner kritischen Funktion steigert:

> Sie meinen, sie sind Deutschland, aber ich bins, und gings zugrunde mit Stumpf und Stil, es dauerte in mir. Gebärdet euch, wie ihr wollt, das Meine abzuwehren, - ich stehe doch für euch.(3)

Dies führt bis zur Anspielung auf die Judenverfolgung (das Eger-Pogrom als Anspielung auf die sogenannte Reichskristallnacht) und auf das Exil, das in dem "unseligen Volk" Tradition habe:

> Was gilts, das Schicksal wird sie schlagen, weil sie sich selbst verrieten und nicht sein wollten, was sie sind; es wird sie über die Erde zerstreuen wie die Juden, - zu Recht, denn ihre Besten lebten immer bei ihnen im Exil, und im Exil erst, in der Zerstreuung werden sie die Masse des Guten, die in ihnen liegt, zum Heile der Nationen entwickeln und das Salz der Erde sein...(4)

Die Brisanz "einzelner dem deutschen Charakter recht nahetretender und Unheil prophezeihender Dicta"[5] zeigt sich auch durch die Verwendung eines Textauszuges der LOTTE für eine in Deutschland zirkulierende Tarnschrift, sozusagen als Warnung der Autorität Goethe an den Nationalsozialismus und an die Deutschen.

Thomas Mann nutzt authentische Aussagen, die zu einer

---

1) Gert Sautermeister: Thomas Mann: Volksverführer, Künstler-Politiker, Weltbürger, <Lit.643>, S. 371.
2) Thomas Mann: Lotte in Weimar. Frankfurt 1982, S. 177.
3) Ebd., S. 299f.
4) Ebd., S. 306f.
5) Ders.: Die Entstehung des Doktor Faustus. Roman eines Romans. In: Th.M., Rede und Antwort. Frankfurt 1984, S. 130-288, hier: S. 260.

"Mischung aus Zitat und Funktion"[1] werden: Mit der Intention direkter Gegenwartsanspielungen nutzt er häufig tatsächliche Goethe-Zitate; die eigene dichterische Gestaltung Manns bei der Einarbeitung von Exilthematik bleibt wenig umfangreich.

Die hier in LOTTE IN WEIMAR praktizierte "imitatio Goethe" hat - wie bereits in verschiedenen Studien nachgewiesen - sowohl für den Autor Thomas Mann in seiner Exilproblematik, als auch die politische Situation betreffend aktuelle Bedeutung. Doch ist verdeckte Exilproblematik in diesem historischen Modell(-Fall) nur punktuell faßbar bzw. auf einer höheren Reflexionsebene in Kontinuitäten des Werkes eingegangen.

Der "hermetische Roman"[2] DER TOD DES VERGIL von Hermann Broch ist in seiner "monumentalen Abstraktheit"[3] in diese Untersuchung nur schwer einzubeziehen. Sicherlich wurde schon vereinzelt versucht, den Text in Beziehung zur Exilerfahrung des Autors zu deuten,[4] doch ist zu fragen, ob es überhaupt der Erfahrungskomplex Exil ist, der den bereits vor dem Exil in drei Fassungen bearbeiteten Stoff entscheidend geprägt hat.

---

1) Thomas Mann in einem Brief an H.D. Isaac vom 31.8.1946. In: Die Briefe Thomas Manns. Regesten und Register, Bd.III - Die Briefe 1944 bis 1950. Frankfurt 1980, Nr. 46/316.
2) Lothar Fietz: Strukturmerkmale der hermetischen Romane Thomas Manns, Hermann Hesses, Hermann Brochs und Hermann Kasacks. In: DVjS 40(1966) S. 161-183.
3) Jean Paul Bier: Literarische Überwindung des Exils durch geistige Kontinuität: Der Schatten Rilkes in Hermann Brochs Spätwerk. In: Österreicher im Exil 1934-1945, hrsg. v. Helene Maimann u. Heinz Lunzer. Wien 1977, S. 354-359, hier: S. 356.
4) Manfred Durzak: Hermann Brochs Vergil-Roman und seine Vorstufen. In: Literaturwissenschaftliches Jahrbuch NF 9(1968)S. 285-317. - Ders.: Brochs Vergil-Roman und seine Vorstufen. In: M.D., Hermann Broch - Dichtung und Erkenntnis. Stuttgart 1978, S. 80-110. - Ders.: Zeitgeschichte im historischen Modell. Hermann Brochs Exilroman "Der Tod des Vergil". In: Die deutsche Exilliteratur 1933-1945, <Lit.548>, S. 430-442; überarbeitet in: M.D., Hermann Broch - Dichtung und Erkenntnis, a.a.O., S. 111-124. - Siehe auch Joseph P. Strelka: Hermann Broch als Exil-Autor. In: Modern Austrian Literature 8(1975)Nr.3/4, S. 100-112.

Was die Vergleichbarkeit mit den anderen Texten innerhalb dieser Untersuchung erschwert, ist die Erkenntnis, daß, wenn überhaupt, die "Gegenwartsbezüge ethischer und metaphysischer, nicht ereignis-analoger Art sind"[1].

"Das Verständnis eines jeden Werkes <ist> aus seiner technischen Genese am leichtesten zugänglich"[2]: Dem kommt beim VERGIL aufgrund der ungewöhnlichen Entstehungsgeschichte besondere Bedeutung zu, für die Frage nach verdeckter Exilproblematik speziell, weil die ersten beiden Fassungen vor dem Exil liegen, die dritte, von der ein Teil während Brochs dreiwöchiger Inhaftierung 1938 geschrieben wurde, ihn als Fragment ins Exil begleitet hat und die vierte und gedruckte fünfte vollständig im amerikanischen Exil entstanden sind. Vorschnelle Schlüsse, den VERGIL als literarische Abstraktion und Verinnerlichung der eigenen Exilsituation zu sehen,[3] wurden meist v o r der Kenntnis der Textgenese durch die Veröffentlichung der ersten Fassungen gezogen.[4]

In der ersten Fassung, dem "Ur-Ur-Vergil"[5] von 1936, betitelt DIE HEIMKEHR DES VERGIL[6], ist die letzte, die End-Fassung, thematisch bereits umfassend angelegt. - Das radikale Infragestellen der Kunst, das Thema der Sinn- und Funktionslosigkeit der Literatur ist von Beginn an Kern des VERGIL, bereits hier sind die kulturkritischen und philosophischen Intentionen der

---

1) Guy Stern: Über das Fortleben des Exilromans in den sechziger Jahren. In: Revolte und Experiment, <Lit.657>, S. 165-185, hier: S. 174.
2) Hermann Broch: James Joyce und die Gegenwart <1936>. In: H.B., Schriften zur Literatur I (Kommentierte Werkausgabe Bd. 9/1). Frankfurt 1976, S. 63-94, hier: S. 74.
3) Manfred Durzak: Hermann Brochs Vergil-Roman und seine Vorstufen <1968>, <Lit.560>.
4) Durzak revidierte seine Thesen von 1968 grundlegend nach der Kenntnis aller Fassungen des VERGIL. Manfred Durzak: Brochs Vergil-Roman und seine Vorstufen <1978>, <Lit.705>, S. 80-110.
5) Brochs handschriftliche Bezeichnung auf dem Typoskript-Durchschlag der ersten Fassung im Deutschen Literaturarchiv Marbach a.N.
6) In: Materialien zu Hermann Brochs "Der Tod des Vergil", hrsg. von Paul Michael Lützeler. Frankfurt 1976, S. 11-22.

letzten Fassung erkennbar vorhanden. Der generelle Zweifel an
der Existenzberechtigung von Dichtung aufgrund mangelnden Erkenntniswertes war bereits nach den 'Schlafwandlern', Jahre
vorher, zum "Leitmotiv seines Denkens"[1] geworden. - Demnach
liegt dem Thema der Sinnlosigkeit der Kunst im Sinne der Unfähigkeit zur Erkenntnis ursächlich nicht die Exilerfahrung
Brochs zugrunde; die Problematik beschäftigte ihn schon längere Zeit zuvor. Zwar spielen die politischen Erfahrungen in
Österreich und auch die des deutschen Faschismus unzweifelhaft bei seiner Kritik der faschistischen Massenbewegungen
und totalitärer Formen eine Rolle, doch konkrete Exilproblematik des aktuellen antifaschistischen Exils ist im VERGIL
nur punktuell aus dem Text isolier- und beschreibbar.

Untersucht man vergleichend die verschiedenen Stufen der
Textgenese, fällt auf, daß der nachweisbare Einfluß zeitgeschichtlicher Erfahrungen Brochs bis zur letzten Fassung eher
ab- als zunimmt, da die von Anfang an angelegten Themen zwar
im Umfang erheblich ausgeweitet werden, aber zunehmend abstrakter und gegenwartsentrückter erscheinen. So findet sich
z.B. das Motiv der Bücherverbrennung als selbständige, eindeutige Gegenwartsanspielung nur in der ersten Fassung und noch
nicht ausschließlich als Bild für den Wunsch Vergils, das
Äneis-Manuskript zu vernichten; die Bücher werden in dieser
Passage der ersten Fassung von randalierenden (Nazi-?)Horden
angezündet.[2] In den späteren Fassungen steht dann das "Brandopfer"[3] nach dem "flüsternden Traumbefehl"[4] nur für Vergils
Wunsch, sein Hauptwerk zu vernichten. Dieser legendäre Plan
Vergils wird noch in der ersten Fassung nicht so vehement verfochten, dem Kunstwerk wird der Sinn noch nicht völlig abge-

---

1) Manfred Durzak: Hermann Broch. Stuttgart 1967, S. 29.
2) Hermann Broch: Die Heimkehr des Vergil <1.Fassung>. In: Materialien, <Lit.375>, S. 11-22, hier: S. 15f.
3) Aus der titellosen 2. Fassung. In: Materialien, <Lit.375>, S. 23-87, hier: S. 45.
4) Ders.: Erzählung vom Tode <Fragment>. In: Materialien, <Lit.375>, S. 88-169, hier: S. 152.

sprochen. In der dritten und vierten[1] Fassung spricht Broch
dann der Literatur und Dichtung gänzlich jede Existenzberechtigung ab, was dann in der letzten Fassung wieder zu einer gewissen Sinnhaftigkeit und damit zum Erhalt der Äneis relativiert wird. Hier wurde zu Recht ein Einfluß von Brochs Erfahrungen gesehen,[2] die die im VERGIL problematisierte Kunstauffassung im Laufe des Exils durchaus modifiziert.

Deutlichen Exilbezug scheinen die in der (bisher unveröffentlichten) vierten Fassung erstmals vorhandenen Reflexionen über Heimat[3] und die Thematisierung des Zusammenhanges von "Wanderangst" und "Wandergefühl des Schaffens", "die tiefe Angst von der alles Schaffen begleitet ist"[4], zu haben. Jedoch ist der Motivkomplex des Stockens der Arbeit, der Unfähigkeit, das Fragment zu beenden, im Zusammenhang mit der Sinnkrise des Dichtens bereits im "Ur-Ur-Vergil" zu finden.[5]

Das Thema "Literatur am Ende einer Kultur"[6] wird von Broch in einer historischen Parallele bearbeitet (er sah seine und die Zeit Vergils als Epochenwende), die durch die Wahl der Romanfigur und der -themen aktuelle (auch Exil-)Bezüge hatte. Doch sie sind nicht Ziel und Kern seiner literarischen Aussage.
Es fällt z.B. auf, daß Broch die Möglichkeit, an Vergils Dichter-Exil Exilthematik zu problematisieren, fast nicht wahrgenommen hat. Bei einer so ausgerichteten Intention hätte sich Ovid für einen Roman außerdem besser geeignet, wie Broch

---

1) Hier war der Verf. auf die Berichte der Forschungsliteratur angewiesen, da das unveröffentlichte Manuskript der vierten Fassung (Yale-University-Library) nicht eingesehen wurde.
2) Manfred Durzak: Brochs Vergil-Roman und seine Vorstufen <1978>. In: <Lit.705>, S. 80-110, hier: S. 105.
3) Paul Michael Lützeler: Textkritische Hinweise zum VERGIL. In: Hermann Broch: Der Tod des Vergil (Kommentierte Werkausgabe, Bd.4). Frankfurt 1976, S. 513f.
4) Ebd., S. 82
5) Hermann Broch: Der Tod des Vergil <1. Fassung>. In: <Lit.375>, S. 11-22, hier: S. 11. - Die zweite Fassung ebd., S. 23-87, hier: S. 24.
6) Hermann Broch in einem Brief an Hermann J. Weigand v. 12.2.1946. In: H.B., Briefe, Bd.3. Frankfurt 1981, S. 63.

selbst angedeutet hat.[1] - Sicher ist es zulässig, Vergil als "Sinnbild des exilierten Dichters schlechthin"[2] zu deuten, doch läßt sich diese exilspezifische Interpretation am Text unter Berücksichtigung der Entstehungsphasen kaum stützen.

So greift Manfred Durzak, der entschiedenste Verfechter dieser Deutung, zum Beleg zu außertextlichen Argumenten: Die 'Exil-Klassiker' Ovid und Dante werden zu "personalen Kristallisationen des Exilmotivs" im Roman, obwohl es lediglich einen Verweis auf Ovid in einem Brief Brochs von 1946 gibt, wo er zudem zu Dante jedweden Bezug zurückweist.[3]

Für Broch und für seinen VERGIL ist mithin nicht das Exil die entscheidende Zäsur, sondern der Roman ist nur aus seiner fast zehnjährigen Geschichte im Zusammenhang mit dem schon vor seinem Exil sich entwickelnden Denken Brochs zu sehen.[4] Häufig wird die dreiwöchige Inhaftierung Brochs nach der Besetzung Österreichs als einschneidendes und auch für den VERGIL folgenreiches Erlebnis geschildert. Broch schrieb in der Haft an der dritten Fassung des Romans, wo in den wenigen dort entstandenen Passagen deutlich eine Einsamkeitsthematik und Todesmotivik hervorbricht.[5]

Zwar ist der im schottischen Exil geschriebene Schluß dieser dritten Fassung verschollen, doch läßt sich im Vergleich der übrigen Fassungen durchaus von einer Intensivierung und Erweiterung der Todesthematik nach dem Gefängnisaufenthalt ausgehen. Broch selbst hat später von der "Todesbe-

---

1) Hermann Broch in einem Brief an Hermann J. Weigand am 12.2.1946. In: H.B., Briefe, Bd.3. Frankfurt 1981, S. 64.
2) Manfred Durzak: Zeitgeschichtliches im historischen Modell. In: <Lit. 705>, S. 111-124, hier: S. 117.
3) Hermann Broch an Hermann J. Weigand, a.a.O.: Broch reagiert hier auf eine These von Weigand in: Hermann J. Weigand, Broch's Death of Virgil: Program Notes. In: PMLA 62(1947)S. 525-551.
4) "The exile did not in itself affect Hermann Broch's thinking as much as the rise of totalitarian fascism did." Janis Diane Mitchell: Exile and Historical Existence in the Writings of Werfel, Döblin and Broch. Diss. Pennsylvania State University 1976, S. 288.
5) In: Materialien, <Lit.375>, S. 160-169.

drohung durch das Nazitum"[1] gesprochen, die durch die Inhaftierung real zur "nackte⟨n⟩ Todeserkenntnis"[2] geworden sei:

> unter dieser Todesdrohung ist auch der VERGIL zustande gekommen; es war meine privateste Auseinandersetzung mit dem Sterbenmüssen. ⟨...⟩
> Dabei ist mir eine recht bedrückende Erkenntnis gekommen: als ich später das Buch druckfertig machte, also es zu "formen" begann, habe ich mir das ursprüngliche Erlebnis, das mir aufs äußerste wichtig gewesen ist, einfach wegkorrigiert, im wahrsten Wortsinn weggefeilt; wo das Kunstwerk mit seiner spezifischen Objektivierung anfängt, wird der eigentliche, der lebendige Erkenntniskern zerstört.(3)

Die eingeflossene, persönliche Erfahrung wurde jedoch - nicht einfach "wegkorrigiert", sondern bereits in den verschiedenen Fassungen "durch ein richtiges Hineinarbeiten in traumhafte Trancezustände und ein fast automatisches Niederschreiben"[4] ins literarisch kaum noch Greifbare transformiert. Nicht erst in der letzten Fassung verflüchtigt sich die Exilerfahrung in Abstraktion.[5]. - Insofern erklärt sich die Funktion des Romans als eine für den Autor "zwingende metaphysische Notwendigkeit, "meine sozusagen private Auseinandersetzung mit dem Tod"[6]. In diesem Sinne kann man den VERGIL als "seine wohl autobiographischste Figur"[7] bezeichnen, die sich einer nachprüfbaren De-Chiffrierung verdeckter exilspezifischer Aspekte allerdings größtenteils entzieht.

---

1) Hermann Broch in einem Brief an Hermann J. Weigand vom 12.2.1946. In: Briefe, Bd.3, ⟨Lit.377⟩, S. 64.
2) Hermann Broch in einem Brief an einen nicht festzustellenden Adressaten vom 16.8.1943. In: Briefe, Bd.2, ⟨Lit.377⟩, S. 342.
3) Hermann Broch in einem Brief an Max Krell vom 23.1.1946. In: Briefe, Bd.3, ⟨Lit.377⟩, S. 54f.
4) Hermann Broch in einem Brief an Egon Vietta vom 14.9.1947. Ebd., S. 161.
5) Manfred Durzak: Zeitgeschichte im historischen Modell, ⟨Lit.705⟩, S. 111-124, hier: S. 122.
6) Hermann Broch in einem Brief an Walter Ebel vom 6.2.1950. In: Briefe, Bd.3, ⟨Lit.377⟩, S. 423.
7) Maria Angela Winkel: Denkerische und dichterische Erkenntnis als Einheit. Eine Untersuchung zur Symbolik in Hermann Brochs "Der Tod des Vergil". Frankfurt 1980.

Auch unter formalen und sprachlichen Gesichtspunkten läßt sich kaum begründet auf ursächliche Exileinflüsse schließen. Nicht erst im Exil hatte der Text die beabsichtigte Tendenz, die gattungstypischen Merkmale zu überwinden, die Romangrenzen zu überschreiten. In einer sechsten Fassung wollte Broch dies, in der fünften noch nicht völlig Verwirklichte erreichen: "völlige Zerschlagung der Romanform"[1] und "völlige Ausmerzung sämtlicher Romanreste"[2]. Hierbei die Exilerfahrung zu spezifizieren, wird ebensowenig gelingen wie die Tendenz zur rhythmischen Sprache und zu Lyrismen als "Sprachwucherung"[3] konkret nachweisbar den Folgen des Exils zuzuschreiben.

---

1) Hermann Broch in einem Brief an Egon Vietta vom 14.11.1947. In: Briefe, Bd.3, <Lit.377>, S. 187.
2) Ebd., S. 188.
3) Manfred Durzak: Laokoons Söhne. Zur Sprachproblematik im Exil. In: Akzente 21(1974)S. 53-63.

IV. SELBSTREFLEXION IM HISTORISCHEN MODELL

1. Dichterfiguren als Identifikationsmodelle

> Homer hatte kein Heim
> Und Dante mußte das seine verlassen.
> Li-Po und Tu-Fu irrten durch Bürgerkriege
> Die 30 Millionen Menschen verschlangen
> Dem Euripides drohte man mit Prozessen
> Und dem sterbenden Shakespeare hielt man den Mund zu.
> Den François Villon suchte nicht nur die Muse
> Sondern auch die Polizei.
> "Der Geliebte" genannt
> Ging Lukrez in die Verbannung
> So Heine, und so auch floh
> Brecht unter das dänische Strohdach.
>
> Die Auswanderung der Dichter   (Bertolt Brecht)

Die Einzelstudien und der Blick auf andere Exiltexte mit Dichterthematik haben gezeigt, daß fiktive oder historische Dichterfiguren der Selbstreflexion des Autors in seiner aktuellen Exilproblematik dienen. Neben der Titelfigur geschieht dies auch mittels anderer Dichter als Projektionsfiguren, die je nach historischem Kontext des Romans als fiktiv oder realhistorisch identifizierbar sind. Da es sich meist um historische Dichter handelt, ist die Frage danach interessant, welche Dichter vermehrt und mit welcher Intention genutzt werden. Um zu typologischen Aussagen zu gelangen, sollen Gestaltbreite, Funktion und Stellenwert dieser Form der mehr oder weniger verdeckten Exilthematik auf erweiterter Textgrundlage dargestellt werden.

Der Zeitroman und seine Thematisierung von Exil und Exilerfahrung mittels Dichterfiguren bleibt ausgespart; Werke wie Anna Seghers' "Transit", Klaus Manns "Der Vulkan", Lion Feuchtwangers "Exil" und Irmgard Keuns "Kind aller Länder" sind ausgeklammert. Die Fragestellung umfaßt auch nicht den Einfluß von Exilerfahrung auf das wissenschaftliche Dichter-Bild. Dieses von der Exilliteraturforschung bisher noch völlig unbeachtete Phänomen würde zu einer noch zu schreibenden

Geschichte der Exil-Germanistik gehören und könnte Ansatzpunkte bei Hans Mayers Büchner-Studie[1] oder Walter A. Berendsohns literaturwissenschaftlichen Arbeiten[2] finden.

Wie bereits in den Einzelstudien gezeigt werden konnte, gibt es geradezu einen Kanon immer wieder genannter historischer Autoren, die für den Schriftsteller und den Leser gleichermaßen identifikatorische Funktion haben. Bei in den Text montierten Zitaten als Identifikationssignale für den Rezipienten geht es in Essays und feuilletonistischen Beiträgen sowohl um historische Exil-Autoren als auch um nicht-exilierte Dichter.

Ovid, Dante und Heinrich Heine sind die großen Schicksalsverwandten des Dichter-Exils, um die es in der Exilliteratur immer wieder geht.

Ovid wird dabei "zum Auftakt für den Mythos vom verbannten Dichter"[3], der besonders in der Lyrik (z.B. bei Max Herrmann-Neiße) als wichtigster exilliterarischer Bezugspunkt der Literaturgeschichte erscheint, dessen (Exil-)Literatur als tröstend rezipiert wird. Auch für eine Traditionsbildung des Dichter-Exils steht Ovid nicht nur aufgrund der Chronologie am Anfang.

So beginnen die beiden großen, im Exil entstandenen Porträt-Bände einer Geschichte bedeutender literarischer und politischer Gestalten des Exils mit Aufsätzen zu Ovids Exilschicksal: Hans Flesch-Brunningen[4] hat gemäß seinem Motto, "Vertriebene sprechen durch den Mund des Vertriebenen", in

---

1) Hans Mayer spricht in seinem Vorwort von 1946 zu seinem Buch "Georg Büchner und seine Zeit" (Wiesbaden 1946) selbst davon, daß es auch inhaltlich ein "Erzeugnis des Exils" sei.
2) Walter A. Berendsohn: Der lebendige Heine im germanischen Norden. Kopenhagen 1935.
3) Eberhard Lämmert: Lion Feuchtwanger oder das kalifornische Exil, <Lit.105>, S. 147.
4) Sylvia M. Patsch: Hans Flesch-Brunningen. In: S.P., Österreichische Schriftsteller im Exil in Großbritannien. Ein Kapitel vergessene österrichische Literatur. Wien 1985, S. 73-101.

seinem bereits 1933 veröffentlichten Werk "Vertriebene - Emigranten von Ovid bis Gorguloff"[1] Dichter, Künstler und Politiker in einer Traditionslinie des Exils zusammengestellt, die von der Antike bis zum Ersten Weltkrieg reicht:[2] Eine Art Handbuch der Exilgeschichte mit aufklärerischer Absicht, das in Österreich entstand, nach der ersten großen Fluchtwelle in Deutschland - vor der ersten in Österreich 1934, als auch der Autor ins Londoner Exil ging. In Flesch-Brunningens Band findet sich auch ein Kapitel über den Exil-Mythos Dante. - Dieses eher aufrüttelnde als tröstende Werk wurde bislang in der Forschung ebensowenig beachtet wie der ähnlich angelegte Band "The Torch of Freedom - Twenty Exiles of History"[3] aus dem Jahr 1943, in dem exilierte Autoren und Publizisten über historische (Exil-)Kollegen schreiben: Lion Feuchtwanger trug einen Essay über Ovid bei:[4] "His verses will express the sorrows of exiles until the end of time"[5].

Die Ähnlichkeiten dieser exilspezifischen Rezeption und Aneignung unabhängig von Gattungsunterschieden wird z.B. in Feuchtwangers Aufsatz über Max Herrmann-Neiße deutlich, wo er über die exilspezifischen Ovid-Bezüge des Lyrikers schreibt und dies wiederum mit einer anderen literarischen Identifikationsfigur tut, indem er Neiße zusammen mit Süßkind von Trimberg nennt, dem "ersten unter den deutschen Dichtern, <der> vom Leid erzwungener Wanderschaft singt"[6].

Diese mehrfache Überlagerung von historischen und aktuellen Exilbezügen wird an der Heine-Rezeption der deutschen Exilliteratur am deutlichsten.

---

1) Hans Flesch-Brunningen (Ps. Vincenz Brun): Vertriebene. Emigranten von Ovid bis Gorguloff. Wien 1933.
2) "Die Geschichte der Weltliteratur ist eine Martyrologie". Hermann Kesten: Fünf Jahre nach unserer Abreise... In: Das Neue Tagebuch VI (1938)H.5, S. 114-117, hier: S.117.
3) Hrsg. v. Emil Ludwig u. Hernry B. Kranz. New York/Toronto 1943.
4) Ebd., S. 3-16.
5) Ebd., S. 16.
6) Lion Feuchtwanger: Der Dichter Max Herrmann-Neisse, <Lit.36>, S. 500.

Heinrich Heine, der dritte der 'Exil-Klassiker', war als deutscher Dichter im Exil die, gerade auch aus politischen Gründen, wichtigste historische Identifikationsgestalt. Institutionellen Ausdruck fand dies z.B. in der Verleihung eines "Heinrich-Heine-Preises" durch den Schutzverband Deutscher Schriftsteller in Paris, der für ein im Exil entstandenes Erstlingswerk verliehen wurde, oder auch in der Namensgebung des 1941 in Mexiko gegründeten "Heinrich-Heine-Klubs", dessen Ziel "die Förderung deutscher Kunst, Literatur und Wissenschaft"[1] war. Die Präsidentin Anna Seghers schreibt zur Wahl dieses "Schutzpatrons":

> Wir haben uns, wenn uns das Heimweh gar zu stark überkam, von seiner spöttischen Trauer trösten lassen: dieselben Sterne werden als Todeslampen über unseren Gräbern schweben, am Rhein oder unter Palmen, auch wenn man kein Requiem betet und kein Kaddisch sagen wird.(2)

Bei Heine kommen verschiedene Funktionen der Aneignung im Exil zum Tragen: der tröstende Aspekt ebenso wie der des politisch-literarischen Vorbildes. Dabei wird besonders im Essay die Absicht deutlich, Heine als Vorgänger und als geistigen Verwandten des Exilschicksals zu sehen.[3]

Aufschlußreich für die Heine-Sicht im Exil sind diesbezüglich Vor- und Nachworte zu Heine Ausgaben im Exil;[4] ebenso ist die Auswahl in Anthologien interessant.[5]

Aufgrund der Heterogenität der Exilanten kam es allerdings

---

1) In: Freies Deutschland I(1941)Nr.2, S. 2.
2) Anna Seghers: Abschied vom Heinrich-Heine-Klub <1946>. In: Exil, <Lit. 564>, Bd.2, S. 523-526, hier: S. 524.
3) Ludwig Marcuse: Heinrich Heine. In: Das Neue Tagebuch IV(1936)H.7, S. 163-165. - Hermann Kesten: Heine im Exil. In: Pariser Tageszeitung Nr. 1038 vom 2./3.7.1939, S. 3. - Einen Heine-Aufsatz gibt es auch in "The Torch of Freedom", <Lit.468>.
4) Siehe u.a. Hermann Kestens Heine-Ausgabe (Amsterdam 1939) und Ernst Fischers Nachwort zu Heines "Wintermärchen" von 1945 in: Exil, <Lit. 564>, Bd.3, S. 984-996.
5) Z.B. in: Das Wort der Verfolgten. Gedichte und Prosa, Briefe und Anrufe deutscher Flüchtlinge von Heinrich Heine und Georg Herwegh bis Bertolt Brecht und Thomas Mann. Hrsg. v. Oswald Mohr. Basel 1945 <August>.

auch zum Dissenz bei der Identifikation mit bedeutenden Schicksalsgenossen. An Max Brods Heine-Sicht[1] entzündete sich zu Beginn des Exils eine linke Kritik, die sich dagegen wehrte, daß dem Judentum und jüdischer Problematik bei Heine zuviel Bedeutung beigemessen werde.[2] Hierdurch wird auch die Bedeutungsebene des aktuellen Exils als ein jüdisches und in der Tradition der Diaspora stehendes kritisiert.

Der Betonung einer politischen Tradition, in die man sich mit Heine zu stellen wünschte, ist u.a. ein Aufsatz über Heine und Börne im Exil von Friedrich Burschell verpflichtet, der in einer Sammlung von Porträts einer demokratisch-freiheitlichen Geschichte deutscher Intellektueller zu finden ist: "IN TYRANNOS - Four Centuries of Struggle against Tyranny in Germany"[3].

Der Heine-Bezug findet sich häufig nur als Zitat, als Motto oder Anspielung, wie auch bei Feuchtwanger und Natonek gezeigt werden konnte.

Andere historische Exil-Autoren dienen ebenso mehr einem Traditionsbewußtsein des Exils gerade auch im Sinne einer widerstehenden, durchhaltenden oder gar kämpferischen Position wie z.B. Beaumarchais[4], Börne[5] und Victor Hugo[6]. - Ein Identifikationsangebot, das eher Trost und Dämpfung des eigenen Exil-Leids zu evozieren versprach, konnte ein Werk wie "Kleine Ge-

---

1) Max Brod: Heinrich Heine. Amsterdam 1934.
2) Kurt Kersten: Heinrich Heine - expatriiert. In: Neue Deutsche Blätter II(1934/35)Nr.3, S. 181-183.
3) Hrsg. v. Hans J. Rehfisch. London 1944. Darin: Friedrich Burschell, Boerne and Heine in Exile, S. 162-180.
4) Paul Frischauer: Beaumarchais. Zürich 1935. - Friedrich Wolf: Beaumarchais oder Die Geburt des "Figaro". Schauspiel. In: F.W., Dramen, Bd.5, Berlin 1960.
5) Moritz Gottlieb Saphir: Ein Grab in Paris. In: Das Wort (1936)H.1, S. 78f. - Friedrich Burschell: Heine an Boerne in Exile. In: In Tyrannos, <Lit.454>, S. 162-180.
6) Alfred Kantorowicz: Das Beispiel des Emigranten Victor Hugo. In: A.K., In unserem Lager ist Deutschland. Reden und Aufsätze. Paris 1936, S. 12-22. - Robert de St. Jean: Victor Hugo. In: The Torch of Freedom, <Lit.468>, S. 167-184.

schichten von großen Dichtern" von Hermynia zur Mühlen bieten, eine Sammlung sentimentaler Miniaturen über österreichische Dichter hauptsächlich des 19.Jahrhunderts.[1]

Doch werden nicht nur tatsächlich exilierte historische Dichter als Identifikationsgestalten genutzt, auch andere bedrängte und bedrohte Schriftsteller oder solche, die ihrer aufklärerisch-kämpferischen Haltung wegen als vorbildlich für den Exilanten gelten konnten, werden herangezogen.

Lessing wird z.B. als Symbol der Aufklärung den Exilanten essayistisch als vorbildlich und sehr aktuell nahegebracht,[2] aber auch in der Literatur in diesem Sinne anspielungsreich verarbeitet.[3]

Besonders die Rubrik "Kulturelles Erbe" in der Exil-Zeitschrift "Das Wort" war ein Forum, das der Vergegenwärtigung der literarischen Tradition im Sinne einer exilspezifischen Rezeption diente.[4] Die Modellhaftigkeit ist neben der trostreichen Identifizierung eine wichtige Funktion bei der Beschäftigung mit (historischen) Künstlerfiguren. Die Beschäftigung mit historischen Dichtern dient durch Vergewisserung einer 'positiven' Tradition, in die sich der Autor einreihen möchte, der Selbstvergewisserung des Exilanten. Auch speziell die 'Tradition' des (Dichter-)Exils hilft der unsicher gewordenen Identität durch die Erkenntnis, daß es sich beim persönlichen Exilschicksal nicht um ein individuelles und schuldhaftes handelt.

---

1) London 1943, 2.Aufl. Wien 1945.
2) Karl Wolff: Lessing and the Fight for Enlightment. In: In Tyrannos, <Lit.454>, S. 81-98.
3) Louis Fürnberg: Lessing und Spira <Fragment>. In: L.F., Gesammelte Werke in sechs Bänden, Bd.3 (Prosa I), Berlin/Weimar 1967, S. 323-350. - Siehe auch Natoneks Roman "Der Schlemihl".
4) Z.B. besonders deutlich bei Kurt Kersten: Kleist. In: Das Wort (1936) H.6, S. 67-73.

Diese "Rettungsversuche für die abgebrochene Tradition"[1] haben jedoch noch eine weitere Aufgabe: Die Beschäftigung mit den Dichtern bedeutet in vielen Fällen auch, sie vor einer Vereinnahmung und Umdeutung durch den Nationalsozialismus zu schützen.[2] Die Exilanten nehmen so die Tradition sozusagen mit, "während sie zu Hause pervertiert und verraten wird"[3]: "In unserem Lager ist Deutschland"[4].

In der Studie zum SCHLEMIHL wurde auf den nationalsozialistischen Zugriff auf Chamisso hingewiesen, deutlicher wird diese Schutzfunktion sowohl bei den vom Nationalsozialismus beanspruchten Klassikern als auch bei den aus rassischen und politischen Gründen verfemten Vertretern der deutschen Literaturgeschichte. "Auch die Toten werden vor dem Feind, wenn er siegt, nicht sicher sein"[5]: Im Essay, in der Literaturwissenschaft, aber auch in der Literatur versuchen die Exilanten, die deutsche literarische Tradition dem Zugriff der NS-Ideologie zu entreißen:[6] Eindrückliche Beispiele bieten Goethe[7] und Hölderlin[8], während Autoren wie Heine[9] und Büchner[10] vor der

---

1) Werner Vordtriede: Vorläufige Gedanken zu einer Typologie der Exilliteratur. <Lit.670>, S. 574.
2) Reinhold Grimm: Vom sogenannten Widerstand gegen die Völkischen. <Lit. 579>.
3) Werner Vordtriede: Vorläufige Gedanken, <Lit.670>, S. 570.
4) Alfred Kantorowicz: In unserem Lager ist Deutschland. Reden und Aufsätze. Paris 1936.
5) Walter Benjamin: Über den Begriff der Geschichte. In: W.B., Illuminationen. Ausgewählte Schriften. Frankfurt 1977, S. 251-261, hier: S. 253.
6) Klassiker in finstren Zeiten 1933-1945. Eine Ausstellung des Deutschen Literaturarchiv Marbach a.N., hrsg. v. Bernhard Zeller. 2 Bd., Marbach 1983.
7) Erich Kleinschmidt: Der vereinnahmte Goethe. Irrwege im Umgang mit einem Klassiker 1932-1949. In: Schillerjahrbuch XXVIII(1984) S. 461-482.
8) Georg Lukács: Hölderlins Hyperion. In: Internationale Literatur (Moskau) V(1935)H.6, S. 96-107.
9) Zu Heine siehe S. 235ff.
10) Georg Lukács: Der faschistisch verfälschte und der wirkliche Georg Büchner. In: G.L., Werke, Bd.7: Deutsche Literatur in zwei Jahrhunderten. Neuwied u. Darmstadt 1964, S. 249ff.

rassisch und politisch motivierten Verdammnis gerettet werden sollen.

Dieser ganz realen Traditionssicherung waren Klassiker-Ausgaben von Exilverlagen, Anthologien und Aufsatzsammlungen (s.o.) gewidmet; institutioneller Ausdruck dieses Bedürfnisses war auch die "Deutsche Freiheitsbibliothek" in Paris. Die "verlorene Bibliothek"[1] bekommt als Hort des literarischen Traditionsschatzes und Refugium symbolischen Wert.

Ein einzigartiges Werk der Traditionssicherung und -bildung stellt Klaus Manns "Distinguished Visitors" aus dem Jahr 1940 dar.[2] Das bisher unveröffentlichte Werk versucht, auf den Spuren einer Geschichte des Exils, die Tradition des Exil-Landes Amerika und des Amerika-Bildes von Künstlern, Intellektuellen und Politikern in Europa zu zeichnen. Der Exil-Amerikaner Klaus Mann will damit als "mediator" zwischen Amerikanern und Europäern wirken;[3] seinen persönlichen Antrieb beschreibt er folgendermaßen:

> Some of the figures in this book have been homeless as well. And these are perhaps the ones i like best of all... (4)
> Oh, those strange pilgrims, those poets, those homeless ones - : doomed and blessed they are;(5)

Bereits die Exilanten selbst haben über Funktion und Wert der Identifikation und literarischen Aneignung in bezug auf historische Dichter reflektiert und diskutiert: Der Eskapismus-Vorwurf, der im Kern den historischen Roman im gesamten treffen soll und bis in die heutige Exilliteraturforschung erhoben wird, blendet die Leistung aus, die positive Funktion der

---

1) Walter Mehring: Die verlorene Bibliothek. <Lit.448>.
2) Unveröffentlichtes Typoskript. Handschriftenabteilung der Stadtbibliothek München (Klaus-Mann-Archiv).
3) Klaus Mann: Distinguished Visitors. Preface. Ebd.
4) Ebd.
5) Ebd., Kapitel 2: A Russian Brig.

Beschäftigung mit historischen (Dichter-)Figuren für den Schriftsteller und den Leser, auch durch Traditionsvergewisserung und -sicherung. Dies geschah literarisch im Dichterroman, im Essay, in der Lyrik wie in "Anthologien des Verlorenen"[1].

---

1) Siehe hierzu: Exil-Literatur 1933-1945, <Lit.514>, Kapitel "Tradition und Erbe", S. 237-247.

2. Die Anklage auf Flucht -
Die Debatte um den historischen Roman im Exil

Die Beobachtung, daß sich viele Autoren im Exil historischen Stoffen zuwandten, löste bereits damals mehrfach intensive Kontroversen über Sinn und Funktion speziell des historischen Romans im Exil aus; neben der Realismus-Debatte der herausragende literarische Streit im Exil.

Im Zeitraum zwischen 1934 und 1939 sind etwa 85 historische Romane nachweisbar.[1] Die auffallende Vorliebe für diese Gattung wurde und wird entweder als eskapistisch, als Flucht in die Vergangenheit und untaugliches literarisches Mittel zum Kampf gegen den Nationalsozialismus angegriffen oder konträr dazu als durchaus geeignete Form angesehen, im historischen Modellfall einer Gegenwartsproblematik aufklärend näherzukommen. Der historische Roman im Exil gehört auch zu denjenigen Themen, die mit Abstand am häufigsten in der Exilliteraturforschung wissenschaftlich angegangen wurden.[2] Die Debatten[3] sollen an dieser Stelle nur insoweit dargestellt werden, wie sie besondere Relevanz für den hier interessierenden Teil der Gattung haben; die unterschiedlichen literaturtheoretischen Ausgangspunkte können hier vernachlässigt werden.

Die zu Beginn des Exils von Menno ter Braak 1934 im Neuen Tage-Buch entzündete Debatte um die "Emigranten-Literatur"[4] beschäftigte sich noch relativ theoretisch mit der Frage, wie eine Literatur im Exil beschaffen sein sollte, bzw. "unmittelbar nach dem Chock"[5] überhaupt sein konnte oder gar vielleicht

---

1) Helmut Koopmann: "Geschichte ist die Sinngebung des Sinnlosen", <Lit. 611>, S. 18.
2) Siehe Hackert <Lit.581>, Ongha <Lit.124>, Koopmann <Lit.611>.
3) Eine kurze Zusammenfassung bietet Alexander Stephan: Die Deutsche Exilliteratur 1933-1945, <Lit.653>, S. 155-163.
4) Menno ter Braak: Emigranten-Literatur. In: Das Neue Tagebuch II(1934) H.52, S. 1244f.
5) Erich Andermann: Größere Strenge gegen die Dichter. In: Das Neue Tagebuch III(1935)H.1, S. 1267f. hier: S. 1267.

sein mußte ("Emigration ist kein Zustand, Emigration ist eine Verpflichtung"[1]). Die von ter Braak befürchtete zeitentrückende Kontinuität in der Literatur bzw. die geforderte literarische Umsetzung der politischen und persönlichen Exil-Zäsur im Werk: Beide Wege werden im historischen Roman beschritten.[2]

Kurt Hillers Philippika von 1935 gegen die nun schon zahlreich vorliegenden historischen, besonders auch gegen die biographischen Romane,[3] entspricht dem Exilurteil Franz C. Weiskopfs aus dem gleichen Jahr:[4]

> Die Wahl eines historischen Stoffes bedeutet für einen emigrierten deutschen Schriftsteller in der Regel Ausweichen oder Flucht vor den Problemen der Gegenwart. Flucht und Ausweichen sind kein Zeichen von Stärke.(5)

Stärke war allerdings von den Autoren in ihrer existenzbedrohten Exilproblematik schwerlich zu erwarten. Die damaligen Verteidiger des historischen Romans haben zur Rechtfertigung von einem "gewissen Zwang zum historischen Roman"[6] (Alfred Döblin) gesprochen, für dessen Wahl besonders die mangelnde Erfahrung der nationalsozialistischen Gegenwart verantwortlich sei, die zu kompetenten Zeitromanen notwendig gewesen wäre:

> Aber die Schriftsteller draußen, die konnten doch schreiben, was und wie sie wollten. Warum schrieben sie nun auf einmal fast alle nur historische Romane? <...> Wo aber blieb die große Schilderung gegenwärtiger Wirklichkeit?
> Die Emigranten hatten kein Land, das ihnen gehörte, und sie lebten mehr oder weniger eine provisorische Existenz. Deutschland kannten sie nicht mehr und konnten auch nicht mehr darüber schreiben, zumindest keinen gesellschaftskritischen Roman <...>.(7)

---

1) Hans Sahl: Emigration - eine Bewährungsfrist. In: Das Neue Tagebuch III(1935)H.2, S. 45.
2) Ludwig Marcuse: Die Anklage auf Flucht. In: Das Neue Tagebuch IV(1936) H.6, S. 131.
3) Kurt Hiller: Zwischen den Dogmen <1935>, <Lit.394>.
4) Franz C. Weiskopf: Hier spricht die deutsche Literatur! Zweijahresbilanz der Verbannten. In: Der Gegenangriff III(1935)Nr.19.
5) Ebd.
6) Alfred Döblin: Der historische Roman und wir. In: <Lit.702>, S. 163-186, hier: S. 184.
7) Irmgard Keun: Bilder und Geschichten aus der Emigration. Köln 1947, S. 24f.

Auch ökonomische Gründe haben eine Rolle gespielt, denn auf dem ausländischen Buchmarkt waren historische Romane relativ vielversprechend; zudem verstärkte die Verlagspolitik vieler Verlage die Tendenz zu diesem Genre, wie dies z.B. auch in der deutschen (Exil-)Abteilung des Verlages Allert de Lange deutlich wurde.[1]

In allen großen theoretischen Beiträgen über den Sinn und die Aufgabe des historischen Romans im Exil (Feuchtwanger, Döblin, Lukács) kommt der als notwendig erachteten aktuellen Aussage-Ebene - je nach ideologischer bzw. literaturtheoretischer Position - herausragende Bedeutung zu. Die Nutzbarmachung einer historischen Thematik als "eine dünne Hülle, durch die der satirisch tödlich getroffene Hitlerfaschismus für jeden Leser sofort sichtbar werden muß"[2], wird im Exil außer von Lukács und Feuchtwanger eher skeptisch beurteilt.

Der historisch kostümierte Gegenwartsroman, der so bis zur "Geschichtstravestie"[3] reicht, war literarisch allerdings keine überzeugende Umsetzung eines antifaschistischen Aussagewillens. Prägender und in den meisten Texten vorhanden sind punktuelle Aktualisierungen von historischen Aspekten und Gegenwartsanspielungen, wonach der damalige Leser gerade suchte. Doch es handelt sich häufig eher um konkrete, politisch brisante Aussagen im historischen Modell als um umfassende historische Gleichnisse. In den Einzelstudien der vorliegenden Untersuchung konnte gezeigt werden, wie komplex politische Themen zu bestimmten politisch-aktuellen Aussagen verarbeitet wurden (z.B. Antisemitismus, Militarismus, staatlicher Machtmißbrauch). - Politische "Diagnosen" und "Röntgenbilder" sind die historischen Romane allerdings nicht, waren als solche meist auch nicht gedacht.[4]

---

1) Exil in den Niederlanden, <Lit.614, Bd.6>, S. 151.
2) Georg Lukács: Der historische Roman, <Lit.415>, S. 330.
3) Helmut Koopmann, <Lit.611>, S. 32 in bezug auf Feuchtwangers "Der falsche Nero".
4) Balder Olden, <Lit.123>.

Alfred Döblin kommt in seiner Theorie des historischen Romans den eigentlichen, exilspezifischen (Beweg-)Gründen der Autoren bei ihrem Interesse an dieser Gattung auf die Spur, die den Befunden beim Dichterroman entsprechen:

> An sich ist der historische Roman selbstverständlich keine Noterscheinung. Aber wo bei Schriftstellern die Emigration ist, ist auch gern der historische Roman. Begreiflicherweise, denn abgesehen vom Mangel an Gegenwart ist da der Wunsch, seine historischen Parallelen zu finden, sich historisch zu lokalisieren, zu rechtfertigen, die Notwendigkeit, sich zu besinnen, die Neigung, sich zu trösten und wenigstens imaginär zu rächen.(1)

Die Form des in mehrfacher Hinsicht gegenwartsbezogenen historischen Romans im Exil ist nicht als Kontinuität der Gattung zu erklären, er unterscheidet sich vielmehr in seiner Exilspezifik signifikant von dem historischen Roman der zwanziger Jahre.[2] Was Helmut Kooopmann thesenhaft für die gesamte Gattung postuliert, konnte in der vorliegenden Untersuchung am Dichterroman im einzelnen belegt werden: Geschichte wird gerade nicht "endgültig zum Material der Reflexion evaporiert, ihrer wirkenden, prägenden Kraft beraubt"[3], sondern dient in hohem Maße der Identitätssicherung des Autors durch Selbstreflexion im historischen Modell. Dabei wird Geschichte nicht zum bloßen Material degradiert, wie im Einzelfall der Umgang mit den historischen Fakten belegt. Die Dichterromane sind hierfür besonders prädestiniert und der Tradition des Künstlerromans mit seinen Gestaltungsmöglichkeiten verpflichtet; die biographische Form dient der Autor-Intention, über die Affinität zum historischen, wesensverwandten Dichter "auch den Weg zum Selbst zu finden".[4]

---

1) Alfred Döblin: Der historische Roman und wir. <Lit.702>, S. 163-186, hier: S. 184.
2) Helmut Koopmann, <Lit.611>. Koopmann widerlegt eindrucksvoll die Thesen von Klaus Schröter (Der historische Roman, <Lit.565>, S. 111-151).
3) Klaus Schröter: Der historische Roman, <Lit.565>, S. 111-151, hier: S. 116.
4) Helmut Scheurer: Biographie. Überlegungen zu einer Gattungsbeschreibung. <Lit.751>, hier: S. 24.

Die komplexe, größtenteils verdeckte Problematik von virulenten Herausforderungen des Exils in den untersuchten Dichterromanen sind nicht Symptome einer Flucht in historische Themen. "Die Geschichte gibt etwas zu erkennen, was sich zu den Erfahrungen der eigenen Zeit in Beziehung setzen läßt"[1]: Besonders die historische Dichterfigur, die sich aufgrund von Parallelen anbietet, wird durch die intentionale Gestaltung für einen Selbstklärungsprozeß fruchtbar gemacht, der nachweislich auch eine tröstende, aber auch eine ermutigende Funktion erfüllten konnte.

Entsprechend ist in den Romanen eine Rezeption intendiert, mit der der Leser durch exilspezifische, aktuelle Identifikationsmuster daran gehindert werden soll, sich völlig zeitentrückt in die ferne Vergangenheit in Form eines spannenden Historiengemäldes hineinzuträumen. Insofern sind diese Romane stark gegenwartsbezogen, auch wenn sie nicht den Gleichnischarakter eines "Henri Quatre" oder andererseits des "Falschen Nero" aufweisen.

Wie die Einzelstudien dieser Untersuchung zeigen, trifft der Eskapismus-Vorwurf den historischen Dichterroman kaum. Allerdings gibt es in den bearbeiteten Texten die Tendenz, Exil als Lebensform des Dichters per se zu ent-historisieren:
> Verklärende Tendenzen vom Dichter als dem ewig Unbehausten, wie sie gerade eine deutsche Tradition zu zeigen liebt, sind für das literarische Exil nach 1933 keine angemessenen Bewältigungsmuster, wenn auch Exilautoren sie selbst mit subjektivem Recht bei ihrer Suche nach Rechtfertigung des eigenen Schicksals formuliert haben. (2)

Der 'exul poeta', die verschiedenen Sinnbilder für das Entwurzelt-, Vereinzelt- und Exiliertsein, für das Fremdsein und die Verbannung, die in den Dichterromanen literarisch gestaltet werden, bergen in sich die Gefahr der eskapistischen Deutung des Exils als überhistorische Grundgegebenheiten: Exil

---

1) Helmut Koopmann, <Lit.611>, S. 24.
2) Erich Kleinschmidt: Exil als Schreiberfahrung, <Lit.603>, S. 33.

als Lebensform und Existenzmetapher für den Dichter. Heimweh- und Einsamkeitsproblematik der ahasverischen Dichterfiguren können in den Texten die Vorstellung evozieren, daß ein echter Dichter immer in einem (metaphorischen oder realen) Exil leben muß. Die Bezugnahme auf "transhistorische Grundmuster und Urerfahrungen"[1] wäre tatsächlich eine Flucht im Sinne des hier diskutierten Vorwurfes; Exil bekäme eine überwiegend metaphysische Komponente.

Die tradierte, bürgerliche Vorstellung vom "unausgesprochenen Gefühl der Unzugehörigkeit"[2] des Dichters ("Wir sind Emigranten geworden, ohne unsere Vaterländer zu verlassen"[3]), des Dichtens als 'Exil', findet sich tatsächlich bei einigen Autoren (Karl Wolfskehl, Peter Weiss) ganz explizit, doch nicht in den untersuchten Dichterromanen und bei deren Autoren. Vielmehr verweist Exil hier mit der ganzen Komplexität transponierter Exilproblematik und deren literarischer Gestaltung auf das reale Exil und die tatsächliche Exilproblematik des exilierten Schriftstellers.

Der Exil-Begriff in den Dichterromanen bekommt durch Verknüpfung mit Exil als jüdischer Diaspora jedoch in der Tat eine Dimension einer "metazeitliche<n> Ebene"[4]. Das diasporeische Existenzmuster bot sich gerade deshalb an, weil sich viele Autoren erst durch die Flucht der eigenen jüdischen Identität schmerzlich bewußt wurden. Aber diese zweifache Exil-Erfahrung unterschiedlicher Bedeutung und Tragweite wird in den untersuchten Romanen nicht von der jüdischen dominiert. Der Dichter im Exil in Gestalt des ahasverischen Wanderers ist nur e i n Bewältigungsmuster, nicht Kern literarisierter Exilerfahrung.

Dagegen wird in den Romanen eine andere Existenzerfah-

---

1) Helmut Koopmann, <Lit.611>, S.23.
2) Max Frisch: Büchnerpreisrede 1958. In: Büchner-Preis-Reden 1951-1971. Stuttgart 1972, S. 57-72, hier: S. 60.
3) Ebd.
4) Helmut Koopmann, <Lit.611>, S. 26

rung des Exils literarisch problematisiert:
> Einmal Emigrant, immer Emigrant: dies ist nicht nur persönliche Erfahrung, sondern auch geschichtliche Erkenntnis. Die Fremde entfremdet.(1)

Quasi antizipatorisch werden in den untersuchten Dichterromanen irreversible Veränderungen und irreparable Schäden durch Exil, Verbannung, Heimatlosigkeit dargestellt. "Das Exil wurde so sehr das Leben, daß mein ganzes Leben Exil wurde"[2]: Keine eskapistische Haltung in der Tradition des zeitentrückten Dichtertums steht hinter dieser Erkenntnis, sondern die Erfahrung der beschädigenden Wirkung des Lebens im Exil,[3] die in den Gestalten der Dichterromane in verdeckter Form transponiert und antizipatorisch erfahrbar wird.

---

1) Jean Améry: Vom immerwährenden Schriftsteller-Exil. In: Schweizer Rundschau 77(1978)H.10, S. 5-9, hier: S. 9.
2) Konrad Merz zit. nach Thomas A. Kamla: Die Sprache der Verbannung. Bemerkungen zu dem Exilschriftsteller Konrad Merz. In: Hans Würzner (Hrsg.), Zur deutschen Exilliteratur in den Niederlanden 1933-1940. Amsterdam 1977, S. 134.
3) Theodor W. Adorno: Minima Moralia. Reflexionen aus dem beschädigten Leben. In: Th.W.A., Gesammelte Schriften, Bd.4, Frankfurt 1980, S. 35f.

V. ZUSAMMENFASSUNG

Den Autoren, die im antifaschistischen Exil 1933-1945 historische Romane geschrieben haben, gilt damals und auch heute noch der Vorwurf, sich in historische Stoffe geflüchtet, statt sich streitbar aktuellen Zeitproblemen zugewandt zu haben. Dabei wurde einigen Autoren und ihren Texten zugestanden, daß sie mittels brisanter Anspielungen und Gegenwartsbezogenheit im historischen Modell aktuelle, exilspezifische Aussagen machten. Die hier untersuchten historischen Dichterromane erweisen sich dagegen als Texte, in die Exilproblematik der Autoren nicht nur eingeflossen ist, sondern in denen die transponierte Exilthematik zum eigentlichen, aber teilweise verdeckten Thema wird.

Mit typologisch ähnlichen literarischen Mitteln wird Exilerfahrung als Problem des (Weiter-)Schreibens, der eigenen Literaturkonzeption und als jüdische Identitätsproblematik literarisch verarbeitet. Den beiden für das Dichter-Exil prägenden Erfahrungs- und Identitätsbereichen tritt noch eine dritte, aktuelle Aussage-Ebene hinzu: Politische, gegenwartsbezogene Aspekte des historischen Stoffes werden intentional nutzbar gemacht und auch in diesem Sinne umgedeutet oder mit fiktionalen Eingriffen verstärkt. Bei der literarischen Gestaltung fallen wiederkehrende, gleiche Symbolfiguren, ähnliche Exilmotive und -metaphern auf; es existiert geradezu eine Art Kanon bestimmter Projektionsfiguren.

Die Dichterromane leisten für ihre Verfasser einen wichtigen Beitrag zur Selbstreflexion des Dichters über Aufgaben und Ziele der Literatur im Exil. Die dauernde Infragestellung der eigenen Existenz im Exil, der Zustand einer kontinuierlichen Identitätskrise fließen nicht nur als verdecktes Exil-Thema in die Romane ein, vielmehr dient der Text als künstlerischer Bewältigungsversuch, die psychisch erschütternden Auswirkungen des Exils zu mildern und zu reflektieren. Der Künstlerroman als Medium der Autor-Reflexion im wesensverwandten Künstlerkollegen leistet hier für den Exilanten eine Selbstvergewisserung im historischen Modell, eine Traditionssicherung und eine Traditionsbildung im Sinne einer Geschichte des bedrohten und exilierten Dichters.

Die drei Autoren der Einzelstudien, Lion Feuchtwanger, Bruno Frank und Hans Natonek haben nach diesem literarischen Bewältigungsversuch im historisch-biographischen Modell auch noch Zeitromane mit autobiographisch gefärbter Künstler- und Exilthematik geschrieben; sie greifen also nicht nur auf das historische Genre zurück.

Die Romane enthalten für den Leser nicht nur einzelne exilspezifische Identifikationssignale, vielmehr entstehen mit gleichartiger, komplexer Einarbeitung typischer Exilproblematik Identifikationsmuster, die für den heutigen Leser kaum noch nachvollziebar sind, aber vom schicksalsverwandten Leser der Zeit erkannt wurden und deren erkenntnisfördernde aber auch nur tröstende Wirkung zum Tragen kam.

Die eigentlichen, wenn auch verdeckten Themen und Themenbereiche der Dichterromane, Exilproblematik, Dichterthematik, jüdische Identitätsproblematik, Antisemitismus und Pazifismus sagen natürlich noch wenig über die Qualität der literarischen Verwirklichung im Text aus. Pathos und sprachliche Antiquiertheit sind in der Exilliteratur zwar nicht prinzipiell, aber doch häufig auch Ergebnis des Exils. Kolportagehafte Elemente sowie triviale und sentimentale Passagen haben jedoch wenig mit den Entstehungsbedingungen der Romane zu tun. Die nicht nur nach heutigen literaturästhetischen Gesichtspunkten unbefriedigende Qualität der Texte, die im Mittelpunkt der Untersuchung standen, läßt sich auch in anderen Werken dieser Autoren konstatieren; ein kritisches Urteil würde einen grossen Teil ihres Œuvres treffen.

Sicherlich läßt sich gegen die aktuellen, auch speziell

die politischen Themen der Dichterromane und ihre Konzeption einwenden, daß es sich lediglich um die Problematisierung von Symptomen und nicht von Ursachen handle. Allerdings muß man dabei das ideologische und künstlerische Selbstverständnis der Schriftsteller berücksichtigen und bedenken, daß die untersuchten Romane meist aus der Frühzeit des Exils stammen, als der existentielle Schock dominierte, aber ein relativer politischer Optimismus herrschte, was die Dauer des Exils anging.

Trotzdem scheint in allen Texten - quasi antizipatorisch - in Metaphern der Heimatlosigkeit die Angst vor der Permanenz des Exils auf. Wie im vorangestellten Gedicht "Im Exil" von Mascha Kaléko die irreversiblen Auswirkungen der Exil-Zäsur für Leben und Werk betont werden, klingt in allen Romanen ein ahasverisches Schicksal an.

Die Flucht aus dem sich verdunkelnden Europa gelingt allen Autoren der hier behandelten Romane; für den verzweifelnden Flüchtling auf dem kurz nach Kriegsbeginn im Brüsseler Versteck entstandenen Gemälde von Felix Nussbaum bietet der scheinbare Fluchtweg nur einen Blick in eine trostlose Zukunft. Auch ein noch so hartes Leben im Exil, wie es z.B. Hans Natonek führen mußte, war dem Maler nicht vergönnt: Kurz vor der Befreiung Brüssels 1944 wurde Felix Nussbaum in seinem Versteck aufgespürt, nach Auschwitz verschleppt und dort ermordet.

LITERATURVERZEICHNIS

1. Literatur zu den Fallstudien

A. LION FEUCHTWANGER: "JOSEPHUS-TRILOGIE"

Unveröffentlichte Quellen

Briefe von Lion Feuchtwanger an Bertolt Brecht
(Bertolt-Brecht-Archiv, Berlin/DDR):

vom 27. 1.<1934>*	BBA Sign.	478/93-94
vom 9. 4.<1934>*	BBA Sign.	478/100-101
vom 13. 7.<1934>*	BBA Sign.	478/98
vom 29.12. 1934	BBA Sign.	478/86-87
vom 10. 8.<1935>**	BBA Sign.	478/82-83
vom 30. 5.<1937>	BBA Sign.	478/68 u. 71
vom 4.10. 1939	BBA Sign.	1396/29
vom 18. 1. 1940	BBA Sign.	654/146

* Datierung vom Verf.
** Datierung des BBA fälschlicherweise auf <1936>

Briefe von Bertolt Brecht an Lion Feuchtwanger:
vom <Mai 1937>   BBA Sign. Z 19/199

Werke von Lion Feuchtwanger

Gesammelte Werke in Einzelausgaben (Aufbau-Verlag, Berlin/Weimar):

1   Bd.1   Die häßliche Herzogin Margarethe Maultasch. Jud Süß. ^{3}1972 <Berlin 1923 bzw. München 1925>.
2   Bd.2   Der jüdische Krieg. ^{4}1983 <Berlin 1932>.
3   Bd.3   Die Söhne. ^{4}1983 <Amsterdam 1935>.
4   Bd.4   Der Tag wird kommen. ^{4}1983 <in engl. Übers.: London u. New York 1942; dt.: Stockholm 1945>.
5   Bd.5   Der falsche Nero ^{3}1980 <Amsterdam 1936>.

6	Bd.6	Die Füchse im Weinberg. ^{3}1982 <"Waffen für Amerika", Amsterdam 1947/48>.
7	Bd.7	Goya oder Der arge Weg der Erkenntnis. ^{5}1975 <Frankfurt 1951>.
8	Bd.8	Narrenweisheit oder Tod und Verklärung des Jean-Jacques Rousseau. ^{3}1972 <Los Angeles u. Frankfurt 1952>.
9	Bd.9	Die Jüdin von Toledo. Jefta und seine Tochter. ^{4}1973 <Berlin 1957>.
10	Bd.10	Erfolg - Drei Jahre Geschichte einer Provinz. ^{3}1973 <Berlin 1930>.
11	Bd.11	Die Geschwister Oppermann. 1976 <Amsterdam 1933>.
12	Bd.12	Exil. ^{3}1974 <Amsterdam 1940>.
13	Bd.13	Die Brüder Lautensack. ^{2}1984 <London 1944>.
14	Bd.14	Erzählungen. ^{2}1985.
15	Bd.15/16 Dramen. 1984.	

16   Heinrich Heines Fragment "Der Rabbi von Bacherach". Eine kritische Studie. Diss. München 1907.

17   Moskau 1937. Ein Reisebericht für meine Freunde. Amsterdam 1937.

18   Unholdes Frankreich. London u. Mexiko 1942 <Der Teufel in Frankreich. Ein Erlebnisbericht. München 1983>.

19   Simone. New York 1944.

20   Panzerkreuzer Potemkin. Erzählungen. Frankfurt 1985 <Leipzig 1954>.

21   Das Haus der Desdemona oder Größe und Grenzen der historischen Dichtung. Fragment. Rudolstadt 1961 und München 1985.

22   Lion Feuchtwanger - Arnold Zweig: Briefwechsel 1933-1958. Hrsg. von Harold von Hofe. 2 Bde., Berlin/Weimar 1984.

22a Ein Buch nur für meine Freunde. Frankfurt 1984 (=Centum Opuscula. Rudolstadt 1956).

Aufsätze, Rezensionen u.a. von L. Feuchtwanger

23 Gespräche mit dem Ewigen Juden <1920>. In: L.F., Ein Buch nur für meine Freunde. Frankfurt 1984, S. 437-459. = Centum Opuscula. Rudolstadt 1956.
24 Versuch einer Selbstbiographie <1927>. Ebd., S. 354f.
25 Vorwort zu Ditlef Nielsen, Der geschichtliche Jesus. München 1928, S. VII-XXVII.
26 Der historische Prozeß der Juden <1930>. In: Ein Buch nur für meine Freunde, a.a.O., S. 460-466.
27 Nationalismus und Judentum <1933>. Ebd., S. 467-487.
28 Bin ich deutscher oder jüdischer Schriftsteller? <1933>. Ebd., S. 362-364.
29 Der Mord in Hitler-Deutschland. In: Der Gegenangriff (Paris) II(1934)Nr. 14.
30 Wir warten. In: Neue Deutsche Blätter (1934)Nr. 11, S. 682-687.
31 Der Autor über sich selbst <1935>. In: Ein Buch nur für meine Freunde, a.a.O., s. 365-369.
32 Henri Barbusse. In: Das Neue Tage-Buch III(1935)S. 856f.
33 Marcuse's Loyola-Buch <Rez.>. In: Das Neue Tage-Buch III(1935)H. 43, S. 1027.
34 Vom Sinn und Unsinn des historischen Romans <1935>. In: Ein Buch nur für meine Freunde, a.a.O., S. 494-501. Erstmals in: Internationale Literatur (Moskau) V(1935) H. 9, S. 19-23 und Das Neue Tage-Buch III(1935)S. 640-643.
35 Anläßlich des Henri Quatre von Heinrich Mann <Rez.>. In: Das Neue Tage-Buch IV(1936)Nr. 3, S. 65f.
36 Der Dichter Max Herrmann-Neisse. In: Das Neue Tage-Buch IV(1936)Nr. 21, S. 500f.
37 Deutschland ein Wintermärchen. In: Der Gegenangriff (Paris) IV(1936)Nr. 2.
38 Francis Bacon. Versuch einer Kurzbiographie. In: Das Wort II(1936)H. 5, S. 46-51.
39 Vorwort zu: Der gelbe Fleck. Die Ausrottung von 500000 deutschen Juden. Paris 1936.
40 Der Abgrund von O. M. Graf <Rez.>. In: Ein Buch nur für meine Freunde, a.a.O., S. 517-519. Erstmals in: Das Wort III(1937)H. 3, S. 86-88.
41 Das deutsche Buch in der Emigration. In: Pariser Tageszeitung vom 3.7.1937.
42 Selbstbiographie. In: Das Wort III(1937)H. 4/5, S. 195.
43 Ulrich Becher. In: Das Wort III(1937)H. 8, S. 90-92.

44 Wie das Dritte Reich die Schriftsteller verfolgt. In: Pariser Tageszeitung vom 23.6.1937.
45 An meine Sowjetleser <1938>. In: Ein Buch nur für meine Freunde, a.a.O., S. 520-523. Erstmals in: Das Wort IV (1938)H. 7, S. 82-84.
46 Ein ernstes Wort Lion Feuchtwangers. In: Deutsche Volks-Zeitung (Paris) vom 13.8.1938.
47 Größe und Erbärmlichkeit des Exils. In: Das Wort IV (1938)H. 6, S. 3-6. (=Kapitel "Trübe Gäste" aus dem Roman EXIL).
48 Heinrich Manns "Henri Quantre" <Rez.>. In: Die Neue Weltbühne (1939)Nr.21, S. 646-649.
49 Ovid. In: The Torch of Freedom. Twenty Exiles of History. Hrsg. von Emil Ludwig u. Henry B. Kranz, New York 1943, S. 3-16.
50 Der Schriftsteller im Exil <1943>. In: Ein Buch nur für meine Freunde, a.a.O., S. 533-538. (=Die Arbeitsprobleme des Schriftstellers im Exil. In: Sinn und Form VI(1954) H.1-3. S. 348-353.
51 Die Zukunft Deutschlands. In: Freies Deutschland (Mexiko) III(1944)Nr.12, S. 6f.
52 Vom Geschichtsbewußtsein der Juden <1957>. In: Hans Lamm (Hrsg.), Von Juden in München. München 1958, S. 208-211.

Literatur zur Fallstudie über "Josephus"

53 ABELS, Norbert: Wozu treibt der Mensch Historie? Geschichtlichkeit und Geschichtsroman bei Lion Feuchtwanger. In: Diskussion Deutsch 15(1984)S. 603-625.
54 ANTKOWIAK, Alfred: Der historische Roman bei Lion Feuchtwanger. In: A.A., Begegnungen mit Literatur, Weimar 1953, S. 218-255.
55 BENGTSON, Hermann: Die Flavier. München 1979.
56 BEN-SASSON, Heim Hillel (Hrsg.): Geschichte des jüdischen Volkes, 3 Bde. München 1978-1982.
57 BERENDSOHN, Walter A.: Lion Feuchtwanger and Judaism. In: Lion Feuchtwanger. The Man - his Ideas - his Work. Hrsg. v. John M.Spalek, Los Angeles 1972, S. 25-32.
58 DERS.: Der Meister des politischen Romans: Lion Feuchtwanger. Stockholm 1975.
59 BERNDT, Wolfgang: Die frühen historischen Romane Lion Feuchtwangers ("Jud Süß" und "Die häßliche Herzogin"). Eine monographische Studie. Diss Berlin/DDR 1953.

60 BOUSSET, Wilhelm: Die Religion des Judentums. Tübingen 1926.
61 BRANDT, Sabine: Der Tag wird kommen ... - Zu Lion Feuchtwangers Romantrilogie um den "Jüdischen Krieg". In: Berliner Zeitung v. 5.11.1952, S. 2.
62 BRAUER, Wolfgang: Tun und Nichttun. Zu Lion Feuchtwangers Geschichtsbild. In: Neue Deutsche Literatur (1959)H.6, S. 113-122.
63 BRECHT, Bertolt: Feuchtwanger (Berlin 49). In. B.B., Ges. Werke Bd. 19, Frankfurt 1967, S. 488f.
64 CASSIUS DIO: Dio's Roman History. Bd. VIII, London 1968.
65 COHEN, Shave J.D.: Josephus in Galilee and Rome. His Vita and the Development as a Historian. Leiden 1979.
66 CROOK, John A.: Titus and Berenice. In: American Journal of Philology LXXII(1951)S. 162-175.
67 DAHLKE, Hans: Das Zeugnis des Erfolgs. Nachtrag zum 90. Geburtstag Lion Feuchtwangers. In: Weimarer Beiträge (1975)H.4, S. 167-178.
68 DAUBE, David: Typologie im Werk des Flavius Josephus. In: Sitzungs-Berichte der Bayerischen Akademie, phil.-hist. Klasse (1977)H.6.
69 DEISSMANN, Adolf: Licht im Osten. Das Neue Testament und die neuentdeckten Texte der hellenistisch-römischen Welt. Tübingen 1923 (4.Aufl.).
70 DIRKS, Walter: Vorwort zu Lion Feuchtwanger "Josephus". Frankfurt 1952.
71 DUBNOW, Simon: Weltgeschichte des jüdischen Volkes. Bd. 1 und 2. Berlin 1925 bzw. 1926.
72 FAULHABER, Uwe Karl: Lion Feuchtwanger's Theory of the Historical Novel. In: Lion Feuchtwanger - The Man, his Ideas, his Work, a.a.O., S. 67-81.
73 FAULSEIT, Dieter: Die Darstellung der Figuren (speziell Figurentechnik) in den beiden Romantrilogien Lion Feuchtwangers (Wartesaal-Trilogie und Josephus-Trilogie). Diss. phil. Leipzig 1963.
74 FELDMAN, Louis H.: Josephus and Modern Scholarship (1937-1980). Berlin u. New York 1983.
75 LION FEUCHTWANGER: Werk und Wirkung. Hrsg. von Rudolf Wolff. Bonn 1984.
76 LION FEUCHTWANGER: Text und Kritik 79/80, München 1983.
77 LION FEUCHTWANGER: The Man - His Ideas - His Work. A collection of critical essays. Hrsg v. John M. Spalek. Los Angeles 1972.
78 LION FEUCHTWANGER: Zum 70. Geburtstag. Wort seiner Freunde. Berlin/DDR 1954.

79 LION FEUCHTWANGER: "... für die Vernunft, gegen Dummheit und Gewalt". Hrsg. v. Walter Huder u. Friedrich Knilli. Berlin 1985.

80 FEUCHTWANGER, Marta: Nur eine Frau. Jahre - Tage - Stunden. München 1983.

81 FISCHER, Ludwig: Die exilspezifische Entwicklung des historischen Romans Lion Feuchtwangers. In: Schreiben im Exil, hrsg. von Alexander Stephan u. Hans Wagener, Bonn 1985, S. 224-235.

82 DERS.: Vernunft und Fortschritt. Geschichte und Fiktionalität im historischen Roman Lion Feuchtwangers, dargestellt am Beispiel Goya. Königstein 1979.

83 GELZER, Matthias: Die Vita des Josephus. In: M.B., Kleine Schriften, Bd. 3, Wiesbaden 1964, S. 229-325.

84 GOTTSCHALK, Günter: Die 'Verkleidungstechnik' Lion Feuchtwangers in "Waffen für Amerika". Bonn 1965.

85 GROSSHUT, F.S.: Lion Feuchtwanger and the Historical Novel. In: Books abroad XXXIV(1960)1, S. 9-12.

86 GUNNEWEG, Antonius H.J.: Geschichte Israels bis Bar-Kochba. Stuttgart 1984 (5.Aufl.).

87 GÜNTHER, Hans: Lion Feuchtwanger, ein Stück neuer deutscher Literaturgeschichte. In: Internationale Literatur (1935)H.5, S. 92-100.

88 HANS, Jan u. WINCKLER, Lutz: Von der Selbstverständigung des Künstlers in Krisenzeiten. Lion Feuchtwangers 'Wartesaal-Trilogie'. In: Text und Kritik 79/80 (1983)S. 28-48.

89 HARTMANN, Horst: Die Antithetik "Macht - Geist" im Werk Lion Feuchtwangers. In: Weimarer Beiträge (1961)H. 4, S. 667-693.

90 HILLER, Kurt: Der Fall Feuchtwanger. In: K.H., Köpfe und Tröpfe. Profile aus einem Vierteljahrhundert. Hamburg 1950, S. 203-206.

91 JAHN, Werner: Die Geschichtsauffassung Lion Feuchtwangers in seiner Josephus-Trilogie. Rudolstadt 1954.

92 JARETZKY, Reinhold: Lion Feuchtwanger in Selbstzeugnissen und Bilddokumenten. Reinbek 1984.

93 FLAVIUS JOSEPHUS: Werke. 9 Bde., Cambridge 1958-1965.

94 JOSEPHUS. Paulys Realenzyklopädie der klassischen Altertumswissenschaften (RE), 18. Halbband, Stuttgart 1916, Spalte 1934-2000.

95 JUSTUS VON TIBERIAS. RE, 20. Halbband, Stuttgart 1919, Spalte 1342-1346.

96 KAHN, Lothar: Insight and Action. The Life and Work of Lion Feuchtwanger. Cranbury 1975.

97   DERS.: Lion Feuchtwanger. In: Deutsche Exilliteratur seit 1933. Bd. 1 "Kalifornien". Hrsg. v. John M. Spalek u. Joseph Strelka, München 1976, Teil I, S. 331-351.

98   DERS.: Lion Feuchtwanger's historical Judaism. In: L.K., Mirrors of the Jewish Mind, New York 1968, S. 95-110.

99   KANTOROWICZ, Alfred: Lion Feuchtwanger. In: A.K., Deutsche Schicksale. Intellektuelle unter Hitler und Stalin, Wien 1964, S. 153-170.

100 KESTEN, Hermann: Lion Feuchtwanger. In: H.K., Meine Freunde die Poeten. München 1959, S. 169-184.

101 KLEMPERER, Victor: Der gläubige Skeptiker. Lion Feuchtwangers zentraler Roman. In: Neue Deutsche Literatur (1959)H.2, S. 5-17.

102 KÖPKE, Wulf: Das dreifache Ja zur Sowjetunion. Lion Feuchtwangers Antwort an die Enttäuschten und Zweifelnden. In: Exilforschung I(1983)S, 61-72.

103 DERS.: Lion Feuchtwanger. München 1983.

104 KROH, Paul: Lexikon der antiken Autoren. Stuttgart 1972.

105 LÄMMERT, Eberhard: Lion Feuchtwanger und das amerikanische Exil. In: Exilforschung II(1984)S. 143-159.

106 LAQUEUR, Richard: Der jüdische Historiker Flavius Josephus. Gießen 1920.

107 LESSING, Theodor: Europa und Asien. Untergang der Erde am Geist. Hannover 1924.

108 MANN, Heinrich: Der Roman, Typ Feuchtwanger. In: Ost und West (1949)H.6, S. 13-20.

109 MANN, Klaus (Rez.): Geschwister Oppermann. In: Neue Deutsche Blätter I(1933/34)H.6, S. 375.

110 DERS.: Lion Feuchtwanger. Talent und Tapferkeit. In: K.M., Prüfungen. Schriften zur Literatur, hrsg. v. Martin Gregor-Dellin. München 1968, S. 304-312.

111 MARCUSE, Ludwig: Feuchtwangers Roman "Die Söhne". Die Fortsetzung des "Jüdischen Krieg". In: Pariser Tageblatt Nr. 722 v. 4.12.1935, S. 4.

112 MAYER, Hans: Lion Feuchtwanger oder Die Folgen des Exils. In: H.M., Zur deutschen Literatur der Zeit. Zusammenhänge - Schriftsteller - Bücher, Reinbek 1967, s. 290-300.

113 MAYER, Reinhold u. MÖLLER, Christa: Josephus - Politiker und Prophet. In: Josephus-Studien. Festschrift für Otto Michel, hrsg. von Otto Betz, Klaus Haaker u. Martin Hengel. Göttingen 1974, S. 271-284.

114 M.G.: Der Tod des Josephus. Lion Feuchtwangers letzter Josephus-Roman. In: Aufbau (New York) v. 17.4.1942.

115 MILFULL, John: Juden, Christen und andere Menschen. Sabbatianismus, Assimilation und jüdische Identität in Lion Feuchtwangers Roman JUD SÜSS. In: Im Zeichen Hiobs. Jüdische Schriftsteller und deutsche Literatur im 20. Jahrhundert, hrsg. von Gunter E. Grimm u. Hans-Peter Bayerdörfer. Königstein 1985, S. 213-222.

116 MODICK, Klaus: Lion Feuchtwanger im Kontext der Zwanziger Jahre. Autonomie und Sachlichkeit. Königstein 1980.

117 MOMMSEN, Theodor: Judäa und die Juden. In: TH.M., Römische Geschichte, Bd.7, München 1976, S. 188-250.

118 MUELLER, Eugen H. (Rez.): Lion Feuchtwanger "Die Söhne". In: Monatshefte (Milwaukee) 28(1936)S. 91f.

119 MÜLLER-FUNK, Wolfgang: Literatur als geschichtliches Argument. Zur ästhetischen Konzeption und Geschichtsverarbeitung in Lion Feuchtwangers Romantrilogie "Der Wartesaal". Frankfurt 1981.

120 NAUMANN, Uwe: Ein Gleichnis von gestern. Über Lion Feuchtwangers antifaschistische Satire "Der falsche Nero". In: Text und Kritik 79/80(1983)S. 61-72.

121 NIELSEN, Ditlef: Der geschichtliche Jesus. München 1928.

122 NIESE, Benedictus: Der jüdische Historiker Josephus. In: Historische Zeitschrift 40(1896)S. 193-237.

123 OLDEN, Balder (Rez.): Lion Feuchtwanger "Der falsche Nero". In: Das Wort III(1937)H.6, S. 82-86.

124 ONGHA, Hamid: Geschichtsphilosophie und Theorie des historischen Romans bei Lion Feuchtwanger. Die Entwicklung Feuchtwangers von seinen literarischen Anfängen bis zum Exil. Frankfurt 1982.

125 PETUCHOWSKI, Elisabeth M.: Some Aspects of the Judaic Element in the Work of Lion Feuchtwanger. In: Leo Baeck Institute Year Book XXIII(1978)S. 218-226.

126 PINTHUS, Kurt: Der Neuschöpfer des historischen Romans: Leben und Werk Lion Feuchtwangers. In: Aufbau (New York) v. 9.1.1959, S. 20.

127 PISCHEL, Joseph: Lion Feuchtwanger. Versuch über Leben Werk. Leipzig 1976 (erweiterte Neuausg.: Frankfurt 1984).

128 DERS.: Zeitgeschichtsroman und Epochendarstellung. Lion Feuchtwanger: EXIL. In: Erfahrung Exil. Antifaschistische Romane 1933-1945. Berlin/Weimar 1979, S. 243-266.

129 RADDATZ, Fritz J.: Weihnachten gingen wir zu Brecht. Am 21. Dezember 1958 starb der Schriftsteller Lion Feuchtwanger im Kalifornischen Exil. In: DIE ZEIT Nr. 52 v. 22.12.1978, S. 37f.

130 RAPHAEL, Marc Lee: An Ancient and Modern Identity Crisis: Lion Feuchtwanger's 'Josephus'Trilogy. In: Judaism 21(1972)S. 409-414.

131 REICH-RANICKI, Marcel: Lion Feuchtwanger oder Der Weltruhm des Emigranten. In: Die Deutsche Exilliteratur 1933-1945, hrsg. von Manfred Durzak, Stuttgart 1973, S. 443-456.

132 RINDFLEISCH, Ruth: Lion Feuchtwangers Josephus-Trilogie. Gestaltprobleme und Entwicklungstendenzen beim literarischen Erfassen der Held-Volk-Beziehung im Roman mit vergangenheitsgeschichtlichem Stoff des deutschen bürgerlichen Realismus von 1932/33 bis 1945. Diss. Greifswald 1969.

133 SCHALIT, Abraham: Art. "Flavius Josephus". In: Encyclopaedia Judaica, Bd. 10, 1972, Spalte 251ff.

134 DERS.: Josephus und Justus. Studien zur Vita des Josephus. In: KLIO 26(1933)S. 67-95.

135 DERS. (Hrsg.): Zur Josephus-Forschung. Damstadt 1973 (=Wege der Forschung Bd. 84).

136 SCHEIBE, Elke: Feuchtwangers Judentum. In: Lion Feuchtwanger. Werk und Wirkung, hrsg. v. Rudolf Wolff, a.a.O., S. 12-33.

137 SCHMITZ, Matthias: Nur für die Massen, aber nicht für die Kenner? Zur Feuchtwanger-Forschung und -Rezeption in der DDR und der BRD nach 1945. In: Diskussion Deutsch 15(1984)S. 580-602.

138 SCHNEIDER, Sigrid: "Double, double, toil and trouble". Kritisches zu Lion Feuchtwangers Roman "Die Brüder Lautensack". In: Modern Language Notes 95(1980) S. 641-654.

139 SCHRECKENBERG, Heinz: Flavius Josephus. Bibliographie. Leiden 1968.

140 SCHÜRER, Emil: Geschichte des jüdischen Volkes. 2 Bde. Leipzig 1886 und 1890.

141 SKIERKA, Volker: Lion Feuchtwanger. Eine Biographie. Hrsg. v. Stefan Jaeger. Berlin 1984.

142 SMALLWOOD, Edith M.: The Jews under Roman rule. From Pompey to Diocletian. Leiden 1976.

143 STEINER, Carl: Auseinandersetzung mit dem "Holocaust". Feuchtwangers Josephus-Trilogie. In: Das Exilerlebnis, a.a.O., S. 141-151.

144 STERNBURG, Wilhelm von: Lion Feuchtwanger. Ein deutsches Schriftstellerleben. Königstein 1984.

145 SUETON: Werke in einem Band. Hrsg. v. Werner Krenkel. Berlin/Weimar 1985 (2.Aufl.).

147 ZWEIG, Arnold: Feuchtwangers imaginäres Theater. In: Die Neue Weltbühne (1936)Nr.20, S. 620-623.
148 THACKERAY, Henry St. J.: Josephus, the Man and the Historian. New York 1967 (erstmals 1929).
149 WALDO, Hilde: Lion Feuchtwanger: A Biography (July 7, 1884 - December 21, 1958). In: Lion Feuchtwanger, The man - His Ideas - His Work, Los Angeles 1972, S. 1-24.
150 WASHAUSEN, Klaus: Die künstlerische und politische Entwicklung Goyas in Lion Feuchtwangers Roman. Rudolstadt 1957.
151 WEBER, Wilhelm: Josephus und Vespasian. Untersuchungen zu dem Jüdischen Krieg des Flavius Josephus. Hildesheim 1973 (erstmals: Berlin 1921).
152 WEISSENBERGER, Klaus: Falvius Josephus - A Jewisch Archetype. In: Lion Feuchtwanger. The Man - His Ideas - His Work, Los Angeles 1972, S. 187-199.
153 WINCKLER, Lutz: Ein Künstlerroman. Lion Feuchtwangers EXIL. In: Christian Fritsch u. L.W. (Hrsg.), Faschismuskritik und Deutschlandbild im Exilroman. Berlin 1981, S. 152-177.
154 WOLF, Arie: Lion Feuchtwanger und das Judentum. In: Bulletin des Leo Baeck Institutes 61(1982)S. 57-78 und 62(1982)S. 55-94.
155 ZERRAHN, Holger: Exilerfahrung und Faschismusbild in Lion Feuchtwangers Romanwerk zwischen 1933 und 1945. Bern/Frankfurt 1984.
155a ZWEIG, Arnold: Feuchtwangers imaginäres Theater. In: Die Neue Weltbühne (1936)Nr.20, S. 620-623.

B. BRUNO FRANK: "CERVANTES"

Unveröffentlichte Quellen

Aus dem Deutschen Literaturarchiv Marbach a.N.:

Bruno Frank: Chamfort erzählt seinen Tod. Typoskript mit Abweichungen zur gedruckten Fassung.

BRIEFE: B.F. an Lothar Frank vom 3.1.1934.
B.F. an Werner Cahn vom 9.7.1934.
B.F. an Lothar Frank vom 10.11.1934.
B.F. an Alexander M. Frey vom 6.12.1934.

Lion Feuchtwanger: Zum Gedächtnis Bruno Franks. Typoskript.

Werke von Bruno Frank

156 Die Flüchtlinge. Novellen. München 1911.
157 Strophen im Krieg. Ein Flugblatt. München o.J. <1919>.
158 Von der Menschenliebe. München 1919.
159 Trenck. Roman eines Günstlings. Berlin 1926.
160 Politische Novelle. Stuttgart 1951 <1928>.
161 Drei Zeitgedichte. In: Die Sammlung I(1934)Nr.5, S. 237.
162 Cervantes. Stockholm 1944 <Amsterdam 1934>.
163 Der Reisepaß. München 1980 <Amsterdam 1937>.
164 Sechzehntausend Francs. Amsterdam 1940.
165 Die Tochter. München 1985 <in engl. Übers. "One Fair Daughter", New York 1942; dt. erstmals: Mexiko 1943>.
166 Die Unbekannte. In: Ost und West (1949)H.2, S. 60-71.
167 Ausgewählte Werke. Prosa, Gedichte, Schauspiele. Hamburg 1957.
168 Die Monduhr. Erzählungen. München 1979.
169 Der Himmel der Enttäuschten. Erzählungen. Berlin 1982.

Aufsätze, Rezensionen u.a. von Bruno Frank

170 Kleine Autobiographie. In: Die Literatur 32(1929/30) H.9, S. 516f.
171 Die Gemeinschaft der geistig Schaffenden Deutschlands. In: Die literarische Welt 9(1933)Nr.11/12, S.3.
172 Zu Thomas Manns neuestem Werk 'Die Geschichten Jakobs'. In: Das Neue Tage-Buch I(1933)H.21, S. 503f.
173 <Lion Feuchtwanger zum 50.Geburtstag>. In: Die Sammlung I(1934)Nr.11, S. 567f.
174 Polgar. <Alfred Polgar zum 60.Geburtstag>. In: Das Neue Tage-Buch III(1935)Nr.41, S. 978f.
175 Zum dritten Jahrestag der Bücherverbrennung. In: Pariser Tageblatt (1936)Nr.887 (Beilage).
176 Symphonie Pathétique <Rez.>. In: Das Neue Tage-Buch IV(1936)Nr.13, S. 309.
177 Reinhardt in Hollywood. In: Das Neue Tage-Buch VI(1938) Nr.36, S. 358f.
178 Reihardt zaubert in Hollywood. In: Deutsches Volksecho New York III.Jg., Nr. 8 v. 25.2.1939, S. 13.

179 <Glückwunsch zum 65.Geburtstag von Thomas Mann>. In: Neue Volkszeitung (New York) IX.Jg., Nr.22, vom 1.6.1940, S. 5.

180 Juden müssen die deutsche Sprache bewahren. In: Aufbau (New York) VI; Nr. 52 v. 27.12.1940.

181 <Zum Tode von Stefan Zweig>. In: Freies Deutschland (Mexiko) I(1941/42)Nr.5, S. 5.

182 <Über die Bewegung "Freies Deutschland">. In: Freies Deutschland (Mexiko) I(1941/42)Nr.7, S. 5.

183 Vier Schläfer. In: Freies Deutschland (Mexiko) I(1941/42)Nr.12, S. 25.

184 The Very Friends of the American People. In: Aufbau (New York) VIII, Nr.12, v. 20.3.1942, S. 17 u. 19.

185 Tränen und Heiterkeit <über E.E.Kisch>. In: Freies Deutschland (Mexiko) IV(1944/45)Nr.6, S. 19.

Literatur zur Studie über Bruno Franks "CERVANTES"

186 ABUSCH, Alexander: Über Bruno Frank. In: A.A., Literatur im Zeitalter des Sozialismus. Beiträge zur Literaturgeschichte 1921-1966. Berlin/Weimar 1967, S. 485f.

187 ACKERKNECHT, Erwin: Nachwort zu "Bruno Frank: Politische Novelle". Stuttgart 1956, S. 127-136.

188 ANTKOWIAK, Alfred: Der Dichter und das Leben. Gedanken über Miguel de Cervantes. In: Der Bibliothekar (Leipzig) 5(1951)Nr.12, S. 639-645.

189 ARBO, Sebastián Juan: Das große Lebensabenteuer des Miguel de Cervantes. München 1952.

190 BAB, Julius (Rez.): "Cervantes". Ein neuer Roman von Bruno Frank. In: C.V.Zeitung. Blätter für Deutschtum und Judentum 13(1934)Nr.51 vom 20.12.1934, 4. Beiblatt.

191 BAUM, Werner: Bruno Frank. Bibliographie. In: Bibliographische Kalenderblätter der Berliner Stadtbibliothek 12(1970)Nr.6, S. 33-36.

192 BERTRAND, J.J.A.: Die Entstehung des Meisterwerks. In: Don Quijote. Forschung und Kritik, hrsg. v. Helmut Hatzfeld. Darmstadt 1968, S. 368-417.

193 BRÜGGEMANN; Werner: Cervantes und die Figur des Don Quijote in Kunstanschauung und Dichtung der deutschen Romantik. Münster 1958.

194 BYRON, William: Cervantes. Der Dichter des Don Quijote und seine Zeit. München 1982.

195 CASTRO, Americo: Cervantès. Paris 1931.
196 DIETERICH, Anton: Miguel de Cervantes in Selbstzeugnissen und Bilddokumenten. Reinbek 1984.
197 "EMJOT" (Rez.): Bruno Frank "Cervantes". In: Heute und Morgen (1952)S. 663f.
198 GREGOR-DELLIN, Martin: Bruno Frank - Gentleman der Literatur. In: M.G.-D., Im Zeitalter Kafkas. München 1979, S. 62-85.
199 GRIMM, Reinhold: Bruno Frank, Gentlemanschriftsteller. In: Views and Reviews of modern German Literature, Festschrift für Adolf D. Klarmann. München 1974, S. 121-132.
200 GÜNTHER, Herbert: Bruno Frank. In: Die Literatur XXXII (1930)Nr.9, S. 511-516.
201 DERS.: Bruno Frank. In: Hans Lamm (Hrsg.), Von Juden in München. München 1958, S. 225-230.
202 DERS.: Drehbühne der Zeit. Freundschaften, Begegnungen, Schicksale. Hamburg 1957.
203 HEIDICKE, Manfred (Rez.): Mensch der Zeitwende. Der Cervantes-Roman von Bruno Frank. In: Sonntag (Berlin/DDR) 1951, Nr.31, S. 6.
204 HERMSDORF, Klaus: Anmerkungen zu Bruno Franks "Die Tochter". In: Theatrum Europeum. Festschrift für Elida M. Szarota. München 1982, S. 611-623.
205 DERS.: Nachwort. In: Bruno Frank, Cervantes. Berlin 1978, S. 330-335.
206 HOFE, Harold von: German Literature in Exile: Bruno Frank. In: German Quarterly XVIII(1945)S. 86-92.
207 KAMLA, Thomas A.: Bruno Frank's Reisepaß. The exile as an aristokrat of Humanity. In: Monatshefte für deutschen Unterricht, deutsche Sprache und Literatur 67(1975)Nr.1, S. 37-47.
208 KRELL, Max: Das alles gab es einmal. Frankfurt 1961.
209 LEIBRICH, Louis (Rez.): Bruno Frank - Ausgewählte Werke. In: Etudes Germaniques 13(1958)S. 173f.
210 MANN, Golo: Zum zwanzigsten Todestag Bruno Franks. In: Neue Rundschau 76(1965)S. 533-535.
211 MANN, Klaus (Rez.): Bruno Franks Cervantes-Roman. In: Die Sammlung II(1934)H.3, S. 152-155.
212 DERS.: Fast zu Hause. Bei Bruno Frank. In: K.M., Heute und Morgen. Schriften zur Zeit. Hrsg. von Martin Gregor-Dellin. München 1969, S. 67-77.

213 DERS.: Gespräch mit Bruno Frank. In: Zeitgemäßes aus der "Literarischen Welt" von 1925-1932. Hrsg. von Willy Haas. Stuttgart 1963, S. 51-53.
214 MANN, Thomas: <Bruno Frank>. In: Th.M., Rede und Antwort (Frankfurter Ausgabe Bd.13). Frankfurt 1984, S. 382-386.
215 DERS.: <Trauerrede auf Bruno Frank>. Ebd., S. 395f.
216 DERS.: In Memoriam Bruno Frank. Ebd., S. 392-395.
217 DERS.: Vorwort zu Bruno Franks "Cervantes". Ebd., S. 387-391.
218 DERS. (Rez.): Politische Novelle. Ebd., S. 367-382.
219 MARCU, Valeriu: Die Vertreibung der Juden aus Spanien. Amsterdam 1934.
220 MIERENDORFF, Marta: Literatur im Exil: Bruno Frank. In: Die Mahnung (Berlin) v. 1.7.1965.
221 OLDEN, Balder (Rez.): Ja und Nein <Zu Cervantes von Bruno Frank>. In: Neue Deutsche Blätter 2(1934/35) S. 183f.
222 ROECKER, Hanns Otto: Das war verfemte Kunst. VII. Bruno Frank. In: Aussaat 1(1964)H.4, S. 27-29.
223 SCHEVILL, Rudolph: Cervantes. New York 1919.
224 SCHMÜCKLE, Karl: "Cervantes" von Bruno Frank. In: Internationale Literatur (russische Ausg.) 1936, Nr.6. Übersetzt von Ute Tschiske im Anhang zu Bruno Frank: Cervantes. Berlin/DDR 1978, S. 344-357.
225 SCHÜRR, Friedrich: Der "Don Quijote" als Ausdruck der abendländischen Seele. Freiburg 1952.
226 SCHULIN, Ernst: Die spanischen und portugiesischen Juden im 15. und 16. Jahrhundert. Eine Minderheit zwischen Integrationszwang und Verdrängung. In: Die Juden als Minderheit in der Geschichte, hrsg. von Bernd Martin u. Ernst Schulin. München 1981, S. 85-109.
227 SEASE, Virginia: Bruno Frank. In: Deutsche Exilliteratur seit 1933, Bd. 1 "Kalifornien", Teil I, München 1976, S. 352-370.
228 TOLLER, Ernst (Rez.): Bruno Franks "Cervantes". In: Das Neue Tage-Buch II(1934)H.43, S. 1077.
229 WIRTH, Günter: Erstaunliche Figuren. In: Neue Deutsche Literatur 39(1982)H.9, S. 107-123.
230 ZIMMERMANN, Rainer: Mensch an der Zeitwende. Der "Cervantes"-Roman von Bruno Frank. In: Sonntag (1951) Nr.31, S. 6.

C. HANS NATONEK: "DER SCHLEMIHL"

Unveröffentlichte Quellen

Aus dem Document Center Berlin:

Fragebogen für Mitglieder des Reichsverbandes Deutscher Schriftsteller e.V. Ausgefüllt von Hans Natonek (Leipzig, den 1.9.1933). <2 Seiten>. Mit einer Anlage: "Aus Hanns Johst's Rereraten aus meinen Bücher" <1 Seite>.

Fragebogen für Mitglieder des Reichsverbandes Deutscher Schriftsteller e.V. Ausgefüllt von H.N: (z. Zt. Berlin, den 11.12.1933) <2 Seiten>. Mit einer Aufnahme-Erklärung desselben Datums <1 Seite>.

Brief von Dr. Friedrich Michael (Leipzig) an den Reichsverband Deutscher Schriftsteller vom 13.12.1933 <2 Seiten>.

Brief von Dr.jur. H. Fritzsche (Leipzig) an den Reichsverband Deutscher Schriftsteller vom 14.2.1935 <1 Seite>.

Brief der Reichsschrifttumskammer an Hans Natonek vom 7.3.1935 <2 Seiten>.

Auszug aus der Ausschlußliste des Reichsverbandes Deutscher Schriftsteller (Ausschlußdatum: 7.3.35).

Brief Hans Natoneks an Hans Friedrich Blunck, den Präsidenten der Reichsschrifttumskammer; Hamburg, den 8.4.1935 <3 Seiten>.

Brief der Reichsschrifttumskammer an Hans Natonek vom 16.4.1935 <1 Seite>.

Aus dem Archiv der sozialen Demokratie, Bonn:

Brief des Neuen Vorwärts an Hans Natonek (Paris); Paris, den 30.4.1940.

Aus dem Zentralen Staatsarchiv der DDR, Potsdam (Nachlaß Hans Natonek):

1. Exposé zum SCHLEMIHL. Dreiseitiges Typoskript ohne Datum. Erste Seite in zweifacher Ausfertigung (davon ein Exemplar mit handschriftlichen Korrekturen und Unterstreiungen von Natonek), zweite und dritte Seite in dreifacher Ausfertigung. Beinhaltet u.a. eine Übersicht über den Inhalt der Romankapitel (Abweichungen von der Druckfassung).

2. Exposé: Inhaltsangabe und Kurzcharakteristik des Romans aus dem Jahr 1939 (vom Verf. aus dem Inhalt erschlossen). Einseitiges Typoskript in zweifacher Ausfertigung ohne Korrektuen. Versehen mit der Adresse: Hans Natonek, Paris Ve, 5, rue Toullier.

Aus dem Institut für Zeitgeschichte, München (Nachlaß Hubertus Prinz zu Löwenstein):

Brief von Hans Natonek an Prinz zu Löwenstein, New York, vom 2.8.1942.

Brief von Prinz zu Löwenstein an Hans Natonek New York, den 14.8.1942.

Brief von Hans Natonek an Prinz zu Löwenstein, New York, vom 20.8.1942.

Werke von Hans Natonek

231 Der Mann der nie genug hat. Wien 1929.
232 Geld regiert die Welt oder Die Abenteuer des Gewissens. Wien 1930.
233 Kinder einer Stadt. Berlin/Wien 1932.
234 Der Schlemihl. Ein Roman vom Leben des Adelbert von Chamisso. Amsterdam 1936.
235 Trpělivost (Geduld). Prager Heimkehr 1934 <Gedicht>. In: Internationale Literatur (Moskau) 9(1939)H.8, S. 95.
236 In Search of Myself. New York 1943.
237 Die Straße des Verrats. Publizistik, Briefe und ein Roman. Hrsg. v. Wolfgang U. Schütte. Berlin 1982.

Erzählungen, Aufsätze, Rezensionen u.a. von H.Natonek

238 Vom jüdischen Zwiespalt. In: Der Jude 2(1917/18)S. 318-321.
239 Tagebuch der Verzweiflung. In: Schaubühne (1917)S. 270-273; S. 294-297; (1918)S. 197-200. Und in: Die Weltbühne (1918)S. 559-561.
240 Der Dichter als Revolutionär. In: Das literarische Echo 21(1918/19)Sp. 285-287 und Sp. 645-648.
241 Heilige Kranke - Schwindlerin?Kritik des Mirakels von Konnersreuth. Leipzig 1927.
242 Schminke und Alltag: Bunte Prosa. Leipzig 1927.
242a Der Fremdling. Ein gewisser Herr von Chamisso. In: Neue Leipziger Zeitung und Leipziger Tageblatt v. 23.6.1932.
243 Spickaal. In: Tagesanzeiger für Stadt und Kanton Zürich vom 14.7.1934.
244 Vor 250 Jahren starb Corneille. In: Pariser Tageblatt II(1934) vom 1.10.1934.
245 Die Abrechnung. In: Tagesanzeiger (Zürich) vom 2.4.1935, 4. Blatt.
246 Der Gang über die Straße. Novelle <Ps. Hans Egg>. In: Tagesanzeiger (Zürich) v. 1.5.1935, 4. Blatt.
247 Der Fall Wurm. In: Pariser Tageblatt III(1935) v. 9.5.1935, S. 4.
248 Die Geburt des Schlemihl <Auszug aus dem Roman DER SCHLEMIHL>. In: Der Wiener Tag v. 22.12.1935,S.8f.
249 Die erste Rolle <Ps. Hans Eff>. In: Tagesanzeiger (Zürich) v. 17.1.1936, 5. Blatt.
250 Die Anormaluhr <Ps Hans Egg>. In: Tagesanzeiger (Zürich) v. 11.2.1936, 4. Blatt.
251 Die Lumpenfuhre. Eine Schelmengeschichte. In: Tagesanzeiger (Zürich) v. 5.2.1937, 4. Blatt.
252 Das gute Haar. In: Pariser Tageszeitung Nr. 361 v. 8.6.1937, S. 3.
253 Legende vom Kunstmaler. In: Pariser Tageszeitung Nr. 382 v. 29.6.1937, S. 4.
254 Täglich eine Flasche Whisky. In: Tagesanzeiger (Zürich) vom 15.10.1937, 4. Blatt.
255 Minna, die Leidensgefährtin. In: Tagesanzeiger (Zürich) v. 28.10.1937, 4. Blatt.
256 Schweizer Buchausstellung in Prag. In: Tagesanzeiger (Zürich) v. 28.10.1937.

257 Strong & Right. Eine wahre Begebenheit. In: Tagesanzeiger (Zürich) v. 16.9.1937.
258 Die Straße des Verrats. Aus dem Roman: Die Akten Nyman. In: Das Wort II(1937)H.6, S. 9-14.
259 Der Brief an den Attaché. In: Tagesanzeiger (Zürich) v. 30.4.1938.
260 Tagebuch einer 18jährigen. Ein Literaturfund in Cherbourg. In: Pariser Tageszeitung Nr. 705 v. 7.6.1938, S. 4.
261 Napoleons Größe und Elend. In: Pariser Tageszeitung Nr. 709 v. 11.6.1938, S. 4.
262 Die große Liebe des Herrn Arouet. In: Pariser Tageszeitung Nr. 733 v. 9.7.1938, S. 4.
263 Slowakisches Dorf, abendlich. In: Pariser Tageszeitung Nr. 757 v. 7./8.8.1938, S. 4.
264 Der Triumph. In: Pariser Tageszeitung Nr. 769 v. 21./22.8.1938, S. 3.
265 Rangordnung der Sorgen. In: Pariser Tageszeitung Nr. 803 v. 30.9.1938.
266 Vom wahrhaften Antiquar. In: Pariser Tageszeitung Nr. 848 v. 22.11.1938.
267 Friedl und das Porzellan. In: Tagesanzeiger (Zürich) v. 9.12.1938, 4. Blatt.
268 Nobles Volk. In: Die Neue Weltbühne XXXIV(1938)H.6, S. 919.
269 Zigeunermusik. In: Das Neue Tage-Buch VI(1938)H.6, S. 143.
270 Die Lähmung. In: Das Neue Tage-Buch VI(1938)H.9, S. 214f.
271 Deutung eines Zweikampfes. In: Das Neue Tage-Buch VI(1938)H.12, S. 286f.
272 Der Bedingungsreflex. In: Das Neue Tage-Buch VI(1938)H.25, S. 599.
273 Chaplin verzichtet. In: Das Neue Tage-Buch VI(1938)H.48, S. 1151.
274 Der Abschied. In: Tagesanzeiger (Zürich) v. 7.1.1939.
275 Zwei Generationen. In: Pariser Tageszeitung Nr. 909 v. 2.2.1939, S. 3.
276 Ein Buch und drei Worte. In: Die Zukunft (Paris) II(1939)Nr.5, v. 5.2.1939, S. 8.
277 Die Zeugin Riccarda. In: Pariser Tageszeitung Nr. 918 v. 12./13.2.1939.
278 Eine reizende Frau. In: Pariser Tageszeitung Nr. 919 v. 14.2.1939, S. 4.

279 Gleichnis vom großen Wartesaal. In: Pariser Tageszeitung Nr. 942 v. 12./13.3.1939, S. 4.

280 Die Letzten. In: Pariser Tageszeitung Nr. 960 v. 2./3. 4.1939, S. 3.

281 Dieses war der dritte Streich ...- Max und Moritz in der Weltgeschichte. In: Pariser Tageszeitung Nr. 974 v. 19.4.1939, S. 4.

282 Die Pass-Stunde. In: Pariser Tageszeitung Nr. 984 v. 30.4./1.5.1939, S. 3.

283 Ein Bild-Dokument. In: Pariser Tageszeitung Nr. 1007 v. 27.5.1939, S. 2.

284 Fritzi Steiner, neunzehnjährig. In: Pariser Tageszeitung Nr. 1038 v. 2./3.7.1939, S. 4.

285 Berühmte Liebespaare. In: Tagesanzeiger (Zürich) v. 18.8.1939, 4. Blatt.

286 Französische Redensarten in Krieg und Frieden. In: Tagesanzeiger (Zürich) v. 20.12.1939.

287 Racine und der Antisemitismus. In: Jüdische Welt-Rundschau (Jerusalem) I(1939)H.11, S. 8.

288 "Hiob" auf der Bühne. In: Jüdische Welt-Rundschau (Jerusalem) I(1939)H.19, S. 6.

289 Portrait einer jungen Emigrantin. In: Jüdische Welt-Rundschau (Jerusalem) I(1939)H.20.

290 Nachruf auf Joseph Roth. In: Das Buch (Paris) (1939)H.6, S. 9.

291 Chaplins Wallfahrt. In: Internationale Literatur - Deutsche Blätter (1939)H.7, S. 147-151. Und in: Freie Tribüne (London) VI(1944)Nr.12, S. 11f. - Und in: Informationsblatt des Deutschen Antifaschistischen Komitees (Montevideo) (1945)Nr.21 v. 26.8.1945.

292 Der Tod des Kabarettisten. In: Das Neue Tage-Buch VII (1939)H.1, S. 23.

293 Slapanitz, - Eckensteher der Weltgeschichte. In: Das Neue Tage-Buch VII(1939)H.10, S. 233-235.

294 Nachruf auf einen stillen Mann. In: Das Neue Tage-Buch VII(1939)H.11, S. 261.

295 Böhmische Notizen. In: Das Neue Tage-Buch VII(1939) H.16, S. 382.

296 Sonett für Chaplin. Zu seinem 50. Geburtstag am 16. April. In: Das Neue Tage-Buch VII(1939)H.17, S. 407.

297 Realitätengeschäft. In: Das Neue Tage-Buch VII(1939)H. 18, S. 429f.

298 Fabel von der guten Information. In: Das Neue Tage-Buch VII(1939)H.33, S. 790f.
299 Das Kind in der Schwebe. In: Das Neue Tage-Buch VII (1939)H. 42, S. 982f.
300 Kapitulation. In: Das Neue Tage-Buch VII(1939)H.43, S. 1000-1002.
301 Schuld und Strafe eines Volkes. In: Das Neue Tage-Buch VII(1939)H.44, S. 1030.
302 Das Lächeln Montaignes. In: Das Neue Tage-Buch VII(1939) H.46, S. 1077.
303 Angelika und Unity. In: Das Neue Tage-Buch VII(1939) H:47, S. 1102f.
304 Methoden. In: Das Neue Tage-Buch VII(1939)H.51, S. 1198f.
305 Musterung im Exil. In: Das Neue Tage-Buch VII(1939) H.52, S. 1222f.
306 Fahrkartenknipser Verlaine. In: Die Neue Weltbühne XXXV(1939)H.7, S. 216-218.
307 Inflation im Dschung. In: Die Neue Weltbühne XXXV(1939) H.14, S. 441f.
308 Der heilige Isidor. In: Die Neue Weltbühne XXXV(1939) H.16, S. 505f.
309 Joseph Roth. In: Die Neue Weltbühne XXXV(1939)H.22, S. 680-683.
310 Ballade vom Eiffelturm. In: Die Neue Weltbühne XXXV (1939)H.29, S. 916f.
311 Vom sterbenden Trinker. In: Die Neue Weltbühne XXXV (1939)H.32, S. 1012.
312 Masaryk in der Sorbonne. In: Die Zukunft (Paris) III (1940)S. 5.
313 Das Glück der Begnung. Vom Sichfinden. In: Tagesanzeiger (Zürich) v. 3.2.1940.
314 Epitaph auf einen Pelz <Gedicht>. In: Das Neue Tage-Buch VIII(1940)H.2, S. 47.
315 Die letzte Ehre. In: Das Neue Tage-Buch VIII(1940) H.6, S. 143.
316 Die Wüste. <Rez. von E.E.Noths "Le désert">. In: Das Neue Tage-Buch VIII(1940)H.9, S. 212f.
317 Protokollführer Pokorny. In: Das Neue Tage-Buch VIII (1940)H.11, S. 260-263.
318 Spaziergang nach Dänemark. In: Das Neue Tage-Buch VIII (1940)H.16, S. 282f.
319 Das trojanische Pferd. In: Das Neue Tage-Buch VIII (1940)H.17, S. 407.

320 Abschied von Europa. In: Aufbau (New York) VII(1941) Nr.1, S. 5-7.
321 Bildnisse in Epigrammen. In: Deutsche Rundschau 90 (1964)H.1, S. 69.

Weitere Erzählungen und Essay in: H.N. Die Straße des Verrats, a.a.O.

Literatur zur Studie über H.Natoneks "Der Schlemihl"

323 ALBRECHTOVA, Gertruda: Die Tschechoslowakei als Asyl der deutschen antifaschistischen Literatur. Phil. Diss. Prag 1960.
324 DIES .: Zur Frage der deutschen antifaschistischen Emigrationsliteratur im tschechoslowakischen Asyl. In: Historica VIII(1964)S. 177-233.
325 ARENDT, Hannah: Die verborgene Tradition. In: H.A., Sechs Essays. Heidelberg 1948, S. 81-111-
326 DIES.: Elemente und Ursprünge totaler Herrschaft. Frankfurt 1955.
327 BAB, Julius: Adelbert von Chamisso. In: Österreichische Rundschau 34(1913)S. 40-48.
328 BAUER, Hans: Damals in den zwanziger Jahren. Berlin 1968.
329 BECK/DUCHACKOVA/HYRSLOVA/VESELY: Zur Frage der deutschen antifaschistischen Emigration in der ČSR 1933-1939. In: Philologica Pragensia I(1975)S. 4-24.
330 BROCKHAGEN, Dörte: Adelbert von Chamisso (Forschungsbericht). In: Literatur in der sozialen Bewegung. Aufsätze und Forschungsberichte zum 19.Jahrhundert, hrsg. von Alberto Martino. Tübingen 1977, S. 373-423.
331 BRONSEN; David: Joseph Roth. Eine Biographie. Köln 1974.
332 CHAMISSO, Adelbert von: Sämtliche Werke in zwei Bänden. Nach dem Text der Ausgaben letzter Hand und den Handschriften. Textredaktion: Jost Perfahl. Bibliographie und Anmerkungen sowie Nachwort von Volker Hoffmann. München 1975.
333 DERS.: Leben und Briefe. Hrsg. von Julius Eduard Hitzig <Bd. 5 und 6 der Werkausgabe, Leipzig o.J.>. 2 Bde. Leipzig 1839.
334 C.S. (Rez.): Hans Natonek "Der Schlemihl". In: Nationalzeitung (Basel) v. 12.1.1936.

335 Dichter und Flüchtling. Hans Natonek "Der Schlemihl" (Rez.). In: Basler Nachrichten v. 7.6.1936.

336 FEUDEL, Werner: Adelbert von Chamisso. Leben und Werk. Leipzig 1971 (2. Aufl. 1980).

337 FLÜGEL, Heinz: Der verlorene Schatten. Bemerkungen zum 'Peter Schlemihl'. In: Neubau 1(1946/47)H.7, S. 426-429.

338 FOERSTER, Christel: Wer war Hans Natonek? In: Neue Deutsche Literatur 31(1983)H.7, S. 154-158.

339 FREI, Bruno: Die deutsche antifaschistische, literarische Emigration in Prag 1933-1936. In: Weltfreunde. Konferenz über Prager deutsche Literatur, hrsg. v. Eduard Goldstücker. Prag 1967, S. 361-371.

340 FREUND, Winfried: Adelbert von Chamissos 'Peter Schlemihl', Geld und Geist: ein bürgerlicher Bewußtseinsspiegel; Entstehung - Rezeption - Didaktik. Paderborn/München 1980.

341 HEROLD, Christopher: Madame de Staël - Herrin eines Jahrhunderts. München 1980.

342 HOHOFF, Curt: Adelbert von Chamisso. In: Das innere Reich 7(1940/41)Bd.2, S. 448-460.

343 HOLECZEK, Heinz: Die Judenemanzipation in Preußen. In: Die Juden als Minderheit in der Geschichte, hrsg. von Bernd Martin u. Ernst Schulin. München 1981, S. 131-160.

344 H.P. (Rez.): Hans Natoneks Chamisso. In: Selbstwehr (Prag) Nr. 52(1936)S. 8.

345 JOHST, Hanns (Rez.): Hans Natonek: Der Mann, der nie genug hat. In: Velhagen & Klasings Monatshefte 44 Jg.(1929)H.1, S. 116f.

346 DERS. (Rez.): Hans Natonek: Geld regiert die Welt. In: Velhagen & Klasings Monatshefte 45. Jg.(1930) H.4, S. 445f.

347 JUDEN IN PREUSSEN. Ein Kapitel deutscher Geschichte. Hrsg. vom Bildarchiv Preußischer Kulturbesitz. Dortmund 1981.

348 KAPP, Friedrich: Die Achtundvierziger in den Vereinigten Staaten. In: Demokratische Studien 2(1861), hrsg. von Ludwig Walesrode. Hamburg 1861.

349 KIRCHNER, Hartmut: Heinrich Heine und das Judentum. Bonn 1973.

350 KOEPPEN, Wolfgang: Chamisso und Peter Schlemihl. In: W.K., Die elenden Skribenten. Hrsg. v. Marcel Reich-Ranicki. Frankfurt 1981, S. 25-25.

351 KREISLER, Karl: Ein deutscher Dichter aus Frankreich. Zum 100. Todestag Adelbert von Chamissos am 21. August 1938. In: Das Wort (1938)S. 94-97.

352 KRONER, Peter Albert: Adelbert von Chamisso. Sein Verhältnis zu Romantik, Biedermeier und romantischem Erbe. Eine geistesgeschichtliche Untersuchung. Diss. Erlangen 1941 <Masch.>.

353 LAHNSTEIN, Peter: Adelbert von Chamisso. München 1984.

354 MANN, Thomas: Chamisso <1911>. In: Th.M., Leiden und Größe der Meister. Frankfurt 1982, S. 515-547.

355 NADLER, Josef: Die Berliner Romantik 1800-1814. Ein Beitrag zur gemeinvölkischen Frage: Renaissance, Romantik, Restauration. Berlin 1920.

356 PINSKER, Stanford: The Schlemihl as Metaphor. Studies in the Yiddish and American Novel. Carbondale 1971.

357 ROTH, Joseph: Briefe 1911-1939. Hrsg. von Hermann Kesten. Köln 1970.

358 SCHABER, Will: Ein Hans-Natonek-Profil. In: Aufbau (New York) v. 5.8.1983.

359 SCHÜTZ, Hans J.: Der Mann ohne Schatten. 30 Jahre im Exil: der Publizist, Kritiker und Romancier Hans Natonek. In: Börsenblatt v. 17.12.1985.

360 SEIFERT, Heribert: Chronist des bürgerlichen Krisenbewußtseins. In: Neue Zürcher Zeitung v. 7.6.1985, S. 41f.

361 SPIER, Heinrich: Chamisso's 'Peter Schlemihl' in völkischer Sicht. In: Zeitschrift für Deutschkunde 54(1940)S. 332-334.

362 STROH, Heinz (Rez.): Hans Natonek "Der Schlemihl", Roman. In: Pionier (Zlín) o.J.

363 WALACH, Dagmar (Hrsg.): Erläuterungen und Dokumente zu Adelbert von Chamissos 'Peter Schlemihls wundersame Geschichte'. Stuttgart 1982.

364 WILPERT, Gero von: Der verlorene Schatten. Varianten eines literarischen Motivs. Stuttgart 1978.

365 WISSE, Ruth R.: The Schlemihl as modern hero. Chicago und London 1971.

2. Weitere Texte des Exils

Unveröffentlicht

GEORGE, Manfred: Das vertrackte Problem <Rez. zu 'Liebe und Ärgernis des D.H.Lawrence v. René Schickele>. Deutsches Literaturarchiv Marbach a. N.

MANN, Klaus: Distinguished Visitors <1940>. Handschriftenabteilung der Stadtbibliothek München.

DAS VERMÄCHTNIS. Gedichte von Walther von der Vogelweide bis Nietzsche, hrsg. v. René Schickele <um 1938>. Deutsches Literaturarchiv Marbach a.N.

Veröffentlicht

366 ADLER, Bruno <Ps. Urban Roedl>: Adalbert Stifter. Geschichte seines Lebens. Berlin 1936 <verboten>, London 1945. Neubearbeitung: Bern 1958.

367 ANDERMANN, Erich <d.i. Joseph Bornstein>: Größere Strenge gegen die Dichter. In: Das Neue Tage-Buch III(1935)H.1, S. 1267f.

368 AUFBAU. Dokumente einer Kultur im Exil. Hrsg. von Will Schaber. New York/Köln 1972.

369 BALK, Theodor: Das verlorene Manuskript. Moskau 1935 u. Mexiko 1943; Frankfurt 1983.

370 BERENDSOHN, Walter A.: Der lebendige Heine im germanischen Norden. Kopenhagen 1935.

371 BRECHT, Bertolt: Gesammelte Werke in acht Bänden. Frankfurt 1967.

372 DERS.: Arbeitsjournal. Hrsg. v. Werner Hecht. 2 Bde., Frankfurt 1973.

373 DERS.: Briefe. Hrsg. v. Günter Glaeser. 2 Bde., Frankfurt 1981.

374 BROCH, Hermann: Der Tod des Vergil. Hrsg. v. Paul Michael Lützeler (Kommentierte Werkausgabe Bd. 4). Frankfurt 1976.

375 MATERIALIEN zu Hermann Brochs "Der Tod des Vergil", hrsg. v. Paul Michael Lützeler. Frankfurt 1976

376 DERS.: Schriften zur Literatur. Hrsg. v. Paul Michael Lützeler (Kommentierte Werkausgabe Bd. 9/1,2). 2 Bde., Frankfurt 1976.

377 DERS.: Briefe. Hrsg. v. Paul Michael Lützeler (Kommentierte Werkausgabe Bd. 13/1-3). 3 Bd., Frankfurt 1981.

378 BROD, Max: Heinrich Heine. Leipzig/Wien 1934 bzw. Amsterdam 1934.

379 BRUCKNER, Ferdinand: Mussia. Erzählung eines frühen Lebens. Amsterdam 1935.

380 BURSCHELL, Friedrich: In Tyrannos. Der junge Schiller auf der Stuttgarter Akademie. In: Das Wort III (1937)H.6, S. 30-43.

381 CASSIRER, Ernst: Thomas Manns Goethe-Bild. Eine Studie über "Lotte in Weimar". In: Germanic Review 20 (1945)S. 166-194.

382 DÖBLIN, Alfred: Babylonische Wandrung oder Hochmut kommt vor dem Fall. Olten/Freiburg 1962.

383 DERS.: Hamlet oder Die lange Nacht nimmt ein Ende. Olten/Freiburg 1966.

384 DERS.: Der Oberst und der Dichter oder Das menschliche Herz. Die Pilgerin Aetheria. Olten/Freiburg 1978.

385 DERS.: Der Oberst und der Dichter oder Das menschliche Herz. Mit einem Nachwort von Erich Kleinschmidt. Olten 1984.

386 FLESCH-BRUNNINGEN, Hans <Ps. Vincenz Brun>: Alkibiades. Amsterdam 1936.

387 DERS.: Brief aus England. In: Das Wort (1936)H.9, S. 81f.

388 DERS.: Gas. In: Das Wort (1937)H.8, S. 20-24.

389 DERS.: Vertriebene. Emigranten von Ovid bis Gorguloff. Wien 1933.

390 FRANCK, Wolf: Führer durch die deutsche Emigration. Paris 1935.

391 FRISCHAUER, Paul: Beaumarchais. Zürich 1935.

392 FÜRNBERG, Louis: Lessing und Spira. Fragment. In: L.F., Gesammelte Werke in sechs Bänden, Bd.3: Prosa I, Berlin/Weimar 1967, S. 323-350.

393 HERRMANN-NEISSE, Max: Erinnerung und Exil. Gedichte. Mit einem Nachwort von Stefan Zweig. Zürich 1946.

394 HILLER, Kurt: Zwischen den Dogmen. In: K.H., Profile. Prosa aus einem Jahrzehnt. Paris 1938, S. 145-150.

395 HERMLIN, Stephan: Reise eines Malers in Paris. Wiesbaden 1947.

396 KALEKO, Mascha: Verse für Zeitgenossen. Düsseldorf 1978 (erstmals: Cambridge/Mass. 1945).

397 KANTOROWICZ, Alfred: In unserem Lager ist Deutschland. Reden und Aufsätze. Mit einem Geleitwort von Romain Rolland. Paris 1936.

398 KERSTEN, Kurt: Evangelium der Distanz <Rez. zu "Triumph und Tragik des Erasmus von Rotterdam" von Stefan Zweig>. In: Neue Deutsche Blätter II(1934/35)S. 181.

399 DERS.:Unter Freiheitsfahnen: Deutsche Freiwillige in der Geschichte. Straßburg 1938.

400 DERS.: Heinrich Heine - Expatriiert. Max Brod "Heinrich Heine" <Rez.>. In: Neue Deutsche Blätter II(1934/35)H.3, S. 181-183.

401 DERS.: Kleist. In: Das Wort I(1936)H.6, S. 67-73.

402 DERS.: Peter der Große. Amsterdam 1935.

403 DERS.: Vier Jahre. In: Das Wort II(1937)H. 4/5, S. 34-37.

404 KESTEN, Hermann: Ferdinand und Isabella. Sieg der Dämonen. Amsterdam 1936.

405 DERS.: Fünf Jahre nach unserer Abreise... In: Das Neue Tage-Buch VI(1938)H.5, S. 114-117.

406 DERS.: Heine im Exil. In: Pariser Tageszeitung Nr. 1038 v. 2./3.7.1939, S. 3.

407 DERS.: König Philipp der Zweite. Amsterdam 1938.

408 DERS. (Rez.): Heinrich Mann "Henri IV". In: Maß und Wert II(1939)H.4, S. 553-560.

409 DERS. (Rez.): Thomas Manns Goethe. In: Das Neue Tage-Buch VII(1939)H.54, S. 1216-1219.

410 KEUN, Irmgard: Bilder und Gedichte aus der Emigration. Köln 1947.

411 DIES.: Kind aller Länder. Amsterdam 1938.

412 KURELLA, Alfred: Zwischendurch. Vertreute Essays 1934-1940. Berlin 1961.

413 LACKNER, Stephan: Jan Heimatlos. Zürich 1939.

414 LEONHARD, Rudolf: Der Tod des Don Quijote. Geschichten aus dem spanischen Bürgerkrieg. Berlin 1951.

415 LUKACS, Georg: Der historische Roman. G.L., Werke Bd.6 "Probleme des Realismus III". Neuwied 1965.

416 DERS.: Hölderlins Hyperion. In: Internationale Literatur V(1935)H.6, S. 96-107.

417 LYRIK DES EXILS. Hrsg. v. Wolfgang Emmerich u. Susanne Heil. Stuttgart 1985.

418 MANN, Heinrich: Die Jugend des Königs Henri Quatre. Die Vollendung des Königs Henri Quatre. H.M., Werke Bd. 2 u.3, Hamburg 1959 <1935 bzw. 1938>.

419 DERS.: Ein Zeitalter wird besichtigt. Düsseldorf 1974. (Werke Bd. 13).

420 MANN, Klaus: Deutsche Bücher <Sammelrezension>. In: Die Sammlung I(1933)S. 209-215.
421 DERS.: Flucht in den Norden. Amsterdam 1934; Reinbek 1981.
422 DERS. (Rez.): René Schickele "Liebe und Ärgernis des D.H.Lawrence". In: Die Sammlung II(1934/35)S. 204-206.
423 DERS.: Symphonie Pathétique. Ein Tschaikowsky-Roman. Amsterdam 1935; Reinbek 1981.
424 DERS.: Der Wendepunkt. Ein Lebensbericht. Frankfurt 1953.
425 MANN, Thomas: Doktor Faustus. Das Leben des deutschen Tonsetzers Adrian Leverkühn erzählt von einem Freunde. Stockholm 1947; Frankfurt 1980.
427 DERS.: Lotte in Weimar. Stockholm 1939; Frankfurt 1981.
428 DERS.: Joseph und seine Brüder. Stockholm 1948.
429 DERS.: Meerfahrt mit Don Quijote. In: Th.M., Leiden und Größe der Meister (=Ges. Werke in Einzelbänden, Frankfurter Ausgabe Bd.12). Frankfurt 1982, S. 1018-1068.
430 DERS.: Rede und Antwort (Ges. Werke in Einzelbänden) Frankfurt 1984.
431 DERS.: Reden und Aufsätze, Bd. 4. Frankfurt 1974.
432 DERS.: Briefe 1889-1936. Frankfurt 1961.
433 DERS.: Briefe 1937-1947. Frankfurt 1963.
434 DERS.: Briefe an seinen Verleger Gottfried Bermann Fischer 1932-1955. Frankfurt 1973.
435 DERS.: Tagebücher 1933-1934. Frankfurt 1977.
436 DERS.: Tagebücher 1935-1936. Frankfurt 1980.
437 DERS.: Tagebücher 1937-1939. Frankfurt 1980.
438 DERS.: Tagebücher 1940-1943. Frankfurt 1982.
439 MARCU, Valeriu: Machiavelli. Amsterdam 1937.
440 MARCUSE, Ludwig: Aus einer anderen Emigration. In: Das Neue Tage-Buch III(1935)H.51, S. 1218-1221.
441 DERS.: Die Anklage auf Flucht. In: Das Neue Tage-Buch IV(1936)H.6, S. 131.
442 DERS.: Geschichte, Dichtung, Geschichtsdichtung. In: Das Wort (1938)S. 125-138.
443 DERS.: Heinrich Heine. In: Das Neue Tage-Buch IV(1936) H.7, S. 163-165.
444 DERS.: Ignatius von Loyola. Ein Soldat der Kirche. Amsterdam 1935.

445 DERS.: Der Philosoph und der Diktator. New York 1947.
446 DERS.: Zur Debatte über die Emigranten-Literatur. In: Das Neue Tage-Buch III(1935)H.2, S. 43-45.
447 MAYER, Hans: Georg Büchner und seine Zeit. Wiesbaden 1946.
448 MEHRING, Walter: Die verlorene Bibliothek. Autobiographie einer Kultur <1946>. Düsseldorf 1978.
449 MENDELSSOHN, Peter de <Ps. Karl J. Leuchtenberg>: Wolkenstein oder Die ganze Welt. Wien 1936.
450 NEUMANN, Robert: An den Wassern von Babylon.<In engl. Übers. London 1939> Oxford 1945, München/Basel 1954.
451 NOVELLEN DEUTSCHER DICHTER DER GEGENWART. Hrsg. v. Hermann Kesten. Amsterdam 1933.
452 OLDEN, Balder: Paradiese des Teufels. Biographisches und Autobiographisches. Schriften und Briefe aus dem Exil. Berlin 1977.
453 DERS.: Politische Literatur der Emigration. In: Das Wort (1937)Nr. 4/5, S. 26-33.
454 REHFISCH, Hans José (Hrsg.): In Tyrannos - Four Centuries of Struggle against Tyranny in Germany. A Symposium. London 1944.
455 ROTH, Joseph: Beichte eines Mörders. Amsterdam 1936.
456 DERS.: Die Legende vom Heiligen Trinker. Amsterdam 1939.
457 DERS., Tarabas. Amsterdam 1934.
458 SAHL, Hans: Emigration - eine Bewährungsfrist. In: Das Neue Tage-Buch III(1935)H.2, S. 45.
459 SAPHIR, Moritz Gottlieb: Ein Grab in Paris. In: Das Wort I(1936)H.1, S. 78f.
460 SCHICKELE, René: Liebe und Ärgernis des D.H. Lawrence. Amsterdam 1935.
461 SEGER, Gerhart: Reisetagebuch eines deutschen Emigranten. Zürich 1936.
462 SEGHERS, Anna: Transit. Berlin/Weimar ^{2}1982.
463 STERN, Erich: Die Emigration als psychologisches Problem. Boulogne-sur-Seine 1937 <Selbstverlag>.
464 TER BRAAK, Menno: Emigranten-Literatur. In: Das Neue Tage-Buch II(1934)H.52, S. 1244-1245.
465 DERS.: Zum Thema Emigranten-Literatur. Antworten an Andermann und Marcuse. In: Das Neue Tage-Buch III (1935)H.3, S. 67f.
466 TIMM, Friedrich: Zu den Fragen der Antifaschistischen Literatur. In: Das Wort (1937)Nr. 4/5, S. 37-43.

467 TOLLER, Ernst (Rez.): Ferdinand und Isabella. In: Das Neue Tage-Buch IV(1936)H.4, S. 93.
468 THE TORCH OF FREEDOM. Twenty Exiles of History. Hrsg v. Emil Ludwig u. Henry B. Kranz. New York/Toronto 1944.
469 VERBANNUNG. Aufzeichnungen Deutscher Schriftsteller im Exil. Hrsg. v. Egon Schwarz u. Matthias Wegner. Hamburg 1964.
470 VICTOR, Walther: Die letzten Nächte des Heinrich Heine. St. Gallen 1936.
471 WALTER, Friedrich: Kassandra. Amsterdam 1939.
472 WEISKOPF, Franz C.: Hier spricht die deutsche Literatur! Zweijahresbilanz der Verbannten. In: Der Gegenangriff (Paris) III(1935)Nr.19.
473 DERS.: Judäa - Dachau - Verdun. Zu einigen neuen Werken der deutschen Emigrationsliteratur <Sammelrezension>. In: Der Gegenangriff (Paris) (1935)Nr.50, S. 4.
474 WENTSCHER, Dora <d.i. Dora Nohl-Wentscher>: Heinrich von Kleist. Eine biographische Dichtung in Szenen und Dialogen. Weimar 1956.
475 DIES.: Nikolaus Lenau, ein Kämpfer. Weimar 1948.
476 WERFEL, Franz: Jakobowsky und der Oberst. Komödie einer Tragödie in drei Akten. Stockholm 1945, Frankfurt 1962.
477 DERS.: Ohne Divinität keine Humanität <1939>. In: Alma Mahler-Werfel, Mein Leben. Frankfurt 1979, S. 243-247.
478 WOLF, Friedrich: Beaumarchais oder Die Geburt des "Figaro". Ein Schauspiel. In: F.W., Dramen, Bd.5, Berlin 1960.
479 WOLFSKEHL, Karl: Gesammelte Werke in zwei Bänden. Hamburg 1960.
480 KARL WOLFSKEHL - Zehn Jahr Exil. Briefe aus Neuseeland 1938-1948, hrsg. v. Margot Ruben. Heidelberg 1959.
481 DAS WORT DER VERFOLGTEN. Gedichte und Prosa, Briefe und Aufrufe deutscher Flüchtlinge von Heinrich Heine und Georg Herwegh bis Bertolt Brecht und Thomas Mann, hrsg. v. Oswald Mohr <d.i. B. Kaiser>. Basel 1945 <August>.
482 ZUR MÜHLEN, Hermynia <Ps. Franziska Maria Rautenberg>: Kleine Geschichten von großen Dichtern. Miniaturen. London 1943.
483 ZWEIG, Arnold: Einsetzung eines Königs. Amsterdam 1937.
484 DERS.: Emigranten-Literatur. Ein Dialog. In: Das Wort (1937)Nr. 4/5, S. 18-26.

485 ZWEIG, Stefan: Balzac. Eine Biographie. Stockholm 1946, Frankfurt 1983.
486 DERS.: Ein Gewissen gegen die Gewalt. Castellio gegen Calvin. Amsterdam 1936, Frankfurt 1979.
487 DERS.: Magellan. Der Mann der Tat. Wien 1938, Frankfurt 1983.
488 DERS.: Rausch der Verwandlung. Roman aus dem Nachlaß. Frankfurt 1982.
489 DERS.: Triumph und Tragik des Erasmus von Rotterdam. Wien 1934, Frankfurt 1982.
490 DERS.: Die Welt von Gestern. Erinnerungen eines Europäers. Frankfurt 1984.
491 DERS.: Briefe an Freunde. Hrsg. v. Richard Friedenthal. Frankfurt 1978.

3. Weitere Primärliteratur

492 BRINITZER, Carl: Heinrich Heine. Hamburg 1960.
493 CERVANTES, Miguel de: Obras Completas. Madrid 1975.
494 DERS.: Zwischenspiel vom Wundertheater. In: Ges. Werke, Bd.4. Stuttgart 1970, S. 1193-1215.
495 DANTE ALIGHIERI: Die Göttliche Komödie. Übersetzt von Hermann Gmelin. Stuttgart 1984.
496 GOLL, Yvan: Dichtungen. Berlin 1960.
497 HAMPTON, Christopher: Geschichten aus Hollywood. Übers. v. Alissa u. Martin Walser. In: Theater heute (Mai 1983)S. 31-45.
498 HEINE, Heinrich: Sämtliche Werke in sechs Bänden. Darmstadt 1975.
499 HOMER: Die Odyssee. Übers. v. Wolfgang Schadewaldt. Zürich/Frankfurt 1966.
500 KEUN, Irmgard: Wenn wir alle gut wären. Kleine Begebenheiten, Erinnerungen und Geschichten. Düsseldorf 1954.
501 KRÄMER-BADONI, Rudolf: Jacobs Jahr. Leipzig 1943 <wurde nicht ausgeliefert>, Darmstadt 1978.
502 LANSBURGH, Werner u. MATTHIES, Frank-Wolf: Exil - Ein Briefwechsel. Köln 1983.
503 MARCUSE, Ludwig: Mein Zwanzigstes Jahrhundert. Auf dem Weg zu einer Autobiographie. Frankfurt 1968.

504 MARX, Julius: Georg Kaiser - ich und die anderen. Alles in einem Leben. Ein Bericht in Tagebuchform. Gütersloh 1970.
505 OVID (Publius Ovidius Naso): Briefe aus der Verbannung. Hrsg. v. Georg Luck. Zürich/Stuttgart 1963.
506 DERS.: Tristia. Hrsg. v. Georg Luck. Heidelberg 1967.
507 STAËL, Anne Germaine de: Über Deutschland. Hrsg. v. Monika Bosse. Frankfurt 1985.
508 SUSMANN, Margarete: Ich habe viele Leben gelebt. Erinnerungen. Stuttgart 1964.
509 WASSERMANN, Mein Weg als Deutscher und Jude. Berlin 1921.
510 WEISS, Peter: Fluchtpunkt, Frankfurt 1976.
511 DERS.: Notizbücher 1971-1980. 2 Bde. Frankfurt 1981.
512 YOURCENAR, Marguerite: Ich zähmte die Wölfin.Die Erinnerungen des Kaisers Hadrian. München 1961.

4. Biographische und Bibliographische Hilfsmittel

513 INTERNATIONAL BIOGRAPHICAL DICTIONARY of Central European Emigrés 1933-1945. Bd.2, Teil 1 u. 2 "The arts, sciences and Literature". Hrsg. v. Herbert A. Strauss u.Werner Röder. München/New York/London/Paris 1983.
514 EXIL-LITERATUR 1933-1945. Eine Ausstellung aus Beständen der Deutschen Bibliothek Frankfurt. Frankfurt 1967 (3.Aufl.).
515 HEINTZ, Georg: Index der Neuen Weltbühne. Worms 1972.
516 DERS.: Index des Freien/Neuen Deutschland.Worms 1975.
517 MAAS, Lieselotte: Handbuch der deutschen Exilpresse 1933-1945, 3 Bde. München/Wien 1976-1981.
518 RIEDEL, Volker: Maß und Wert. Zürich 1939-1940. Bibliographie einer Zeitschrift. Berlin 1973.
519 PRASCHEK, Helmut: Neue Deutsche Blätter. Prag 1933-1935. Bibliographie einer Zeitschrift. Berlin 1973.
520 SEIDEL, Gerhard: Das Wort. Moskau 1936-1939. Bibliographie einer Zeitschrift. Berlin 1975.
521 STERNFELD, Wilhelm u. TIEDEMANN, Eva: Deutsche Exil-Literatur 1933-1945. Eine Bio-Bibliographie. 2., verb. u. stark erw. Aufl. Heidelberg 1970.

5. Forschungsliteratur zu Exil und Exilliteratur

522 AHN, Sam-Huan: Exilliterarische Aspekte in Thomas Manns Roman "Doktor Faustus". Diss. Bonn 1975.

523 ALBRECHT, Richard: Exil im Roman. Zu Klaus Manns "Der Vulkan" und Lion Feuchtwangers "Exil". In: Kürbiskern 2/1982, S. 138-146.

524 DERS.: Exil-Forschung. Eine Zwischenbilanz (I/II). In: Neue Politische Literatur 28(1983)S. 174-201 bzw. 29(1984)S. 311-334.

525 AMERY, Jean: Vom immerwährenden Schriftsteller-Exil. In: Schweizer Rundschau 77(1978)10, S. 5-9.

526 ANTIFASCHISTISCHE LITERATUR. Hrsg. v. Lutz Winckler. 2 Bde., Kronberg 1977.

527 AUER, Manfred: Das Exil vor der Vertreibung. Motivkontinuität und Quellenproblematik im späten Werk Alfred Döblins. Bonn 1977.

528 BAHR, Ehrhard: Neu-Weimar am Pazifik: Los Angeles als heimliche Hauptstadt der deutschen Exilkultur. Vorläufige Gedanken zu einer typologischen Typographie des Exils. In: Weimar am Pazifik. Festschrift für Werner Vordtriede zum 70.Geburtstag. Hrsg. v. Dieter Borchmeyer u. Till Heimeran. Tübingen 1985, S. 126-136.

529 LES BANNIS DE HITLER. Accueil et luttes des exilés allemands en France (1933-1939). Hrsg. v. Gilbert Badia u.a. Paris 1984.

530 LES BARBELES DE L'EXIL. Etudes sur L'émigration allemande et autrichienne (1938-1940). Hrsg. v. Gilbert Badia u.a. Grenoble 1979.

531 BERENDSOHN, Walter A.: Aufsätze und Rezensionen. Stockholm 1975.

532 DERS.: Die humanistische Front. Erster Teil. Zürich 1946.

533 DERS.: Die humanistische Front. Zweiter Teil. Worms 1976.

534 BERGLUND, Gisela: Deutsche Opposition gegen Hitler in Presse und Roman des Exils. Eine Darstellung und ein Vergleich mit der historischen Wirklichkeit. Stockholm 1972.

535 BERNARDONI, Claudia: Hermann Brochs "Der Tod des Vergil". Diss. Marburg 1968.

536 BETZ, Albrecht: Exil und Engagement. Deutsche Schriftsteller im Frankreich der dreißiger Jahre. München 1986.

537 BILKE, Jörg Bernhard: Exilliteratur und DDR-Germanistik. Zur Ideologiekritik "parteilicher Wissenschaft". In: Deutsche Studien (1975)H.13, S. 277-299.
538 BOCK, Sigrid: Zur bürgerlichen Exilforschung. In: Weimarer Beiträge (1975)H.4, S. 99-129.
539 BODISCO, Arvid de: Emigration und ihre tiefere Bedeutung. In: Deutsche Rundschau 78(1952)S. 381-386.
540 BOLLENBECK, Georg: Vom Exil zur Diaspora. Zu Oskar Maria Grafs Roman "Die Flucht ins Mittelmäßige". In: Exilforschung 3(1985)S. 260-269.
541 BORNEMAN, Ernest: Macht und Sprache. Wie schreibt man im Exil? In: Wespennest (Wien) 52/1983, S. 25-30.
542 BROERMAN, Bruce Martin: The German Historical Novel in Exile after 1933. Diss. University of New York at Albany 1976.
543 BUSCH, Arnold: Faust und Faschismus. Thomas Manns "Doktor Faustus" und Alfred Döblins "November 1918" als exilliterarische Auseinandersetzung mit Deutschland. Bern/Frankfurt 1984.
544 CAZDEN, Robert E.: German Exile Literature in America 1933-1945. Chicago 1970.
545 CESAR, Jaroslav u. CERNY, Bohumil: Die deutsche antifaschistische Emigration in der Tschechoslovakei. In: Historica (Prag) XII(1966)S. 147-184.
546 COGHLAN, Brian: "Bist nicht nur eignen Nutzens voll?" "Mathis der Maler" und der Weg in die Emigration. In: Weimar am Pazifik. Festschrift für Werner Vordtriede zum 70. Geburtstag, hrsg. v. Dieter Borchmeyer u. Till Heimeran. Tübinen 1985, S. 90-102.
547 DAHLKE, Hans: Geschichtsroman und Literaturkritik im Exil. Berlin/Weimar 1976.
548 DIE DEUTSCHE EXILLITERATUR 1933-1945. Hrsg. v. Manfred Durzak. Stuttgart 1973.
549 DEUTSCHE EXILLITERATUR, LITERATUR IM DRITTEN REICH. Hrsg. v. Wolfgang Elfe, James Hardin u. Günther Holst. Bern/Frankfurt 1979.
550 DEUTSCHE EXILLITERATUR - LITERATUR DER NACHKRIEGSZEIT. Hrsg. v. Wolfgang Elfe, James Hardin u.a. Frankfurt 1981.
551 DEUTSCHE EXILLITERATUR SEIT 1933. Bd. 1, Kalifornien. Hrsg. v. John M. Spalek u. Joseph P. Strelka. München 1976.
552 DEUTSCHE LITERATUR IM EXIL 1933-1945. Text und Dokumente. Hrsg. v. Michael Winkler. Stuttgart 1977.

553 DEUTSCHE LITERATUR IM EXIL 1933-1945. 2 Bde., hrsg. v. Heinz Ludwig Arnold (=Geschichte der deutschen Literatur aus Methoden, Bd. 6/7). Frankfurt 1974.

554 ZUR DEUTSCHEN EXILLITERATUR IN DEN NIEDERLANDEN 1933-1940. Hrsg. v. Hans Würzner. Amsterdam 1977.

555 DEUTSCHSPRACHIGE EXILLITERATUR - Studien zu ihrer Bestimmung im Kontext der Epoche 1930 bis 1960. Hrsg. v. Wulf Köpke u. Michael Winkler. Bonn 1984.

556 DIRSCHAUER, Wilfried: Klaus Mann und das Exil. Worms 1973.

557 DOMIN, Hilde: Exilerfahrung - Untersuchungen zur Verhaltenstypik. In: Frankfurter Hefte 29(1975)S. 185-192.

558 DREWITZ, Ingeborg: Die zerstörte Kontinuität. Exilliteratur und Literatur des Widerstandes. Wien 1981.

559 DÜVER, Wolfgang: Zweigleisig - Schlaglichter auf die Problematik gemeinsamer Exilliteraturforschung in Ost und West. Drei Interviews. In: Diskussion Deutsch (1984)H.76, S. 201-212.

560 DURZAK, Manfred: Hermann Brochs Vergil-Roman und seine Vorstufen. In: Literaturwissenschaftliches Jahrbuch NF 9(1968)S. 285-317.

561 DERS.: Laokoons Söhne. Zur Sprachproblematik im Exil. In: Akzente 21(1974)S. 53-63.

562 DERS.: Der "Zwang zur Politik" - Georg Kaiser und Stephan Hermlin im Exil. In: Monatshefte 68(1976) S. 373-386.

563 ERFAHRUNG EXIL. Antifaschistische Romane 1933-1945. Hrsg. v. Sigrid Bock u. Manfred Hahn. Berlin/Weimar 1979.

564 EXIL. Literarische und politische Texte aus dem deutschen Exil 1933-1945. Hrsg. u. kommentiert v. Ernst Loewy. 3 Bde., Frankfurt 1981.

565 EXIL UND INNERE EMIGRATION. Third Wisconsin Workshop. Hrsg. v. Reinhold Grimm u. Jost Hermand. Frankfurt 1972.

566 EXIL UND INNERE EMIGRATION II. Internationale Tagung in ST. Louis. Hrsg. v. Uwe Peter Hohendahl u. Egon Schwarz. Frankfurt 1973.

567 DAS EXILERLEBNIS. Verhandlungen des vierten Symposiums über Deutsche und Österreichische Exilliteratur. Hrsg. v. Donald G. Davian u. Ludwig M. Fischer. Columbia/USA 1982.

568 FASSEL, Horst Helge: Mythos und Pamphlet. Die Distanz zur Wirklichkeit in der Exilliteratur. In: Exil 2(1982)S. 48-59.

569 FEILCHENFELDT, Konrad: Deutsche Exilliteratur 1933-1945. Kommentar zu einer Epoche. München 1986.

570 FISCHER, Klaus-Uwe: Ludwig Marcuses schriftstellerische Tätigkeit im französischen Exil 1933-1939. Kronberg 1976.

571 FISCHER, Wolfgang Georg: Zur Sprache des Emigranten. In: Literatur und Kritik 128(1978)S. 475-480.

572 FREI, Bruno u. WINCKLER, Lutz: Zum Stand der Exilliteraturforschung. In: Das Argument 99(1976)S. 796-804.

573 FRITSCH, Christian u. WINCKLER, Lutz (Hrsg.): Faschismuskritik und Deutschlandbild im Exilroman. Berlin 1981.

574 FRÜHWALD, Wolfgang: Odysseus wird leben. Zu einem leitenden Thema in der deutschen Literatur des Exils 1933-1945. In: Werner Link (Hrsg.), Schriftsteller und Politik in Deutschland. Düsseldorf 1979, S. 100-113.

575 GARRIN, Stephen: Castellio gegen Calvin. Das Bekenntnis eines Humanisten im Exil. In: Das Exilerlebnis, hrsg. v. Donald G. Davian u. Ludwig M. Fischer. Columbia 1982, S. 486-496.

576 GEPPERT, Hans Vilmar: Der "andere" historische Roman. Theorie und Strukturen einer diskontinuierlichen Gattung. Tübingen 1976.

577 GITTIG, Heinz: Illegale antifaschistische Tarnschriften 1933 bis 1945. Leipzig 1972.

578 GRIMM, Gunter: Karl Wolfskehl. Die Hiob-Dichtung. Bonn 1972.

579 GRIMM, Reinhold: Vom sogenannten Widerstand gegen die Völkischen: Ein Nachtrag zum Thema 'Ritter, Tod und Teufel'. In: Ideologiekritische Studien zur Literatur. Essays II, Berlin/Frankfurt, S. 73-84.

580 HAASE, Horst: Johannes R. Bechers Deutschland-Dichtung. Zu dem Gedichtband 'Der Glücksucher und die sieben Laster' (1938). Berlin 1964.

581 HACKERT, Fritz: Die Forschungsdebatte zum Geschichtsroman im Exil. Ein Literaturbericht. In: Exilforschung 1(1983)S. 367-388.

582 HÄSLER, Alfred A.: Das Boot ist voll. Die Schweiz und die Flüchtlinge 1933-1945. Zürich 1967.

583 HANIMANN, Willy A.: Studien zum historischen Roman (1933-1945). Bern/Frankfurt 1981.

584 HANS, Jan: Historische Skizze zum Exilroman. In: Der deutsche Roman im 20. Jahrhundert, hrsg. v. Manfred Brauneck. Bd. 1, Bamberg 1976, S. 240-259.

585 DERS.: "Der Krise ins Auge sehen..." - Annäherungen an "Transit". In: Text und Kritik 38(1982)S. 27-42.

586 DERS.: Literatur im Exil. In: Sozialgeschichte der deutschen Literatur von 1918 bis zur Gegenwart. Frankfurt 1981, S. 419-466.

587 HEEG, Günter: Die Kunst in der Geschichte oder die Geschichte im Kunstwerk. Studien zur Genese und Funktion der "Wendung zur Geschichte" in der materialistischen Literaturtheorie und in der literarisch-politischen Praxis antifaschistischer Schriftsteller in den 30er Jahren. Diss. Würzburg 1976.

588 HEILBUTT, Anthony: Exiled in Paradise. German Artists and Intellectuals in America form the 1930s to the Present. New York 1983.

589 HELBIG, Louis F.: Hermann Brochs Tod des Vergil als Dichtung des Gerichts über die Dichtung. In: Modern Austrian Literature 2(1969)Nr.1, S. 7-20.

590 HERMAND, Jost: "Man muß das Unrecht auch mit schwachen Mitteln bekämpfen." Stand und Aufgaben der gegenwärtigen Exilforschung. In: Diskussion Deutsch (1981)H.4, S. 232-245.

591 DERS.: Schreiben in der Fremde. Gedanken zur deutschen Exilliteratur seit 1789. In: Exil und innere Emigration, hrsg. v. Reinhold Grimm u. Jost Hermand. Frankfurt 1972, S. 7-30.

592 HÖPKER, Wolfgang: Zwischen Gestern und Morgen. Welt und Scheinwelt der Emigranten. In: Zeitwende 21(1949/50)S. 363-371.

593 HOHMEYER, Helene: Sprache der Vertriebenen. In: Deutsche Rundschau I(1948)S. 46-49.

594 JARMATZ, Klaus: Literatur im Exil. Berlin 1966.

595 DERS.: Stefan Zweigs Auseinandersetzung mit Krieg und Faschismus, sein Eintreten für Frieden, Humanismus und menschlichen Fortschritt im Exil 1934-1942. In: Österreicher im Exil 1934 bis 1945, hrsg. v. Helene Maimann u. Heinz Lunzer. Wien 1977, S. 272-291.

596 KAMLA, Thomas A.: Confrontation with Exile: Studies in the German Novel. Bern/Frankfurt 1975.

597 KANTOROWICZ, Alfred: Exil in Frankreich. Hamburg 1983.

598 DERS.: Politik und Literatur im Exil. Hamburg 1978.

599 KERKER, Elke: Weltbürgertum - Exil - Heimatlosigkeit. Die Entwicklung der politischen Dimension im Werk Klaus Manns von 1924-1936. Meisenheim 1977.

600 KIESEL, Helmuth: Literarische Trauerarbeit. Das Exil- und Spätwerk Alfred Döblins. Tübingen 1986.

601 KIESER, Rolf: Erzwungene Symbiose. Thomas Mann, Robert Musil, Georg Kaiser und Bertolt Brecht im Schweizer Exil. Bern/Stuttgart 1984.

602 KIESSLING, Wolfgang: Der Weg nach Petropolis - Stefan Zweig. In: Sinn und Form 35(1983)H.2, S. 376-392.

603 KLEINSCHMIDT, Erich: Exil als Schreiberfahrung. Bedingungen deutscher Exilliteratur 1933-1945. In: Exil 2(1982)S. 33-47.

604 DERS.: Schreiben und Leben. Zur Ästhetik des Autobiographischen in der deutschen Exilliteratur. In: Exilforschung 2(1984)S. 24-40.

605 DERS.: "Sprache, die meine Wohnung war". Exil und Sprachidee bei Peter Weiss. In: Exilforschung 3 (1985)S. 215-224.

606 KOEBNER, Thomas: Literatur im Exil. In: Zwischen den Weltkriegen, hrsg. v. Th.K. (Neues Handbuch der Literaturwissenschaft, Bd. 20). Wiesbaden 1983, S. 321-334.

607 KÖPKE, Wulf: Probleme und Problematik der Erforschung der Exilliteratur. In: Das Exilerlebnis, hrsg. v. Donald G. Davian u. Ludwig M. Fischer. Columbia 1982, S. 338-352.

608 DERS.: Die Wirkung des Exils auf Sprache und Stil. Ein Vorschlag zur Forschung. In: Exilforschung 3(1985) S. 225-237.

609 KOOPMANN, Helmut: Doktor Faustus und sein Biograph. Zu einer Exilerfahrung sui generis. In: Rudolf Wolff (Hrsg.), Thomas Manns Doktor Faustus und die Wirkung, II. Teil, Bonn 1983, S. 8-26.

610 DERS.: Franz Werfel 'Jakobowsky und der Oberst'. Komödie des Exils. In: Drama und Theater im 20. Jahrhundert. Feststschrift für Walter Hinck.1983, S. 259-267.

611 DERS.: "Geschichte ist die Sinngebung des Sinnlosen." Zur Ästhetik des historischen Romans im Exil. In: Schreiben im Exil, hrsg. v. Alexander Stephan u. Hans Wagener. Bonn 1985, S. 18-39.

612 DERS.: Narziss im Exil. Zu Thomas Manns "Felix Krull". In: Zeit der Moderne. Festschrift für Bernhard Zeller zum 65. Geburtstag. Stuttgart 1984, S. 401-422.

613 DERS.: Von der Unzerstörbarkeit des Ich. Zur Literarisierung der Exilerfahrung. In: Exilforschung 2 (1984)S. 9-23.

614 KUNST UND LITERATUR IM ANTIFASCHISTISCHEN EXIL 1933-1945:
Bd.1: Exil in der UdSSR. Hrsg. v. Klaus Jarmatz, Simone Barck und Peter Diezel. Leipzig 1979.

Bd.2: Exil in der Schweiz v. Werner Mittenzwei. Leipzig 1981.

Bd.3: Exil in den USA. Leipzig 1983.

Bd.4: Exil in Lateinamerika v. Wolfgang Kießling. Leipzig 1980.

Bd.5: Exil in der Tschechoslowakei, in Großbritannien, Skandinavien und Palästina. Leipzig 1980.

Bd.6: Exil in den Niederlanden und Spanien, hrsg. v. Klaus Hermsdorf, Hugo Fetting u. Silvia Schlenstedt. Leipzig 1981.

Bd.7: Exil in Frankreich v. Dieter Schiller u.a. Leipzig 1981.

615 LAEMMLE, Peter: Vorschläge für eine Revision der Exilforschung. In: Akzente 6(1973)S. 509-519.

616 LEBEN IM EXIL. Probleme der Integration deutscher Flüchtlinge im Ausland 1933-1945. Hrsg. v. Wolfgang Frühwald u. Wolfgang Schieder. Hamburg 1981.

617 LEHNERT, Herbert: Repräsentation und Zweifel. Thomas Manns Exilwerke und der deutsche Kulturbürger. In: Die Deutsche Exilliteratur 1933-1945. Stuttgart 1973, S. 398-417.

618 LITERATUR DES EXILS. Eine Dokumentation über die PEN-Jahrestagung in Bremen vom 18. bis 20.9.1980. Hrsg. v. Bernd Engelmann. München 1981.

619 LÖWENTHAL, Leo: Die biographische Mode <1938>. In: Romantheorie, hrsg. v. Eberhard Lämmert. Köln 1975, S. 246-249.

620 LÜTZELER, Paul Michael: Hitler als Metapher. Zur Faschismuskritik im Exilroman (1933-1945). In: Akten des V. Internat. Germanisten-Kongreß, hrsg. v. L. Forster u. H.G. Roloff, Bern/Frankfurt 1976, S. 251-257.

621 MAIMANN, Helene: Exil als Lebensform. In: Jahrbuch für Zeitgeschichte (1979)S. 9-57.

622 MARTINI, Fritz: Hermann Broch "Der Tod des Vergil". In: F.M., Das Wagnis der Sprache. Stuttgart 1954, S. 413-363.

623 MAYER, Hans: Die Literatur der deutschen Emigration. In: Stephan Hermlin u. Hans Mayer, Ansichten über einige neue Schriftsteller und Bücher. Wiesbaden 1947, S. 20-25.

624 MERTZ, Peter: Und das wurde nicht ihr Staat. Erfahrungen emigrierter Schriftsteller mit Westdeutschland. München 1985.

625 MITCHELL, Janis Diane: Exile and Historical Existence in the Writings of Werfel, Döblin and Broch. Diss. Pennsylvania State University/USA 1976.

626 MÜLLER-FRANK, Wolfgang: Das Exil ist eine Krankheit. Autobiographisches als ein Mittel sich zu behaupten. In: Merkur 36(1982)S. 1231-1236.

627 THE MUSES FLEE HITLER. Hrsg. v. Jarrell C. Jackman u. Carla M. Borden. Washington 1983.

628 NAUMANN, Uwe: Zwischen Tränen und Gelächter. Satirische Faschismuskritik 1933-1945. Köln 1983.

629 NYSSEN, Elke: Geschichtsbewußtsein und Emigration. Der historische Roman der deutschen Antifaschisten 1933-1945. München 1974.

630 ÖSTERREICHER IM EXIL 1934 BIS 1945. Protokoll des internationalen Symposiums zur Erforschung des österreichischen Exils von 1934-1945. Hrsg. v. Helene Maimann u. Heinz Lunzer. Wien 1977.

631 O'NEILL, Patrick: Alfred Döblins Babylonische Wandrung. A Study. Bern/Frankfurt 1974.

632 PAEPCKE, Lotte: Sprache und Emigration. In: Frankfurter Hefte 3(1963)S. 185-192.

633 PATSCH, Sylvia M.: Österreichische Schriftsteller im Exil in Großbritannien. Ein Kapitel vergessener österreichischer Literatur. Wien 1985

634 PFANNER, Helmut F.: Exile in New York: German and Autrian Emigré Writing, 1933-1945. Detroit 1983.

635 DERS.: Schreiben als Selbstbestätigung - Erzählen im Exil. In: Erzählung und Erzählforschung im 20. Jahrhundert, hrsg. v. Rolf Kloepfer u. Gisela Janetzke-Dillner. Stuttgart 1981, S. 83-94.

636 PFEILER, William Karl: German Literature in Exile. The Concern of the Poets. Lincoln 1957.

637 PIKE, David: Deutsche Schriftsteller im Sowjetischen Exil 1933-1945. Frankfurt 1981.

638 PROTEST - FORM - TRADITION. Essays on German Exile Literature, Hrsg. v. Joseph Strelka u.a. Alabama 1979.

639 RADDATZ, Fritz J.: Exil contra Emigration. In: Merkur 2(1978)S. 148-152.

640 RADKAU, Joachim: Die deutsche Emigration in den USA. Düsseldorf 1975.

641 ROLOFF, Gerhard: Die Erforschung der deutschen Exilliteratur. Stand - Probleme - Aufgaben. Hamburg 1973.

642 DERS.: Exil und Exilliteratur in der deutschen Presse 1945-1949. Worms 1976.

643 SAUTERMEISTER, Gert: Thomas Mann: Volksverführer, Künstler-Politiker, Weltbürger. Führerfiguren zwischen Ästhetik, Dämonie, Politik. In: Exilforschung 1 (1983)S. 302-321.

644 SCHLENSTEDT, Silvia (Hrsg.): Wer schreibt, handelt. Strategien und Verfahren literarischer Arbeit vor und nach 1933. Berlin/Weimar 1983.
645 SCHLÖSSER, Manfred: Deutsch-jüdische Dichtung des Exils. In: Emuna Nr. 4 v. 4.11.1968, S. 250-265.
646 SCHREIBEN IM EXIL. Zur Ästhetik der deutschen Exilliteratur 1933-1945, hrsg. v. Alexander Stephan u. Hans Wagener. Bonn 1985.
647 SCHRÖTER, Klaus: Der historische Roman. Zur Kritik seiner spätbürgerlichen Erscheinung. In: Exil und innere Emigration, hrsg. von R. Grimm u. J. Hermand. Frankfurt 1972, S.111-151.
648 SERKE, Jürgen: Die verbrannten Dichter. Weinheim/Basel 1977.
649 DERS.: Das neue Exil. Die verbannten Dichter. Frankfurt 1985.
650 SINSHEIMER, Hermann: "Emigranto". In: Deutsche Rundschau (1948)S. 34-37.
651 SPRENGLER, Peter: Teufels-Künstler. Faschismus- und Ästhetizismus-Kritik in Exilromanen Heinrich, Thomas und Klaus Manns. In: Sprache im technischen Zeitalter (1981),S. 181-195.
652 STEINER, Carl: Untersuchungen zum Historischen Roman der deutschen Emigrantenliteratur nach 1933. Diss. George-Washington-University, St. Louis/USA 1966.
653 STEPHAN, Alexander: Die deutsche Exilliteratur 1933-1945. München 1979.
654 STEPHAN, Doris: Der "innere Monolog" in Hermann Brochs Roman "Der Tod des Vergil". Diss. Mainz 1957.
655 STERN, Guy: Biographischer Roman als Selbstzeugnis aus dem Exil: Friedrich Torbergs Süßkind von Trimberg. In: Preis der Vernunft. Literatur und Kunst zwischen Aufklärung, Widerstand und Anpassung. Festschrift für Walter Huder, hrsg. v. Klaus Siebenhaar u. Hermann Haarmann. Berlin 1982, S. 167-181.
656 DERS.: Exile Literature: Subdivision or Misnomer? In: Colloquia Germanica V(1971)H.1/2, S. 167-178.
657 DERS.: Über das Fortleben des Exilromans in den sechziger Jahren. In: Revolte und Experiment. Die Literatur der sechziger Jahre in Ost und West, hrsg. v. Wolfgang Paulsen. Heidelberg 1972, S. 165-185.
658 DERS.: The Plight of the Exile: A hidden Theme in Brecht's "Galileo Galilei". In: Brecht heute I (1971)S- 110-116.

659 STERN, Guy u. WARTENBERG, Dorothy: Flucht und Exil. Werkthematik und Autorenkommentare. In: Gegenwartsliteratur und Drittes Reich. Deutsche Autoren in der Auseinandersetzung mit der Vergangenheit, hrsg. v. Hans Wagener. Stuttgart 1977, S. 111-132.

660 STRELKA; Joseph P.: Exilliteratur. Grundprobleme der Theorie. Aspekte der Geschichte und Kritik. Bern/Frankfurt/New York 1983.

661 DERS.: Hermann Broch als Exil-Autor. In: Modern Autrian Literature 8(1975)Nr,3/4, S. 100-112.

662 DERS.: Zum Roman in der Deutschen Exil-Literatur seit 1933. In: Ders., Auf der Suche nach dem verlorenen Selbst, Bern 1977, S. 95-105.

663 DERS.: Was ist Exilliteratur? Zur Begriffsbestimmung der deutschen Exilliteratur seit 1933. In: Exil 1(1981)S. 5-15.

664 SUDHOF, Siegfried: Germanistik und Exilliteratur. In: Akzente 19(1972)S. 130-139.

665 TENGLER, Heinz Frieder: The Historical Novel in German Exile Literature. Diss. University of Calif. at San Diego 1982.

666 TRAPP, Frithjof: Die Bedeutung der Verlage Allert de Lange und Querido für die Entwicklung der deutschen Exilliteratur zwischen 1933 und 1940. In: Exil 1(1983)S. 12-18.

667 DERS.: Deutsche Literatur im Exil. Bern/Frankfurt 1983.

668 UMLAUF, Konrad: Exil, Terror, Illegalität. Die ästhetische Verarbeitung politischer Erfahrungen in ausgewählten deutschsprachigen Romanen 1933-1945. Frankfurt/Bern 1982.

669 VERBOTEN UND VERBRANNT. Hrsg. v. Richard Drews u. Alfred Kantorowicz. Neuausg. München 1983.

670 VORDTRIEDE; Werner: Vorläufige Gedanken zu einer Typologie der Exilliteratur. In: Akzente 6(1968) S. 556-575.

671 WALTER, Hans-Albert: Das Bild Deutschlands im Exilroman. In: Neue Rundschau (1966)S. 437-358.

672 DERS.: Deutsche Exilliteratur 1933-1950:
Bd.1: Bedrohung und Verfolgung. Darmstadt 1973.
Bd.2: Asylpraxis und Lebensbedingungen in Europa. Darmstadt 1973.
Bd.7: Exilpresse. Darmstadt 1974.

673 DERS.: Deutsche Exilliteratur 1933-1955:
Bd.2: Europäisches Appeasement und Überseeische Asylpraxis. Stuttgart 1984.
Bd.4: Exilpresse. Stuttgart 1978.

674 DERS.: Noch immer: Draußen vor der Tür. An der deutschen Exilliteratur könnte die Germanistik den Ausweg aus der Krise proben. Stockholm 1970 <Masch>.

675 DERS.: Anna Seghers' Metamorphosen. Transit - Erkundungen in einem Labyrinth. Frankfurt 1985.

676 DERS.: Deutsche Literatur im Exil. Ein Modellfall für die Zusammenhänge von Literatur und Politik. In: Merkur 25(1971)S. 77-84.

677 DERS.: Vom Liberalismus zum Eskapismus. Stefan Zweig im Exil. In: Frankfurter Hefte 35(1970)H.6, S. 427-437.

678 WEGNER, Matthias: Exil und Literatur. Deutsche Schriftsteller im Ausland 1933-1945. Frankfurt/Bonn 1967 <2.Aufl. 1968>.

679 WEIGAND, Hermann J.: Broch's Death of Virgil: Program Notes. In: PMLA 62(1947)S. 525-551.

680 WEIL, Bernd: Klaus Mann: Leben und literarisches Werk im Exil. Frankfurt 1983.

681 WEISKOPF; Franz C.: Sprache im Exil. In: F.C.W., Über Literatur und Sprache (Ges. Werke, Bd. 8). Berlin 1960, S. 483-493.

682 DERS.: Unter fremden Himmeln. Abriß der deutschen Literatur im Exil 1933-1945. Berlin 1948.

683 WEISSENBERGER, Klaus: Dissonanzen und neugestimmte Saiten. Eine Typologie der Exillyrik. In: Literaturwissenschaftliches Jahrbuch 17(1976)S. 321-342.

684 DERS.: Alfred Döblin Exil. Eine Entwicklung vom historischen Relativismus zum religiösen Bekenntnis. In: Colloquia Germanica (1974)S. 37-51.

685 DERS.: Die deutschsprachige Exilliteratur im Gesamtkontext der Epoche 1930-1960. Ein Bericht. In: Exil 2(1982)S. 76-78.

686 WERNER, Klaus Ulrich: Exil als Erfahrung und Metapher - Georg Kaisers Roman "Villa Aurea". In: Exil 2(1985) S. 36-45.

687 WERNER, Renate: Transparente Kommentare. Überlegungen zu historischen Romanen deutscher Exilautoren. In: Poetica 9(1977)S. 324-351.

688 WINKEL, Maria Angela: Denkerische und dicherische Erkenntnis als Einheit. Eine Untersuchung zur Symbolik in Hermann Brochs "Tod des Vergil". Frankfurt 1980.

689 WINKLER, Michael: Exilliteratur - als Teil der deutschen Literaturgeschichte betrachtet. Thesen zur Forschung. In: Exilforschung 1(1983)S. 359-366.

6. Übrige Literatur

690 ADORNO, Thodor W.: Ästhetische Theorie. Frankfurt 1974.
691 DERS.: Minima Moralia. Reflexionen aus dem beschädigten Leben (Ges. Schriften, Bd. 4). Frankfurt 1980.
692 AHL, Herbert: Literarische Portraits. München 1962.
693 BAUSCHINGER, Sigrid: Hiob und Jeremias. Biblische Themen in der deutschen Literatur des 20. Jahrhunderts. In: Akten des VI. Internat. Germanisten-Kongresses Basel 1980, Teil 3 (Jahrbuch für Internat. Germanistik), Frankfurt 1980, S. 466-471.
694 BEIN, Alex: Die Judenfrage. Biographie eines Weltproblems. 2 Bde., Stuttgart 1980.
695 BLOCH, Ernst: Das Prinzip Hoffnung. 3 Bde., Frankfurt 1973.
696 BLÖCKER, Günter: Biographie - Kunst oder Wissenschaft? In: Adolf Frisé (Hrsg.), Definitionen. Essays zur Literatur. Frankfurt 1963, S. 58-84.
697 BLUME, Bernhard: Thomas Mann und Goethe. Bern 1949.
698 BRINKMANN, Richard: Romanform und Werttheorie bei Hermann Broch. Strukturprobleme moderner Dichtung. In: DVjS XXXI(1957)S. 169-197.
699 HERMANN BROCH. Perspektiven der Forschung. Hrsg. v. Manfred Durzak. München 1972.
700 HERMANN BROCH UND SEINE ZEIT. Hrsg. v. Richard Thieberger. Frankfurt 1980.
701 DIE DEUTSCHE LITERATUR DER WEIMARER REPUBLIK. Hrsg. v. Wolfgang Rothe. Stuttgart 1974.
702 DÖBLIN, Aufsätze zur Literatur. Olten/Freiburg 1963.
703 DERS.: Die literarische Situation. Baden-Baden 1947.
704 DURZAK, Manfred: Hermann Broch. Stuttgart 1967.
705 DERS.: Hermann Broch. Dichtung und Erkenntnis. Stuttgart 1978.
706 EGGERT, Hartmut: Studien zur Wirkungsgeschichte des deutschen historischen Romans 1850-1875. Frankfurt 1971.
707 ENDRES, Elisabeth: Die Literatur der Adenauerzeit. München 1980.
708 ERIKSON; Erik H.: Das Problem der Ich-Identität. In: Ders., Identität und Lebenszyklus. Drei Aufsätze. Frankfurt 1976, S. 123-212.
709 DIE EXPRESSIONISMUSDEBATTE. Materialien zu einer marxistischen Realismuskonzeption.Hrsg. v. Hans-Jürgen Schmitt. Frankfurt 1973.

710 FIETZ, Lothar: Strukturmerkmale der hermetischen Romane Thomas Manns, Hermann Hesses, Hermann Brochs und Hermann Kasacks. In: DVjS 40(1966)S. 161-183.
711 FRISCH, Max: Büchernerpreisrede <1958>. In: Büchner-Preis-Reden 1951-1971. Stuttgart 1972, S. 57-72.
712 FROESCH; Hartmut: Ovid als Dichter des Exils. Bonn 1976.
713 HILLEBRAND, Bruno: Theorie des Romans. München 1972.
714 HILLMANN, Heinz: Alltagsphantasie und dichterische Phantasie. Kronberg 1977.
715 JAUSS, H.R.: Geschichte der Kunst und Historie. In: H.R.J., Literaturgeschichte als Provokation. Frankfurt 1970, S. 208-251.
716 JUDEN IN DER LITERATUR.Hrsg. v. Stéphane Moses u. Herbert A. Strauss. München 1986.
717 KAHLER, Erich: Die Philosophie von Hermann Broch. Tübingen 1962.
718 KAISER, Gerhard: Walter Benjamins "Geschichtsphilosophische Thesen". Zur Kontroverse der Benjamin-Interpreten. In: G.K., Antithesen. Zwischenbilanz eines Germanisten. Frankfurt 1973.
719 KAMPMANN, Wanda: Deutsche und Juden. Die Geschichte der Juden in Deutschland vom Mittelalter bis zum Beginn des Ersten Weltkrieges. Frankfurt 1979.
720 KANTOROWICZ, Alfred: Juden in der deutschsprachigen Literatur. In: A.K., Etwas ist ausgeblieben. Zur geistigen Einheit der deutschen Literatur nach 1945. Hamburg 1985, S. 77-87.
721 KESTEN, Hermann: Das ewige Exil. In: H.K., Ich lebe nicht in der Bundesrepublik. München 1964, S. 9-28.
722 KLASSIKER IN FINSTREN ZEITEN 1933-1945. Eine Ausstellung des Deutschen Literaturarchivs Marbach a.N. Hrsg. v. Bernhard Zeller. 2 Bde., Marbach 1983.
723 KLEINSCHMIDT, Erich: Der vereinnahmte Goethe. Irrwege im Umgang mit einem Klassiker 1932-1949. In: Schillerjahrbuch XXVIII(1984)S. 461-482.
724 KLEMPERER, Victor: Die Arten der historischen Dichtung. In: DVjS I(1923)H.3.
725 DERS.: 'LTI' - Lingua tertii imperii. Notizbuch eines Philologen. Halle 1957.
726 KOOPMANN, Helmut: Thomas Mann. Konstanten seines literarischen Werks. Göttingen 1975.
727 KRÜCKEBERG, Edzard: Der Begriff des Erzählens im 20. Jahrhundert. Bonn 1981.

728 LÄMMERT, Eberhard: Bauformen des Erzählens. Stuttgart 1975.
729 DERS.: Die Metamorphosen des Ovids. In: Liebe als Literatur, hrsg. v. Rüdiger Krohn. München 1983, S. 143-162.
730 DERS.: Zum Wandel der Geschichtserfahrung im Reflex der Romantheorie. In: Geschichte - Ereignis und Erzählung, hrsg. von R. Koselleck u. W.d: Stempel. München 1973, S. 503-515.
731 LAING, Ronald David: Das geteilte Selbst. Eine existentielle Studie über geistige Gesundheit und Wahnsinn. Köln 1972.
732 LESCHNITZER, Adolf: Der Gestaltwandel Ahasvers. In: In zwei Welten. Festschrift für Siegfried Moses zum 75. Geburtstag. Tel-Aviv 1962, S. 470-505.
733 LESSING, Theodor: Geschichte ist die Sinngebung des Sinnlosen oder Die Geburt der Geschichte aus dem Mythos. 4., völlig umgearb. Aufl. Leipzig 1927.
734 LOEWY, Ernst: Literatur unterm Hakenkreuz. Das Dritte Reich und seine Dichtung. Eine Dokumentation. Frankfurt 1969.
735 LÜBBE, Hermann: Zur Identitätspräsentationsfunktion der Historie. In: Identität, hrsg. v. Odo Marquard u. Karlheinz Stierle. München 1979, S. 277-292.
736 LÜTZELER, Paul Michael: Hermann Broch. Eine Biographie. Frankfurt 1985.
737 MARCUSE, Herbert: Der deutsche Künstlerroman. Diss. Freiburg 1922.
738 MARTINI, Fritz: Über die gegenwärtigen Schwierigkeiten des historischen Erzählens. In: Damals für Heute, hrsg. v. Wolfgang Stammler. Stuttgart 1980, S.80-101.
739 MAYER, Hans: Außenseiter. Frankfurt 1975.
740 MEYER, Herman: Thomas Mann - "Der Zauberberg" und "Lotte in Weimar". In: H.M., Das Zitat in der Erzählkunst. Stuttgart 1961, S. 207-245.
741 MUSCHG, Adolf: Literatur als Therapie? Ein Exkurs über das Heilsame und das Unheilbare. Frankfurt 1981.
742 NAUMANN, Uwe: Klaus Mann - Mit Selbstzeugnissen und Bilddokumenten. Reinbek 1984.
743 NEUMANN, Bernd: Zur Biographie-Debatte in Deutschland. In: B.N., Utopie und Mimesis. Zum Verhältnis von Ästhetik, Gesellschaftsphilosophie und Politik in den Romanen Uwe Johnsohns. Kronberg 1978, S. 95-118.
744 JUNK, Peter u. ZIMMER, Wendelin: Felix Nussbaum. Leben und Werk. Unter Mitarbeit von Manfred Meinz. Köln 1982.

745 POLIAKOV, Léon: Geschichte des Antisemitismus. 4 Bde., Worms 1977ff.
746 REICH-RANICKI, Marcel: Friedrich Torbergs Gleichnis vom Juden. In: M.R.-R., Ruhestörer. Juden in der deutschen Literatur. München 1973, S. 73-80.
747 RENNER, Rolf Günther: Lebens-Werk. Zum inneren Zusammenhang der Texte von Thomas Mann. München 1985.
478 ROSENFELD, Paul: The Death of Vergil. Some Comments on the Book by Hermann Broch. In: Chimera III(1945) S. 47-55.
749 RÜHLE, Jürgen: Literatur und Revolution. Köln/Berlin 1960.
750 SCHEURER, Helmut: Biographie. Studien zur Funktion und zum Wandel einer literarischen Gattung vom 18. Jahrhundert bis zur Gegenwart. Stuttgart 1979.
751 DERS.: Biographie. Überlegungen zu einer Gattungsbeschreibung. In: Vom Anderen und vom Selbst. Beiträge zu Fragen der Biographie und Autobiographie. Hrsg. v. Reinhold Grimm u. Jost Hermand. Königstein 1982, S. 9-29.
752 SCHIFFELS, Walter: Geschichte(n) Erzählen. Geschichte, Funktionen und Formen historischen Erzählens. Diss. Saarbrücken 1974.
753 SCHLAFFER, Hannelore u. SCHLAFFER, Heinz: Studien zum ästhetischen Historismus. Frankfurt 1975.
754 SCHNELL, Ralf: Literarische Innere Emigration 1933-1945. Stuttgart 1976.
755 SCHWANDT, Erhard: Mythische Selbstdarstellung in der Lyrik Yvan Golls. Der neue Orpheus, Jean sans Terre, Hiob. In: Colloquia Germanica (1970)S. 232-247.
756 SENGHAAS, Dieter: Rüstung und Militarismus. Frankfurt 1972.
757 SENGLE, Friedrich: Zum Problem der modernen Dichterbiographie. In: DVjS. 26(1952)H.1, S. 100-111.
758 SIEFKEN, Hinrich: Thomas Mann. Goethe - "Ideal der Deutschheit". Wiederholte Spiegelungen 1893-1949. München 1981.
759 STANZEL, Franz Karl: Typische Formen des Romans. Göttingen 1974 (7.Aufl.).
760 SUDAU, Ralf: Werkbearbeitung, Dichterfiguren. Traditionsaneignung am Beispiel der Deutschen Gegenwartsliteratur. Tübingen 1985.
761 SUSMANN, Margarete: Das Buch Hiob und das Schicksal des jüdischen Volkes. Zürich 1948.

762 WEIMARS ENDE. Prognosen und Diagnosen in der deutschen Literatur und politischen Publizistik 1930-1933. Hrsg. v. Thomas Koebner. Frankfurt 1982.

763 WICHERT, Adalbert: Alfred Döblins historisches Denken. Zur Poetik des modernen Geschichtsromans. Stuttgart 1978.

764 ZELLER, Rosemarie: Biographie und Roman. Zur literarischen Biographie der siebziger Jahre. In: Zeitschrift für Literaturwissenschaft und Linguistik 10(1980)H.40, S. 107-126.

765 ZIMMERMANN, Bernhard: Dichterfiguren in der biographischen Literatur der siebziger Jahre. In: Deutsche Literatur in der Bundesrepublik seit 1965, hrsg. v. Paul Michael Lützeler u. Egon Schwarz. Königstein 1980, S. 215-229.

766 ZIRUS, Werner: Der ewige Jude in der Dichtung, vornehmlich in der englischen und deutschen. Leipzig 1928.